普通高等教育金融学精品系列教材

投 资 学

（第四版）

李学峰　主编

科学出版社

北　京

内 容 简 介

本书全面、系统地研究和讲解了投资学理论的结构和内容,注重对投资学基本概念和基本原理的把握及理解;注重对投资学理论和实践在当今最新发展的介绍和分析,涵盖了投资学领域近年来重要的理论研究成果;以大量的例题、案例和阅读资料帮助学生理解投资学的基本理念、分析方法和实际运用;同时特别注重引导学生以投资学的基本原理认识、分析和把握现实资本市场特别是中国资本市场的运行,培养学生的投资学理论素养和分析解决实际问题的能力。本书体系完整、逻辑严密,并结合作者多年的教学、科研经验,对内容和结构做出了不同于国内外其他教材的全新调整。此外,本书还配有包括多媒体教学课件在内的立体化教学支持系统。

本书适合金融学专业的高年级本科生、研究生,经济学、管理学专业的本科生、研究生使用,对投资学理论有兴趣的实际工作者也可将本书作为参考。

图书在版编目(CIP)数据

投资学/李学峰主编. —4 版. —北京:科学出版社,2021.8
普通高等教育金融学精品系列教材
ISBN 978-7-03-069489-8

Ⅰ.①投… Ⅱ.①李… Ⅲ.①投资经济学–高等学校–教材 Ⅳ.①F830.59

中国版本图书馆 CIP 数据核字(2021)第 153148 号

责任编辑:方小丽/责任校对:贾娜娜
责任印制:霍 兵/封面设计:蓝正设计

*科学出版社*出版
北京东黄城根北街 16 号
邮政编码:100717
http://www.sciencep.com

中煤(北京)印务有限公司印刷
科学出版社发行 各地新华书店经销
*

2007 年 2 月第 一 版	开本:787×1092 1/16
2011 年 8 月第 二 版	印张:23
2016 年 1 月第 三 版	字数:545 000
2021 年 8 月第 四 版	2024 年 6 月第三十二次印刷

定价:48.00 元
(如有印装质量问题,我社负责调换)

第四版前言

投资学是以投资行为与资金配置为研究对象，解释资本市场运行的现象与内在规律，探求实现资本市场均衡的一门独立学科。1952年，马科维茨（Harry M.Markowitz）发表了堪称现代微观金融理论史上里程碑式的论文——《投资组合选择》。该论文阐述了衡量收益和风险水平的定量方法，建立了均值—方差模型的基本框架，奠定了求解投资决策过程中资金在投资对象中的最优分配比例问题的理论基础。

在马科维茨资产组合理论的基础上，通过Sharpe的《资本资产价格：一个市场均衡理论》（*Capital asset prices: a theory of market equilibrium under conditions of risk*）、Lintner的《在股票组合和资本预算中的风险资产估值和风险投资选择》（*The valuation of risk assets and the selection of risky investments in stock portfolios and capital bud gets*）和Mossin的《资本资产市场均衡》（*Equilibrium in a capital asset market*）三篇经典论文，形成了现代金融学的另一重要基石——资本资产定价模型（capital asset pricing model，CAPM）。CAPM所要解决的问题是，在资本市场中，当投资者采用马科维茨资产组合理论选择最优资产组合时，资产的均衡价格是如何在收益与风险的权衡中形成的，或者说，在市场均衡状态下，资产的价格是如何依风险而定的。

之后，在Fama等的推动下，有效市场理论（efficient markets theory，EMH）产生并趋于成熟，Black和Scholes的开创性研究则导致了期权定价理论的产生。

上述理论和模型共同构成了现代投资学的理论基础。此外，随着人们对上述经典理论研究（特别是实证研究）的深入，经济学家们发现了大量的由上述理论无法解释，甚至是完全违背上述理论的市场异常现象。通过对这些异常现象的研究，并借鉴行为经济学的研究方法，行为金融学逐渐产生并正在趋于成熟。

投资学理论在发展，资本市场的实践也在日新月异。特别是随着中国资本市场的发展，以及在其发展过程中所出现的各种新问题、新现象，一方面，国际国内的金融学家们都在试图通过投资学的理论去研究和解释中国资本市场中的问题和现象，同时希望从中提炼出进一步推动投资学发展的新的理论和模型。另一方面，随着中国资本市场有效性的提高，如何将投资学的理论、模型和投资管理方法应用于中国的投资实践中，也成为了理论界和实际部门所关注的、感兴趣的课题。

在深入学习和研究投资学理论的基础上，将理论应用于中国的实践，在指导中国资本市场发展和实际投资决策的同时，为投资学理论的发展做出我们的贡献，是我们学习这门课的根本目的。

本教材内容分为六大部分。第一篇"导论"为本教材以下各章的研究提供必要的背景知识和基础概念，并同时界定投资学的研究领域。该篇由第一章和第二章组成。第一章"证券市场与证券交易"对证券市场的总体概述、市场层次，以及交易所市场和证券交易过程进行了研究和介绍。本章以案例方式对竞价交易机制、做市商机制和买空卖空交易的机制进行了应用性分析。

第二章"市场主体与投资工具"从融资主体、投资主体、中介主体和市场监管等角度，对证券市场主体进行了全面的研究和介绍，并对证券投资工具进行了分析和界定。本章也以案例方式介绍了我国证券投资工具的最新发展。

第二篇"资产组合理论与应用"是现代投资学的核心理论。本篇由第三章"风险、收益与投资者效用"、第四章"资产组合理论"和第五章"资产组合的绩效评价"等三章内容组成。

对风险与收益的量化及对投资者风险偏好的分类，是构建资产组合时首先要解决的一个基础问题，第三章分别对单一资产和组合资产的风险与收益的分类及其计量进行了研究，并对投资者的风险偏好与效用进行了分析，为进入资产组合理论的核心提供了概念基础。本章还通过大量的案例和例题介绍了持有期收益率、预期收益率、方差、变异系数、组合的收益与风险、投资者效用的比较等的计算与应用。

资产组合理论所要解决的核心问题是，以不同资产构建一个投资组合，提供确定组合中不同资产的权重（投资比例），达到使组合风险（方差）最小的目的，这也是第四章所研究的核心内容。本章通过给出风险资产的可行集（feasible set），从中分离出资产组合的有效集，并进一步导出资本配置线（capital allocation line，CAL）和资本市场线（capital market line，CML），再结合第三章给出的投资者效用曲线，对资产组合理论和最优资产组合的确立进行了全面、清晰的介绍。本章也通过设计案例和例题，对风险资产的可行集和有效集、不同相关系数下的可行集与有效集，以及 CAL 的形成进行了直观的介绍。

任何投资者进行投资的主要目的都是想获得良好的投资绩效，构建最优组合的意图之一也是获得更好的投资绩效。第五章即对投资绩效的评估模型和方法进行了深入研究，并以中国证券投资基金为例演示了绩效评价方法的应用。

如果市场中的所有投资者都构建起了最优组合的话，按照经济学的思考方式，这个市场即达到了均衡，那么资本市场的均衡状态如何表达？这即是第三篇的核心问题与内容。CAPM 所要解决的问题是，在资本市场中，当投资者采用马科维茨资产组合理论选择最优资产组合时，资产的均衡价格是如何在收益与风险的权衡中形成的，或者说，在市场均衡状态下，资产的价格是如何依风险而定的。收益与风险的关系是 CAPM 的核心，也是第六章的核心内容。本章作者也以案例的形式对 CAPM 的应用进行了介绍。

资本资产定价模型研究并回答了资本市场的均衡状态，但如果市场出现了非均衡会怎样？第七章研因素模型（factor model）与套利定价理论（arbitrage pricing theory，

APT）即对此进行了研究和回答。在一个均衡的资本市场中，所有的资产将遵循"一价法则"，即同一个资产既便在不同的市场上也只有一个均衡价格。当"一价法则"被违反时，市场出现非均衡状态，也即出现了套利机会。基于因素模型的APT，即通过对套利条件和行为的研究，揭示出套利定价模型及其使得市场达到无套利均衡的机制。因素模型与APT是对CAPM的扩展与深化。

同样根据经济学的传统思维方式，一个均衡的市场将是资源配置最有效的市场，那么对于资本市场来说，什么样的市场才是有效的？市场有效性程度的划分及其相应特征是什么？这就是有效市场假说（Efficient Markets Hypothesis，EMH）要回答的核心问题。EMH既是现代微观金融学的一个理论支柱，又是在市场均衡的基础上判断资本市场效率的理论依据，并决定着实际投资中的投资策略。这些构成了第八章的主要内容。

套利行为可以使资本市场由非均衡回复到无套利均衡，但如果套利不可行会如何？特别是，在有关对市场有效性理论的实证检验中，发现了大量市场异常现象（anomalies）的存在。对这些异常现象的研究和解释导致了行为金融学的产生和发展。第九章我们对行为金融学（behavioral finance）的基本原理进行介绍，并以大量的案例对行为金融学理论的含义及其应用进行了分析和演示。

对固定收益证券的估值和投资管理，已成为投资学重要的分支理论之一。第四篇"固定收益证券估值和投资管理"包括两章内容。第十章"债券估值"介绍了债券定价的基础工具、不同债券的估值方法，以及影响债券定价的因素。

第十一章"利率期限结构与债券投资管理"对债券的当期收益率、到期收益率、持有期收益率、国债与市政债券收益率，以及利率期限结构理论进行了详细的分析和介绍，并对债券组合管理的消极策略、积极策略和混合策略进行了介绍。

第五篇"投资分析与股票估值"包括两章内容。第十二章"股票投资的基本面分析"是进行证券投资分析的主要方法和工具之一。它所要揭示的是经济运行基本面的变化对股票投资价值的影响，一般从宏观基本面、中观基本面和微观基本面三个角度进行研究和揭示。

第十三章"股票价格与估值"集中研究了股票的定价与估值。除了对股票价格的研究外，本章对现金流贴现模型和比率分析这两种股票估值理论进行了研究和介绍，并以案例讨论了这些模型和方法的应用。

第六篇"衍生证券分析"包括第十四章和第十五章两章内容。第十四章"远期合约与期货"，首先对远期合约（forward contract）的定价给出较详细的研究，其次对包括期货投资策略在内的期货交易的基础知识进行介绍，最后研究期货均衡价格的决定因素。本章还专门介绍了股指期货的投资操作。

第十五章是在讲解有关期权的基础知识并揭示其投资特性和价值的基础上，给出期权投资的策略，并最终导出期权定价模型。

本书的特色首先在于坚持以习近平新时代中国特色社会主义思想为指导，深入贯彻党的二十大精神。这一特色主要体现在，相对于其他国内外投资学类的书籍而言，本书的内容更加中国化。理解、掌握投资学的理论、模型、方法的最大难点在于，由于大多数投资学的书籍都是对欧美书籍的翻译或者是参考了欧美版本，所以过程中所使用的也大多是欧美特别是美国市场的数据和情况，导致了读者特别是在校大学生、研究生不仅仅对于投资学理论和模型的理解感觉很抽象很遥远，而且对于中国资本市场的实际情况也缺乏较为深刻的了解和认识。这些无疑也阻碍了投资学的基本原理和思考方式与中国市场实践的有机结合。为了解决这一关键问题，在本书第四版的写作过程中，我们不仅用了较多的时间和精力自己设计或者搜集、整理了大量中国市场的案例、实际情况和数据，而且在基本理论和模型的阐述中也做了很多中国化的理论表达。

本书的第二个特色即是落实教材国家事权，服务自主知识体系构建，站稳中国立场。这主要体现于在本版的研究、设计、写作过程中，我们对全书的结构做出了不同于国内外其他相关书籍的全新调整，使得各篇各章各节各目的逻辑关系、理论脉络、学术传承与实践应用更为清晰、自然；同时本教材主要以中国市场作为研究背景，设置了多个阅读资料帮助学生理解相关原理在中国的应用、中国市场运行的特点，并由此理解我国市场建设所取得的成就，树立对我国市场的自信。

本书的第三个特色则在于具有前沿性，并做到了科研与教学相融合。本书重点研究和介绍了资产组合理论、资产定价理论、市场有效性理论、行为金融理论和投资绩效评价理论等投资学（甚至是整个微观金融学）的核心理论，特别是结合我们二十年来在投资学领域的学术研究，对上述理论近年来的最新进展进行了介绍和评价，使读者通过本书的学习，不仅对经典理论和模型有扎实的掌握，而且能够把握理论的前沿和学术动态。

总之，正是因为上述三大特色，使得本教材的第四版更为重点突出、体系完整、易于理解、便于教学、适用性广泛。既有助于学生理解和掌握投资学理论及其应用，也有利于教师在使用本教材时灵活掌握、有所侧重；同时也有助于实务工作者进一步思考和探讨投资学理论在实际工作中的应用。

这里我们也真诚地向科学出版社经管分社的方小丽编辑表示感谢，她为本教材第四版的顺利出版付出了细致且辛苦的编辑、组织工作！

本教材的编写过程数易其稿，不足和疏漏在所难免，在这里我们恳请同行专家和广大读者提出宝贵意见，以便我们进一步修改和完善。

李学峰

2024 年 5 月

于南开大学金融学院

目 录

第一篇 导 论

第一章 证券市场与证券交易 ·············· 3
  第一节 证券市场概述 ·············· 3
  第二节 发行市场与交易市场 ·············· 8
  第三节 证券交易 ·············· 13

第二章 市场主体与投资工具 ·············· 25
  第一节 投资主体 ·············· 25
  第二节 证券市场的其他主体 ·············· 32
  第三节 证券投资工具 ·············· 43

第二篇 资产组合理论与应用

第三章 风险、收益与投资者效用 ·············· 63
  第一节 单一资产收益与风险的衡量 ·············· 63
  第二节 组合资产的收益和风险衡量 ·············· 77
  第三节 效用价值与投资者的风险偏好 ·············· 87

第四章 资产组合理论 ·············· 95
  第一节 资产组合理论概述 ·············· 95

第二节	马科维茨模型	102
第三节	最优资产组合的确定	107
第四节	指数模型	116

第五章　资产组合的绩效评价　130

第一节	投资绩效评估：业绩指数方法	130
第二节	投资绩效评估：其他方法	138
第三节	投资业绩的分解	140

第三篇　资本市场均衡理论与应用

第六章　资本资产定价模型　155

第一节	模型的含义与假设	155
第二节	模型的内容	156
第三节	资本资产定价模型的应用与评价	162
第四节	对资本资产定价模型的扩展	166

第七章　因素模型与套利定价理论　176

第一节	因素模型	176
第二节	套利定价理论	182

第八章　有效市场假说　191

第一节	有效市场假说的相关介绍	191
第二节	有效市场假说的实证研究	195
第三节	有效市场假说与股票分析	200

第九章　行为金融理论　205

第一节	对市场异象的解释与分歧	206
第二节	行为金融学及其基本理论	209
第三节	投资者的行为偏差	214
第四节	行为投资学	224

第四篇　固定收益证券估值和投资管理

第十章

债券估值 ······ 233
第一节　有关债券及其定价的基础概念 ······ 233
第二节　债券定价及其影响因素 ······ 237
第三节　债券收益率 ······ 242

第十一章

利率期限结构与债券投资管理 ······ 250
第一节　利率期限结构理论 ······ 250
第二节　固定收益证券组合的管理：消极策略 ······ 255
第三节　固定收益证券组合管理的积极策略和混合策略 ······ 261

第五篇　投资分析与股票估值

第十二章

股票投资的基本面分析 ······ 267
第一节　基本面分析概述 ······ 267
第二节　宏观经济分析 ······ 268
第三节　行业分析 ······ 271
第四节　公司分析 ······ 277

第十三章

股票价格与估值 ······ 285
第一节　股票价格 ······ 285
第二节　现金流贴现模型：股利贴现模型 ······ 293
第三节　股利贴现模型的应用 ······ 300
第四节　自由现金流贴现模型 ······ 303
第五节　比率分析 ······ 308

第六篇　衍生证券分析

第十四章

远期合约与期货 ······ 317
第一节　远期合约 ······ 317
第二节　期货合约 ······ 322

第三节　期货合约定价模型……327

第十五章

期权……332

第一节　期权的基础知识……332

第二节　期权多头与空头的损益……337

第三节　期权的投资策略……342

第四节　期权定价理论Ⅰ：二项式期权定价模型……345

第五节　期权定价理论Ⅱ：Black-Scholes期权定价模型……349

参考文献……355

第一篇 导 论

投资（investment）是指为了获得可能的但并不确定的更大的未来值（future value）而做出牺牲确定的现在值（present value）的行为。换言之，投资行为包括了三大特性，即时间性——牺牲当前消费以获得期望的未来消费；不确定性——期望值的存在与否及其大小类似于一个概率事件；收益性——如果投资成功将获得更大的未来值。

投资学所研究的投资主要是对金融资产（financial assets）的投资。金融资产又称金融工具，是保证人们购买力的凭证，它是对实际资产的要求权（claims on real assets），定义了实际资产在投资者之间的配置。

实施金融投资，大多要在证券市场上通过各种金融工具并按照一定的交易规则以不同的交易方式进行。

导论部分由两章内容组成，第一章对证券市场进行了总体概述，并对证券交易进行了研究和介绍；第二章对市场主体和投资工具进行了分析和界定。导论为本教材以下各章的研究提供了必要的背景知识和基础概念，同时界定了投资学的研究领域。

第一章 证券市场与证券交易

本章内容包括证券市场概述、证券发行市场和交易市场,并对证券交易机制与方式进行了介绍。通过本章的学习,我们可以对证券市场和证券交易有一个总体的了解。

第一节 证券市场概述

本节我们从证券市场的定义与特征、证券市场的基本功能,以及证券市场结构三个角度,对证券市场做一个总体的概述。

一、证券市场的定义与特征

证券市场是有价证券发行和流通,以及与此相适应的组织与管理方式的总称,通常包括证券发行市场和证券流通市场。证券市场的主要特征如下。

(1)交易对象是有价证券。这是证券市场与其他商品市场的最大区别之一。

(2)市场上的有价证券具有多重职能,既可是筹资工具,又可是投资工具,还可用于保值和投机。

(3)市场上证券价格的实质是对所有权让渡的市场评估。从这一特征看,证券市场是一个典型的产权交易市场。

(4)市场上所交易的证券风险大,其影响价格的因素复杂,具有波动性和不可预测性。

二、证券市场的基本功能

证券市场的基本功能包括:优化融资结构并拓展融资渠道、优化资源配置及促进产权交易。

（一）证券市场具有优化融资结构并拓展融资渠道的功能

从证券市场优化融资结构和拓展融资渠道的功能来看，证券市场的发展使融资结构中直接融资的比重加大并快速发展。这里我们以美国中小企业的融资结构为例进行说明（表1.1）。

表1.1 美国中小企业融资结构（渠道）

融资渠道	自有资金	银行贷款	发行债券	股票融资	其他
融资结构	30%	42%	5%	18%	5%

资料来源：李学峰（2016）

一般而言，企业融资方式可分为内源融资（如表1.1中的"自有资金"）和外源融资两种。我们又可将外源融资划分为直接融资和间接融资两类，前者即不经过金融中介，而由资金的供求双方直接进行的放款融资行为，如表1.1中的股票、债券融资；后者则是通过金融中介将资金供求双方联系在一起的融资行为，如表1.1中的银行贷款。

由表1.1可见，如果没有证券市场，企业融资渠道中的债券融资和股票融资就不存在，也就是说企业的资金需求只有通过自有资金和间接融资（银行贷款）来满足。间接融资的主要缺点是使风险集中于银行等金融机构；同时其相对较短的融资期限会影响企业的长期投资及其稳定性。

正是由于证券市场的产生和发展，股权和债务融资等直接融资方式得以产生和发展。相对于间接融资，直接融资的优势是使投资决策社会化，从而全面分散了投资风险；并且其较长的融资期限利于企业经营决策的长期化和稳定性。

（二）证券市场的优化资源配置功能

从证券市场促进资源合理配置的功能看，一般而言，一个有效的证券市场会把资金这一重要的金融资源配置到效益好的企业或地区。假若有两家需要融资的公司，A公司的利润率为20%，B公司利润率为10%，假定两家公司的风险类似，且投资者掌握两家公司的完全信息，则投资者更愿意购买A公司的股票，即资金流向了效益好的企业。这种资金流向必将带动经济中的其他资源向效益好的企业、行业或区域聚集，从而有利于经济总体的资源优化配置。

（三）证券市场的促进产权交易功能

我们再来看证券市场对产权交易的促进作用。一方面，证券市场为产权交易提供了组织良好、公开透明、运行高效的交易场所和机制，这也正是大量的产权（股权）交易发生于股票市场的原因所在。据统计，2003年全球购并额达3.5万亿美元，到2005年底则上升为3.9万亿美元，而其中90%以上是直接或间接通过股票市场完成的。

另一方面，产权交易是否顺利并最终取得成功，其中最为关键的因素是交易价格的确定。价格是否科学、合理，既涉及交易过程中各方面利益的确定是否公平，又涉及交易（如公司重组）后的效率是否能够提高。价格是否科学合理，其最客观的评判标准或最有效的参照系，是资本市场价格。

正如股票的定价与估值模型（详见第十二章）所揭示的，股票市场价格不仅是对公司目前经营状况的反映，更是包含了对公司未来经营的预期。也就是说，从长期上、趋势上来看，在一个有效市场中，股票价格是对资产最科学的定价安排，从而也是最有效率的、交易成本最低的定价机制。

三、证券市场结构

证券市场结构[①]即证券市场内的市场体系及其分层。这里的市场体系和分层对应的是不同类型的交易场所、不同风险偏好的投资者和多样化产品之间的不同组合。广义上的证券市场结构，包括交易所结构、投资者结构和产品结构；狭义的证券市场结构则多指交易所结构。

（一）证券市场的分层

就交易场所结构来看，一般来说一个多层次的证券市场大致包括全国性证券交易所、区域性证券交易所和场外交易市场等几个层次。以美国为例[②]，其证券市场的体系和层次如图1.1所示。

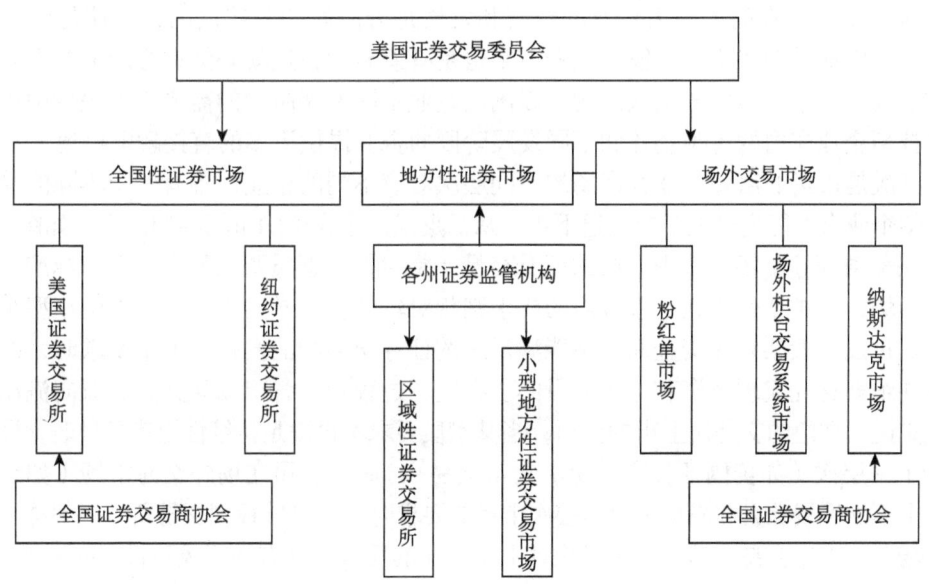

图1.1 美国的证券市场体系

全国性证券交易所包括纽约证券交易所（New York Stock Exchange，NYSE）和美国证券交易所（American Stock Exchange，AMEX）。其中，NYSE是全球最大的交易

[①] 证券市场结构可分为宏观结构和微观结构（market microstructure），我们这里指的是证券市场的宏观结构。关于市场微观结构见本节阅读资料。

[②] 美国证券交易委员会（United States Securities and Exchange Commission，SEC）于2006年1月批准纳斯达克注册成为美国第三家全国性证券交易所。这反映了全球场外交易市场的发展趋势之一——场外交易场内化。作为场外交易市场的典型代表，虽然纳斯达克已完成了场外交易场内化的过程，但我们还是将其归类到场外交易市场中。

所，上市条件最高，主要为成熟企业提供上市服务。美国证券交易所主要服务于新兴中小企业，其上市条件比纽约证券交易所低得多。通常，美国证券交易所是纽约证券交易所的预备阶梯，即那些没有条件一下子到纽约证券交易所上市的企业，可以先在美国证券交易所上市。

地方性证券市场包括区域性证券交易所和"未经注册的交易所"。前者主要交易区域性企业的证券，同时也交易在全国性市场上市的本地企业的证券。后者是指美国证券管理委员会依法豁免办理注册的小型地方性证券交易市场，主要服务于地方中小企业，为地方经济发展提供直接融资。

场外交易市场中，除了著名的纳斯达克以外，还包括美国场外柜台交易系统（Over the Counter Bulletin Board，OTCBB）市场和粉红单（Pink Sheet）市场。

（二）多层次证券市场形成的原因

由图 1.1 可知，从交易所的类型看，证券市场的宏观结构不但是成体系的，而且是多层次的。多层次证券市场的成因如下。

首先是企业的需要。证券市场是为企业服务的，企业的多样性从根本上决定了证券市场应当是多层次的，因为企业的经营和发展是分阶段和分层次的，即使是同一家企业，在其生命周期的不同阶段，融资需求也是有差异的，这就必然在客观上要求证券市场体系具有一个完整的多层次结构，以满足企业不同发展阶段的需要，为包括中小企业和科技型企业在内的各类企业和不同发展阶段的企业提供更多的直接融资渠道。

其次是市场的需要。证券市场的不同层次对应不同的企业，各有一个不同的筛选机制，使企业有可能递进上市或递退下市，从而形成一个完整的市场结构体系。如图1.1所示，在美国证券市场体系中，纽约证券交易所是对企业素质要求最高、上市标准最为严格的市场，而纳斯达克在这些方面的要求则相对较低。这样，当企业（如中小型企业）希望通过发行股票筹集资金而又不能满足纽约证券交易所的发行与上市要求时，即可以选择在纳斯达克实现融资和上市的目的。在这一过程中，各市场间又具有双向流动性，也就是说，在纽约交易所上市的公司，当其素质要求不再满足持续性上市条件时，即可以退到下一层次（如美国证券交易所）上市交易[①]；而当公司在场外交易市场（如纳斯达克）上不断发展壮大并满足了更高层次市场的要求时，即可转板到交易所（一般称为"主板市场"）上市交易。这既有利于保证上市公司的质量，又有助于风险投资的发展。

> **案例 1.1**

美国三大证券交易所上市标准

多层次资本市场的形成原因之一是不同市场满足了不同企业的融资与上市需求。这里我们以美国的纳斯达克、美国证券交易所和纽约证券交易所为例，观察它们之间逐步递进趋于严格的上市要求。见表1.2。

---

① 这为投资者提供了退出的机制和渠道。

表 1.2　美国三大证券交易所上市标准表

类别	纳斯达克小型资本市场	纳斯达克全国资本市场	美国证券交易所	纽约证券交易所
有形资产净值	400 万美元	600 万美元		4 000 万美元
市值	5 000 万美元			
净收入	75 万美元			
税前收入		100 万美元	75 万美元	250 万美元
股本			400 万美元	
公众流通股数	100 万	110 万	50 万	100 万
流通股市值	500 万美元	800 万美元		1 800 万美元
买方最小报价	4 美元	5 美元	3 美元	
做市商数量	3	3	3	
公众持股人数	300 个	400 个	400 个或 800 个	5 000 个
经营年限	1 年或市值 5 000 万美元			
公司治理	有要求	有要求	有要求	有要求

资料来源：各交易所官方网站

最后是金融创新的需要。金融创新的迅猛发展及新的投资品种的不断出现，也迫切需要不同层次的证券市场为其提供发挥作用的舞台。由于新的证券品种直接在主板市场交易风险太大，较为稳妥的办法是让其在场外交易市场进行试验性交易以取得衍生工具创新和监管的经验。

总之，证券市场只有通过面向需求的最大可能的细分，来最大限度地满足多样化的市场主体对资本的多样化的供给与需求，才能高效率地实现供求的均衡，这样的证券市场才可能是全面、协调和可持续发展的。这样，完整的证券市场体系逐渐形成。

阅读资料 1.1

市场微观结构理论

证券市场微观结构理论产生于 20 世纪 60 年代末，Demsetz（1968）第一次直接将交易制度引入证券交易价格的决定过程，开创了证券市场微观结构理论的先河。该理论涉及交易成本理论、存货理论、信息经济学、博弈论等经济学理论，要综合运用边际、均衡、连续性等经济学分析方法。从某种程度上看，市场微观结构理论是对传统的瓦尔拉斯市场模型的替代。瓦尔拉斯市场是无交易成本的、完全竞争的市场，交易和信息可以自由并且即时传送到所有的市场参与者，交易者在交易过程中不发生任何直接或间接的成本。市场微观结构理论则认为，市场中的交易存在直接的交易成本和间接的交易成本，新的信息会不断地参与到价格的形成过程中。

对于什么是证券市场微观结构，目前也还没有统一的概念。世界银行集团国际金融公司高级经济学家 Glen（1994）认为，证券市场微观结构就是证券价格形成过程中的微观因素；Madhavan（2000）则认为证券市场微观结构是投资者的潜在需求彻底转化为证券交易价格和交易量的过程；美国证券交易委员会首席经济学家 Spatt 认为，一个广义的市场微观结构理论应研究是交易平台之间的竞争还是单个委托订单执行的竞争，交易的内部化与中介商之间交易的利弊分析，以及市场透明度问题。

虽然对于证券市场微观结构的定义各有不同，但共同的一点是证券市场微观结构主要指市场参与者所遵循的交易制度结构。具体来看，按照 Madhavan 的总结，证券市场的微观结构主要包括四部分内容。

（1）价格形成和价格发现。这部分内容包括交易成本的构成等静态研究及价格如何反映不同时期的信息等动态研究。如果把投资者的潜在需求转化为现实的交易价格和交易量的过程看作"黑箱"，那么这部分主要研究"黑箱"的内部运作过程。

（2）证券市场的结构和设计。这部分内容主要研究交易制度如何影响价格形成的过程，以及证券市场的流动性①和市场质量。

（3）信息及披露。这部分内容着力于对"黑箱"运作的揭示，以及它对交易者的行为和交易策略的影响，特别是研究市场透明度，即市场参与者观察交易过程信息的能力。

（4）证券微观结构与其他金融领域所共同产生的信息问题，如公司财务、资产定价、国际金融等内容。

第二节 发行市场与交易市场

虽然证券市场是一个多层次的立体化市场，但无论哪个层面的市场，大致都由证券发行市场和证券交易市场两个紧密相连的部分组成。

一、证券发行市场

证券发行市场即通常所说的一级市场（primary market），它是指证券发行人发行股票、债券和其他证券以筹集资金的市场。所有证券都在一级市场首次进行交易，并且发售证券的所得在扣除发行费用（如承销商的所得）后全部流入证券发行人。

（一）证券发行方式

证券发行可分为公募（public placement）和私募（private placement）两种方式②。公募也被称为公开发行（public offering），是发行人向非特定的社会公众发行证券，任

---

① 市场流动性是指在不影响证券价格的情况下，证券能够被买卖的难易程度。市场流动性越高，交易活动越能被迅速完成。一般以市场中所发生的交易的深度、广度和弹性来衡量和比较市场流动性。如果当价格偏离当前市场交易价格时，仍然存在大量的交易指令，也就是说，在某一价格下存在大量等待成交的买盘和卖盘，则该交易具有深度；如果价格偏离当前市场交易价格而交易指令的数量仍然保持不变，则此交易具有广度；如果价格因指令的不平衡而发生变动，如卖盘大于买盘，或者买盘大于卖盘，都会导致价格的变动（下降或上升），仍有新的指令迅速进入市场，则此交易具有弹性。

② 从另一角度还可分为直接发行和间接发行。直接发行是发行人自己向投资者发售证券，而不经过证券商，如网络直销、送配股等。间接发行即由证券承销商作为中介发行证券，它又包括如下三种具体方式：代销，即承销商不承担任何销售风险，其收益是佣金，该方式适用于信誉好的知名企业，可达到节约销售成本的目的；包销，即承销商将发行人所发行的证券自己先买下，一次性付款给发行者，所有的风险由销售商承担；助销，它是代销和包销两种方式的组合，在代销下卖不完的部分再由承销商自己包下。

何人都可以购买该证券。其最大的特点是发行面广，筹资成本较低。正因为其发行面广的特点，为了保护公共利益，政府需要介入对公募方式的管理，从而使该发行方式又具有了发行与上市的条件较严格，而且发行后还要向社会公告的特点。一般而言只有公开发行的证券才能上市交易。证券第一次在一级市场上进行交易称为初次公开发售（initial public offering，IPO），一般由投资银行负责实施。

私募是面向少数的、特定的投资者进行证券发行，也称为定向募集。其特点是发行量少，管理相对简单，不能上市交易。

（二）证券发行制度

证券发行制度有审批制、核准制、注册制。每一种发行制度都对应一定的市场发展状况。在市场逐渐发育成熟的过程中，证券发行制度也应该逐渐地改变，以适应市场发展需求。其中，审批制是完全计划发行的模式，核准制是从审批制向注册制过渡的中间形式，注册制则是目前成熟资本市场普遍采用的发行体制。

审批制是一国在股票市场的发展初期，为了维护上市公司的稳定和平衡复杂的社会经济关系，采用行政和计划的办法分配股票发行的指标和额度，由地方或行业主管部门根据指标推荐企业发行股票的一种发行制度。公司发行股票的首要条件是取得指标和额度，也就是说，如果取得了给予的指标和额度，就等于取得了保荐，股票发行仅仅是走个过场。因此，审批制下公司发行股票的竞争焦点主要是争夺股票发行指标和额度。证券监管部门凭借行政权力行使实质性审批职能，证券中介机构的主要职能是进行技术指导，这样无法保证发行公司不通过虚假包装甚至伪装、做账达标等方式达到发行股票的目的。

核准制是指发行人在发行股票时，不需要各级政府批准，只要符合《证券法》和《公司法》的要求即可申请上市。但是发行人要充分公开企业的真实状况，根据《证券法》和《公司法》，证券主管机关有权否决不符合规定条件的股票发行申请。核准制是介于注册制和审批制的中间形式。一方面取消了指标和额度管理，并引进证券中介机构的责任，判断企业是否达到股票发行的条件；另一方面证券监管机构同时对股票发行的合规性和适销性条件进行实质性审查，并有权否决股票发行的申请。在核准制下，发行人在申请发行股票时，不仅要充分公开企业的真实情况，而且必须符合有关法律和证券监管机构规定的必要条件，证券监管机构有权否决不符合规定条件的股票发行申请。证券监管机构对申报文件的真实性、准确性、完整性和及时性进行审查，还对发行人的营业性质、财力、素质、发展前景、发行数量和发行价格等条件进行实质性审查，并据此做出发行人是否符合发行条件的价值判断和是否核准申请的决定。

注册制是指发行人在准备发行证券时，必须将依法公开的各种资料完全、准确地向证券主管机关呈报并申请注册。注册制是在市场化程度较高的成熟股票市场普遍采用的一种发行制度，证券监管部门公布股票发行的必要条件，企业只要达到公布条件的要求就可发行股票。发行人申请发行股票时，必须依法将公开的各种资料完全准确地向证券监管机构申报。证券监管机构的职责是对申报文件的真实性、准确性、完整性和及时性做合规性的形式审查，而将发行公司的质量留给证券中介机构来判断和决定。这种股票发行制度对发行人、证券中介机构和投资者的要求都比较高。

核准制与注册制的比较如表 1.3 所示。

表 1.3 核准制和注册制的比较

类别	核准制	注册制
发行指标和额度	无	无
发行上市标准	有	有
主要推荐人	中介机构	中介机构
对发行做出实质判断的主体	中介机构、证监会	中介机构
发行监管性制度	中介机构和证监会分担实质审核职责	证监会形式审核，中介机构实质性审核
市场化程度	逐步市场化	完全市场化
发行效率	后者较高	
制度背景	实行注册制的国家一般市场化程度高，金融市场更加成熟、制度更加完善，监管主体严格有效，发行人和中介机构更自律，投资者素质更高	

中国股票发行制度的演变

我国股票发行审核制度的演变，总体来看经历了从审批制到注册制的转变过程。在这一过程中包括分别实行或同时并行额度管理、指标管理、通道制、保荐制和注册制的情况，其中额度管理和指标管理属于审批制，通道制和保荐制属于核准制。

（1）额度管理阶段（1993~1995年）。主要做法是，国务院证券管理部门根据国民经济发展需求及资本市场实际情况，先确定融资总额度，然后根据各个省级行政区域和行业在国民经济发展中的地位和需要进一步分配总额度，再由省级政府或行业主管部门来选择和确定可以发行股票的企业（主要是国有企业）。

（2）指标管理阶段（1996~2000年）。这一阶段实行"总量控制，限报家数"的做法，由国务院证券主管部门确定在一定时期内发行上市的企业家数，然后向省级政府和行业主管部门下达股票发行家数指标，省级政府或行业主管部门在上述指标内推荐预选企业，证券主管部门对符合条件的预选企业同意其上报发行股票正式申报材料并审核。

（3）通道制阶段（2001年3月~2004年12月）。2001年3月实行了核准制下的"通道制"，也就是向综合类券商下达可以推荐拟公开发行股票的企业家数。只要具有主承销商资格，就可获得2~9个通道，具体通道数主要以2000年该主承销商所承销的项目数为基准，新的综合类券商将有2个通道数。主承销商的通道数也就是其可以推荐申报的拟公开发行股票的企业家数。通道制下股票发行"名额有限"的特点未变，但通道制改变了过去行政机制遴选和推荐发行人的做法，使主承销商在一定程度上承担起股票发行风险，同时也获得了遴选和推荐股票发行的权力。

2004年2月保荐制实施后，通道制并未立即废止，每家券商仍需按通道制报送企业，直至2004年12月31日彻底废止了通道制。因此2004年2月至2004年12月为通道制与保荐制并存时期。

（4）保荐制阶段（2004年2月至今）。保荐制下，企业发行上市不但要有保荐机构进行保荐，还需要具有保荐代表人资格的从业人员具体负责保荐工作。保荐工作分为两个阶段，即尽职推荐和持续督导阶段。从中国证券监督管理委员会（以下简称证监会）正式受理公司申请文件到完成发行上市为尽职推荐阶段。证券发行上市后，首次公开发行股票的，持续督导阶段为上市当年剩余时间及其后两个完整会计年度。保荐机构和保荐代表人在向证监会推荐企业发行上市前，要对发行人进行尽职调查和专业辅导培训，保荐机构要在推荐文件中对发行人符合发行上市条件，申请文件不存在虚假记载、误导性陈述或重大遗漏等事项做出承诺。证券发行上市后，保荐机构要持续督导发行人履行规范运作、信守承诺、信息披露等义务。保荐制的核心内容是进一步强化和细化了保荐机构的责任，尤其是以保荐代表人为代表的证券从业人员的个人责任。实施证券发行上市保荐制度是深化发行审核制度改革的重大举措，是对证券发行上市建立市场约束机制的重要制度探索，推动了证券发行制度从核准制向注册制转变。

（5）注册制阶段。2016 年之后，随着"科创板"的诞生，注册制开始试水，这无疑是中国证券市场迈入全面市场化的关键一步。

（三）公司与证券市场之间的资本流动

其一，资本市场作为公司最为重要的融资渠道，在公司日常经营活动中扮演着重要的角色。公司通过发行各种证券如短债、长债及股票在资本市场上募集资金，其中发行股票（IPO、增发等）是最为重要的融资途径。其二，公司在资本取得融资后，进行购置资产、生产销售等日常经营活动，在这一过程中公司会取得盈利并产生相应的现金流，而这部分现金流首先以税收的形式交与政府，然后再向资本市场支付红利及还债，最后剩余部分作为盈余留成，为公司未来的经营发展提供资金储备。如图 1.2 所示。

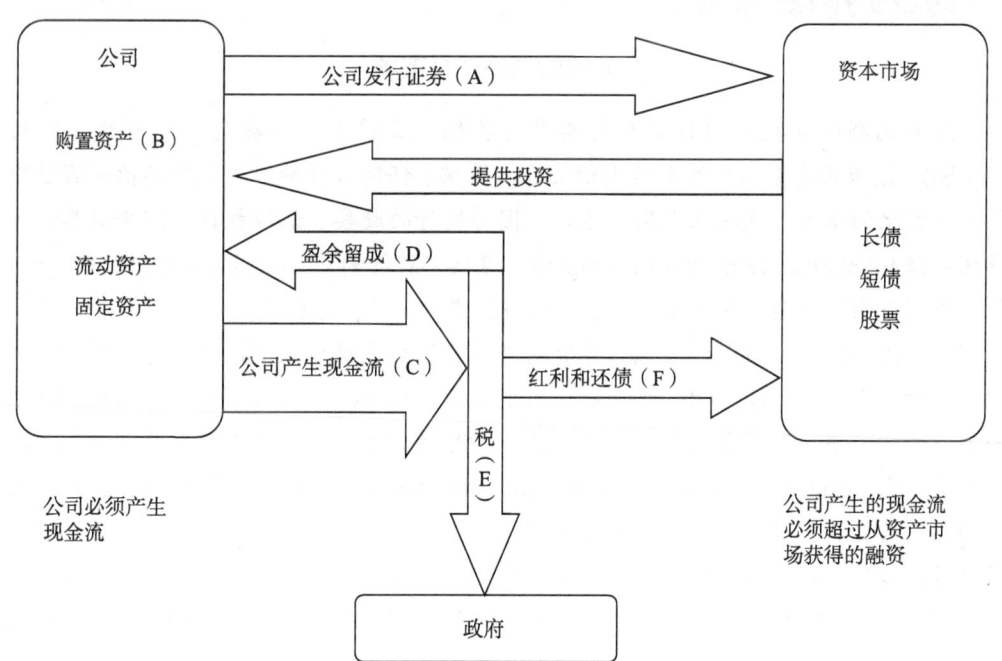

图 1.2　公司与证券市场之间的资本流动

二、证券交易市场

证券交易市场也称为二级市场(secondary market),是已发行的证券在投资者间进行交易的场所。二级市场为一级市场新发行的证券带来流动性,换言之,一个功能完善的二级市场的存在会使一级市场的证券发行对投资者更具吸引力。二级市场内的交易活动可分为以下几类。

第一市场(first market)交易,是指对在某一证券交易所挂牌上市的证券所进行的交易。这一市场有固定的场所、人员和设施,且各项交易和管理制度健全,是真正意义上的场内交易市场①。

第二市场(second market)交易,是指在场外市场(over-the-counter-market)进行的交易。这里的场外意指在交易所以外进行交易,且不受交易所有关规则的限制。场外交易的特点如下:①非集中性,即其交易是分散的、无固定交易场所的抽象市场或无形市场,它是由许多各自独立经营的证券公司与投资者采用信息网络分别进行交易,没有统一的交易时间,甚至没有统一的交易规则;②开放性,即任何投资者都可以进入,没有会员限制,门槛低;③所交易的证券种类多,无论上市或非上市的证券都可以交易。

第三市场(third market)交易,是指经纪人在场外进行的在交易所挂牌的证券交易,其目的是节约场内交易的佣金,该市场一般进行的是大宗交易(block trading),能满足机构投资者降低成本的要求。

> **阅读资料 1.2**
>
> ### 美国的场外交易市场

随着纳斯达克被美国证券交易委员会收编,目前美国最典型的场外交易市场即OTCBB。该市场是全国性的管理报价公告栏系统,任何未在纳斯达克或其他全国性市场上市或登记的证券,包括在全国、地方、国外发行的股票、认股权证、组合证券、美国存托凭证(American Depositary Receipts)、直接参股计划(Direct Participation Programs)等,都可以在 OTCBB 市场上显示当前交易价格、交易量等信息。

OTCBB 建于 1990 年,美国证券交易委员会制订了低价股票改革方案,作为市场结构改革的一个试点。OTCBB 于当年 6 月成立,以增加股票柜台市场的透明度。该系统较大地方便了报价和成交信息的广泛传播。1993 年 12 月后,各券商被要求通过自动确认交易服务(Automated Confirmation Transaction Service,ACT)系统在成交 90 秒内披露国内股票柜台市场的交易信息。1998 年 4 月,所有经过美国证券交易委员会注册的外国证券和美国存托凭证都被允许在 OTCBB 市场显示实时报价、成交价和成交量。1999 年 1 月 4 日,为了促进店头市场信息的及时公开,美国证券交易委员会批准了在 OTCBB

---

① 该市场一般也被称为主板市场。

上市的标准,此后上市的公司必须向银行或保险监管部门提供最新的财务信息,已上市的公司有一定的分阶段临时缓期来实施所要求的信息披露,时间为 1999 年 7 月至 2000 年 6 月。之后,所有在 OTCBB 上市的美国国内公司的财务信息都可公开获得。

三、证券发行市场与交易市场的关系

由图 1.3 可见,在证券发行市场上,不但存在着由发行主体向投资者的证券流,而且存在着由投资者向发行主体的货币资本流。因此,证券发行市场不仅是发行主体筹措资金的市场,也是给投资者提供投资机会的市场。

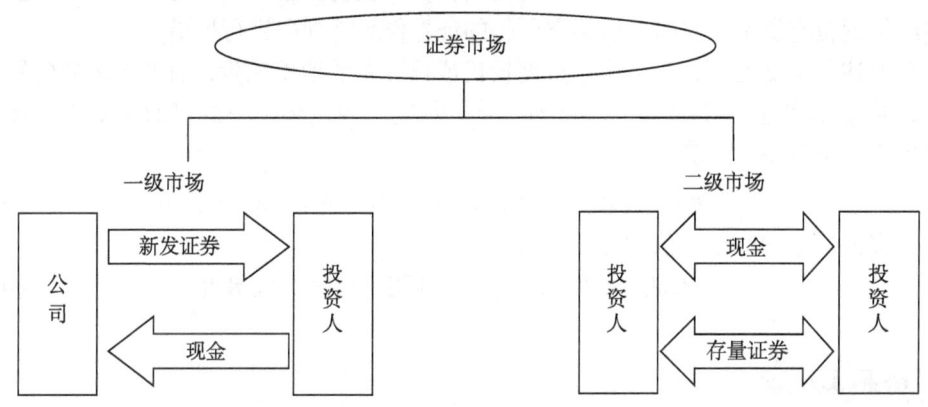

图 1.3 一级市场与二级市场

二级市场体现了新老投资者之间投资退出和投资进入的市场关系。二级市场主要具有两个方面的职能:一是为证券持有者提供需要现金时按市场价格将证券出卖变现的场所;二是为新的投资者提供投资机会。一级市场与二级市场紧密联系,相互依存、相互作用。一级市场是二级市场存在的基础,二级市场又反过来促进一级市场的发展。

第三节 证 券 交 易

金融投资主要是通过证券交易的方式实现的。本节我们即对证券交易方式、交易机制与交易指令等进行介绍。

一、证券交易方式

证券交易可采取现货交易、期货交易、期权交易和信用交易四种方式进行。现货交易,即"一手交钱,一手交货"的交易。期货交易和期权交易我们将在第六篇进行详细介绍。

目前在较发达的证券市场中除了现货交易,大多允许进行信用交易。信用交易也称垫头交易,一般通过买空(buy on margin)和卖空(short sale)的方式进行。买空即投

资者向证券公司借入资金去购买比自己投入的资本量所能购买的更多的证券,它相当于购买了超过自己购买力的证券。卖空则是指投资者交纳一部分保证金,向经纪商借入证券来出售,待证券价格下跌后再买回证券还给借出者的行为,它相当于卖出了本不属于自己的证券。

(一)买空交易

当投资者对市场或某一证券看多,而又不拥有该证券时,投资者即可通过如下程序做买空交易:①投资者建立买空账户,与经纪商订立协议,使其有权用买空的证券作为抵押品向经纪商借款购买证券;②经纪商向投资者垫付资金(一般称为垫金或展金),或当经纪商自有资本不足时,以买空所得的证券作为抵押向银行拆借资金。

在上述买空交易中,为了防止过度投机或投资者的信用风险,有两个重要的制度安排,即垫金率和逐日盯市(mark-to-market)制度。规定垫金率的目的是防止投资者的过度投机。垫金率的计算公式为

$$\text{垫金率} = \text{投资者投入的自有资金} / \text{买入证券的盯市价值} \tag{1.1}$$

式中,买入证券的盯市价值的计算公式为

$$\text{买入证券的盯市价值} = \text{证券买入量} \times \text{买入单价} \tag{1.2}$$

垫金率的计算

假设今天某投资者向经纪商借了 10 000 元,购买每股 10 元的某股票 4 000 股,其垫金率为多少?

解:先求该投资者买入证券的盯市价值,根据式(1.2)有

$$\text{买入证券的盯市价值} = \text{证券买入量} \times \text{买入单价}$$
$$= 10 \times 4\,000$$
$$= 40\,000\,(\text{元})$$

再根据垫金率的计算公式:

$$\text{垫金率} = \text{投资者投入的自有资金} / \text{买入证券的盯市价值}$$
$$= 30\,000 / 40\,000$$
$$= 75\%$$

垫金率会随着股票市价的变动而变动,随着股票市价的上升而下降,随着股票市价的下降而上升。例如,例题 1.1 中,如果一周后该股票的市价上升为每股 12 元,则相应的垫金率为 30 000/(12×4 000)=62.5%。

进一步看,在买空交易下,如果股票价格上涨,则投资者卖掉股票并支付券商本息后,即可能获得很高的自有资金收益率收益;反之如果股票价格下跌,则可能产生较大的亏损,这即信用交易的杠杆效应。

信用交易下的杠杆效应甚至会导致投资者亏损巨大，以至于无力偿还所借入的本金和利息，这就会引发信用风险。正是基于此，信用交易下设立了逐日盯市制度，以保证投资者有必要的偿还保证金。对逐日盯市制度的详细分析可参阅第十四章"远期合约与期货"。

（二）卖空交易

当投资者看空某证券，且在自己不拥有该证券，又希望利用看空挣得利润时，即可实行卖空交易。卖空交易的基本过程如下：首先投资者向证券公司交付垫金并借入证券，趁证券价格尚未下跌之时卖掉该证券获得资金；其次在证券价格下跌以后，用卖出所得资金买回所借数量的证券；最后投资者将证券还给证券公司。在这一过程中由于投资者高价卖出而低价买入，投资者利用看空挣得了利润。

为防止过度投机和控制卖空风险，一般会对卖空行为有所限制。例如，美国有关规则规定，卖空收入应记录在证券公司账户，且在投资者偿还证券之前不能用于其他投资。

例题 1.2

买空与卖空下的保证金

在买空情况下，如果某投资人以每股 10 元购买某股票 1 000 股。如果初始保证金为 60%，那么他至少需要多少自有资金？如果维持保证金为 30%，那么当股票价格跌至多少时，他将收到补充保证金的通知？进一步，假定保证金率不变，如果投资者卖空 1 000 股呢？

解：假设 P 为每股市价，n 为股票数量，P_0 为每股卖价。在买空情况下，投资者的自有资金为 $10 \times 1\,000 \times 60\% = 6\,000$ 元，由例题 1.1 知其需要融资 4 000 元。

该投资者收到补充保证金通知的价位为 P，可得公式：

$$(P \times 1\,000 - 4\,000) / (P \times 1\,000) = 30\%$$

由此解得 $P = 5.71$ 元。

在卖空情况下，投资者的自有资金为 $10 \times 1\,000 \times 60\% = 6\,000$ 元，需要融券 1 000 股，投资者的总资产为 $6\,000 + 1\,000 \times 10 = 16\,000$ 元。其收到补充保证金通知的价位为

$$(16\,000 - P \times 1\,000) / (P \times 1\,000) = 30\%$$

由此解得 $P = 12.31$ 元。

阅读资料 1.3

算法交易

算法交易（algorithmic trading）最早产生于美国，描述利用计算机自动完成的交易过程。算法交易采用数量化分析手段，由计算机根据算法模型决定交易委托的下单时机、委托价格、交易数量与委托笔数等，自动发出指令实现（高频）证券买卖和资产组合管

理,无须人工干预。

2006~2009年,美国算法交易呈指数级增长,其市场份额已从2006年的约30%上升到2009年的约73%。在欧洲资本市场,算法交易也迅速增长,伦敦证券交易所约有70%的订单是通过算法交易执行的。同时,其他地区包括新兴市场也快速跟进,据统计,2010年日本和新加坡证券市场中算法交易使用率已超过30%。

从国内来看,算法交易尚处于系统研究和初步试验阶段:国泰安信息技术有限公司2008年推出的"国泰安算法交易系统 V1.0"是国内第一个采用国际主流交易策略的算法交易平台。之后海通证券开发了"海通彩虹算法交易平台"。2012年7月,中信证券宣布购买Progress Software公司的Apama算法交易平台。此后不久,广发证券则宣布与美国Stream Base等公司合作开发基于复杂事件处理技术的算法交易系统。目前国泰君安、华泰联合、中银国际、招商证券、光大证券、宏源证券等也都正大力开发算法交易系统。

就相关影响来看,2010年5月6日下午美国股市"闪电暴跌",道琼斯30种工业股票平均价格指数盘中暴跌近1 000点,导致Excelon、Boston Beer、Centerpoint等公司股价瞬间最大跌幅高达99%。事后的调查报告指出,"闪电暴跌"源于一家交易公司在市场饱受压力时交易电脑自动执行卖出指令,造成市场巨大的连锁反应。我国光大证券"乌龙指"事件也是算法交易的一个典型案例。

Easley和O'Hara(2003)发现,算法交易能够改进市场流动性,增加投资者的市场参与度,降低企业融资成本。Hendershott等(2011)证实,算法交易与流动性正相关,市场更多地采用算法交易会缩小买卖价差,减少逆向选择行为,降低交易过程中的价格发现能力,但将增加市场流动性,使报价具有更高的信息含量。Schmitz(2010)发现算法交易能够取得超额收益,夏普比率达9.9。Breuer和Burghof(2013)的研究表明,算法交易将增加专业投资者盈利和噪声交易者损失的概率,同时降低买卖价差平均水平,但会导致更高的波动率。高频交易(high-frequency trading)是算法交易的一个子集,即依靠计算机程序实现快速的决策与交易,主要发生在跨市场间操作。高频交易之高频以秒甚至毫秒为单位。这就产生了"协同定位效应",即投资公司把交易主机设在交易所附近。

二、交易机制与交易指令

总体而言,交易机制可分为竞价交易机制、做市商机制和混合交易机制三种制度安排。

(一)竞价交易机制

竞价交易机制又称指令驱动(order driven)机制,该机制下证券买卖双方的订单直接进入交易市场,市场的交易中心以买卖价格为基准按照一定的原则和规则进行撮合成交。

竞价交易机制下价格的形成取决于交易者的买卖指令。它又分为集合竞价和连续竞价两种价格形成机制。集合竞价即间断性竞价，其买卖订单不是在收到之后立即予以撮合，而是由交易中心将在不同时点收到的订单累积起来，到一定时刻再进行撮合。在连续竞价机制下，交易和价格会在交易日的各个时点连续不断地进行和形成，只要存在两个匹配的订单，交易就会发生。连续竞价交易机制由以下的交易原则和交易规则形成。

交易原则：价格优先，时间优先。

交易规则：①交易时间，即交易都在确定的时间内开始和结束；②交易单位，即交易所通常会规定一个最小的买卖数量作为交易单位，俗称为"一手"，委托的数量为"一手"的整数倍；③最小价格变动单位，即交易所规定每次报价和成交的最小变动单位；④价格形成，即交易所按连续、公开竞价方式形成证券价格，当买卖双方在交易价格和数量上取得一致时，便立即成交并形成价格；⑤涨跌幅限制，即为保护投资者利益，防止股价暴涨暴跌，需要对股价的涨跌幅加以限制，超过涨跌幅的委托都是无效的。

> **案例 1.3**

价格优先，时间优先

假设某交易日某只股票有下列四个卖单，如表 1.4 所示。

表 1.4　某交易日某只股票的四个卖单

卖单	交易量/手	时间	报价/元
a	350	13：45：00	19.50
b	160	13：46：00	19.52
c	280	13：46：00	19.51
d	160	13：48：00	19.50

按照"价格优先，时间优先"的交易原则，可能的成交顺序是哪一个？

A．c b d a　　　　B．a b c d　　　　C．b c a d　　　　D．a d c b

与做市商机制相比，竞价交易机制交易成本较低，市场透明度较高，但其最大的弊端是不利于大宗交易的顺利完成，且市场流动性和稳定性较做市商市场差。

（二）做市商机制

做市商机制也称报价驱动（quote driven）交易机制，该机制下证券交易的买卖价格均由做市商给出，证券买卖双方通过做市商成交而不直接成交。

做市商机制下价格形成的特征是价格由做市商报价形成。做市商是在看到买卖订单前报出卖价（bid price）和买价（ask price），而投资者在看到做市商报价后才下买卖订单。投资者以要价从做市商购买证券，以出价向做市商销售证券；要价一定大于出价，两者之差是做市商的收入来源。

在做市商机制下，做市商通过充分发挥交易中介的作用，可以大大提高市场的流动性和稳定性，并有利于大宗交易的顺利完成。但其弊端也是明显的：一是交易成本较高，实证研究表明，做市商市场的买卖差价高于竞价交易市场，这主要是对做市商提供做市服务的补偿；二是信息透明度低，相对于其他市场参与者，做市商具有独特的信息优势，因此，做市商常会利用内幕消息提前行动或者合谋限制竞争，不利于市场效率的提高和投资者利益的保护。

案例 1.4

新三板做市商制度交易规则

2014年6月5日，新三板做市商制度正式出炉。

《全国中小企业股份转让系统业务规则（试行）》规定，我国新三板市场将实施传统竞争性做市商制度，即股票采取做市转让方式的，应当有2家以上做市商为其提供做市报价服务。申请挂牌公司股票拟采取做市转让方式的，其中一家做市商应为推荐其股票挂牌的主办券商或该主办券商的母（子）公司。

做市商可以通过四种方式获得公司股票：挂牌公司定向增发、挂牌公司股份在全国股转系统转让、股份在挂牌前转让，以及其他合法方式。券商一般倾向挂牌前转让。

做市商转让交易制度如下。

（1）投资者买入股票当日不得卖出，做市商买入股票当日可以卖出。

（2）做市商持续发布买卖双向报价。投资者可以采用限价委托方式委托主办券商买卖股票。

（3）投资者之间不能成交、做市转让撮合时间做市商之间不能成交。

（4）全国股份转让系统接受限价申报、做市申报的时间为每个转让日的9：15至11：30、13：00至15：00。做市商应最迟于每个转让日的9：30开始发布买卖双向报价，履行做市报价义务。每个转让日的9：30至11：30、13：00至15：00为做市转让撮合时间。做市商每个转让日提供双向报价的时间应不少于做市转让撮合时间的75%。

（5）做市商每次提交做市申报应当同时包含买入价格与卖出价格，且相对买卖价差不得超过5%。相对买卖价差计算公式为相对买卖价差=（卖出价格-买入价格）÷卖出价格×100%。

（6）如有2笔以上做市申报到价的，按照价格优先、时间优先原则成交。

（7）做市商持有库存股不足1 000股时，可以免于履行卖出申报义务，但应及时向全国股转系统报告并调节库存股数量，最迟3个转让日恢复正常双向报价。

（三）混合交易机制

混合交易机制兼具做市商机制和竞价交易机制两类基本交易机制的特点。它是通过在做市商机制的基础上引入竞价交易机制（如 1997 年以后的纳斯达克），或者是在竞价交易机制的基础上引入做市商机制［如1986年以后的伦敦证券交易所（London Stock Exchange，LSE）］而形成的。也就是说，混合交易机制的形成有两种途径。

第一个途径是原先采用纯粹做市商机制的市场逐渐引入竞价交易机制，实现由竞争性做市商机制向混合型做市商机制的过渡，典型代表为纳斯达克，其于 1997 年实行新的委托处理规则[1]（order handling rules，OHR）后，至今已经建立起了竞价机制加竞争性做市商机制的混合模式。

第二个途径是原先采用竞价机制的市场引入竞争性做市商机制。在这种方式下，做市商的双边报价与投资者的委托共同参与集中竞价，交易仍然主要按照"价格优先、时间优先"的竞价原则进行，做市商或者承担连续报价的义务，或者只承担特定情况下报价的义务。这种混合型做市商机制的典型代表是英国伦敦证券交易所[2]。2003 年 11 月 3 日，伦敦证券交易所启用了新交易系统 SETS（securities electronic trading system），交易对象主要为原来在 SEAQ（securities exchange automate quotation，证券交易自动报价系统）交易的 FTSE 250 股票，以及其他符合条件的中盘股（mid caps）。该新系统的最大特点是充分发挥了 SETS 及 SEAQ 的优点，结合了 SETS 电子化自动交易指令簿和做市商机制的优点，对不同股票实行不同的交易制度：流动性较好的股票改为竞价交易方式，而流动性较差的则由注册做市商竞争报价。

> **阅读资料 1.4**

做市商制度在中国的发展历程

做市商制度在中国的探索和运用始于证券市场。成立于1990年12月的原"全国证券交易自动报价系统"（securities trading automated quotations system，STAQ）曾经试行做市商制度。

1993~1994 年，在深圳证券交易所内部及证券公司层面曾提出多份做市商研究报告，建议在 B 股市场建立做市商制度。1995 年，上海证券交易所组织有关证券市场引入做市商制度的研讨活动。

中国二板市场将目标定位在高起点、国际化、规范化上。要实现此目标，需要对包括交易制度在内的现行制度体系进行调整，是否引入做市商制度实行报价驱动机制引发

---

[1] 这一规则主要包括两方面改革：一方面，限价委托显示规则，要求优于做市商报价的限价委托必须在其报价中显示，或传递给另一机构显示；另一方面，新的报价规则强制条款，要求做市商不得在纳斯达克和 ECN（Electronic Communication Network）中显示不同的报价，除非 ECN 显示的最优价格能够为所有市场参与者观察到并可与之交易。1997 年 1 月首批 50 家股票开始执行此规则，到 1997 年 10 月 13 日所有的股票全部适用该规则。新委托处理规则对纳斯达克市场产生了重大影响，加速了竞价交易方式在纳斯达克市场的应用。

[2] 伦敦证券交易所是于 1986 年实施名为"大爆炸"（big bang）的重大改革时引入竞争性做市商机制的。

了争论。考虑到国际二板市场的整体环境及对主板市场的影响,我国二板市场至今仍没有推出。较为可取的意见是,中国二板市场引入做市商制度的模式应当是以电子自动撮合的竞价制度为主,以竞争性多元做市商制度为辅的混合交易模式。

我国 2014 年 8 月 25 日正式引入做市商制度,为新三板市场的发展注入活力。做市商交易对股票流动性改善效用凸显,发挥了对新三板股票的估值作用,降低了企业的融资成本等。

(四)交易指令

前面我们已经指出,竞价交易机制是由交易指令驱动的。指令类型包括市价指令(market order)、限价指令(limit order)、止损指令(stop-loss order)和限购指令(stop-buy order)。

市价指令即根据市场价格买入和卖出证券,成交速度最快,但缺点是投资者不能控制成交价格。

限价指令即投资者设置买价的上限或卖价的下限,超过或低于此限价投资者就放弃交易。该指令的优点是投资者可以控制成交价格,缺点是可能无法成交。

止损指令是指证券买方或卖方所面对的市价上升(下降)到触发价格以上(以下)时,该指令即转化为市价指令。

> **案例 1.5**
>
> **止损指令的特点**
>
> 假设某投资者曾以每股 15 元买进某股票,该股票目前的市价为每股 18 元。该投资者设立卖出止损指令,触发价格为 17 元,即一旦价格低于 17 元,则立即卖出(止损指令变为市价指令)。
>
> 由本案例可见,止损指令的特点如下:①从卖出止损指令来看,其订单的触发价格必须低于目前的市场价格水平;反之,买进止损指令的触发价格则必须高于目前的市场价格水平。而且,如果价格从 18 元一路攀升,则卖出止损指令将不能成交,此时投资者可以重新设定止损指令。②止损指令可以保护投资者已持有的证券获得利润(卖出止损指令)或防止(减少)损失(买进止损指令)。

限购指令即指定一个价格,当达到或超过这个价格时开始购买。

三、证券投资基金的交易

截至 2018 年 6 月 30 日,我国各类公募证券投资基金共有 5 289 只,这些基金的资产总规模达到 12.69 万亿元,成为继股票、债券之后我国证券市场中重要的交易品种。基金的类型不同,证券投资基金的交易方式也会不同。

（一）开放式基金的交易

开放式基金不能在二级市场交易，但可以向基金公司申购和赎回。开放式基金一般不在交易所挂牌交易，它通过基金管理公司及其指定的代销网点销售，其中银行是开放式基金最常用的代理销售渠道。投资者可以到这些网点办理开放式基金的申购和赎回，具体步骤如下：

（1）投资者若决定投资某基金管理公司的基金，首先必须到该基金管理公司指定的销售网点开立基金账户，基金账户用于记载投资者的基金持有情况及变更。

投资者申请开设基金账户应向销售网点提出书面申请，并出具基金招募说明书及基金契约中规定的相应证件。这些证件通常包括：法人投资者的营业执照复印件和法定代表人证明书及法定代表人授权委托书、个人投资者的身份证、用于结算的银行账号、预留印鉴卡等。

（2）投资者开始申购和赎回该基金管理公司所发行的开放式基金。每次申购赎回，投资者都必须到指定销售网点填写申购赎回申请表，若技术条件成熟也可以通过传真、电话和互联网发出指令。由于开放式基金的交易价格是以当日的基金净值为准，所以投资者在申购时只能填写购买多少金额的基金，等到申购次日早上前一天的基金净值公布后，才会知道实际买到了多少基金份额；而赎回时，投资者只要填写赎回份额就可以了。

（3）办理完申购赎回手续后，投资者可以到销售点打印成交确认单或交割单（基金管理公司一般也会定期给投资者邮寄一段时期内的交易清单）。至此，整笔交易就全部完成了。

除了上述申购、赎回方法外，投资者也可在基金公司代销点如证券公司购买。证券公司有专业的理财师能给投资者制定基金投资方案。此外还可以直接在基金公司购买，只是这样购买要求数额较大，适合机构投资者。

（二）封闭式基金的交易

封闭式基金可以在二级市场交易，但是不能像开放式基金那样申购和赎回。由于封闭型投资基金的份额不能被追加、认购或赎回，投资者只能通过证券经纪商在证券交易所进行基金的买卖。具体步骤如下。

（1）开立基金交易账户。与买卖股票一样，买卖封闭式基金的第一步就是到证券营业部开户，包括基金账户和资金账户。开户时需携带本人的身份证和该证券公司指定的银行卡。对于已有股票账户的投资人，则不需要另外再开立基金账户。原有的股票账户可以用于买卖封闭式基金，但基金账户却不可以用来买卖股票，只能用来买卖基金和国债。

（2）转入资金。在买封闭式基金之前，要向投资者在证券公司的资金账户里转入资金。

（3）买卖基金。封闭式基金的买卖和股票一样，在电脑、电话交易系统中输入相应的代码、价格、数量。

（三）指数型基金的交易

对投资者来说，购买指数基金有两个渠道：一是通过自己的开户银行、股票账户的场外基金申购或者基金公司等网站购买指数基金；二是通过股票账户在二级市场购买指数基金。前者指的是场外基金，后者指的是场内基金。

（四）货币市场基金的交易

货币市场基金仅投资于货币市场工具，主要包括短期（一年以内）的货币工具如国债、商业票据、银行定期存单、金融债、政府短期债券、企业债券等短期有价证券，它具有良好的流动性。

传统的货币基金分为两种，一种是普通的场外基金，算是低风险低收益类的，另一种是场内货币基金。场内货币基金是指可以在二级市场流通的货币基金，它是一种保证金余额管理工具，与股票投资实现无缝衔接，即买入基金当天开始享受收益，卖出基金后资金即刻到账，并可立刻用于股票投资，有"场内余额宝"之称，而且这类品种交易可通过券商交易终端直接买卖，无须另外开户或签约。在券商股票交易软件中输入货币ETF（exchange traded funds，交易所交易基金，也称交易型开放式指数基金）的代码，填写买入数量按照市价买入即可，卖出也是同理。

（五）ETF 与 LOF 基金的交易

ETF 是一种在交易所上市交易的、基金份额可变的一种开放式基金。ETF 是开放式基金的一种特殊类型，它结合了封闭式基金和开放式基金的运作特点，投资者既可以向基金管理公司申购或赎回基金份额，同时，又可以像封闭式基金一样在二级市场上按市场价格买卖 ETF 份额，不过，申购赎回必须以一篮子股票换取基金份额或者以基金份额换回一篮子股票。

上市型开放式基金（listed open-ended fund，LOF）是指在证券交易所发行、上市及交易的开放式证券投资基金。LOF 既可通过证券交易所发行认购和集中交易，也可通过基金管理人、银行及其他代销机构认购、申购和赎回，即在保持现行开放式基金运作模式不变的基础上，增加交易所发行和交易的渠道。

ETF 与 LOF 的区别在于：①ETF 的申购和赎回只能在交易所进行，也就是只能进行场内交易，LOF 既可以在交易所进行也可以在代销网点进行。②申购赎回的标的不同。ETF 采用"实物申购、实物赎回"，投资者申购到的是一篮子股票，赎回的也是一篮子股票。LOF 基金申购的可能是一篮子股票，但赎回的却是现金。

（六）FOF 基金的交易

基金中的基金（fund of funds，FOF）是一种专门投资于其他证券投资基金的基金。FOF 的开放期不是每天，有的是一个季度开放一周，有的是一个星期开放一日，其他的时间就无法买卖。普通基金只要不是处于封闭期的新基金，一般来说每天都可以进行交易。

按照投资标的交易场所的不同，FOF 可以被细分为场内 FOF、场外 FOF、混合 FOF

共三个小类：场内 FOF 指的是只通过场内交易的方式认购、申购、赎回基金的 FOF 产品；场外 FOF 指的是只通过场外交易的方法买卖基金的 FOF 产品，如 ETF、分级基金等；混合 FOF 指的是可以通过上述两大类渠道认购、申购、赎回、买卖基金的 FOF 产品，如在专业投资 ETF 和分级基金时常常会使用的套利交易。

➤本章小结

本章主要介绍了证券市场的特征、证券市场的基本功能、证券交易方式几个方面的内容。

证券市场是有价证券发行和流通，以及与此相适应的组织与管理方式的总称。通常包括证券发行市场和证券流通市场。证券市场的基本功能包括优化融资结构并拓展融资渠道、优化资源合理配置及促进产权交易。

证券发行市场即通常所说的一级市场，它是指证券发行人发行股票、债券和其他证券以筹集资金的市场。证券交易市场也称二级市场，是指已发行的证券在投资者间进行交易的场所。二级市场为一级市场新发行的证券带来流动性，换言之，一个功能完善的二级市场的存在会使一级市场的证券发行对投资者更具吸引力。

证券交易机制可分为竞价交易机制、做市商机制和混合交易机制三种机制。竞价交易机制又称指令驱动机制，该机制下证券买卖双方的订单直接进入交易市场，市场的交易中心以买卖价格为基准按照一定的原则和规则进行撮合成交。

竞价交易机制下价格的形成取决于交易者的买卖指令，它又分为集合竞价和连续竞价两种价格形成机制。集合竞价即间断性竞价，其买卖订单不是在收到之后立即予以撮合，而是由交易中心将在不同时点收到的订单累积起来，到一定时刻再进行撮合。

做市商机制也称报价驱动交易机制，该机制下证券交易的买卖价格均由做市商给出，证券买卖双方通过做市商成交而不直接成交。

做市商机制下价格形成的特征是价格由做市商报价形成，做市商是在看到买卖订单前报出卖价和买价，而投资者在看到做市商报价后才下买卖订单。投资者以要价从做市商购买证券，以出价向做市商销售证券；要价一定大于出价，两者之差是做市商的收入来源。

混合交易机制兼具做市商机制和竞价交易机制两类基本交易机制。它是通过在做市商机制的基础上引入竞价交易机制，或者是在竞价交易机制的基础上引入做市商机制而形成的。

目前在较发达的证券市场中除了现货交易外，大多允许进行信用交易。信用交易也称垫头交易，一般它是通过买空和卖空的方式进行。买空是指投资者向证券公司借入资金去购买更多的证券，它相当于购买了超过自己购买力的证券。卖空则是指投资者交纳一部分保证金，向经纪商借入证券来出售，待证券价格下跌后再买回证券还给借出者的行为，它相当于卖出了本不属于自己的证券。

证券投资基金是继股票、债券之后我国证券市场中重要的交易品种。依据基金的不同类型，证券投资基金的交易方式也是不同的。

练习题

一、名词解释

市价指令　限价指令

二、简答题

1. 简述证券市场的定义与特征。
2. 简述证券市场的基本功能。
3. 简述公司和资本市场间的资本流动。

三、计算分析题

假设某投资者向经纪商借款 15 000 元，购买每股 12 元的某股票 5 000 股，其垫金率为多少？如果该股票的市价上升为每股 15 元，垫金率是如何变动的？并简要说明信用交易的风险。

第二章

市场主体与投资工具

本章从投资主体,以及包括融资主体、中介主体和市场监管主体等在内的其他主体,对证券市场主体进行研究和介绍,并对证券投资工具进行分析和界定。

第一节 投资主体

证券市场的投资主体主要由机构投资者和个人投资者组成。其中机构投资者是最为重要的投资主体,主要包括证券投资基金、金融公司和其他机构投资者。

一、证券投资基金

目前在全球资本市场中,证券投资基金是规模最大、影响力最广泛的机构投资者。这里我们主要从投资主体的角度进行分析,其作为投资工具的属性将在本章第三节进行研究。

(一)证券投资基金的分类

从投资主体的角度看,作为一个专业的投资机构,我们可以从不同角度对证券投资基金进行分类。

1. 按组织形式

按组织形式分为契约型基金和公司型基金。

契约型基金又称单位信托,是指将投资者、管理人、托管人三者作为基金的当事人,通过签订基金契约的形式发行受益凭证而设立的一种基金。契约型基金起源于英国,后来在新加坡、印度尼西亚等地十分流行。契约型基金是基于信托原理而组织起来的代理投资方式,没有基金章程,也没有公司董事会,而是通过基金契约来规范三方当事人的行为。基金管理人负责基金的管理操作,基金托管人作为基金资产的名义持有人,负责基金资产的保管和处置,并对基金管理人的运作实行监督。

公司型基金是依据基金公司章程设立的,在法律上是具有独立法人地位的股份公司。公司型基金以发行股份的方式募集资金,投资者购买基金公司的股份后,以基金持有人身份成为基金公司的股东,凭借其持有的股份依法享有投资收益。公司型基金在组织形式上与股份有限公司类似,设有董事会和持有人大会,基金资产归基金公司股东所有。公司型基金的设立程序类似于股份有限公司,但不同于一般股份公司,它是委托基金管理公司作为专业的财务顾问或管理公司来经营、管理基金资产的。

契约型基金与公司型基金的主要区别如下:①资金的性质不同。契约型基金的资金是通过发行基金份额筹集起来的信托财产;公司型基金的资金是通过发行普通股票筹集起来的,是公司法人的资本。②投资者的地位不同。契约型基金的投资者在购买基金份额后成为基金契约的当事人之一。投资者既是基金的委托人,即基于对基金管理人的信任,将自有资金委托给基金管理人管理和营运,又是基金的受益人,即享有基金的受益权。公司型基金的投资者在购买基金公司的股票后成为该公司的股东,享有投票权和决策权。因此,公司型基金的投资者对基金运作的影响大于契约型基金的投资者。③基金的营运依据不同。契约型基金依据基金契约营运基金,而公司型基金必须依照基金公司章程营运基金。

2. 按投资标的

按投资标的分为国债基金、股票基金、货币市场基金等。

(1) 国债基金是一种以国债为主要投资对象的证券投资基金。由于国债的年利率固定,又有国家信用作为保证,因而这类基金的风险较低,适合稳健型投资者。国债基金的收益受市场利率的影响,当市场利率下调时,其收益会上升;反之,若市场利率上调,其收益将下降。除此之外,管理人在购买国际债券时,往往还需在外汇市场上做套期保值,因此汇率也会影响基金的收益。

(2) 股票基金是指以上市公司的股票为主要投资对象的证券投资基金。股票基金的投资目标侧重于追求资本利得和长期资本增值。基金管理人拟定投资组合,将资金投放到一个或几个国家,甚至全球股票市场,以达到分散投资、降低风险的目的。股票基金是最重要的基金品种,它的优点是资本的成长潜力较大,投资者不仅可以获得资本利得,还可以通过股票基金将较少的资金投资于各类股票,从而达到在保持较高收益的同时降低投资风险的目标。按基金投资的分散化程度,股票基金可分为一般股票基金和专门化股票基金,前者分散投资于各种普通股票,风险相对较小;后者专门投资于某一行业、某一地区的股票,风险相对较大。由于股票投资基金聚集了巨额资金,为防止基金过度投机和操纵股市,各国政府对股票基金都进行了严格的监督,不同程度地规定了基金购买某家上市公司的股票总额不得超过基金资产净值的一定比例。

(3) 货币市场基金是以期限在一年以内的货币市场工具为投资对象的基金,投资对象包括银行短期存款、国库券、公司短期债券、银行承兑票据及商业票据等。货币市场基金的优点是资本安全性高、购买限额低、流动性强、收益较高、管理费用低,有些还不收取赎回费用。因此，货币市场基金通常被认为是低风险的投资工具。

（4）黄金基金是指以黄金或其他贵金属及其相关产业的证券为主要投资对象的基金。其收益率一般随贵金属的价格波动而变化。

（5）衍生证券投资基金是一种以衍生证券为投资对象的基金，包括期货基金、期权基金、认股权证基金等。这种基金风险大，因为衍生证券一般是高风险的投资品种。

案例 2.1

中国的公募基金

表 2.1 列示了截至 2018 年 6 月 30 日，中国不同类型公募基金的数量及其基金份额。

表 2.1　中国的基金类型

基金类型	基金数目/只	基金份额/亿份
股票型	1 321	10 115.98
混合型	3 089	16 925.80
债券型	2 171	19 352.34
货币市场型	774	89 602.71
QDII	237	946.38
另类投资基金	37	292.02

注：QDII，qualified domestic institutional investor，合格境内机构投资者
资料来源：Wind 数据库

3. 按投资目标

按投资目标分为成长型基金、收入型基金和平衡型基金。

成长型基金追求的是基金资产的长期增值。为了达到这一目标，基金管理人通常将基金资产投资于信誉度较高、有长期成长前景或长期盈余的公司股票。成长型基金又可分为稳健成长型基金和积极成长型基金。

收入型基金主要投资于可带来现金收入的有价证券，以获取当期的最大收入为目的。收入型基金资产的成长潜力较小，损失本金的风险相对也较低，一般可分为固定收入型基金和股票收入型基金。固定收入型基金的主要投资对象是债券和优先股，收益率较高，但长期成长潜力较小，且当市场利率波动时，基金净值容易受到影响。股票收入型基金的成长潜力较大，但易受股市波动的影响。

平衡型基金将资产分别投资于两种不同特性的证券上，在以取得收入为目的的债券及优先股和以资本增值为目的的普通股之间进行平衡。这种基金一般将 25%~50% 的资产投资于债券及优先股，其余投资于普通股。平衡型基金的主要目的是从其投资的债券组合中得到适当的利息收益，同时又可以获得普通股的升值收益。投资者既可以得到当期收入，又可以获得资金的长期增值。平衡型基金的优点是风险比较低，缺点是成长潜力不大。

4. 其他类型基金

（1）对冲基金（也称避险基金或套利基金）意为"风险对冲过的基金"，起源于20世纪50年代初的美国。其操作宗旨在于利用期货、期权等金融衍生产品及对相关联的股票进行空买空卖、风险对冲的操作技巧，在一定程度上规避和化解投资风险。1949年，世界上诞生了第一只采取有限合作制的琼斯对冲基金。对冲基金自20世纪50年代出现以来，在接下来的30年并未引起太多关注。直到20世纪80年代，随着金融自由化的发展，对冲基金有了更广阔的投资机会，才进入了快速发展阶段。20世纪90年代，随着世界通货膨胀威胁逐渐减少，金融工具日趋成熟和多样化，对冲基金进入了蓬勃发展时期。投资活动的复杂性、投资效用的高杠杆性、筹资方式的私募性，以及操作的隐蔽性与灵活性是目前对冲基金最主要的特点。

（2）此外，还有伞形基金、FOF和保本基金等不同的基金类型。伞形基金是指在母基金下设立子基金，其意图是进一步扩大投资者的选择空间；FOF是指其投资以基金为对象；保本基金的特点在于保证本金的安全[①]，其主要以债券为投资对象。

（二）证券投资基金的投资特点

证券投资基金之所以在许多国家受到投资者的广泛欢迎，发展迅速，与证券投资基金本身的投资特点密切相关。作为一种现代化投资工具，证券投资基金的特点如下。

（1）集合投资。基金的特点是将零散的资金汇集起来，交由专业机构投资于各种金融工具，以获得资产增值。基金对投资的最低限额要求不高，有些基金甚至不限制投资额大小，这使投资者可以根据自己的经济能力决定购买数量。证券投资基金可以最广泛地吸收社会闲散资金，汇成规模巨大的投资资金，在参与证券投资时，可以享有大额投资在降低成本上的相对优势，取得规模效益。

（2）分散风险。以科学的投资组合降低风险、提高收益是基金的另一大特点。在投资活动中，风险和收益总是并存的。小额投资者由于资金有限，很难做到资产多样化。基金由于其集合投资的特点，可以利用集中起来的资金，在规定的投资范围内分散投资于多种证券，实现资产组合多样化，达到分散投资风险的目的。

（3）专业理财。将分散的资金集中起来以信托方式交给专业机构进行投资运作，既是证券投资基金的一个重要特点，又是它的重要功能。基金实行专业理财制度，具备丰富证券投资经验的专业人员可以运用各种技术手段收集、分析各种信息资料，预测金融市场上各个品种的证券的价格变动趋势，制订科学的投资策略和投资组合方案，从而最大限度地获取收益。对中小投资者来说，投资者可以获得基金管理人在市场信息、投资经验、金融知识和操作技术等方面的优势，尽可能地避免盲目投资带来的失误。

二、金融公司

金融公司是指作为投资主体的证券公司（securities company）、保险公司（insurance company）、信托公司（trust company）、财务公司（finance company）和银行等金融

[①] 一般只对到期的本金保本，非到期本金则按基金净值计算。

机构。

（一）证券公司

证券公司是指专门从事有价证券买卖的法人企业，分为证券经营公司和证券登记公司。狭义的证券公司是指证券经营公司，它具有证券交易所的会员资格，可以承销发行、自营买卖或代理买卖证券。从证券经营公司的功能划分，可分为证券经纪商、证券自营商和证券承销商。证券经纪商是指代理买卖证券的证券机构，该机构接受投资人委托，代为买卖证券，并收取一定手续费，即佣金；证券自营商是指自行买卖证券的证券机构；证券承销商是指以包销或代销形式帮助发行人发售证券的机构。实际上，许多证券公司是兼营这三种业务的。按照各国现行的做法，证券交易所的会员公司均可在交易市场进行自营买卖，但专门以自营买卖为主的证券公司为数极少。

作为证券自营商，证券公司只能动用资本金和自由运营资金，以及其他经过批准的资金，而不能动用客户端的保证金等去投资。证券公司用其资本金、自由运营资金或者其他经过批准的资金在证券市场进行投资时，有资金优势、信息优势、进出市场方便等特点，可以实现规模化投资和良好的投资分散组合，实现专业化管理。作为投资主体，证券公司的投资目的是营利，不过证券公司有时以自由资金入市是为了维护市场流动性和活跃交易。

（二）保险公司

保险公司是指经营保险业的经济组织。作为一种金融中介，其业务特点是在投保人发生某种损失并符合保险赔付条件时进行支付，而投保人为得到这样的保险赔付必须在事先签订保险合同并支付保险金。保险公司一般包括直接保险公司和再保险公司，在中国一般是指直接保险公司，而直接保险公司一般可以分为人寿保险公司和财产意外保险公司两大类。

保险公司的主要收入来自保费，而主要支出则是保险赔付和自身运行成本，收入减去各类支出后形成保险公司的利润。保险公司是西方证券市场的主要机构投资者之一。据统计，全球每年有高达4万亿美元的保费收入，而这些保费中有90%都用于再投资，且投资有价证券的比例高达40%，高于其他任何投资方式。

人寿保险的特点在于其保险赔付的可预测性，而且赔付仅限于契约规定的事件发生时或者到期时才会支付。因此人寿保险公司具备资金来源相对稳定、支付可预测的特点，故作为投资主体的人寿保险公司在证券市场投资目标上以追求高收益为目标，主要投资于高收益高风险的股票。

财产意外保险则具备偶发性和不确定性，故保险赔付具备不可预测性的特点。这决定了财产意外保险公司作为证券市场投资主体在市场选择上和投资工具选择上有自己的特点。财产意外保险公司非常注重流动性，故在市场选择上一般进入货币市场。在证券市场上，财产意外保险公司一般选择国债作为投资工具，或者选取高质量的企业债券作为投资对象。

（三）信托公司

信托公司是指依法设立的主要经营信托业务的金融机构。这里的信托业务是指信托公司以营业和收取报酬为目的，以受托人身份承诺信托和处理信托事务的经营行为。

一般而言，信托产品可以分为如下四类：贷款信托类，即通过信托方式吸收资金用来发放贷款，这种类型的信托产品，是目前数量最多的一种；权益信托类，这一类型的信托产品，是通过对能带来现金流的权益设置信托的方式来筹集资金；融资租赁信托；不动产信托，土地与地上或地下的各种建筑设施统称为不动产，最典型的就是房地产信托。

国际上信托公司的投资业务大多分为两类：以某公司的股票和债券为经营对象，通过证券买卖及股利、债息获取收益；以投资者身份直接参与对企业的投资。信托公司在证券市场上仍然采取专家管理，采取分散化组合投资策略。

（四）财务公司

财务公司是一种提供部分非银行金融业务，在证券市场上以投资国债和企业债为主，对证券投资采用谨慎态度，注重安全性的公司。财务公司以自有资金和经主管部门批准的资金进行投资。西方国家的财务公司还兼营外汇、联合贷款、包销证券、财务及投资咨询服务等。

（五）银行

这里的银行主要是指商业银行。银行作为间接融资市场的主体，在间接融资市场充当金融中介。但银行也可以在证券市场上充当参与主体，作为筹资者，银行可以发行金融债券或者股票进行筹资；同时，银行也可以动用合法资金，在证券市场上投资国债、企业债和股票，成为证券市场的投资主体。需要说明的是，目前大多数国家禁止银行投资工商企业的股票，但随着银行业务综合化的趋势，股票有可能成为银行的投资品种。

银行作为机构投资者参与证券市场，其资金来源是银行自有资金及经过批准的资金，其参与证券市场投资必须确保流动性和安全性，流动性和安全性是第一位的，营利性是其次的。另外，银行充当证券市场投资者的目的是优化资产的期限结构和降低流动性风险，如通过持有流动性高风险低的债券，优化其资产的期限结构，降低整体风险。各国对银行参与证券市场都进行了不同程度的限制，中国采取了分业经营政策，按照政策法律规定，银行的自由资金投资证券市场的范围仅限于国债，不准投资股票市场。

案例 2.2

中国金融公司的股票投资

表 2.2 列示了截至 2018 年 6 月底，中国金融公司的股票投资情况。

表 2.2 金融公司的股票投资

机构类型	持有证券数量/万股			持股市值/万元		
	本期	变动	上期	本期	变动	上期
保险公司	431	−25	456	104 773 206.97	−12 118 098.52	116 891 305.49
券商集合理财	159	−12	171	6 950 797.18	−699 566.21	7 650 363.39
券商	279	−87	366	4 092 211.29	−1 342 954.41	5 435 165.70
财务公司	25	1	24	179 543.71	−11 779.39	191 323.10
信托公司	67	−1	68	4 222 287.16	−643 542.44	4 865 829.60
银行	21	0	21	878 418.56	−88 923.75	967 342.31

资料来源：Wind 数据库

三、其他机构投资者

其他机构投资者主要包括私募基金、QFII[①]、社保基金、非金融类上市公司和企业年金。这些机构大多没有从事金融业务的完全牌照，但却是证券市场中重要的机构投资者。

（一）私募基金

私募基金是相对于公募基金而言的，是指通过非公开方式，面向少数机构投资者或者特定募集对象的基金。私募基金的设立并不通过公开募集的方式，因而广告费等费用少；由于是定向募集，募集成功机会大；同时由于信息披露等要求低，受到的监管少。目前，中国私募基金还没有得到法律的正式承认，但却以各种形式存在着。就投资方向来说，私募基金既可以投资证券市场又可以投资实际产业。

作为机构投资者，私募基金与公募基金类似，有着专家理财、集合投资分散风险、收益共享风险共担的特点。但私募基金的独特点在于，私募基金的发起人、管理人必须以自有资金投入基金管理公司，基金的运作与他们的自身利益紧密相关。同时，私募基金的投资对象非常明确，服务对象也十分明确，而且严格限制投资者范围。投资策略高度保密、操作手法多样性等也是私募基金的特点。

中国的私募基金

表 2.3 显示了截至 2018 年 6 月底，中国私募基金的有关情况。

表 2.3 中国的私募基金

基金类型	基金数目/只	基金份额/亿份
私募证券投资基金	35 983	25 362.44
股权投资基金	25 883	71 980.08
创业投资基金	5 693	7 486.89
顾问管理基金	3 814	8 779.16
其他	6 295	21 192.64

---

① QFII：qualified foreign institutional investor，合格境外机构投资者。

表 2.3 中的顾问管理基金主要指借助通道（信托、期货资管、券商资管、基金专户、基金子公司资管计划等）发行产品，通道方作为基金管理人，私募本身作为产品的投资顾问去管理，其数据截至 2017 年 12 月 31 日，其他数据截至 2018 年 6 月 30 日。

（二）合格境外机构投资者

一些国家和地区，尤其是新兴市场经济体，在对外开放的过程中，由于货币没有实现完全自由兑换，在资本项目存在管制的情况下，为避免和控制外资介入可能带来的负面影响、防范证券市场开放带来的市场风险、维护金融体系安全与稳定，相继引入了 QFII 制度。20 世纪 90 年代初期，一些发展中国家，如印度、巴西等陆续成功引入 QFII。一国管理部门可以对 QFII 实施必要的限制，常见的限制包括资格条件、投资登记、投资额度、投资方向、投资范围、资金的汇入和汇出限制等。这些限制的存在使 QFII 与本国的经济和证券市场的发展相适应，可以有效地抑制境外投机性游资对经济的冲击，进而推动本国资本市场的国际化和健康发展，保护本国资本市场的独立性。作为一种过渡性制度安排，随着证券市场的最终完全开放，政策放宽直至最终被取消是 QFII 未来的发展方向。

在证券市场上，QFII 的市场功能体现在六个方面：第一，优化投资者结构；第二，QFII 的投资理念、营利模式、投资策略等带来示范效应；第三，发挥作为机构投资者的功能；第四，规范市场运行，恢复投资者信心；第五，加速证券市场国际化步伐；第六，长远地看，QFII 的功能在于为国内市场的改革和开放提供动力。QFII 的引入，注入了新鲜血液，带来了新的理念、营利模式和操作技巧，深刻地影响微观市场和宏观市场，从而为国内市场的改革和开放提供了动力。

中国证券市场的其他机构投资者

表 2.4 显示了截至 2018 年 6 月底，中国证券市场上其他机构投资者的股票投资。

表 2.4　中国市场上其他机构投资者的股票投资

机构类型	持有证券数量			持股市值/万元		
	本期	变动	上期	本期	变动	上期
社保基金	558	25	533	22 867 513.81	302 302.49	22 565 211.32
QFII	275	−6	281	14 108 276.72	500 321.07	13 607 955.65
阳光私募	1 066	−146	1212	28 764 798.64	−4 956 241.52	33 721 040.16
非金融类上市公司	226	8	218	36 661 456.42	−4 515 027.64	41 176 484.06
企业年金	29	−5	34	164 623.93	21 618.61	143 005.32

资料来源：Wind 数据库

第二节　证券市场的其他主体

本节从融资主体、中介主体和市场监管主体等角度，对证券市场中除投资主体之外的其他主体进行研究和介绍。

一、融资主体

证券市场的融资主体包括公司、金融企业和政府。广义的融资既包括资金的融入又包括资金的融出，而这里所讲的融资是指狭义的融资，专指资金的融入。市场的融资主体主要是上市公司或证券发行人[①]。在一个证券市场中，融资者提供了初始证券的供给。这里首先需要明确的是，证券的供给可分为存量供给和增量供给，前者是指二级市场上证券持有者的卖出行为；后者是指融资者为筹措资金而在一级市场上发行证券导致的证券供给。也就是说，存量供给是投资者之间在二级市场上的买卖行为，其买卖标的是已存在（上市）的证券；增量供给是融资者与投资者之间在一级市场上的买卖行为，其交易标的是初次发行（但未上市）的新增证券。

证券市场的融资主体包括公司[②]、金融企业和政府。作为筹资主体，它们是证券市场的资金需求者。融资通过在证券市场上发行有价证券（主要是股票和债券）进行。这些有价证券被称为融资工具（financial instruments）。从投资者角度来说，融资工具又被称作金融资产（financing assets）。

（一）公司

公司历来是证券市场上主要的资金需求者之一。公司在证券市场上筹资的目的大致有以下几种：第一，降低平均资金成本；第二，改变资本结构，优化财务结构；第三，为特定项目或资本运作[③]进行融资；第四，为扩大生产规模融资；第五，为满足临时性、周转性资金需求而融资；第六，其他目的。

在证券市场上，公司筹集的资金需求规模巨大，同时，可供公司选择的筹资方式也多种多样。从筹资工具来看，公司既可以采用发行股票方式进行融资，也可以采用发行债券方式进行融资，还可以通过发行其他融资工具（如可转换债券）进行融资。就地域来说，公司既可以选择国内融资，也可以选择国外融资，如我国不少公司就选择到美国和新加坡等地的债券市场上筹措资金。但是，无论在什么地方筹资，都需要具备相应的筹资资格和符合证券发行条件。

公司的短期融资需求可以通过发行短期债券予以解决，而长期融资需求则可采取发行中长期债券或者发行股票（包括首发、增发或者配股）等方式进行解决。需要说明的是，证券市场融资并不是企业融资的唯一渠道，企业还可选择内源融资（也就是通过未分配利润转增资本）或其他外源融资方式，如政府贷款、国际组织贷款、银行贷款和金融租赁等。

[①] 实际上，证券公司及公司型证券投资基金等机构也会构成融资主体。
[②] 就中国来说，这里的公司是指按照《中华人民共和国公司法》，经有关部门批准，有资格和有条件在证券市场上通过发行股票或债券进行筹资的非金融类公司。后面在不加说明的情况下，我们所说的公司是指非金融类公司，也就是工商企业。
[③] 如为了并购（merger & acquisition, M&A）而进行的融资。

（二）金融企业

作为筹资主体的金融企业与非金融公司类似，可以通过在证券市场上发行股票或债券（金融企业债券）进行融资。金融企业在证券市场上发行证券的目的大致有以下几种：第一，补充资本金，增强抵御金融风险的实力。例如，民生银行、招商银行、深圳发展银行等股份制银行发行股票和次级债券非常重要的目的之一就是补充资本金；证券公司等金融企业通过发行股票壮大资本实力。第二，实现股权开放化，优化治理结构，增强竞争力。例如，传统的中国四大商业银行——中国银行、中国建设银行、中国工商银行和中国农业银行均已完成了股份制改造，成功上市。第三，其他特定目的。例如，商业银行为了特定项目贷款筹资而发行的证券。

我们将金融企业划分为商业银行和非银行金融企业（包括政策性银行[①]、企业财务公司和其他金融机构）两类。金融企业可以通过发行金融债券进行融资。根据中国人民银行制定的《全国银行间债券市场金融债券发行管理办法》可知，金融债券是指依法在中华人民共和国境内设立的金融机构法人在全国银行间债券市场发行的、按约定条件还本付息的有价证券。这些金融机构法人包括政策性银行、商业银行、企业集团财务公司及其他金融机构。而商业银行次级债券是指商业银行发行的，本金和利息的清偿顺序列于商业银行其他负债之后、商业银行股权资本之前的债券。需要说明的是，商业银行次级债券是金融债券的一种，其募集资金的用途被限定为补充附属资本。相对于商业银行次级债券而言，金融债券的发行人包括所有金融机构，所募资金用途也较为广泛，而不仅限于补充附属资本。

（三）政府

这里的政府包括中央政府和地方政府。政府作为筹资主体进入证券市场的特点在于其仅参与债券市场。政府在证券市场融资的目的大致有以下几种：弥补财政赤字、筹措经济建设所需资金、宏观调控目的和其他特别目的（如中国财政部曾发行特别国债补充国有银行资本金）。政府作为筹资者既可以进入国内证券市场，也可以进入国外市场。中央政府发行的债券在中国被称为国债，其特点是不存在信用风险、利率低、流动性高和收入免税[②]。

案例 2.5

中国证券市场的融资情况

表 2.5 给出了中国证券市场上 2012~2017 年股票和债券的融资情况。

[①] 严格地说，政策性银行不属于企业，但是根据规定政策性银行可以发行证券筹集资金，因此从其在证券市场筹资的角度，我们在不严格区分的情况下将其视为金融企业的一部分。

[②] 中国正在逐步试点地方政府债券的发行。经国务院批准，2014 年上海、浙江、广东、深圳、江苏、山东、北京、江西、宁夏、青岛试点地方政府债券自发自还。

表 2.5　中国证券市场 2012~2017 年的融资情况

年份	境内股票融资（非金融企业）/亿元	企业债券融资/亿元	社会融资总规模/亿元
2012	2 522	22 541	157 631
2013	2 217	18 113	173 169
2014	4 345	24 258	164 571
2015	7 604	29 399	154 086
2016	12 416	29 993	178 022
2017	8 734	4 495	223 969

资料来源：Wind 数据库

二、证券市场的中介主体

分工和专业化能够提升效率，这一点在证券市场上也得到了淋漓尽致的体现。融资者要想提升融资的效率并取得融资的成功，就离不开各类市场中介提供的专业化服务；投资者要正确解读各种公开信息的含义并充分利用这些信息进行投资决策，就需要各类专业中介机构的服务和指导。

证券市场中的中介主体主要包括证券公司、会计师事务所、律师事务所和证券投资咨询公司等，其主要任务是为证券市场中的投融资双方服务，满足投融资双方的相关需求。

（一）证券公司

证券公司又称证券商或投资银行，其主要业务包括证券经纪、投资银行、资产管理和证券投资[①]。

1. 证券经纪业务

证券经纪业务是指证券公司充当投资者之间买卖证券的中介，为投资者提供买卖决策建议等服务，并收取交易佣金的业务方式。这一业务方式自证券公司产生之日起存在，至今仍是证券公司的重要业务方式和利润来源。

2. 投资银行业务

投资银行业务主要包括企业上市策划、证券营销、购并业务等，这些业务都会给证券公司带来数额较大的顾问费或提成收入。特别是购并业务已成为全球主要证券公司的一项重要利润来源渠道，证券公司在购并业务中已不仅仅局限于为购并双方提供顾问服务，而是通过提供杠杆资金等方式，逐步成为购并中的一方。投资银行业务所创造的利润在各证券公司中所占比例正在逐步上升，见表 2.6。

---

① 传统上，根据证券公司的业务范围，可分为经纪性证券公司和综合性证券公司。前者以经纪业务充当投资者之间买卖证券的中介，为其主营业务；后者则是四大业务同时开展。这里我们研究证券经纪、投资银行和资产管理三大业务，证券投资已在第一节介绍。

表 2.6 美国三大证券公司投行业务收入

年份	2013			2014		
证券公司	J.P.摩根	高盛	摩根士丹利	J.P.摩根	高盛	摩根士丹利
投行收入/10^6 美元	6 454	6 004	5 246	6 542	6 464	5 948
占总收入比重	11.92%	17.55%	16.58%	12.94%	18.72%	18.31%

资料来源：各公司 2014 年度财务报告

3. 资产管理业务

资产管理业务是证券公司一项较新的业务方式，它主要为客户提供财务顾问服务、资产配置和处置服务、代客理财服务等，并收取服务费。该项业务所创造的收入也已成为证券公司的重要利润来源，见表 2.7。

表 2.7 美国三大证券公司资产管理收入

年份	2013			2014		
证券公司	J.P.摩根	高盛	摩根士丹利	J.P.摩根	高盛	摩根士丹利
资产管理收入/10^6 美元	15 106	5 194	9 638	15 931	5 748	10 570
占总收入比重	28.35%	15.18%	30.46%	31.50%	16.65%	30.53%

资料来源：各公司 2014 年度财务报告

案例 2.6

中国证券公司的利润构成

表 2.8 显示了 2011~2017 年中国证券公司的利润构成。由表 2.8 数据可知，传统的证券经纪业务的利润占比有明显的下降趋势，而资产管理业务的利润占比在逐渐上升。这说明中国证券公司近年来已经展现了明显的业务转型，正在由传统的比较纯粹的市场中介向资产管理者的身份转变。

表 2.8 中国证券公司的利润构成

年份	证券经纪业务收入占比	投资银行业务收入占比	资产管理业务收入占比
2011	0.51%	0.18%	0.02%
2012	0.39%	0.16%	0.02%
2013	0.48%	0.11%	0.04%
2014	0.40%	0.12%	0.05%
2015	0.47%	0.09%	0.05%
2016	0.32%	0.21%	0.09%
2017	0.26%	0.16%	0.10%

数据来源：根据 Wind 数据库整理

（二）其他中介

其他市场中介主要包括会计师事务所、律师事务所、证券投资咨询公司等。

1. 会计师事务所

1853年,苏格兰爱丁堡创立了第一个注册会计师专业团体——爱丁堡会计师协会,该协会的成立,标志着注册会计师职业的诞生。

注册会计师事务所中与证券、期货相关的业务主要是指对证券、期货相关机构的会计报表审计、净资产验证、实收资本(股本)的审验及盈利预测审核等业务,具体包括以下内容。

(1)为股票发行上市出具相关报告,包括发行公司近三年的财务审计报告、验证报告、验资报告、盈利预测的审核报告等。

(2)接受委托,对上市公司董事会准备提交给股东大会讨论表决的会计报表进行审计并发表审计意见。

(3)接受委托和指定,对证券经营机构向中国人民银行和证监会提供的会计报表进行审计。

(4)接受委托,对股票发行和交易机构的其他业务活动进行监督和咨询。

(5)接受委托,对证券交易所的年度报表和主要领导人离任财务情况进行审计。

(6)接受委托,对期货交易所的年度财务报告和其主要负责人的离任财务情况进行审计。

(7)接受委托,对期货经纪公司的年度会计报表进行审计。

2. 律师事务所

按照有关规定,律师事务所的证券法律业务主要包括以下内容。

(1)为证券发行和上市活动出具法律意见书。股票发行人、可转换债券发行人和证券投资基金发起人必须聘请律师事务所及相关律师,对有关文件进行审查并出具法律意见书。法律意见书主要内容包括:申请人所附文件是否齐备、真实;股份公司的筹备是否符合要求;公司章程是否有明显瑕疵;公司的股东结构及不同主体的持股比例是否符合法律要求;资产评估、盈利预测是否合理;公司重大诉讼案件、未了结的案件可能会出现何种判决结果等。

(2)为证券承销活动出具验证笔录。证券承销机构、可转换债券主承销商从事承销业务,必须聘请律师,参照证监会的有关规定制作验证笔录。

(3)审查、修改、制作与证券发行、上市及交易有关的法律文件,包括审查、修改和制作公司章程、招股说明书、债券募集办法、上市申请书、上市公告书、重大事件公告书、证券承销协议书及股东大会决议和董事会决议,为公司重组提供法律服务等。

3. 证券投资咨询公司

1)证券投资咨询公司的性质及特点

证券投资咨询机构是为证券市场参与者投融资活动、证券交易和资本运营等提供专业性咨询服务的机构,其主要业务特点是可根据客户的要求,收集大量的基础信息资料,进行系统研究分析,并据此向客户提供分析报告和操作建议,帮助客户建立投资策略,确定投资方向。证券投资咨询机构的出现,一方面是基于证券市场专业化的要求,另一方面也符合证券市场的公开、公平、公正原则。

2）证券投资咨询公司的业务范围

证券投资咨询业务是指证券投资咨询机构及其投资咨询人员为证券投资人或客户提供证券投资分析、预测或建议等直接或间接的有偿咨询服务的活动。证券投资咨询公司的业务范围一般包括：①接受投资人或客户委托，提供证券投资咨询服务；②举办有关证券投资咨询的讲座、报告会、分析会；③在报刊上发表证券投资咨询文章、评论、报告，通过电台、电视台等公众传播媒体提供投资咨询服务；④通过电话、传真、网络等电信设备系统提供证券投资咨询服务等。

（三）市场中介服务机构的作用

总体而言，证券市场中介服务机构的作用主要体现在其监督作用上。一般来说，一个发达的证券市场，律师事务所、会计师事务所、证券评级机构、评估机构、投资咨询机构都承担着相应的社会监督职能。证券市场中介服务机构的社会监督作用主要表现在如下方面。

1. 对证券市场参与主体的行为及资信状况进行评价

会计师事务所、律师事务所、资产评估事务所、证券评级机构，通过审计、出具法律意见书，对上市公司、证券公司等市场参与主体进行评价、监督和制约，有助于敦促各市场参与主体合法合规经营，以提高信用程度。

2. 维护公开、公平、公正的市场环境

注册会计师通过客观、公正、独立的审计和鉴证服务，对公司财务信息的真实性、完整性、合法性及时进行披露，注册律师通过审定公司文件，保证公司文件的真实性、准确性和完整性，有助于维护投资者利益，它们都是维护证券市场公开、公平、公正的重要的社会力量。

3. 教育和保护投资者

证券投资咨询机构通过收集信息及公司调研，在充分占有基础信息资料的基础上，进行系统的专业研究，向客户提供研究报告和咨询建议，有利于提高投资者的分析判断能力，减少盲目投资。证券市场各类中介服务机构在帮助投资者树立理性投资的理念等方面发挥着积极的作用。

三、证券市场的监管主体

投资主体、融资主体、中介主体都有其各自的利益所在，为了自身利益的最大化，就有可能损害其他主体的利益，为此，就需要监管部门的介入。

证券市场的监管是指监管主体（如证监会）为了实现其自身的监管目标（如维护投资者利益，维护市场稳定运行，确保市场公开、公平和公正）而采取必要的监管手段，依据法律准则和程序，对被监管主体（主要是参与者）进行约束的行为及过程。证券市场的监管实质上是对市场机制的一种校正。

（一）证券监管的理论

证券监管的理论主要来自现代经济学，而主要的理论依据为市场失灵理论和金融脆弱性（financial fragility）理论。证券监管自身也有监管成本，因此我们需要分析证券监管的成本和收益。

1. 市场失灵理论

与所有其他市场一样，证券市场也同样存在着市场失灵的情况，如垄断、外部性、信息不完全和不对称等。证券市场的失灵会损害市场的效率和公平，这使证券市场监管成为必要。

2. 金融脆弱性理论

频繁出现的金融危机使越来越多的人认识到世界金融体系具有一定的脆弱性，因此金融脆弱性理论普遍受到关注。金融脆弱性又被称为金融不稳定性（financial instability），是指因为各种原因导致金融体系自身具备很强的内在脆弱性，而这种脆弱性使监管的存在成为必要。

3. 监管收益与成本分析

根据金融监管学的知识，监管实际上是一种产品：一方面，这种产品的生产会产生收益；另一方面，这种产品的生产也必然有着生产成本。因此，我们需要对证券监管的收益和成本进行分析。

证券监管能够带来收益，需要说明的是这些收益的存在和实现是依赖一定条件的，如果出现监管失灵或者监管者俘获等问题，这些监管收益将削弱，甚至不复存在。这些收益至少包括如下几个方面。

（1）对整体经济而言，由于有效的监管，证券市场乃至金融市场的系统性风险得以降低，降低了证券市场的外部性，从而有利于国民经济的健康发展和稳定运行。

（2）对政府本身而言，由于监管的存在，政府能够根据需要对证券市场进行干预和引导，使市场运行在可控的范围内，实现政府制定的目标。

（3）对参与者而言，政府监管的存在提供了一种公共产品，使参与者获益，至少获得长期利益；政府监管还能够消除或者减少"囚徒困境"带来的个体理性和群体理性的矛盾、减少信息不对称程度、控制垄断带来的市场不公等问题；同时，保护证券投资者的利益也是证券监管的收益之一。

（4）对市场而言，监管的存在使证券市场能稳健运行，增强市场应对冲击的自我平衡能力。

证券监管的成本则主要包括监管运行成本、道德风险、社会效率损失、动态成本这几个方面。

（1）监管运行成本。监管运行成本包括法律制定成本、监管机构运行成本、执法成本、守法成本等。法律制定成本，是指法律的制定产生的协商成本、博弈成本和因此导致的利益分配不合理的成本；监管机构运行成本，是指证券监管机构的设置费用以及设置后为了维护其日常运作所需的各类费用，如工资、福利、业务费用等；执法成本是指执法证券监管机构为在实施法律制度的时候带来的费用，如歪曲法律、选择性执法等带来的成本；而守法成本是指所有被监管的主体为遵守有关监管规定而额外承担的各种成本，如为了满足监管提出的信息披露要求，上市公司需要定期编制会计报表并且请会计师事务所进行审计，这些行为产生的成本便成为守法成本。

（2）道德风险。道德风险是指某些制度性变化或其他变化使参与者行为朝有害的方向变化，在证券市场上也是如此。正是由于监管行为的存在，原有的参与者对监管有了依赖，因此正常的谨慎度降低。监管的存在使证券市场的产品供给方提供更低廉、更富创新性和丰富多样化产品与服务的动力弱化，从而最终有损这些产品和服务的质量及消费者的利益。

（3）社会效率损失。监管的存在是对市场机制的代替：一方面，监管一定程度上损害了原有市场机制的效率；另一方面，监管自身存在的监管失灵等加剧了社会效率的损失。

（4）动态成本。前三种成本都是从静态的角度分析，而动态地看，监管也会产生动态成本。监管的存在就其积极意义来说是有时限性的，随着时间的改变，原有的监管负面效应可能放大，而原有的收益在一定情况下会转化为成本。

（二）证券监管体系

证券监管体系是指证券监督过程中的关系定位。具体地说，证券监管体系是指在证券监管过程中监管职责的划分、权力的分配方式和组织体系。我们可以把证券市场的监管体系分为法律体系、监管的组织体系和监管执行体系三个部分。这里我们简要介绍前两部分内容[①]。

1. 法律体系

监管必须是依法监管，监管机构的设立依据、权限来源等都来自法律。因此，法律体系在监管体系中处于基础性地位。各国对证券市场的监管在法律体系设置上有差异，这体现在对监管态度的宽严不一、立法方式的不一（集中立法或是分散立法的差异）和监管的方法原则设定不同上。

2. 监管的组织体系

监管必然要有监管主体，但是监管主体不是监管体系的全部。不同的监管体制下监管的组织体制不同，即便在同一种监管体制下，其监管组织体系也会因各种原因而有所差异。一般来说，组织体系分为三个层次：第一个层次是证券市场外部监管；第二个层次是证券市场行业自律和证券交易所监管；第三个层次是证券市场参与主体的内部控制。这里，外部监管是证券市场监管的主体，内部控制是证券市场监管的基础，而行业自律和交易所监管是证券市场监管的补充。

1）证券市场外部监管

由于外部监管是证券市场的监管主体，因此，对外部监管系统自身的完善成了必然的选择。外部监管系统的设置是根据各国国情和发展情况而定的。目前，证券市场的外

[①] 第三部分执行体系是一个法律动作过程。

部监管从设置的角度可以分为四类：第一类是单线多头，是指监管权限集中在中央，但是在中央层次则分为几个部门分享监管权力，如日本和法国；第二类是双线多头，是指在中央和地方都设置监管部门，而且监管权力在各层都不是单一部门执掌；第三类是高度集中的单一模式，是指监管权力集中在中央而且集中在单一部门手里，典型的如中国证券监督管理委员会；第四类是跨国监管，由主权国家让渡监管权，而让渡的权力能够跨国监管。

2）证券市场行业自律

为了避免证券行业无序竞争和规范经营行为，证券行业采取了行业自律措施对行业参与者进行规范和引导，而证券交易所在有组织市场的监管中充当了一线监管的角色。行业自律是证券监管的必要补充，在完善的监管组织体系里，这是不可缺少的一部分。甚至有的监管体制就属于行业自律主导的，如英国、荷兰、芬兰、瑞典、新加坡等。

3）参与主体的内部控制

证券市场的监管要想取得成功，离不开被监管者的配合与支持。整个监管体系的基础在于监管者的内部控制。这里，内部控制是指企业内部的管理控制系统。内部控制是社会经济发展到一定阶段的必然产物，是现代企业管理的必要手段。完善而有效的内部控制使参与者实现自我约束、自我调节和自我控制，从而使外部监管的有效成为可能。

案例 2.7

中国的证券监管体系[①]

中国证券市场监管体制经历了一个从地方监管到中央监管、由分散监管到集中监管的过程，大致可以分为两个阶段。第一阶段从 20 世纪 80 年代中期到 20 世纪 90 年代初期，证券市场处于区域性试点阶段，这是中国证券市场的起步阶段，股票发行仅限于少数地区的试点企业。1990 年，中华人民共和国国务院（以下简称国务院）决定分别成立上海、深圳证券交易所，两地的一些股份公司开始进行股票的公开发行和上市交易的试点。1992 年，国务院又开始选择上海、深圳以外的少数股份公司到上海、深圳两家证券交易所上市。这一时期证券市场的监管主要由地方政府负责。第二阶段从 1992 年开始，国务院总结了区域性证券市场试点的经验教训，决定成立国务院证券委员会和证监会，负责对全国证券市场进行统一监管，同时，开始在全国范围内进行股票发行和上市试点。从此，证券市场开始成为全国性市场，证券市场的监管也由地方监管为主改为中央集中监管，并通过不断调整国务院各有关部门的监管职责，逐步走向证券市场集中统一的监管体制。1998 年，国务院决定撤销国务院证券委员会，工作改由证监会承担，并决定证监会对地方证券监管部门实行垂直领导，从而形成了集中统一的监管体系。

当前，中国证券市场的监管体系可以从监管模式上分为监管法律体系、监管组织体系和监管执行体系三个方面，如图 2.1 所示。就监管模式来说，中国主要采取集中型，中国证券市场的监管机构是证监会；就监管权力来说，主要集中于政府，行业自律组织

---

① 本案例参见：谢百三. 金融市场学. 北京：北京大学出版社，2003.

和交易所仅起辅助作用；就监管法律体系来说，中国属于分业监管思路下的证券监管，中国已经先后颁布了《中华人民共和国证券法》和一大批法律政策文件；就监管组织体系来说，中国采取了政府设立证券监督管理委员会及其分支局，同时强化交易所一线监管职能，一定程度上发挥行业自律组织作用的组织体系；就监管执行体系来说，监管手段包括经济手段、法律手段和行政手段，在做法上包括一系列的证券监管制度。

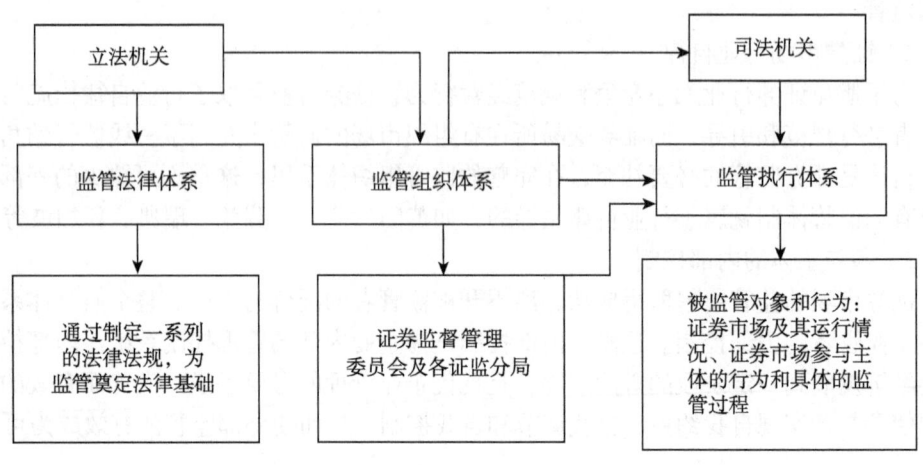

图 2.1　中国证券监管体系

（三）证券监管制度

证券监管都是在一定的制度环境下实施的。证券监管制度是指一系列旨在维护金融体系稳健高效运行，防范证券市场风险的制度安排。就内容来说，包括法律法规、证券市场政策和金融监管体制。

下面我们从发行监管制度、交易监管制度、信息披露制度和其他制度安排这几方面进行介绍。

1. 发行监管制度

我们首先了解一下证券的发行监管，它是指各国证券监管主体对证券发行的审查与核准。证券发行监管是证券市场监管的第一道门，监管结果影响证券发行市场和交易市场的稳定和发展。当前，各国对证券发行的监管主要采取注册制或者核准制。

1）注册制

注册制是指发行人在发行证券之前必须按照法律规定向主管机关申请注册的制度，体现了信息公开原则。它的特点在于，只要提供了法律规定所需要的资料并通过注册，什么样的证券都能够发行。注册制的一大好处在于免除了烦琐的授权程序，是一种形式管理。这样的发行方式需要两个条件，即信息披露的充分性和投资者参与的理性。由于一般市场难以满足这些条件，注册制适用于历史比较悠久的成熟市场。

2）核准制

核准制体现了实质管理原则，是指证券发行人在发行证券之前，不仅必须公开所发行证券的真实资料，而且必须提供满足法律法规规定的各项实质性条件，同时监管机构有权否决不符合实质发行条件的证券发行。当前，中国的证券发行采取的便是核准制。在核准制下，发行申请是否被监管机构批准，主要取决于主管当局的具体审查结果。

2. 交易监管制度

这里的交易监管，一方面是指对一种已发行证券能否上市交易的审查与核准，也就是上市标准；另一方面则是对已上市证券的交易行为进行监管。就债券来说，国债享有发行豁免权，因此上市标准是针对企业债的；就股票而言，则是针对所有准备上市的股票。

在上市标准上，一般考虑公司经营情况、股本情况、经营年限等。具体规定在各国的法律规定中是有差异的。

就已上市的证券来说，交易监管包括对内幕交易的查处，对关联交易的监管，以及对其他各类交易行为的监管。

3. 信息披露制度

这里的信息披露制度包括两个方面：一是证券发行时的信息披露；二是证券发行后的信息披露。这里的信息既包括会计信息，又包括非会计信息。

证券发行时的信息披露，是指证券发行人按照法律规定提供真实、可靠、准确、及时的会计信息和其他相关信息；证券发行后的信息披露，是指发行人在已经公开发行证券后，根据法律法规的规定，定期公布自己的相关会计信息和非会计信息。证券监管部门有权对信息的披露做出规定，以及对虚假会计信息和非会计信息进行处罚。

4. 其他制度安排

其他制度安排包括对券商的监管、对证券交易所的监管、对市场中介机构的监管等。对券商的监管包括设立资格、资本和资金监管，行为监管等。对证券交易所的监管和对市场中介机构的监管类似于对券商的监管。

第三节 证券投资工具

总体来看，我们可以把投资方式和投资工具概括如下，见表2.9。

表 2.9 投资工具与投资方式

投资方式分类标准	投资方式	投资工具
投资标的	证券投资	债券、股票、期权、期货等
	物权投资	房地产、黄金、艺术品、古董等
投资渠道	直接投资	直接购买股票、房地产、古董等
	间接投资	购买共同基金或其他投资组合
投资期限	长期投资	一年以上，如股票、定期存款等
	短期投资	一年以下，如国库券、活期存款等

续表

投资方式分类标准	投资方式	投资工具
证券投资品种	债权投资	国库券、中长期国债、公司债等
	股权投资	普通股、优先股等
	衍生品投资	期权、期货、互换、远期等
风险大小	低风险投资	投资国债、存放银行等
	高风险投资	投资衍生品、垃圾债等或投机
投资市场	国内投资	投资国内金融产品、财产等
	国外投资	投资国外金融产品、财产等

正如我们前面指出的，投资学主要关注证券市场的投资，因此，本节我们主要研究表 2.9 中与证券市场有关的投资工具，即债券、股票和证券投资基金。对于衍生证券的投资分析我们将集中在本书第六篇进行介绍。

一、债券

债券是一种有价证券，也是一种金融契约，它是指经济主体为筹集资金而向投资者出具的，且承诺按一定利率定期付息和到期偿还本金的债权债务凭证。债券持有人不拥有公司的所有权。

由上述债券的定义可见，债券既是筹资工具（对发行者而言），又是投资工具（对持有者而言），同时它还是债权（对持有者而言）和债务（对发行者而言）凭证。

（一）债券的类型

从不同的角度，可以对债券进行不同的分类。例如，按发行主体的不同，可分为政府债券、金融债券、公司债券、国际债券；按偿还期限的不同，可分为短期（1 年内）债券、中期（1~10 年）债券、长期（10 年以上）债券；按计息方式的不同，可分为附息债券、贴息债券、单利债券、累进利率债券等[①]。此外，还有一个重要的划分方式，即根据债券属于货币市场还是资本市场进行分类（表 2.10）。

表 2.10 债券的类型

货币市场债券	资本市场债券
短期国债	中期国债
商业票据	长期国债
银行承兑汇票	市政债券
回购协议	公司债券
可转让定期存单	抵押债券
欧洲美元	

首先我们看表 2.10 中的货币市场债券。其中的短期国债即国库券，是政府债务的金

---

① 按计息方式不同所进行的分类，详见第四篇"固定收益证券估值和投资管理"。

融债券，其偿还期在一年以内，一般以招标方式发行。国库券以政府信用做担保，因此是风险最低（近似于无风险）的证券。

商业票据是一种无资产担保的票据，它是以公司的保证和信用做支持的，一般折价发行。一般而言，商业票据的发行者是信誉较高的大公司，以商业票据融资比向银行贷款的成本要低。但商业票据的违约风险比国库券要高，且由于大多数商业票据的投资者为机构投资者，如共同基金和退休基金等，它们一般都会持有票据至到期，因此商业票据发行后流动性不强。

银行承兑汇票（banker's acceptances）是根据顾客要求在将来某一日期付款给供货商而产生的一种短期债务。在国际贸易中，供货商发货后希望顾客立即付款，而客户则希望在货物抵达并验收后付款。银行承兑汇票实际上是在货物未到之时替客户将货款先支付给供货商，它满足了供货商和客户双方的要求，当然银行也要收取一定的费用。在货币市场上，银行会将承兑汇票这一短期贷款合同出售给其他投资者，从而收回其所支付的款项，而由于这种短期贷款合同的利率一般比类似的货币市场债券的利率要高，因此对投资者也具有吸引力。银行承兑汇票的交易一般以低于面值的价格进行。

回购协议（repurchase agreement）是资金需求公司将自己所持有的证券卖给另一公司，同时签订一份在未来某一日期以特定的更高的价格买回这些证券的协议。回购协议为本来已经具有流动性的证券提供了额外的流动性，它实质上是一种短期贷款，即资金需求公司可通过这种方式筹集到更多的资金。回购协议中的证券一般为政府发行的证券，且期限都较短，大多用来满足隔日借款的要求。

可转让定期存单（negotiable certificates of deposit）形成于投资者对其存单投资的流动性要求。大多数存单不能进行交易，且提前取款会受到罚息或手续费等处罚，其流动性较差。为满足投资者对流动性的要求，金融机构允许投资者之间进行大面额存单交易。该市场上的投资者主要是货币市场共同基金和投资公司。

欧洲美元（Eurodollars）是指美国以外的国家所持有的美元存款，该存款利率称为LIBOR（London interbank offer rate，伦敦银行同业拆放利率），不同于美国国内存款利率，LIBOR是根据伦敦的几个主要银行间欧洲美元存放款的利率计算出来的，是银行间的存款利率。

我们再来看表2.10中的资本市场债券。中、长期国债和短期国债一样，是政府负债筹资的工具。中期国债的偿还期一般为2~10年，长期国债的偿还期超过10年。

市政债券（municipal bonds）是指地方政府为公路、水利、学校或其他市政项目筹集资金而发行的债券。市政债券可分为一般责任债券和收益债券两类，前者受市政的全面担保，后者则由具体项目所产生的收入做担保。

公司债券是公司发债筹资的工具，它又可分为零息债券（zero coupon bonds）、附息债券（coupon-bearing bonds）等，具体我们将在第四篇"固定收益证券估值和投资管理"中进行详细介绍。

抵押债券（mortgage-backed securities）是债券的一种，它由其借入方（抵押人）为借出方（受押人）提供抵押品，一般用不动产作抵押，如住房抵押。抵押债券的违约风险可由私人担保，也可由政府保险机构担保。抵押债券管理的难点在于抵押债券被预付的风险。

（二）债券的特征

债券具有流动性、收益性、偿还性和安全性四大特征。债券的前两个特征——流动性和收益性，应该说是几乎所有金融资产都具备的特征。后两个特征，即偿还性和安全性，在与股票的对比中体现得更为明显。股票的特性之一是没有偿还期，而从上面我们对债券的定义即可看到，债券是要求发行者（筹资者）到期偿还的。

与股票相比，债券的安全性至少体现在两个方面[①]：一是收益的相对安全性，即相对于股票收益的不确定而言，一般情况下债券的持有者可按照其发行者所承诺的利率获得确定的收益；二是相对较低的清算风险，即当一家既发行股票又发行债券的公司破产清算时，按照法定清偿程序，包括债券持有人在内的债权人所获得的偿还，要先于对股票持有者进行的补偿。

此外，债券还具有两个缺点：一是潜在收益有限，这一点来源于其收益的相对安全性；二是对利率的变化非常敏感，由于债券价格与利率负相关，利率变化越大，债券价格的反向变化越大，即其波动性越大从而风险越大[②]。

中国的债券市场

表 2.11 给出了截至 2017 年末中国债券的基本情况。

表 2.11　中国债券基本情况

类别	债券数量/只	债券数量比重	债券余额/亿元	余额比重
国债	274	0.74%	134 344.97	17.99%
地方政府债	3 377	9.11%	147 448.24	19.74%
同业存单	12 395	33.43%	79 936.10	10.70%
金融债	1 665	4.49%	183 484.58	24.57%
企业债	2 837	7.65%	30 477.39	4.08%
公司债	4 428	11.94%	50 797.41	6.80%
中期票据	3 570	9.63%	48 566.97	6.50%
短期融资券	1 515	4.09%	15 162.00	2.03%
定向工具	2 325	6.27%	20 178.41	2.70%
国际机构债	11	0.03%	230.00	0.03%
政府支持机构债	133	0.36%	14 545.00	1.95%
资产支持证券	4 332	11.68%	18 639.46	2.50%
可转债	65	0.18%	1 200.44	0.16%

---

① 更进一步的对债券与利率关系的研究可见第四篇的相关内容。
② 参阅第三章对风险的定义。

续表

类别	债券数量/只	债券数量比重	债券余额/亿元	余额比重
可交换债	154	0.42%	1 832.49	0.25%
合计	37 081	100.00%	746 843.46	100.00%

资料来源：Wind 数据库

表 2.11 中的数据时间截至 2017 年 12 月 31 日。其中短期融资券是指具有法人资格的企业，依照规定的条件和程序在银行间债券市场发行并约定在一定期限内还本付息的有价证券。短期融资券是由企业发行的无担保短期本票。在中国，短期融资券是指企业依照《银行间债券市场非金融企业债务融资工具管理办法》的条件和程序在银行间债券市场发行和交易并约定在一定期限内还本付息的有价证券，是企业筹措短期（1 年以内）资金的直接融资方式。

定向工具又称非公开定向债务融资工具。根据《银行间债券市场非金融企业债务融资工具非公开定向发行规则》，非公开定向发行是指具有法人资格的非金融企业，向银行间市场特定机构投资人发行债务融资工具，并在特定机构投资人范围内流通转让的行为，在银行间债券市场以非公开定向发行方式发行的债务融资工具。2011 年 5 月，交易商协会推出非公开定向债务融资工具（private placement note，PPN）。

政府支持机构债为探索国有金融机构注资改革的新模式，中央汇金投资有限责任公司（以下简称汇金公司）于 2010 年在全国银行间债券市场成功发行了两期人民币债券，共 1 090 亿元。汇金公司没有金融业务牌照，它不属于金融机构，在我国按照发行主体性质确定债券名称的现行制度下，将汇金债券定为政府支持机构债。

可交换债全称为"可交换他公司股票的债券"（exchangeable bond，EB），是指上市公司股份的持有者通过抵押其持有的股票给托管机构进而发行的公司债券，该债券的持有人在将来的某个时期内，能按照债券发行时约定的条件用持有的债券换取发债人抵押的上市公司股权。可交换债是一种内嵌期权的金融衍生品。

二、股票

股票是一种有价证券，是股份公司公开发行的，用以证明投资者股东身份和权益并具以获得股息和红利的凭证，它代表了股东对股份有限公司的部分所有权。

股东对公司的所有权是一种剩余权益，即普通股股东所得到的权益，是公司债权人的权益得到满足后的剩余权益。股票一经认购，不得以任何理由要求退股，只能通过证券市场转让。股票可以分为普通股和优先股两类。

（一）普通股

普通股的特点有三个：第一，是发行量最大的股票，中国在 2013 年推出第一只优先股之前，上市公司所发行的股票全部为普通股。第二，是风险最大的股票，这主要表现在普通股的持有者所获得的收益依赖于二级市场的差价——能否低买高卖，以及公司分红。前者要受市场走势的影响，后者则取决于公司业绩和分红政策。也就是说，普通股持有者的收益具有很大的不确定性。第三，是投票权最完备的股票——其持有者既具备用手投票权①，又具有用脚投票权②。

普通股一般可分为成长股（growth stock）、收益股（income stock）、蓝筹股（blue-chip stock）、投机股（speculative stock）和周期股（cyclical stock）。成长股一般是指规模较小或处于成长期的公司所发行的股票，这类公司一般不发放或较少发放现金股利，以便把盈利用于再投资来谋求更大的发展，如著名的微软公司从 1986~1996 年没有分派过股利。

收益股一般是指历史悠久或比较成熟的公司发行的股票，这类公司一般派发的红利较多，但其成长性（增长幅度）不是很大。收益股一般为低风险行业发行的股票，如公用事业。

蓝筹股是指实力雄厚、股利优厚且盈利稳定增长的大公司所发行的股票。该类股票违约风险小，股利连年稳定增长，而且其潜在的资本利得（capital gains）③比收益股更大。

投机股与蓝筹股正好相反，一方面其分红的波动性大，另一方面其市场价格在短期内也变化较大。这两方面的情况导致了投机股的风险很高。

周期股是指随着经济周期而变动的股票，当经济复苏或高涨时，股票形势也逐步好转；当经济萧条时，股票收益也较差。一般而言，汽车制造行业所发行的股票属于较典型的周期性股票。

阅读资料 2.1

股票的交易

股票的交易程序一般包括以下几个环节：开户、委托、竞价成交、结算、过户等步骤。

一、开户

投资者在买卖股票之前，要到证券经纪人处开立户头，开户之后，才有资格委托经纪人代为买卖股票。

开户时要同时开设证券账户和资金账户。当甲投资者买入股票，乙投资者卖出股票，成交后股票从乙投资者的证券账户转入甲投资者的账户，相应的资金在扣除费用后从甲投资者的资金账户转入乙投资者的资金账户。

（一）证券账户

证券账户是证券登记机关为投资者设立的，用于准确登记投资者所持的证券种类、名称、数量及相应权益变动情况的一种账册。我国证券账户分为个人账户和法人账户两种。

---

① 即股东通过股东大会、董事会等集体表决机制享有参与公司治理的权利。
② 即当股东对团体表决通过的决定不同意或不满意时，可采取"用脚投票"（voting with feet）的方式，转让其权利，退出该团体。
③ 投资者低价买进而高价卖出所获得的差价收益即资本利得。

证券账户全国通用，投资者可以在具有上海或深圳证券交易业务的任何一家证券营业部开通账户进行委托交易。

（二）资金账户

资金账户是投资者在证券商处开设的资金专用账户，用于存放投资者买入证券所需资金或卖出证券取得的资金，记录证券交易资金的币种、余额和变动情况。资金账户类似于银行的活期存折，投资者可以随时提取存款，也可以获得活期存款的利息。

二、委托

投资者买卖股票必须通过证券交易所的会员进行。投资者委托证券经纪人买卖某种股票时，要签订委托契约书，填写年龄、职业、身份证号码、通信地址、电话号码等基本情况。委托书还要明确，买卖何种股票、何种价格、买卖数量、时间等。最后签名盖章方生效。

从买卖股票的数量来看，有整数委托和零数委托之分。

整数委托是指投资者委托经纪人买进或卖出的股票数量是以一个交易单位为起点或是一个交易单位的整数倍。一个交易单位称为"一手"，如上海、深圳证券交易所规定：A股、B股的标准手就是每100股为一手[①]。

零数委托是指委托买卖的股票数量不足一个交易单位。若以一手等于100股为一个交易单位，则1~99股便为零数股。一般规定，只有交易额达到一个交易单位或交易单位的整数倍，才允许进交易所内交易，零数股则必须由经纪人凑齐为整数股后，才能进行交易。

从委托的价格看，有市价委托和限价委托之分。市价委托是指投资者向经纪人发出委托指令时，只规定某种股票的名称、数量，对价格不做限定，由经纪人随行就市。限价委托即由投资者发出委托指令时，提出买入或卖出某种股票的价格范围，经纪人在执行时必须按限定的最低价格或高于最低价格卖出，或按限定的最高价格或低于最高价格买进。

从委托方式来看，在电子化交易方式下，可分为柜台递单委托、电话自动委托、电脑自动委托和远程终端委托。

从委托的有效期看，有不定期委托与定期委托之分。

三、竞价成交

上海、深圳证券交易所同时采用集合竞价和连续竞价两种方式。在每个交易日上午9：15至9：25电脑撮合系统对接收的全部有效委托进行集合竞价处理（深圳证券交易所的收盘价也是按集合竞价决定的，时间为每个交易日的14：57至15：00），对其余交易时间的有效委托进行连续竞价处理。

集合竞价的价格如下。

[①] 基金的标准手为1 000基金单位；债券以100元面值为一张，10张即1 000元为一标准手。

其一，在有效价格范围内，选取所有有效委托产生最大成交量的价位。如果有两个以上这样的价位，则依以下规则选取成交价：高于选取价格的所有买方有效委托和低于选取价格的所有卖方有效委托价格能够全部成交，与选取价格相同的委托的一方必须全部成交。如满足以上的价位仍有多个，则选取离上日收市价最近的价位。

其二，进行集中撮合处理。按照"价格优先，同等价格下时间优先"的成交顺序一次成交，直到成交条件不满足为止。所有成交都以同一成交价成交。

连续竞价的价格如下。

集合竞价结束后，集合竞价中未能成交的委托，自动进入连续竞价。当进入一笔委托时，若能成交，即根据下述成交价格确定规则进行竞价撮合；如不能成交，则以"价格优先，时间优先"的顺序排队等待。对于已进入撮合系统的有效委托，根据下述成交价格确定规则逐笔撮合，直至系统内已有的所有买卖不能成交，即已有买卖盘达到平衡状态。

四、结算

股票的清算与交割统称为证券的结算，是一笔股票交易达成后的后续处理，是价款结算和股票交收的过程。

股票交易清算是指股票买卖双方通过证券经纪商在证交所进行的股票买卖成交后，通过交易清算系统进行交易资金支付与收讫的过程。根据中国实行的交易清算制度，证券商在代理投资人进行了股票交易的当日，应于收市后首先与交易所办理清算业务，依差额交收规则由各证券商对买卖股票的金额差价予以清偿；然后每个证券商对其代理的每一投资人买卖股票的价款金额进行清抵。

五、过户

股票交易过户是指股票买卖双方通过证券经纪商在证交所进行的股票买卖成交后，再通过证券登记机构进行股票权利的移转与过户登记的过程。根据中国实行的登记过户制度，投资人在所买卖股票成交后的下一个营业日，证券登记公司方为其办理完毕过户手续，并应提供交割单，如该日逢法定假日，则过户日应顺延至下一工作日。这就是股票过户上的 $T+1$ 规则。依此规则，在某一营业日买入的股票只能在下一营业日卖出。

我国目前证券结算对 A 股实行 $T+1$ 交收，对 B 股实行 $T+3$ 交收。

此外，我国对于大宗交易实际采取的是集合竞价制度。

（二）优先股

优先股的特点如下。第一，风险较低。这主要表现在两方面：一方面，其股息率确定，一般在发行说明书中对优先股股东所获得的股息数量或比例有明确规定；另一方面，当公司清算时优先股股东先于普通股股东得到清偿。第二，股东的投票权受限。一般情况下优先股股东没有参与公司治理的投票权，只有当公司没有按照承诺的数量或比例及时向其持有者支付股息时，优先股股东才具有投票权。换言之，优先股股东的投票权是一种"状态依存权"（contingent claim）。第三，优先股一般不能在二级市场流通转让,但当优先股股东要行使用脚投票权时,可按照公司的有关规定由公司赎回。

优先股可分为累积优先股(cumulative preferred stock)和参与优先股(participating preferred stocks)两类。前者的特点在于股利的派发可跨期累积;后者的特点在于其红利可根据一些特定条款与公司的盈利状况联系在一起。

阅读资料2.2

中国的股票市场

表2.12给出了截至2017年12月中国股票市场的基本情况。

表2.12 中国股票市场基本情况

基本情况	深圳证券交易所	上海证券交易所	中小企业板块	新三板
股票总市值/亿元	235 761.26	331 324.82	103 992.02	49 404.56
流通市值/亿元	167 932.47	281 365.67	71 155.07	
总股本/亿股	18 458.32	35 288.35	7 612.24	6 756.73
流通股本/亿股	13 925.42	31 119.45	5 581.39	3 416.92
上市公司数/家	2 078	1 396	903	11 630
投资者开户数/万户	24 545.08	19 500.1		40.86
平均市盈率/倍	36.23	18.16	42.41	30.18

资料来源:Wind资讯

三、证券投资基金

证券投资基金(mutual fund)(以下简称基金)是指通过发售基金份额,将众多投资者的资金集中起来,形成独立财产,由基金托管人托管,基金管理人管理,以投资组合的方法进行证券投资的一种利益共享、风险共担的集合投资方式。证券投资基金既是一种投资制度,又是一种面向大众的投资工具;其本身是一种金融信托工具,也属于有价证券。本节我们从投资工具的角度对证券投资基金进行研究。

（一）证券投资基金的类型

从投资工具角度可以将证券投资基金分为封闭式基金(closed-end funds)与开放式基金(open-end funds)。

1. 封闭式基金

封闭式基金是指发行期满后基金份额封闭,一般不再追加新的发行单位。其特点如下:基金规模不变,不可赎回;可以上市交易,交易价格由市场供求决定;有时期限制,一般为5~15年,期满后按照基金份额分配剩余资产。

对封闭式基金定价,既要考虑市场价格,又要估算该基金中包含的所有证券的现行价值。现行价值即净资产价值（net asset value，NAV），也称为基金净值[1]。基金权益减去基金负债，再除以已经出售在外的基金单位，则为基金单位净值，其公式为

$$\text{NAV} = \left(\sum_{i=1}^{n} Q_i P_i - \text{Liab} \right) / N \qquad (2.1)$$

式中，Q_i 为基金所持有的证券 i 的数量；P_i 为证券 i 的市场价格；Liab 为基金的所有净负债；N 为基金发行在外的总基金单位。

例题 2.1

基金单位净值的计算

假定有一封闭式证券投资基金，管理着价值 1.2 亿元的资产组合，假设该基金欠基金管理费和托管费 400 万元，并欠租金、应发工资及杂费 100 万元。该基金发行在外的股份为 500 万份，则

单位资产净值＝（1.2 亿元－500 万元）/500 万份＝23（元/份）

封闭式基金的现行市场价格与 NAV 会产生差别，即出现溢价或折价（premium or discount）。溢价是指现行市场价格（current market price，CMP）与 NAV 之间存在的正值百分比差异。如果这一差异为负值，即折价。折价或溢价公式为

$$P_{\text{disc}} = (\text{CMP} - \text{NAV}) / \text{NAV} \qquad (2.2)$$

例题 2.2

折价率的计算

在深圳证券交易所上市的封闭式基金"基金科瑞"（500056），其 2015 年 6 月 5 日单位净值为 2.354 4 元，该日交易均价为 1.826 元/份。因此其折价为

$$P_{\text{disc}} = (1.826 - 2.354\ 4) / 2.354\ 4$$
$$= -0.224$$

即基金科瑞出现 22.4% 的折价率。

封闭式基金的投资风险来源于较高的溢价。这是因为，如果市场不景气，那么基金的市场价值就会下降，从而其高于净资产价值的溢价会下降，导致了投资者的投资损失。

一般来说，新发行的封闭式基金最初会以溢价销售，而后又会降至折价进行交易。封闭式基金在价格上出现这一趋势的原因[2]，一方面，是基金经纪公司成功的市场营

---

[1] 在基金定期所公布的财务报告中，我们还会看到累计净值这一概念，它是指基金的单位净值与基金成立以来累计分红派息之和。

[2] 关于封闭式基金的折价之谜（closed-end fund puzzle），更深入的实证研究提出了"未实现的资本增值假说""交易成本假说""投资者情绪假说"等观点。

销,另一方面,则是有关研究所证明的,基金由溢价变为折价,这是基金价格变化方面的内在规律。

2. 开放式基金

开放式基金是一种自由俱乐部性质的基金,其基金规模可变,且没有到期期限;投资者可以进行赎回,但一般该基金不能上市交易。

开放式基金与封闭式基金存在许多不同,表 2.13 给出了两者的比较。

表 2.13　封闭式基金与开放式基金的比较

内容	封闭式基金	开放式基金
期限	5年以上,多数15年	没有固定存续期
规模	一般不变	可变
可否上市	可以上市	一般不可上市
价格形成方式	主要是取决于供求关系	完全取决于净值
投资策略	没有赎回的压力,可长期投资	有赎回压力,资金不能完全用于长期投资
激励机制	较弱	较强

3. ETF

ETF 是一种特殊的开放式基金,是一种在交易所买卖的有价证券,代表一篮子股票的所有权,通常基于某一指数进行完全被动式管理,兼具股票和指数基金的特色,所以也被称为指数股票或指数参与单位。ETF 被分割为一定规模的投资单位,可以连续发售和用一篮子股票赎回,提高了市场的定价效率,节省了基金的运作费用。虽然从名称本身来看跟一般传统开放式共同基金差不多,但实际上在交易成本、基金管理方式与交易方式等方面有较大的差异。

首先,ETF 的申购是指投资者用指定的一篮子指数成分股实物(开放式基金用的是现金)向基金管理公司换取固定数量的 ETF 基金份额;而赎回则是用固定数量的 ETF 基金份额向基金管理公司换取一篮子指数成分股(而非现金)。

其次,在交易成本方面,传统开放式基金每年需支付 1.0%~1.5%的管理费,较 ETF 的管理费(0.3%~0.5%)高出很多;另外,传统开放式基金申购时需要支付 1%左右的手续费,赎回时需支付 0.5%左右的手续费,而 ETF 则仅于交易时支付证券商最多 0.2%的佣金,与开放式基金的交易成本相比相对便宜。

再次,在基金管理方式方面,ETF 管理的方式属于"被动式管理",即 ETF 管理人不会主动选股,指数的成分股就是 ETF 这只基金的选股,ETF 操作的重点不是在打败指数,而是在追踪指数。换言之,ETF 采取的是消极的管理策略。一只成功的 ETF 能够尽可能与标的指数走势一模一样,即能够"复制"指数,使投资人安心地赚取指数的报酬率。传统股票型基金的管理方式则多属于"主动式管理",即基金经理主要通过积极选股达到基金报酬率超越大盘指数的目的。

最后,在交易方式方面,ETF 上市后,交易方式就如股票一样,价格会在盘中随时变动,投资人可在盘中下单买卖,十分方便;而传统开放式基金则是根据每日收盘后的基金份额净值作为当日的交易价格。

自1990年多伦多证券交易所、AMEX率先推出ETF以来，ETF发展非常迅速，根据EPFR[①]的统计，截至2020年底，全球ETF规模达到7.8万亿美元，同比增长23.9%，产品数量超过7 000只。按资产类别划分，股票ETF规模居首，占比达到76%；按发行地划分，美国是全球最大的ETF市场，市场份额约为70%[②]。

> **阅读资料2.3**

LOF

LOF是一种可以同时在场外市场进行基金份额申购、赎回，在交易所进行基金份额交易，并通过份额转托管机制将场外市场与场内市场有机地联系在一起的新型基金运作方式。尽管同样是交易所的开放式基金，但就产品特性看，中国深圳证券交易所推出的LOF在世界上具有首创性。与ETF的区别是，LOF不一定采用指数基金模式，同时申购和赎回均以现金进行。2004年10月14日，南方基金管理公司募集设立了"南方积极配置证券投资基金"，并于2004年12月20日在深圳证券交易所上市交易，成为第一只LOF。截至2015年6月，已经有"南方积极配置证券投资基金""博时主题行业股票基金""中银国际中国精选混合型基金"等131只LOF在深圳证券交易所上市交易。

（二）对基金进行投资的收益与成本

总体而言，对基金进行投资的收益由两部分组成，即红利所得和资本利得。前者是指基金向其投资者所分配的红利，后者则是指投资者买卖基金的价差。

对基金进行投资所付出的成本相对较为复杂，它主要由以下成本因素构成。

（1）前端费用（front-end load），是指购买基金份额时所支付的销售费用或佣金。其中的销售费用又叫发起认购费率，在中国这一费率为1%~1.2%；佣金又称购买费率，一般为1.6%左右。

（2）后端费用（back-end load），即赎回费，又称撤离费。一般规定赎回费率按持有年限递减。

（3）运作费用，包括管理费与咨询费，管理费占0.2%~2%。基金管理费的公式为

$$\text{基金管理费} = E \times R / 365 \tag{2.3}$$

式中，E为前一日基金资产净值；R为费率。中国规定管理费为资产总额的1%~1.5%。每日计提累计，按月支付。

（4）软货币酬金（soft dollars），即基金向证券经纪人支付较高佣金，证券经纪人替基金支付一些管理费用，而基金对外宣称管理费率并不高。

[①] 一家美国基金研究机构。
[②] 数据来源：https://finance.ifeng.com/c/831GOijqJgh。

> **案例 2.9**

华夏成长证券投资基金各项费用[①]

这里我们以中国华夏成长证券投资基金为例,来观察对基金进行投资的成本支出。该基金基本情况是基金类型为契约型开放式基金,基金管理人为华夏基金管理有限公司,基金托管人是中国建设银行。

针对有可能发生的巨额赎回,该基金特别制定了如下巨额赎回条款。

出现巨额赎回时,基金管理人可以根据本基金当时的资产组合状况决定接受全额赎回或部分延期赎回。

(1)接受全额赎回:当基金管理人认为有能力兑付投资者的全部赎回申请时,按正常赎回程序执行。

(2)部分延期赎回:当基金管理人认为兑付投资者的赎回申请有困难或认为兑付投资者的赎回申请进行的资产变现可能使基金单位净值发生较大波动时,基金管理人在当日接受赎回比例不低于上一日基金总份额 10%的前提下,对其余赎回申请延期办理。对于当日的赎回申请,应当按单个账户赎回申请量占赎回申请总量的比例,确定当日受理的赎回份额;未受理部分除投资者在提交赎回申请时选择将当日未获受理部分予以撤销者外,延迟至下一开放日办理。转入下一开放日的赎回申请不享有赎回优先权并将以下一个开放日的基金单位净值为基准计算赎回金额,以此类推,直到全部赎回为止。

当发生巨额赎回并部分延期赎回时,基金管理人应立即向中国证券监督管理委员会备案并在 3 个工作日内在至少有一种中国证券监督管理委员会指定的信息披露媒体公告,并说明有关处理方法。

本基金连续两个开放日以上发生巨额赎回,如基金管理人认为有必要,可暂停接受赎回申请,已经接受的赎回申请可以延缓支付赎回款项。

该基金的赎回费率:持有基金 1 年以内为 1.8%;1~2 年为 1.5%;2~3 年为 1.2%;3~4 年为 1%;4~8 年为 0.5%;8 年以上赎回费率为 0。

申购费率:申购基金份额 100 万份以下为 1.8%;100 万~500 万份为 1.5%;500 万份以上为 1.2%。

管理费率为每年 1.5%;托管费率为每年 0.25%。

(三)申购份额与赎回金额的计算

1. 申购份额

开放式基金通过申购进行购买和投资,这就需要投资者确定所投资的金额能够申购多少基金份额。外扣法和内扣法是基金申购费用和申购份额的两种计算方法。

内扣法的计算公式:

$$申购费用 = 申购金额 \times 申购费率$$

[①] 本案例取材于《华夏成长证券投资基金发行公告》。

净申购金额=申购金额-申购费用

申购份额=净申购金额/当日基金份额净值

外扣法的计算公式：

申购费用=申购金额-净申购金额

净申购金额=申购金额/（1+申购费率）

申购份额=净申购金额/申购当日基金份额净值

例题 2.3

申购份额计算

假设某投资者拟投资 10 万元申购某基金，申购费率为 1.5%，当日基金份额净值 1.00 元。按照内扣法和外扣法计算该投资者所买到的份数。

解：

内扣法：

申购费用=申购金额×申购费率=100 000×1.5%=1 500（元）

申购份额=（申购金额-申购费用）/当日基金份额净值=（100 000-1 500）/1.00=98 500（份）

外扣法：

净申购金额=申购金额/（1+申购费率）=100 000/（1+1.5%）=98 522.17（元）

申购费用=申购金额-净申购金额=1 477.83（元）

申购份额=净申购金额/申购当日基金份额净值=98 522.17/1.00=98 522.17（份）

比较：由于申购费用相对低，与内扣法相比，采用外扣法可以多得 22 份左右。

2. 赎回金额计算

申购时选择交纳前端申购费用，则赎回金额的计算方法如下：

赎回总额=赎回份额×T日基金份额净值

赎回费用=赎回总额×赎回费率

赎回金额=赎回总额-赎回费用

申购时选择交纳后端申购费用，则赎回金额的计算方法如下：

赎回总额=赎回份额×T日基金份额净值

后端申购费用=赎回份额×申购日基金份额净值×后端申购费率

赎回费用=赎回总额×赎回费率

赎回金额=赎回总额-后端申购费用-赎回费用

（四）关于基金净值

基金资产净值（NAV）是指在某一基金估值时点上，按照公允价格计算的基金资产的总市值扣除负债后的余额，该余额是基金单位持有人的权益。

基金单位资产净值（UNAV）简称基金净值，即每份基金单位的净值，等于基金的总资产减去总负债后的余额再除以基金的单位份额总数，是衡量一个基金经营业绩的主要指标。

如果基金拥有 m 种股票，k 种债券，基金的现金资产为 C，基金负债为 L，第 i 种股票的持有量为 s_i，市场交易价格为 p_i，第 j 种债券的持有量为 b_j，市场交易价格为 p_j，总的基金份额数为 n。那么该基金的资产净值为

$$\text{NAV} = \sum_{i=1}^{m} s_i \cdot p_i + \sum_{j=1}^{k} b_j \cdot p_j + C - L \qquad (2.4)$$

则每单位基金净值为

$$\text{UNAV} = \frac{\text{NAV}}{n} \qquad (2.5)$$

结合以上两式可知，要保证基金净值计算的合理和准确，对于各种基金资产价格 p_i 和 p_j 的选择尤为重要。

根据所选用的资产价格的不同，基金净值的计算主要有两种方法：已知价计算法和未知价计算法。

1. 已知价计算法

已知价又称事前价或历史价，是指上一个交易日的收盘价。

已知价计算法是基金管理人根据上一个交易日的收盘价来计算基金所拥有的金融资产，包括股票、债券、期货合约、认股权证等的总值，加上现金资产，然后除以已出售的基金单位总额，得到基金净值。采用已知价计算法，投资者当天就可以知道单位基金的买卖价格，及时办理交割手续。

2. 未知价计算法

未知价又称事后价、期货价或预约计价，是指当日证券市场上各种金融资产的收盘价。

未知价计算法是基金管理人根据当日收盘价来计算基金单位资产净值。

在进行基金的申购赎回时，因为价格是依据当天收盘之后的基金单位净值为标准，所以投资者在交易时并不知道其买卖的基金价格是多少，要到第二天才能知道。

相对于已知价定价，未知价计算法可以增加基金投资者购买和赎回基金单位的不确定性，从而在股市上涨下跌的时候减轻来自投资者的申购与赎回压力。我国开放式基金的买卖都采用"未知价"法。

基金净值计算

富国中证新能源汽车指数分级于 2015 年 3 月 30 日成立，基金面值为 1 元。2018 年 7 月 20 日公布的中报显示：

该基金的资产组成为股票+银行存款+其他资产

期末总份额为 2 965 073 430.31 份

其持有的股票市值按已知价法和未知价法计算分别为 2 558 889 366.54 元和

2 592 152 023.59 元
银行存款为 234 588 349.19 元
其他资产（存出保证金、应收利息、应收申购款）3 736 619.55 元
负债 18 112 730.00 元。

根据计算公式，由已知价法得到的基金净值为

$$\frac{2\,558\,889\,366.54 + 234\,588\,349.19 + 3\,736\,619.55 - 18\,112\,730.00}{2\,965\,073\,430.31} = 0.937\,3（元）$$

由未知价法得到的基金净值为

$$\frac{2\,592\,152\,023.59 + 234\,588\,349.19 + 3\,736\,619.55 - 18\,112\,730.00}{2\,965\,073\,430.31} = 0.948\,5（元）$$

（五）ETF 投资

由于 ETF 的特点，对其进行投资与对一般的开放式或封闭式基金的投资有所不同。

1. 最小申购赎回单位

最小申购赎回单位是指投资者进行 ETF 实物申购、赎回申报的基本单位，又称"创设单位"（creation unit）。每只 ETF 的最小申购赎回单位不尽相同，其大小的确定主要取决于目标指数成分股构成与基金跟踪误差控制目标的设定，但相对 ETF 的交易单位而言普遍较大。以深证 100 ETF 为例，最小申购赎回单位为 100 万份基金份额，而交易单位才 100 份基金份额。故一般情况下，只有机构投资者以及资产规模较大的个人投资者才能参与 ETF 的实物申购、赎回。

2. ETF 的实物申购、赎回

实物申购是指投资者按当日所公布的申购赎回清单用一篮子股票向基金管理人申购 ETF 份额的过程，投资者获得 ETF 份额所交付的对价是一篮子目标指数股票加少量现金差额。实物赎回则是实物申购的反向过程，即投资者将所持有的 ETF 份额向基金管理人提出赎回申请，基金管理人将按当日所公布的申购赎回清单给付一篮子股票加少量现金差额的过程。实物申购导致基金规模增长和 ETF 总份额增加，实物赎回则会导致基金规模缩小和 ETF 总份额的减少。实物申购的运作如图 2.2 所示。

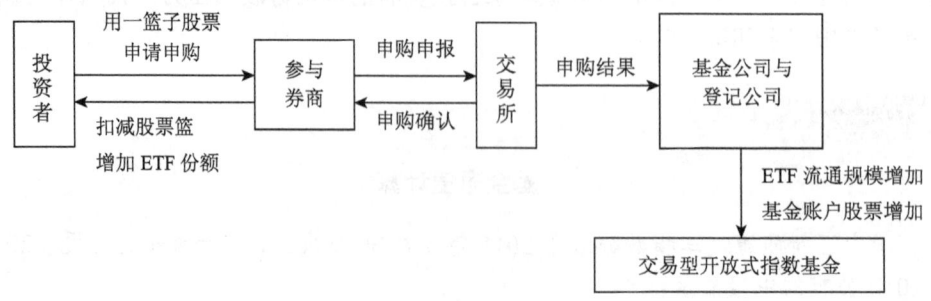

图 2.2 实物申购示意图

实物赎回的过程如图 2.3 所示。

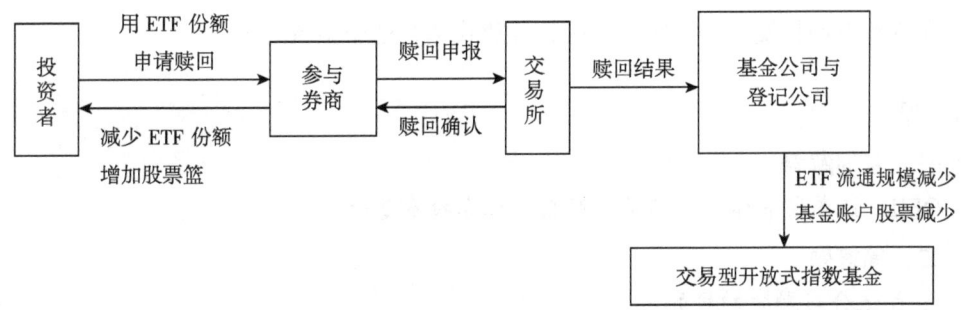

图 2.3 实物赎回示意图

ETF 采取的实物申购赎回主要有以下两方面的重要作用：①降低基金管理成本和现金头寸比例，保障 ETF 基金份额净值有效跟踪目标指数。ETF 采用实物进行申购赎回，给付的是按目标指数构成的一篮子股票，避免了普通开放式基金现金申购后的建仓成本和赎回时基金资产变现成本，也不存在巨额赎回压力。基金资产预留现金头寸比例小，资产组合结构稳定，买卖活动少，管理成本低，有利于保障 ETF 基金份额净值有效跟踪目标指数。②提供了在基础股票市场与 ETF 二级市场之间的套利机制，保障 ETF 市场价格能紧贴基金份额净值运行，有效控制折价、溢价幅度。ETF 的实物申购赎回将一篮子股票的市场价格与 ETF 的市场价格关联起来，当 ETF 的市场价格高于基金份额参考净值一定幅度，投资者可用相对较低的价格买入一篮子股票，然后申购 ETF 份额，再以较高的价格卖出 ETF 份额获得套利收益（以下简称溢价套利）；当 ETF 的市场价格低于基金份额参考净值一定幅度，投资者可进行反向操作，以较低的价格买入 ETF 份额，赎回获得一篮子股票然后卖出获得套利收益（以下简称折价套利）。上述套利活动将缩小 ETF 的市场价格与基金净值的偏离，使价格紧贴基金净值运行。

➢本章小结

本章我们对证券市场的融资主体、投资主体、中介主体和市场监管主体进行了分析和介绍，并着重对证券投资工具，特别是债券、股票、证券投资基金进行了介绍。

债券是一种有价证券，也是一种金融契约，是经济主体为筹集资金而向投资者出具的且承诺按一定利率定期付息和到期偿还本金的债权债务凭证。债券持有人不拥有公司的所有权。

股票是一种有价证券，是股份公司公开发行的，用以证明投资者的股东身份和权益，并具以获得股息和红利的凭证，它代表了股东对股份有限公司的部分所有权。

股票可以分为普通股和优先股两类。普通股的特点为发行量最大、风险最大、投票权最完备。普通股的分类一般可分为成长股、收益股、蓝筹股、投机股和周期股。优先股的特点如下：风险较低，股东的投票权受限，优先股一般不能在二级市场流通转让。

证券投资基金也称共同基金，是投资专业化的产物。它既是一种投资制度，又是一种面向大众的投资工具，其本身是一种金融信托工具，也属于有价证券。其中封闭式基金是指基金份额在发行前即确定，发行后基金总额不再变动；投资者只能在证券市场买卖基金，而不能赎回。开放式基金的基金总额不固定，可发行新基金，投资者也可赎回。在资本市场较发达的国家或地区，开放式基金处于主流地位。

> 练习题

　　一、名词解释

　　QFII　证券监管体系　债券　股票　证券投资基金

　　二、简答题

1. 简述公司融资的目的。
2. 简述契约型基金与公司型基金的区别。
3. 简述市场中介机构的作用。
4. 简述属于资本市场的债券。
5. 简述优先股的特点。

　　三、计算题

1. 假设你以10 000元对我国市场中某开放式基金进行申购和赎回，请计算其申购费用和赎回费用。
2. 请以我国市场中某开放式基金为例，计算其该基金的净值。

第二篇 资产组合理论与应用

资产组合理论是现代金融学的开端，也是现代投资学的核心理论，因此也是需要我们着重研究、理解和掌握的核心内容之一。本篇由第三章"风险、收益与投资者效用"、第四章"资产组合理论"、第五章"资产组合的绩效评价"3章组成。

第三章

风险、收益与投资者效用

投资学的一个基本指导理念是风险与收益的最优匹配。对一个理性的投资者而言,风险与收益的最优匹配是指在一定风险下追求更高的收益或在一定收益下追求更低的风险。对风险与收益的量化及对投资者风险偏好的分类,是构建资产组合时首先要解决的一个基础问题。

本章分别对单一资产和组合资产的风险与收益的分类及其计量进行了研究,并对投资者的风险偏好与效用进行了分析,为进入资产组合理论的核心提供了概念基础。

第一节 单一资产收益与风险的衡量

我们知道,一个投资组合是由不同的资产或证券构成的,而对单一资产或证券的收益和风险的衡量,则是计量投资组合的收益与风险的基础。本节我们从收益的类型与测定、风险的衡量、非正态分布的风险度量、风险的分类、风险与收益的综合五个角度,对单一资产风险与收益进行量化研究。

一、收益的类型与测定

我们可以将投资收益率分为持有期收益率、预期收益率和必要收益率三大类型。

(一)持有期收益率

证券投资的收益额由当前收益与资本利得两部分构成,如图 3.1 所示。由图 3.1 可见,持有期收益率是指当期收益与资本利得之和占初始投资的百分比,即

$$持有期收益率 = \frac{当期收益 + 资本利得}{初始投资} \times 100\% \qquad (3.1)$$

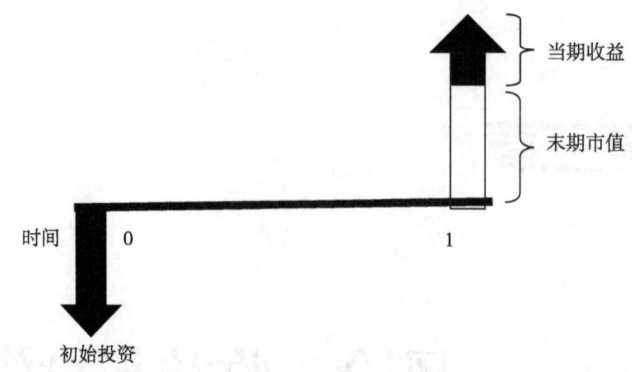

图 3.1　投资收益的构成

持有期收益率的计算

假定小王在去年的今天以每股 25 元的价格购买了 100 股浦发银行股票。过去 1 年中小王得到 20 元的红利（=0.2 元/股×100 股），年底时股票价格为每股 30 元，那么，持有期收益率是多少？

解：

小王的投资为 25×100=2 500 元。

年末小王的股票价值为 3 000 元，同时还拥有现金红利 20 元。

小王的收益为 20+（3 000−2 500）=520 元。

则年持有期收益率为 $\frac{520}{2\,500}\times 100\% = 20.8\%$。

图形描述如图 3.2 所示。

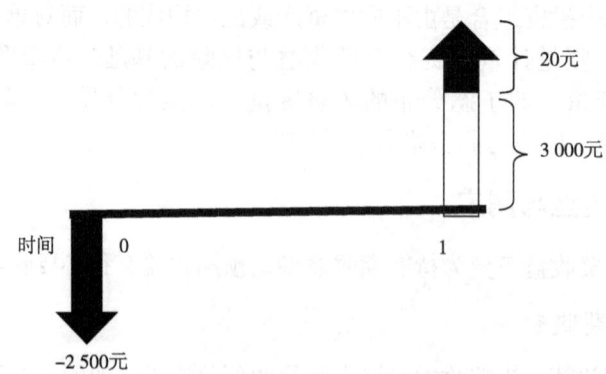

图 3.2　投资收益的图形描述

由图 3.2 可知，收益额为 20+3 000−2 500=520 元，收益率=（520/2 500）×100%=20.8%。

进一步讲，持有期收益率从计算上可分为算术平均持有期收益率和几何平均持有期收益率。算术平均持有期收益率是指投资者在持有某种投资品 n 年内获得的收益率总和的平均，公式为

$$算术平均持有期收益率 = (r_1 + r_2 + \cdots + r_n)/n \tag{3.2}$$

几何平均持有期收益率是指投资者在持有某种投资品 n 年内按照复利原理计算的实际获得的年平均收益率，其中 r_i 表示第 i 年持有期收益率（$i=1,2,\cdots,n$），公式为

$$几何平均持有期收益率 = \sqrt[n]{(1+r_1) \times (1+r_2) \times \cdots \times (1+r_n)} - 1 \tag{3.3}$$

当各期收益出现巨大波动时，算术平均收益率会呈明显的上偏倾向。几何平均收益率指标优于算术平均收益率指标的地方，在它引入了复利的程式，考虑了货币的时间价值，即通过对时间进行加权来衡量最初投资价值的复合增值率，从而克服了算术平均收益率有时会出现上偏倾向的缺点。通过下面的案例可以理解这一点。

案例 3.1

持有期收益率——算术平均与几何平均

某种股票的市场价格在第 1 年年初时为 100 元，到了年底股票价格上涨至 200 元，但时隔 1 年，在第 2 年年末它又跌回到了 100 元。假定这期间公司没有派发过股息，计算其算术平均收益率和几何平均收益率。

第 1 年的投资收益率为 100%（r_1=（200-100）/100=1=100%），第 2 年的投资收益率则为 -50%（r_2=（100-200）/200=-0.5=-50%）。

用算术平均收益率来计算，这两年的平均收益率为 25%，即 r=[100%+（-50%）]/2=25%。

采用几何平均收益率来计算，$R_c = \sqrt{(1+1)(1-0.5)} - 1 = 0$。这个计算结果符合实际情况，即两年来平均收益率为 0。

由以上案例可见，算术平均收益的上偏倾向使它总是高于几何平均收益，而且收益波动的幅度越大，这种偏差就越明显。只有在整个投资期间各期的收益率都是相同的情况下，两种平均收益率才可能是一致的。

从经济意义上来说，几何平均收益率因为从复利的角度考虑，从而对时间进行了加权，当收益率波幅较大时，克服了等权重计算带来的误差。而由于算术平均收益率是等权重计算的，因此波幅较大时，计算的结果也会较大。只有在整个投资期间各期的收益率都是相同的情况下，权重因素才不起作用，两种平均收益率才可能是一致的。

（二）预期收益率

预期收益率即未来收益率的期望值。其计算公式可以表述为

$$E(R) = \sum_{i=1}^{n}(收益率的概率) \times (可能的收益率) \tag{3.4}$$

记作：

$$E(R) = p_1R_1 + p_2R_2 + \cdots + p_nR_n = \sum_{i=1}^{n} p_iR_i \qquad (3.5)$$

通常，可以通过选择历史样本数据，利用收益率的算术平均值来估计预期收益。

预期收益率的计算

在可供选择的投资中，假定投资收益可能会由于市场运行情况的不同出现几种结果，如在市场运行良好的环境中，该项投资在下一年的收益率可能达到20%；而当市场处于熊市时，投资收益将可能是-20%；如果市场维持正常状态运行，该收益率是10%，见表3.1。

表3.1 不同情况下的可能收益率

市场状况	概率	收益率
牛市	0.15	0.20
熊市	0.15	-0.20
正常运行	0.70	0.10

根据以上数据即可算出该投资的下一年的预期收益率：

$$E(r) = 0.15 \times 0.20 + 0.15 \times (-0.20) + 0.70 \times 0.10 = 0.07$$

（三）必要收益率

所投资的证券产生的收益率必须补偿：①货币纯时间价值，即真实无风险收益率 RR_f；②该期间的预期通货膨胀率 π^e；③所包含的风险，即风险溢价 RP。这三种成分的总和被称为必要收益率，用公式表示为

$$k = RR_f + \pi^e + RP \qquad (3.6)$$

作为对延期消费的补偿，这是投资者进行一项投资所能接受的最小收益率，即必要收益率。需要我们注意的是，在式（3.6）中，无风险收益率是已知的，预期通货膨胀率我们也可以从有关宏观研究报告中获取，那么，风险溢价是多少？如果此数据未知，意味着必要收益率 k 是无解的。这是一个很有趣又很实际的问题，请大家思考。

（四）收益率的正态分布

正态分布是一个"神奇"的自然现象，很多由一连串随机事件构成的变量都会呈现出正态分布的形态，在日常生活中频繁出现。例如，一个国家或地区全部人口的身高、体重都很好地符合正态分布。如果投资者对收益的期望是理性预期，那么实际收益率应该是服从以此期望为均值的正态分布，即收益率的概率分布最终会形成大家熟悉的钟形形状。

图3.3展示的是一个均值为10%，标准差为20%的正态分布。这个图形展示了在给

定这些参数下各种收益水平发生的理论概率。较小的标准差意味着可能的收益表现更多地聚集在均值附近，较大的标准差则意味着可能实现的收益水平更加分散。任何一个特定收益率实现的概率都由均值和标准差来决定，换句话说，一个正态分布的形态完全由其均值和标准差这两个参数来决定。

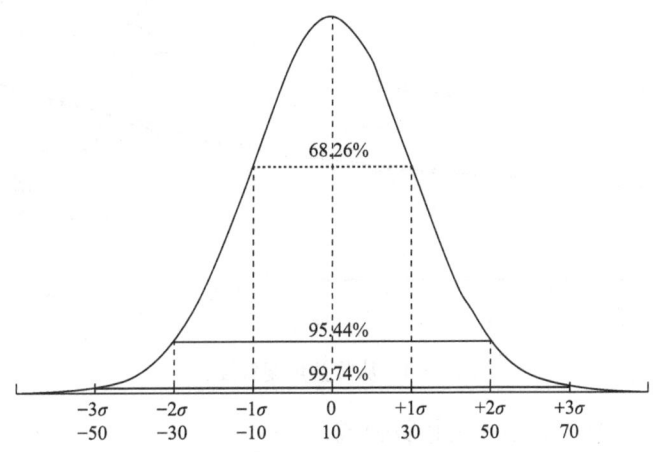

图 3.3　正态分布（均值 10%，标准差 20%）

如果收益率的分布可以用正态分布来近似拟合的话，投资管理将变得更加有理有据。第一，正态分布是左右对称的，也就是说，均值左右程度一样的偏离其发生的概率也一样。没有对称性的话，用收益的标准差来衡量风险显然是不合适的。第二，正态分布具有稳定性，意味着对于具有正态性的不同资产，其构成组合的收益同样服从正态分布。第三，当资产或资产组合收益分布只有两个变量时，对其未来的情境分析因为需要考虑的变量很少而会变得简单许多。第四，当构造证券组合时，我们必须考虑证券收益的相关性。总体来说，这种相关性是多层面的。但是如果收益是正态分布，收益之间统计相关性可以以相关系数来表达。这样我们在描述任何两个证券的相关性时只需估计一个参数。

> 案例 3.2

Excel中的正态分布函数

假定标准普尔 500 的月收益率近似符合均值为 1%、标准差为 6% 的正态分布。那么在任何一个月指数收益为负的概率是多少？使用 Excel 建立一个函数能很快解决这个问题。在正态分布函数中观察的结果小于临界值的概率用 NORMDIST 得到。在这个例子中想得到小于零的概率，即计算 NORMDIST（0，1，6，TRUE）=0.433 8，也可以在 Excel 中建立标准正态函数来求均值低于 1/6 个标准差的概率：NORMSDIST（−1/6）=0.433 8。

二、风险的衡量

仅从收益的角度来看普通股、长期债券、国库券（短期国债）三种证券，如图 3.4

所示。

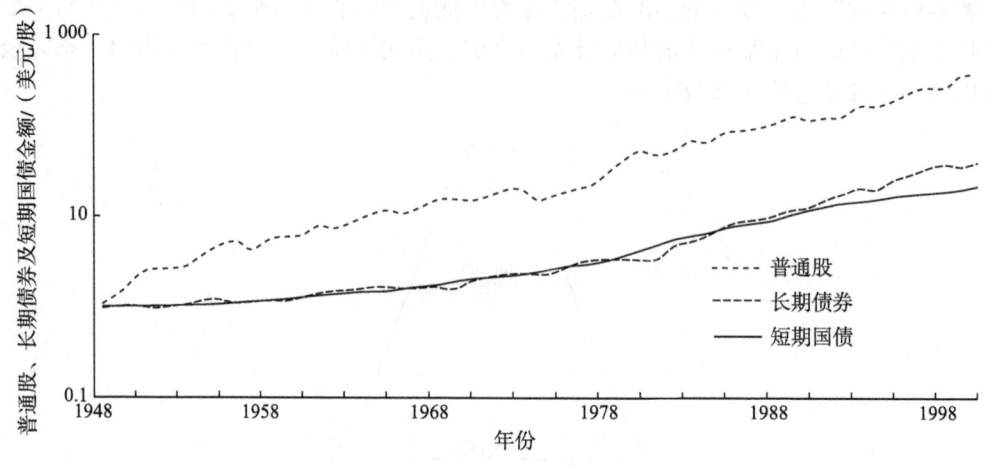

图 3.4 从收益角度看投资

由图 3.4 可见，根据收益率的计算公式：

$$1 \times (1+R_{1948}) \times (1+R_{1949}) \times \cdots \times (1+R_{2000}) = 383.82 （美元）$$

即 1948 年 1 美元的股票投资到 2000 年时将变为 383.82 美元，其结果则是将没有哪个投资者愿意持有国债和国库券。

但如果我们从收益率的变化来看，情况则大不相同，见图 3.5。这也就引出了另一个重要的概念——风险。

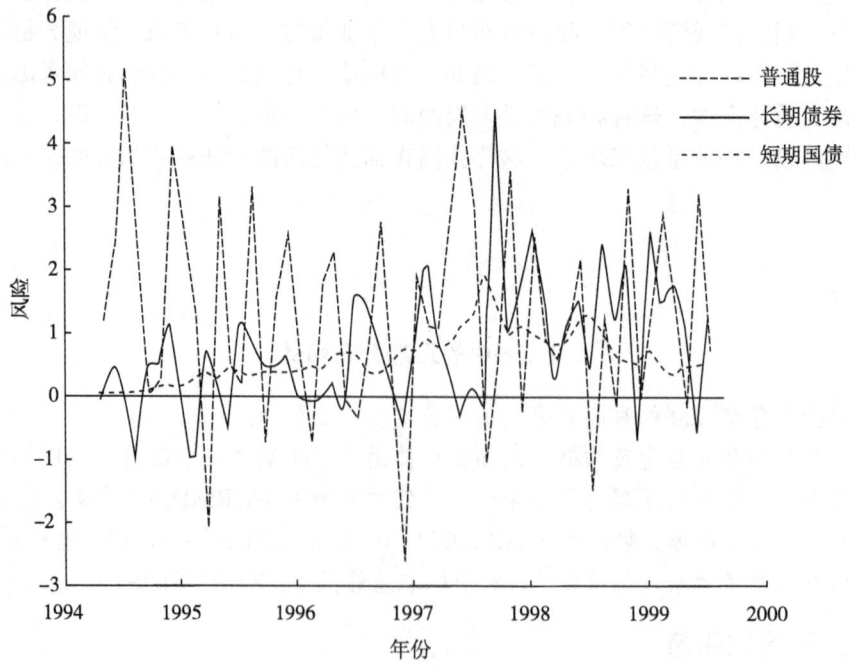

图 3.5 从风险角度看投资

一般将投资风险定义为实际收益对预期收益的偏离，数学上可以用预期收益的方差来衡量。公式为

$$\sigma^2 = \sum_{i=1}^{n} p_i \left[r_i - E(r_i) \right]^2 \quad (3.7)$$

方差的平方根为标准差，公式为

$$\sigma = \sqrt{\sum_{i=1}^{n} p_i \left[r_i - E(r_i) \right]^2} \quad (3.8)$$

标准差的统计学含义如下：当资产收益服从正态分布时，2/3 的收益率在 $E(r_i) \pm \sigma_i$ 的范围内；95%的收益率在 $E(r_i) \pm 2\sigma_i$ 的范围内。因此，其金融学的含义如下：方差或标准差越大，随机变量与数学期望的偏离越大，即实际收益对预期收益的偏离越大，风险就越大。

例题 3.3

某股票预期收益率与方差

假定投资于某股票，初始买入价格 10 元/股，持有期 1 年，现金红利为 0.4 元/股，预期股票价格在表 3.2 所示的不同经济运行状态下有如表 3.2 所示的三种可能，求各种可能下的收益率，并求该股票的期望收益和方差。

表 3.2　一个假设的股票投资

经济状态	繁荣	正常运行	萧条
概率	0.25	0.50	0.25
期末价/（元/股）	14	11	8

解：设 r_1、r_2、r_3 分别为经济繁荣、正常运行和经济萧条状态下的收益率。则

r_1 =（14-10+0.4）/10 = 44%
r_2 =（11-10+0.4）/10 = 14%
r_3 =（8-10+0.4）/10 = -16%

根据预期收益率计算公式：

$E(r)$ =（0.25×44%）+（0.50×14%）+[0.25×（-16%）]=14%

再根据方差的计算公式：

σ^2=0.25×（44%-14%）^{2}+0.50×（14%-14%）^{2}+0.25×（-16%-14%）^{2}=0.045

三、非正态分布的风险度量[①]

上述风险的表达所遵循的即收益率的正态分布。但在现实市场中，资产收益率经常偏离正态分布。此时对正态分布的偏离可以使用收益分布的高阶矩进行衡量。超额收益

---

① 此处参考了博迪等（2017）。

R 的 n 阶中心矩为 $(R-\bar{R})^n$，一阶矩为 0，二阶矩为方差的估计值 $\hat{\sigma}^2$。

对不对称性进行度量，称为偏度，计算公式如下：

$$偏度 = \frac{1}{n-1}\sum_{i=1}^{n}\frac{(R_i-\bar{R})^3}{\hat{\sigma}^3} \quad (3.9)$$

偏度的立方有正有负。因此，如果分布右偏，则如图 3.6 中的曲线，偏度为正，标准差高估风险。左偏如图 3.7 中的曲线，偏度为负，标准差低估风险。

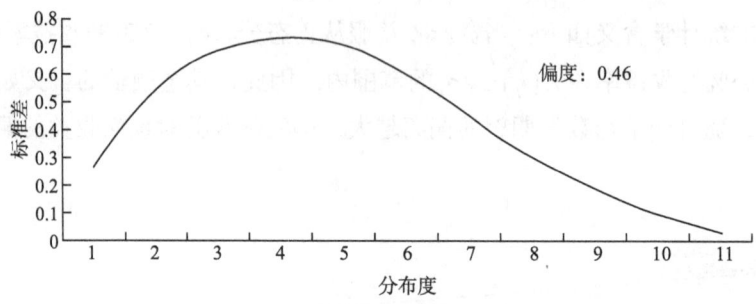

图 3.6　右偏态分布

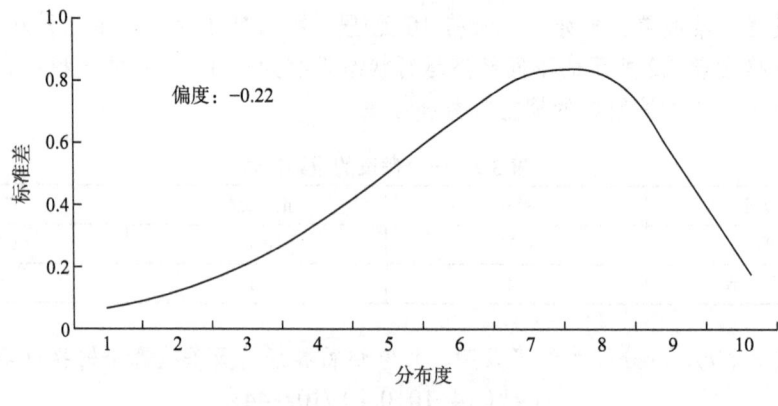

图 3.7　左偏态分布

另一个正态偏离的度量是考虑分布两端极端值出现的可能性，即从图像上来看是有肥尾特征的情况，分布的尾部发生的概率较正态分布预测的要高，分布的中部发生的概率较正态分布的低。这种度量称为峰度，计算如下：

$$峰度 = \frac{1}{n-1}\sum_{i=1}^{n}\frac{(R_i-\bar{R})^4}{\hat{\sigma}^4} - 3 \quad (3.10)$$

之所以减去 3 是因为正态分布的峰度为 0，峰度为正说明存在肥尾现象。

极端负值可能由负偏度以及负峰度产生。注意偏度和峰度为纯数值，它们不会随着高频观测值的变化而变化。极端负收益的频繁发生会导致出现负偏和肥尾。因此，我们需要新的风险度量方法来衡量极端负收益率的发生情况，这些方法主要包括在险价值、预期尾部损失、下偏标准差与索提诺比率、-3σ 收益的相对频率。

（一）在险价值

在险价值是度量一定概率下发生极端负收益所造成的损失[①]。在险价值的另一个名称是分位数。一个概率分布的 q 分位数是指小于这一分位数的样本点占总体的比例为 $q\%$，因此，当 $q=50$ 时的分位数就是中位数。通常我们估计 5%的 VaR，它表示有 95%的收益率将大于该值。因此，这一 VaR 实际上是 5%的最坏的情况下最好的收益率。在险价值的公式为 $\text{VaR}_p = F^{-1}(1-P)$，其中 $F(\cdot)$ 为分布函数，p 为置信水平。

当投资组合的收益率为正态分布时，VaR 可以从分布的均值和标准差中直接推导出来。标准正态分布的 5%分位数为 -1.65，因此相应的 VaR 为

$$\text{VaR}(0.05,\text{正态分布}) = \bar{R} + (-1.65)^* \sigma \quad (3.11)$$

我们可以将观测值从高到低排列以获取 VaR 的估计值，VaR 就是样本分布的 5%分位数。通常，受样本数量的影响，我们必须对分位数进行插值处理。

案例 3.3

VaR的计算

假设样本由 84 个年收益率组成（1926~2009 年），则 5%的观测的序号为 4.2。我们必须在从下往上数的第四个观测和第五个观测之间进行插值运算。假设最低的 5 个收益率为 -25.03%，-25.69%，-33.49%，-41.03%，-45.64%。则相应的 VaR 在 -25.03% 和 -25.69% 之间，并被计算如下：

$$\text{VaR} = -25.69\% + 0.2 \times (25.69\% - 25.03\%) = -25.56\%$$

（二）预期尾部损失

当我们通过观测最坏的 5%的情况来评估尾部风险时，VaR 是所有这些情况中收益率最高（损失最小）的。一个对损失敞口头寸更加现实的观点是，关注最坏情况发生条件下的预期损失。这样的一个值有两个名称：预期损失或者条件尾部期望，后者更强调其与左尾分布之间的密切关系。在本书中，我们使用预期损失这一名称。定义如下：损失大于 VaR 的期望，即

$$\text{ES}_p = E\left[X \mid X > \text{VaR}_p\right] \quad (3.12)$$

案例 3.4

预期损失的计算

我们对案例 3.3 进行拓展，假设每一个样本点发生的概率相同。因此，我们需要求

[①] 在险价值一般会写入银行的管理条例并有风险管理人员监控。

最底部的 5%的观测值的平均值。与前面的差值过程一样，我们给最底部的 4 个值的权重为 4/4.2，第 5 个值的权重为 0.2/4.2，这样得到预期损失：

$$ES=-25.03\%\times 0.2/4.2+(-25.69\%-33.49\%-41.03\%-45.64\%)\times 4/4.2=-1.40$$

显著小于 VaR 的值-25.56%。

（三）下偏标准差与索提诺比率

正态分布情况下用标准差作为风险的独立存在以下问题：①分布的非对称性要求我们独立地考察收益率为负的结果；②因为无风险投资工具是风险投资组合的替代投资，我们应该考察收益对无风险投资收益的偏离而不是对平均投资收益的偏离。

下偏标准差可以解决这两个问题。其计算方法和普通标准差的计算相似，但只使用造成损失的那些样本，即它只使用相对于无风险收益率负偏（而不是相对于样本均值负偏）的那些收益率，类似求方差一样求这些偏离的平方和的平均值，然后再求其平方根就得到了下偏标准差。因此下偏标准差实际代表的是给定损失发生情况下的均方偏离。注意到这样一个值忽略了负超额收益的频率，不同的负的超额收益的分布可能产生相同的下偏标准差值。

一般使用下偏标准差来代替标准差，同样也用超额收益率对下偏标准差的比例来代替夏普指数，这一变形成为索提诺比率，计算公式如下：

$$\text{下偏标准差：} DD_{EX} = \sqrt{\frac{1}{n-1}\sum_{i=1}^{n}\left(\min\left(R_t - R_f, 0\right)\right)^2} \quad (3.13)$$

$$\text{索提诺比率：} SOR = \frac{E(R_p) - R_f}{DD_{EX}} \quad (3.14)$$

可以看出，下行偏差忽略"良好"表现，而只计算"不良"风险。表示每增加一份"不良"风险，会有多少收益的报酬。就像第五章我们讲的夏普指数一样，索提诺比率也是越大越好。当考虑到一个很小的下行偏差时，可能会产生一个比较大的索提诺比率。

（四）-3σ 收益的相对频率

我们关注大幅度负收益与相同均值和标准差正态分布相比的相对发生频率。当股票价格发生大幅度变动时，我们称这种极端收益为跳跃。我们比较低于均值的 3 倍标准差或以上的收益发生的样本数与正态分布下 -3σ 收益发生的相对频率。

这一程度对于股票价格下行风险有信息价值，实践中它在高频大样本中更有用。在均值为 0.1，标准差为 0.2 的正态分布中，-3σ 跳跃的相对频率为 0.13%，即每 1 000 个观察值中有 1.3 次。因此，在小样本中很难得到具有代表性的结果，或者很难反映真实的关于极端变化的统计预期。

四、风险的分类

总体上，可以将风险分为非系统性风险和系统性风险。

（一）非系统性风险

非系统性风险是由个别上市公司或其他融资主体的特有情况所造成的风险，这一风险只与该公司本身的情况有关，而与整个市场无关，也称为微观风险。如果市场是有效的[①]，则整个证券市场可以看作"市场组合"，该组合将弱化甚至完全消除非系统性风险，因此市场组合或整个市场的非系统性风险为0。

（二）系统性风险

系统性风险是指由于某种全局性的因素而对所有资产收益都产生影响的风险。这种风险主要源于宏观经济因素的变化，如利率、汇率的变化所产生的风险，因此又称为宏观风险。

系统性风险是由宏观经济因素变化所导致的，因此它无法通过投资组合消除。对于某证券所面临的系统性风险的衡量，可以用该证券的收益率与市场收益率之间的 β 系数代表该证券的系统性风险。某证券 i 的 β 系数 β_i 是指该证券的收益率和市场收益率的协方差 σ_{im}，再除以市场收益率的方差 σ_m^2，即

$$\beta_i = \sigma_{im} / \sigma_m^2 \tag{3.15}$$

对一个证券组合的 β 系数 β_p，它等于该组合中各证券的 β 系数的加权平均，权数为各种证券的市值占该组合总市值的比重 X_i，即

$$\beta_p = \sum_{i=1}^{n} X_i \beta_i \tag{3.16}$$

β 值的判断标准如下：如果某证券或证券组合的 $\beta=1$，其系统性风险与市场风险一致；如果其 $\beta>1$，该证券或投资组合的系统性风险大于市场风险；如果其 $\beta<1$，则表明其系统性风险小于市场风险；当 $\beta=0$ 时，无系统性风险。

这里我们需要注意的是，β 值等于、大于还是小于市场风险，本身无好坏之分，要依据投资策略而看。因为一方面理论上存在承担的风险越高可能获得的收益越高；另一方面不同投资者（或机构）对风险的偏好（目标）不一样。若投资策略是追求风险价值，则其组合的 β 值应大于 1，换言之，这种情况下，$\beta<1$ 或 $\beta=1$ 可能是无效组合。

五、风险与收益的综合

以上我们分别界定了收益与风险，进一步，将风险与收益综合到一起，可以帮助我们在投资组合构建中进行资产选择。

（一）风险溢价与资产选择

风险溢价（risk premium）是指超过无风险资产收益的预期收益，这一溢价为投资的风险提供了补偿。其中的无风险（risk-free）资产是指其收益确定，而方差为零的资产。一般以货币市场基金或者短期国债作为无风险资产的代表品。

[①] 关于市场有效性理论，详见第八章。

如果投资者是风险厌恶的，为了保持其效用不变，要使其承担一定的风险，必须给予其更高的预期收益[①]。换言之，一个风险厌恶的投资者，其行为方式将服从均值—方差标准，即如果投资者是风险厌恶的，则其对于证券 A 和证券 B 的选择，当且仅当 $E(r_A) \geqslant E(r_B)$，且 $\sigma_A^2 \leqslant \sigma_B^2$ 成立时，投资者会选择证券 A 而放弃证券 B。这是根据风险与收益的关系进行资产选择的原则之一。

（二）变异系数

上述 A、B 两个资产的状态：资产 A 的收益大于资产 B 且资产 A 的风险小于资产 B，在现实市场中实际上是不多见的。当投资者进行资产选择的时候，更多的是要面对资产 A 的收益大于资产 B，但资产 A 的风险也大于资产 B，这个时候就要用到夏普教授所发明的变异系数。该变异系数即夏普比率，是指每获得单位收益所承担风险。即

$$\text{变异系数} = CV = \frac{\text{标准差}}{\text{预期收益率}} = \frac{\sigma}{E(R)} \tag{3.17}$$

夏普比率的值越大，表明获得单位收益所承担的风险越大，即该资产（或证券）越没有投资价值。夏普比率是我们进行资产选择的一个重要原则或指标。

> **例题 3.4**

用变异系数评估理财产品

假定两个银行理财产品 A、B 的收益率和方差如下表所示。

类别	项目 A	项目 B
收益率	0.05	0.07
标准差	0.07	0.12

分别计算上例中 A、B 两个理财产品的变异系数就可以从中选择出较优理财产品：

$$CV_A = \frac{0.07}{0.05} = 1.40 \qquad CV_B = \frac{0.12}{0.07} = 1.71$$

由计算结果可见，理财产品 A 的变异系数低于理财产品 B，所以投资者可以选择 A 产品进行理财。

> **案例 3.5**

期望收益率和方差的实际计算

这里我们用一个现实案例来演示期望收益率和方差的计算过程。如下表所示，三种市场状态出现的概率均为 1/3，资产为股票性基金和债券型基金。

[①] 详见本章第三节关于投资者效用的界定。

市场状态	概率	收益率	
		股票基金	债券基金
熊市	33.3%	−7%	17%
正常	33.3%	12%	7%
牛市	33.3%	28%	−3%

最终的计算结果如下:

市场状态	股票基金		债券基金	
	收益率	差平方	收益率	差平方
熊市	−7%	3.24%	17%	1.00%
正常	12%	0.01%	7%	0.00%
牛市	28%	2.89%	−3%	1.00%
期望收益率	11%		7%	
方差	0.020 5		0.006 7	
标准差	14.3%		8.2%	

计算过程如下所示。

1. 股票型基金的期望收益率

市场状态	股票基金		债券基金	
	收益率	差平方	收益率	差平方
熊市	−7%	3.24%	17%	1.00%
正常	12%	0.01%	7%	0.00%
牛市	28%	2.89%	−3%	1.00%
期望收益率	11%		7%	
方差	0.020 5		0.006 7	
标准差	14.3%		8.2%	

$$E(R_S) = \frac{1}{3} \times (-7\%) + \frac{1}{3} \times (12\%) + \frac{1}{3} \times (28\%)$$

$$E(R_S) = 11\%$$

即上表中"期望收益率"一行中的数据。

2. 债券型基金的期望收益率

市场状态	股票基金		债券基金	
	收益率	差平方	收益率	差平方
熊市	−7%	3.24%	17%	1.00%
正常	12%	0.01%	7%	0.00%
牛市	28%	2.89%	−3%	1.00%
期望收益率	11%		7%	
方差	0.020 5		0.006 7	
标准差	14.3%		8.2%	

$$E(R_B) = \frac{1}{3} \times (17\%) + \frac{1}{3} \times (7\%) + \frac{1}{3} \times (-3\%)$$
$$E(R_B) = 7\%$$

即上表中"期望收益率"一行中的数据。

3. 股票基金的差平方

市场状态	股票基金		债券基金	
	收益率	差平方	收益率	差平方
熊市	−7%	3.24%	17%	1.00%
正常	12%	0.01%	7%	0.00%
牛市	28%	2.89%	−3%	1.00%
期望收益率	11%		7%	
方差	0.020 5		0.006 7	
标准差	14.3%		8.2%	

上表中，差平方一列中各结果得到如下：

$$\left[(-7\%) - 11\%\right]^2 = 3.24\%$$
$$(28\% - 11\%)^2 = 2.89\%$$
$$(12\% - 11\%)^2 = 0.01\%$$

4. 方差

市场状态	股票基金		债券基金	
	收益率	差平方	收益率	差平方
熊市	−7%	3.24%	17%	1.00%
正常	12%	0.01%	7%	0.00%
牛市	28%	2.89%	−3%	1.00%
期望收益率	11%		7%	
方差	0.020 5		0.006 7	
标准差	14.3%		8.2%	

上表中，股票型基金的方差由下式得到：

$$2.05\% = 3.24\% \times \frac{1}{3} + 0.01\% \times \frac{1}{3} + 2.89\% \times \frac{1}{3}$$

上表中债券型基金的方差同理可得即 0.006 7。

5. 标准差

市场状态	股票基金		债券基金	
	收益率	差平方	收益率	差平方
熊市	−7%	3.24%	17%	1.00%
正常	12%	0.01%	7%	0.00%
牛市	28%	2.89%	−3%	1.00%
期望收益率	11%		7%	
方差	0.020 5		0.006 7	
标准差	14.3%		8.2%	

对所求得的方差开根号，即得到标准差，比如股票型基金的标准差：

$$14.3\% = \sqrt{0.020\ 5}$$

第二节　组合资产的收益和风险衡量

上一节我们研究了单一资产收益与风险的衡量，当我们考虑组合投资时，构建一个投资组合的基础性问题，即对该组合的收益和风险做到心中有"数"。此外，组合投资相对于单一资产投资的优势所在，以及产生这一优势的条件等，都是通过对资产组合的收益和风险的分析与计量得到的。

一、组合资产的收益

对组合资产的投资决策，不仅要考虑单个资产的收益和风险，而且要考虑资产组合作为一个整体的收益和风险；还需要决定对组合中的某一单独资产的投资比例。

资产组合的预期收益 r_p 是资产组合中所有资产预期收益的加权平均，其中的权数 x 为各资产投资占总投资的比率。公式为

$$E(r_p) = \sum_{i=1}^{n} x_i E(r_i) \tag{3.18}$$

式中，$i=1,2,\cdots,n$；$x_1 + x_2 + \cdots + x_n = 1$。

> 例题 3.5

计算组合期望收益率

假设我们以上海证券市场的三只股票构建投资组合，其基本情况如表 3.3 所示。

表 3.3　一个假设的组合

证券名称	中国国贸	钢联股份	华夏银行	组合
证券代码	600 007	600 010	600 015	
组合中股份	100	200	100	400
初始买入价/（元/股）	5.98	4.29	4.36	
总投资/元	598	858	436	1 892
占组合比例	31.6%	45.4%	23%	100%
期望收益率	5%	7%	3%	5.448%

表 3.3 中的"初始买入价"分别是三只股票在某一交易日的收盘价；"期望收益率"分为两部分：一部分是三只股票各自的期望收益率，分别以三只股票的样本均值计算得到；另一部分是组合的期望收益率，是本题求解的结果。

解：
根据公式（3.18），该组合期望收益率 = 31.6% × 5% + 45.4% × 7% + 23% × 3% = 5.448%。

对例题 3.5 我们还存在两个问题需要解决。

其一，组合中三只股票的股份分别为 100 股、200 股和 100 股，根据三只股票各自的单价，从而使其各自的投资额占组合总投资额的比例分别为 31.6%、45.4%和 23%。那么，这一比例，或者说三只股票各自的购买量是依据什么确定的？对这一问题的详细解答正是第五章马科维茨资产组合理论所要研究和解决的问题。我们这里只是根据了一个简单的原则：对预期收益较高的股票给出较高的投资比例。

其二，在表 3.3 所示的组合中，我们选择了"中国国贸""钢联股份""华夏银行"三只股票，为什么选择这三只股票？或者说"选股"的依据是什么？对这一问题的回答需要用到资本资产等价模型、基本分析方法、技术分析方法等。此外，还有一个简单而明确的原则，即要讲到的相关系数问题。

案例 3.6

实际操作中组合收益率的计算——以华富保本混合型证券投资基金（000028）为例

我们选取华富保本混合型证券投资基金 2014 年 12 月 31 日至 2015 年 12 月 31 日数据，对本资产组合前十大重仓持股以及持有债券进行分析。数据引自同花顺、基金网等。

1. 股票持仓明细

表 3.4 为该基金前 10 大重仓股持仓明细。

表 3.4　前 10 大重仓股

证券代码	证券名称	占净资产比例	期初市值/万元	持股数/万股	分红/万元	期末市值/万元	收益率
600089	特变电工	2.92%	579.88	46.84	84.36	551.30	9.62%
601299	中国北车	2.86%	568.00	80.00	13.2	1 130.8	101.41%

续表

证券代码	证券名称	占净资产比例	期初市值/万元	持股数/万股	分红/万元	期末市值/万元	收益率
002094	青岛金王	2.51%	499.46	45.99	0	1 432.59	186.82%
600280	中央商场	2.17%	432.00	30	0.9	335.1	−22.23%
002146	荣盛发展	2.07%	412.62	26	6.5	247.78	−38.38%
600535	天士力	2.07%	411.00	10	4.2	409.2	0.58%
600976	健民集团	1.93%	382.93	13.99	2.798	473.28	24.33%
600108	亚盛集团	1.88%	373.60	40	0.24	293.6	−21.35%
601318	中国平安	1.88%	373.55	5	1.75	180	−51.35%
600196	复星医药	1.80%	358.70	17	5.44	399.33	12.84%

表 3.4 中的中国北车于 2015 年年中与南车合并为中国中车，转股比例为 1∶1.10。

2. 债券持仓明细

表 3.5 为该基金债券持仓明细。

表 3.5 债券持仓明细

证券代码	证券名称	占净资产比例	期初市值/万元	期末市值/万元	票面利率	收益率
1180038	11 锡盟债	10.38%	2 065.40	2 143.70	7.62%	11.41%
140338	14 进出 38	9.66%	1 920.60	1 958.19		1.92%
098082	09 华西债	6.76%	1 343.66	1 351.08	6.05%	6.63%
125089	深机转债	2.85%	567.73	987.62	0.60%	73.96%
110023	民生转债	1.39%	276.54	246.98		−10.69%

表 3.5 的 14 进出 38 债券于 2015 年 6 月到期，为平息债券，票面利率 3.94%。深机转债为可转债，2015 年 5 月 22 日，市价 221.100 元，这里按售出计算收益，没有计算转股后持有至 2015 年末。民生转债也是可转债，2015 年 6 月 24 日，市价 119.660 元，这里按售出计算收益，没有计算转股后持有至 2015 年末。

基于股票和债券历史数据，我们计算股票收益率，计算公式为

$$\frac{\text{期末市值}+\text{分红}-\text{期初市值}}{\text{期初市值}}$$

由此分别计算得出各股票收益率。

计算债券收益率，计算公式为

$$\frac{\text{期末市值}+\text{利息}-\text{期初市值}}{\text{期初市值}}$$

式中，平息债券无利息项，可转债按转换日价值作为期末市值。

基于以上计算结果，我们分别计算股票组合与债券组合对我们总资产组合的收益贡献。

股票组合对总资产提供的收益贡献为 5.94%；债券组合对总资产提供的收益贡献为 3.38%。

上述两项计算结果是通过将股票收益、债券收益与相应的在总资产组合中的比重相乘得到。

二、资产组合的风险

正如对资产组合收益的计算一样，资产组合的方差也不是组合中各资产方差的简单加权平均，而是资产组合的收益与其预期收益偏离数的平方，即

$$\sigma_p^2 = E\left[r_p - E(r_p)\right]^2 \tag{3.19}$$

式中，r_p 为资产组合的收益率。

如果是由两个资产构建一个投资组合，则该组合的方差为

$$\begin{aligned}\sigma_p^2 &= w_1^2\sigma_1^2 + w_2^2\sigma_2^2 + 2w_1w_2\sigma_{1,2} \\ &= w_1^2\sigma_1^2 + w_2^2\sigma_2^2 + 2w_1w_2\rho_{1,2}\sigma_1\sigma_2\end{aligned} \tag{3.20}$$

由 n 个资产构成的组合，计算该组合方差的一般公式为

$$\sigma_p^2 = \sum_{i=1}^{n} x_i^2\sigma_i^2 + \sum_{i=1}^{n}\sum_{j=1}^{n} x_i x_j \operatorname{cov}(x_i, x_j) \quad (\text{其中 } i \neq j) \tag{3.21}$$

式中，$\operatorname{cov}(x_i, x_j)$ 为资产 i 与资产 j 之间的协方差，对此我们将在后续给以详细讨论。式（3.21）表明，资产组合的方差是资产各自方差与它们之间协方差的加权平均。

计算组合方差

假设由两项资产构成投资组合，$w_1 = 0.25$，$\sigma_1 = 0.20$，$w_2 = 0.75$，$\sigma_2 = 0.18$，且 $\sigma_{12} = 0.01$，计算该组合的方差。

根据式（3.20）有

$$\begin{aligned}\sigma_p^2 &= 0.25^2 \times 0.20^2 + 0.75^2 \times 0.18^2 + 2 \times 0.25 \times 0.75 \times \left[0.01/(0.20 \times 0.18)\right] \times 0.20 \times 0.18 \\ &= 0.024\,5\end{aligned}$$

对例题 3.6 我们做进一步的分析。由题中的已知条件可知，资产 1 的方差 $\sigma_1^2 = 0.04$，资产 2 的方差 $\sigma_2^2 = 0.032\,4$；而我们所计算的投资组合的方差 $\sigma_p^2 = 0.024\,5$。可见组合投资有利于降低投资风险。但这一结果的取得还有赖于一个前提性条件，即资产之间的相关系数。

三、协方差与相关系数

协方差即两个或更多的随机变量之间的相互依赖关系。设 x_1，x_2 为两个随机变量，其均值分别为 $E(x_1)$ 和 $E(x_2)$，则两变量之间的协方差被定义为

$$\operatorname{cov}(x_1, x_2) = E\left\{\left[x_1 - E(x_1)\right]\left[x_2 - E(x_2)\right]\right\} \tag{3.22}$$

经过简单推导，我们可以得到式（3.22）的一个替代公式：

$$\text{cov}(x_1, x_2) = E(x_1 x_2) - E(x_1)E(x_2) \tag{3.23}$$

通常我们以 σ_{12} 表示两个资产之间的协方差。

协方差所告诉我们的信息如下：如果 $\sigma_{12}=0$，即两资产为不相关的随机变量；如果 $\sigma_{12}>0$，则两随机变量正相关，此时如果一个随机变量高于均值，则另一个随机变量也高于均值；如果 $\sigma_{12}<0$，则两个随机变量负相关。如图3.8所示。

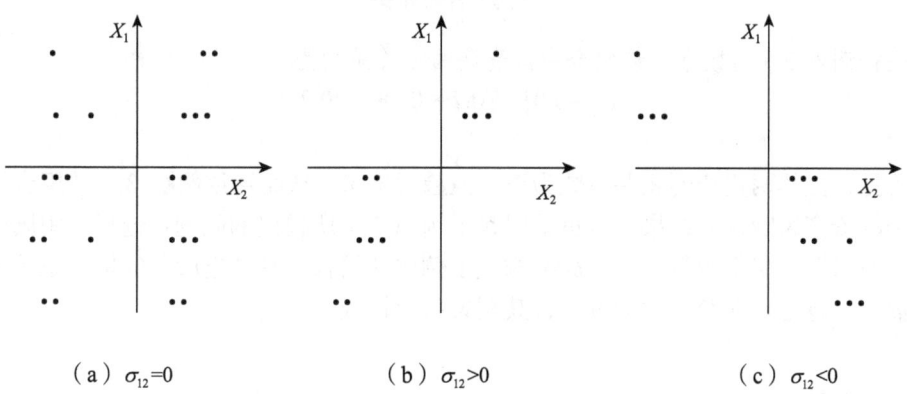

（a）$\sigma_{12}=0$　　　　　　（b）$\sigma_{12}>0$　　　　　　（c）$\sigma_{12}<0$

图3.8　协方差：资产的相关性

图3.8以两个随机变量 X_1 和 X_2 为例，显示了协方差所表明的随机变量之间的相关性。

协方差的一个重要界限是两个随机变量的协方差满足下式：

$$|\sigma_{12}| \leq \sigma_1 \sigma_2 \tag{3.24}$$

这一不等式表明，如果 $\sigma_{12}=\sigma_1\sigma_2$，表明两个随机变量完全正相关；如果 $\sigma_{12}=-\sigma_1\sigma_2$，表明两个随机变量完全负相关。

协方差描述了两个随机变量之间的相关状态，即是正相关、负相关，还是零相关，但它却不能说明变量之间的相关程度。相关系数反映两个随机变量的联系程度，其计算公式为

$$\rho_{ij} = \frac{\sigma_{ij}}{\sigma_i \sigma_j} \tag{3.25}$$

ρ_{ij} 为资产 i 与 j 的相关系数。由协方差的计算公式我们可以得到，相关系数的取值为 $-1 \leq \rho_{ij} \leq +1$。正号表示正相关，负号表示负相关；$\rho_{ij}=1$ 时为两个资产完全正相关，$\rho_{ij}=-1$ 时为完全负相关，$\rho_{ij}=0$ 时两个资产不相关。

不同资产之间的相关系数对资产组合的风险有重大影响。如果由两个资产构成一个资产组合，则该组合的方差可表述为

$$\sigma_p^2 = x_1^2 \sigma_1^2 + x_2^2 \sigma_2^2 + 2x_1 x_2 \rho_{12} \sigma_1 \sigma_2 \tag{3.26}$$

由式（3.26）可见，如果两个资产的权重及其各自的方差既定不变，ρ_{12} 越大，则

σ_p^2 越大；反之则反。这说明，资产的相关度越高，资产组合的风险越大；或者说，选择相关度小的资产组合，可降低投资风险。

计算相关系数

根据例题 3.6 的数据，该组合中两资产的相关系数为
$$\rho_{12}=0.01/(0.2\times 0.18)=0.278$$

可见，虽然两资产的相关系数为正，但趋近于 0，从而导致例题 3.6 的组合风险低于单个的资产风险这一结果。这也就回答了例题 3.5 所提出的问题：选择"中国国贸""钢联股份""华夏银行"三只股票构成该例题的组合，其"选股"的依据是较低的相关系数——越是行业跨度大的资产，其相关系数越低。

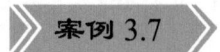

资产组合的收益率和风险

我们在案例 3.5 的基础上，来看股票基金和债券基金各占 50%的资产组合如何平衡风险和收益。基础数据如下表所示。

市场状态	股票基金		债券基金	
	收益率	差平方	收益率	差平方
熊市	−7%	3.24%	17%	1.00%
正常	12%	0.01%	7%	0.00%
牛市	28%	2.89%	−3%	1.00%
期望收益率	11%		7%	
方差	0.020 5		0.006 7	
标准差	14.3%		8.2%	

计算过程如下所示。
1. 组合的收益率
资产组合的收益率由其中股票和债券两只基金的预期收益率加权而来，即
$$R_P=w_B R_B+w_S R_S$$
在牛市情况下：

市场状态	收益率			
	股票基金	债券基金	投资组合	差平方
熊市	−7%	17%	5.0%	0.160%
正常	12%	7%	9.5%	0.003%
牛市	28%	−3%	12.5%	0.123%
期望收益率	11%	7%	9%	
方差	0.020 5	0.006 7	0.001 0	
标准差	14.3%	8.2%	3.08%	

牛市情况下投资组合的收益率：
$$12.5\% = 50\% \times (28\%) + 50\% \times (-3\%)$$
资产组合的预期收益率由其中的基金的预期收益率加权而来：
$$E(R_P) = w_B E(R_B) + w_S E(R_S)$$
即
$$9\% = 50\% \times (11\%) + 50\% \times (7\%)$$

2. 组合的风险

两种风险资产组合的收益率方差为
$$\sigma_p^2 = (w_B \sigma_B)^2 + (w_S \sigma_S)^2 + 2(w_B \sigma_B)(w_S \sigma_S) \rho_{BS}$$

式中，ρ_{BS} 是股票和债券的收益率之间的相关系数，本案例中假设等于−0.999。由最终的计算结果我们看到：就收益的排名，股票基金最高，投资组合其次，债券基金最低；就风险而言，股票基金最大，债券基金其次，而投资组合最小。综合而言我们得到结论：资产组合的最大效用就在于，在相同收益（或收益下降不大）的情况下，承担了最低的风险。

> **阅读资料 3.1**
>
> **长期投资与对数正态分布**[①]

要研究长期投资，首先我们来考虑一个简单的例子：假如一位投资者今天有 1 元钱，计划投资 25 年，现在有两种投资方案，第一种是投资于股票组合（获得的股利进行再投资），该股票组合的月收益率为 1%，25 年后他将获得 $(1+0.01)^{300} = 19.79$ 元，增长率为 1 879%。另一种投资方案是，将 1 元钱投资于月收益率为 0.5% 的无风险的 25 年期国债，投资的终值为 $(1+0.005)^{300} = 4.46$ 元。可以看出 0.5% 的月风险溢价会使股票投资的总收益比无风险国债多出不少，这就是复利的作用。从图 3.9 可以看出，投资时间越长，两种投资方案的收益差值就越大。按照这种逻辑，我们应该都选择投资股票而不是国债，

[①] 此阅读资料主要取材于博迪等（2017）。

然而现实中不是所有人都去投资股票，也有人去投资国债，这主要是因为投资是一个收益与风险的权衡过程。一个长期收益率的投资风险较难理解，因此对它的刻画十分重要。

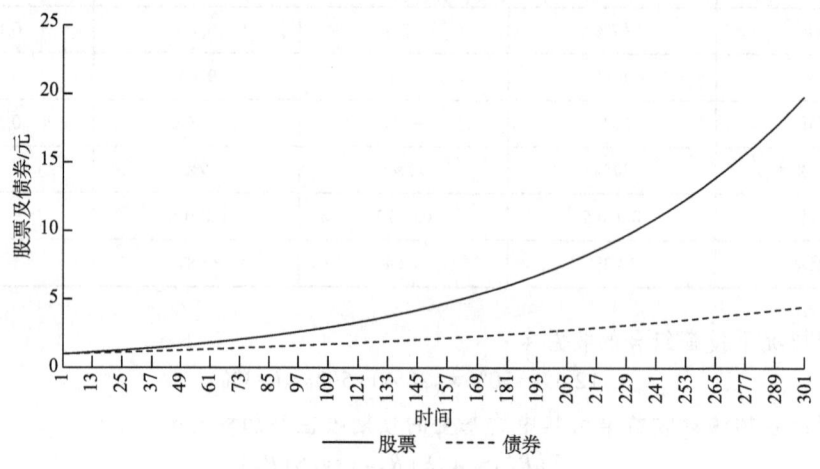

图 3.9　股票及债券的收益率曲线

1. 构造投资终值的概率分布

如果收益率的分布可以用正态分布拟合，那么我们就可以用收益率的标准差来描述长期投资的风险。因此，我们首先要构造出长期投资回报的概率分布，验证其是否符合正态分布。

我们用二叉树来构造一个股票投资终值的概率分布，在这里我们以复利计算终值。假设股票组合的月收益率50%的可能性是5%，50%的可能性是-3%。这种构造的月期望收益是1%，其风险用月收益标准差来衡量是 $\sqrt{0.5\times(5-1)^2+0.5\times(-3-1)^2}=4\%$。2个月后的二叉树如下所示。

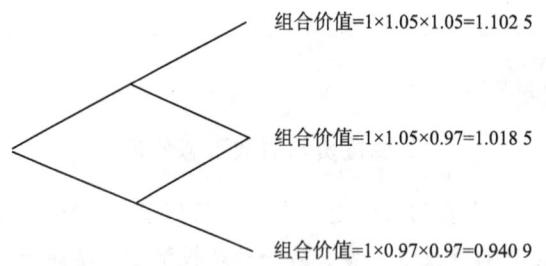

300个月后二叉树会产生301种不同的可能结果，而每种结果的概率可以通过Excel中的BINOMDIST函数来获得。由此我们计算得到期末终值的均值为19.79，标准差为17.10。

图3.10是投资终值的概率分布，从图中可以明显看出分布的非对称性。因此，该分布不满足正态分布，说明用标准差来度量长期投资的风险并不适用。事实上，以复利计算多期二项分布的终值时，其收敛于对数正态分布，对数正态分布描述的是变量在取对数后服从正态分布。如图3.11所示，当我们对投资回报取对数后，可以明显看出其概率分布具有对称性。

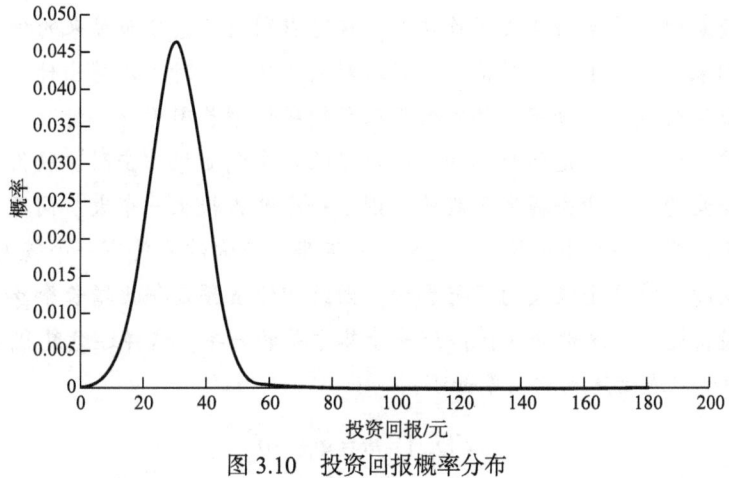

图 3.10 投资回报概率分布

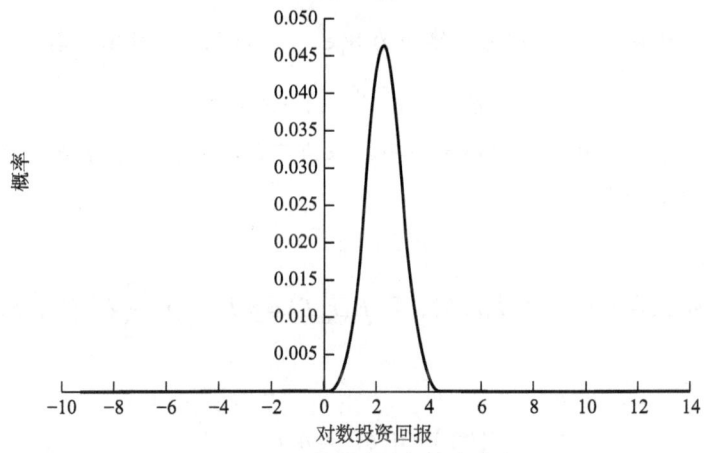

图 3.11 对数投资回报概率分布

2. 正态分布与对数分布

正态分布的一个重要特性是它的稳定性,即服从正态分布的收益加和后的结果依然服从正态分布,但是这一特性不适用于正态分布收益的乘积。例如,两个时段的实际收益率 r_1 和 r_2 均为正态分布,但是这两个时段总收益率 $(1+r_1)(1+r_2)-1$ 不是正态分布。因此正态分布不能用来描述按复利计算的长期收益率分布,但是对数正态分布可以。

对数正态分布是指,当一个随机变量 X,其对数 $\ln(X)$ 服从正态分布,则该随机变量 X 服从对数正态分布。从短期来看对数正态分布,因为与正态分布非常接近,但长期来看,对数正态分布向上分布的数值更多一些。如果在一个极短时段内股票价格服从正态分布,即在一个极短时段收益呈正态分布,那么在一个较长时段内股票的复利收益以及未来的股票价格服从对数正态分布。反过来,如果股票价格服从对数正态分布,其连续复利收益①服从正态分布。因此不管时间多长,连续复利收益都服从正态分布,如果

---

① 连续复利收益公式 $r_{cc} = \ln(1+r)$,r 为实际收益率.

我们采用连续复利收益率而非实际收益率，就可以利用正态分布带来的种种简化。

下面我们来研究一下，当股票价格服从对数正态分布时可以得出什么样的规律。假设股票价格服从对数正态分布，其对数服从预期年化增长率为 g、标准差为 δ 的正态分布。由于股票价格的分布是非对称的，所以当收益受到随机冲击时，股价的变化是非对称的。一个正向的向上冲击提高了股价，则下一个冲击较上一个大。同理，一个负向冲击降低了股价，下一个冲击则较小。这样，一连串的正向冲击将有一个较大的上行影响，一连串的负向冲击将产生较大的下行影响。因此即便当预期年化增长率 $g=0$ 时，随机冲击也会推动股价变化，这部分变化恰好等于其方差的一半。这样连续复利收益率 m 将大于 g，预期的年化连续复利收益率如下：

$$E(r_{cc}) = m = g + \frac{1}{2}\delta^2 \tag{3.27}$$

预期期初财富 W_0 复利到期末，终值为 $W_0 e^{g+\frac{1}{2}\delta^2} = W_0 e^m$。因此预期实际利率如下：

$$E(r) = e^{g+\frac{1}{2}\delta^2} - 1 = e^m - 1 \tag{3.28}$$

如果将年化连续复利收益率用于一项期限为 T 的投资，不管 T 是大于或小于 1 年，该投资的实际利率等于：

$$r(T) = e^{r_{cc}T} - 1 \tag{3.29}$$

预期累计收益率 $r_{cc}T$ 与 T 成比例，即 $E(r_{cc}T) = mT = \left(g+\frac{1}{2}\delta^2\right)T$，则预期的期末财富为

$$E(Wr) = W_0 e^{mT} = W_0 e^{\left(g+\frac{1}{2}\delta^2\right)T} \tag{3.30}$$

累计收益率的方差与时段长度成比例，即 $\mathrm{Var}(r_{cc}T) = T\,\mathrm{Var}(r_{cc})$，其标准差与时段长度呈平方根的关系，即

$$\delta(r_{cc}T) = \sqrt{T\,\mathrm{Var}(r_{cc})} = \delta\sqrt{T} \tag{3.31}$$

式（3.31）提供了降低长期投资风险的途径，因为预期收益与时段长度成比例增长，而标准差增长的速度较慢，因此长期风险投资的预期收益相对于标准差增长得更快。那么预期损失是否会随着期限的增加而下降，这一问题我们在下面进行探究。

3. 短期和长期收益损失风险

我们通过一个例子来探究这个问题。假设股票的预期月收益率为 1%，那么其连续复利收益率等于 $\ln(1.01) = 0.00995$（即每月 0.995%）。假设无风险月度收益率为 0.5%，那么其连续复利收益率 $\ln(1.005) = 0.4988\%$。股票的实际收益率标准差为 4.54%，则在连续复利下月度标准差[①]为 4.4928%。因此连续复利的风险溢价为 0.995%−0.4988%=

---

① 当实际收益率 r 呈对数正态分布时，$\mathrm{Var}(r) = e^{2m}\left(e^{\delta^2} - 1\right)$。

0.496 2%，标准差等于 4.492 8%，夏普比率等于 0.496 2/4.492 8=0.11。换句话说，当股票的收益较均值低 0.11 倍的标准差时，股票组合的绩效低于无风险资产。满足正态分布时，我们发现股票组合的绩效低于无风险资产的概率为 45.6%（在 EXCEL 的 NORMSDIST 公式输入 −0.11 可得）。这是投资者的后悔概率，这种情况下，投资者宁愿投资于短期国库券而非股票。

如果投资期为 300 个月，累计超额收益高达 0.496 2%×300=148.9%，标准差为 4.492 8×$\sqrt{300}$ =77.82，意味着夏普比率高达 1.91。在 NORMSDIST 公式中输入 −1.91，你会发现 300 个月期间投资者的收益损失概率[①]仅为 0.029。

然而损失的概率并不是一种完善的投资风险度量方法。这个概率不考虑潜在损失的大小，而一些可能损失虽然发生概率小，却意味着完全破产。25 年投资的最大损失要比 1 个月投资的最大损失大得多。

一个更好地度量长期投资风险的方法是用可以抵御损失的保险的市场价格。这种保险的保费必须考虑到损失的可能性和损失的大小。尽管一个投资组合的保险兑现赔偿的概率很低，但是可能损失的金额和时机可能会使这样的保险需要较高的保费。现实中，与期限越长损失风险越小的结论相反，在市场上期限越长的保险保费更高，这是因为长期的最大损失要远比短期的最大损失大得多。

第三节　效用价值与投资者的风险偏好

在对 β 值的研究中我们提到，不同投资者有不同的风险偏好。原则上，我们可以依据投资者对风险的态度，将投资者分为风险厌恶型、风险中性和风险偏好三种类型。本节我们从效用价值和确定性等价的概念入手，对投资者的风险偏好进行研究。

一、效用价值与确定性等价利率

衡量一项投资或投资组合的效用，即观察其风险与收益的匹配状态：在风险一定的情况下，预期的收益越高，该投资或资产组合的效用价值越大；收益波动性越强的投资或资产组合，效用值就越低。

给定预期收益为 $E(r)$，收益波动性（方差）为 σ^2，则资产组合的效用价值为

$$U = E(r) - 0.005A\sigma^2 \quad (3.32)$$

式中，U 为效用价值；A 为投资者的风险厌恶指数；系数 0.005 是一个按比例计算的方法，这使得我们可以将预期收益和标准差表述为百分比而不是表示为小数。式（3.32）表明，高预期收益会提高效用，而高波动性（风险）将降低效用。

我们可以将效用价值与无风险投资的报酬率进行比较，以确定风险投资与安全投资之间的选择，即我们可以将风险投资的效用看作投资者的确定性等价的收益率。一个资

[①] 股票投资组合收益率低于无风险资产，这种情况有时被称为收益损失。

产组合的确定性等价的利率（certainty equivalent rate）是为使无风险投资与风险投资具有相同吸引力而确定的无风险投资的报酬率。

效用函数的计算

如果某股票的期望收益率为7%，方差为78.69%，假定无风险利率为4%。如果某投资者A的风险厌恶指数为8，而另一投资者B的风险厌恶指数为6。请问这两个投资者该如何进行投资（资产）选择？

解：根据式（3.32）给出的投资者效用价值公式，对投资者A来说，如果他投资于例题中所给的股票，则其效用值为

$$U_A = 7\% - (0.005 \times 8 \times 78.69\%) = 3.8524\%$$

可见，对该股票的投资收益低于无风险报酬率，即投资者A应放弃股票投资而选择对无风险资产的投资。

对投资者B来说，其投资于股票的效用值为

$$U_B = 7\% - (0.005 \times 6 \times 78.69\%) = 4.6393\%$$

即收益高于无风险报酬率，投资者B就会选择投资于股票。

二、投资者的风险偏好类型

由式（3.32）可见，方差（即风险）与效用价值负相关，即风险越大，投资组合对投资者的效用越低；式（3.32）还表明，风险减少效用的程度取决于投资者的风险厌恶指数A。

一个风险厌恶（risk averse）型的投资者，其为补偿所承担的风险，会按一定比例降低投资组合的预期收益，从而将降低组合的效用价值。换言之，对于风险厌恶型投资者，为了保持其效用不变，使其承担一定的风险，必须给予其更高的预期收益。也就是说，风险厌恶型投资者的风险与收益是正相关的。从确定性等价利率的角度看，如果风险溢价等于0，即风险投资的收益率减去无风险投资的收益率等于0，则风险厌恶型投资者的确定性等价报酬率将低于无风险投资报酬率。

一个风险中性（risk-neutral）的投资者只按预期收益率来衡量组合的效用，即风险（方差）因素与其投资组合所带来的效用无关。换言之，对风险中性的投资者来说，资产组合的确定性等价报酬率就是预期收益率。

风险爱好者（risk lover）在其效用中加入了风险的"乐趣"，即风险的增加提高了投资组合的效用。换言之，风险爱好者的预期收益与风险之间是负相关的：即便预期收益有所下降，他也愿意承担更大的风险。从另一角度来看，即便风险溢价等于0，风险爱好者的确定性等价报酬率也高于无风险投资的报酬率。

> 阅读资料 3.2

Kelly准则

考虑一个单期投资计划，该计划只有两种可能的回报：正的超额收益为 b，概率为 p；负的超额回报为 $-a$，概率为 $q=1-p$。投资者计划的投资金额是 y，剩余资金投资于无风险资产，其总收益是 $1+r+by$，概率为 p，或者 $1+r-ay$，概率为 q。Kelly 准则使用的是对数效用函数，因此期望效用为

$$E[U(y)] = p\ln(1+r+by) + q\ln(1+r-ay)$$

对该效用函数求最大化问题便是 Kelly 准则。得到风险资产所占的比例：

$$y = (1+r)\left(\frac{p}{a} - \frac{q}{b}\right)$$

根据该准则，当 p 和 b 值较大时投资者应该更多的投资于该计划，当 q 和 a 值较大时，投资者投资的更少。因为当回报和损失相等时，即 $a=b, y=(1+r)(p-q)/a$，回报或损失较大时，投资的比例越低。无风险利率越高，投资比例越高。

三、风险厌恶型投资者的无差异曲线

一般而言，我们假定一个理性的投资者是风险厌恶的。为了描述风险厌恶型投资者的效用最大化，我们给出风险厌恶型投资者的无差异曲线，这也是马科维茨组合理论确定最优资产组合工具之一。

（一）投资者无差异曲线

在投资组合理论中，效用函数代表着投资者偏好。投资者的目标是投资效用最大化，而投资效用则如式（3.32）所示，取决于投资的预期收益率和风险。该效用函数可以通过在预期收益率-风险平面上以无差异曲线族表现出来。

资本市场的无差异曲线表示在一定的风险和收益水平下（即在同一曲线上），投资者对不同资产组合的满足程度是无区别的，即同等效用水平曲线，如图 3.12 所示。图中，纵轴 $E(r)$ 表示预期收益，横轴 σ 为风险水平。

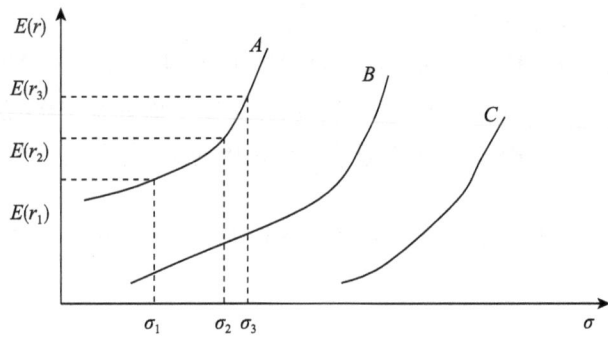

图 3.12 风险厌恶型投资者的无差异曲线

（二）风险厌恶型投资者无差异曲线的特点

风险厌恶型投资者的无差异曲线具有以下特点。

（1）斜率为正。为了保证效用相同，如果投资者承担的风险增加，则其所要求的收益率也会增加。对于不同的投资者，其无差异曲线斜率越陡峭，表示其越厌恶风险：即在一定风险水平上，为了让其承担等量的额外风险，必须给予其更高的额外补偿；反之无差异曲线越平坦表示其风险厌恶的程度越小。

（2）下凸[①]。这意味着随着风险的增加要使投资者再多承担一定的风险，其期望收益率的补偿越来越高。如图 3.12 所示，在风险程度较低时，当风险上升（由 $\sigma_1 \to \sigma_2$），投资者要求的收益补偿为 $E(r_2)-E(r_1)$；而当风险进一步增加，虽然是较小的增加（由 $\sigma_2 \to \sigma_3$），收益的增加都要大幅上升为 $E(r_3)-E(r_2)$。这说明风险厌恶型投资者的无差异曲线不仅是非线性的，而且该曲线越来越陡峭。这一现象实际上是边际效用递减规律在投资上的表现。

（3）不同的无差异曲线代表着不同的效用水平。越靠左上方无差异曲线代表的效用水平越高，如图 3.12 中的 A 曲线。这是由于给定某一风险水平，越靠上方的曲线其对应的期望收益率越高，因此其效用水平也越高；同样，给定某一期望收益率水平，越靠左边的曲线对应的风险越小，其对应的效用水平也就越高。此外，在同一无差异曲线图（即对同一个投资者来说）中，任两条无差异曲线都不会相交。

案例 3.8

无差异曲线的数字计算

为了理解如何构造无差异曲线，考虑风险厌恶系数 $A=4$ 的一个投资者，他目前全部投资于无风险组合，收益率 $r_f=5\%$。因为这个组合的方差为零，效用价值的公式告诉我们它的效用为 $U=0.05$。当投资者投资于 $\sigma=1\%$ 的风险组合时，为了获得相同的效用，其期望收益必须上升，以弥补更高的 σ 值：

$$U = E(r) - 1/2 \times A \times \sigma^2$$
$$0.05 = E(r) - 1/2 \times 4 \times 0.01^2$$

这说明必要的期望收益为

$$E(r) = 0.05 + 1/2 \times A \times \sigma^2 = 0.05 + 1/2 \times 4 \times 0.01^2 = 0.0502$$

对于不同的 σ 重复这样的计算，可以得到保证效用函数为 0.05 所需的 $E(r)$。这个过程将得到效用水平为 0.05 时所有期望收益和风险的组合。把这些组合描点在图上便得到无差异曲线。

可以使用 Excel 表格来生成投资者的无差异曲线。表 3.6 包含了效用值分别为 0.05

[①] 如果无差异曲线凸向原点，即风险与收益反相关，表明投资者为风险偏好型；风险中性投资者的无差异曲线则为水平线。

和 0.09 对于风险厌恶分别为 $A=2$ 和 $A=4$ 的两个投资者的风险和收益的组合。

表 3.6 无差异曲线的数字计算

σ	$A=2$		$A=4$	
	$U=0.05$	$U=0.09$	$U=0.05$	$U=0.09$
0.00	0.050 0	0.090 0	0.050	0.090
0.05	0.052 5	0.092 5	0.055	0.095
0.10	0.060 0	0.100 0	0.070	0.110
0.15	0.072 5	0.112 5	0.095	0.135
0.20	0.090 0	0.130 0	0.130	0.170
0.25	0.112 5	0.152 5	0.175	0.215
0.30	0.140 0	0.180 0	0.230	0.270
0.35	0.172 5	0.212 5	0.295	0.335
0.40	0.210 0	0.250 0	0.370	0.410
0.45	0.252 5	0.292 5	0.455	0.495
0.50	0.300 0	0.340 0	0.550	0.590

图 3.13 描绘了 $A=2$ 及 $A=4$ 对应的期望收益率和标准差组合，截距分别为 0.05 和 0.09，对应曲线的效用水平。

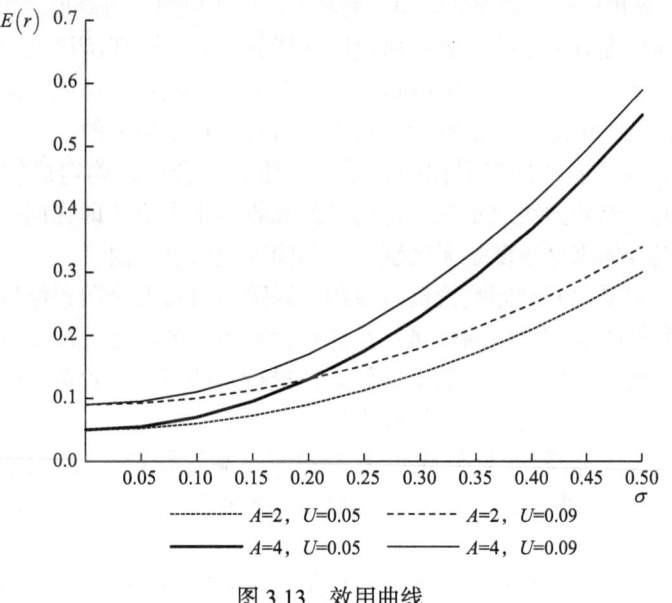

图 3.13 效用曲线

上述结果的计算过程如下：

必要的期望收益 $E(r) = 0.05 + 1/2 \times A \times \sigma^2 = 0.05 + 1/2 \times 2 \times 0.01^2 = 0.050\,1$

必要的期望收益 $E(r) = 0.05 + 1/2 \times A \times \sigma^2 = 0.05 + 1/2 \times 4 \times 0.01^2 = 0.0502$

必要的期望收益 $E(r) = 0.09 + 1/2 \times A \times \sigma^2 = 0.09 + 1/2 \times 2 \times 0.01^2 = 0.0901$

必要的期望收益 $E(r) = 0.09 + 1/2 \times A \times \sigma^2 = 0.09 + 1/2 \times 4 \times 0.01^2 = 0.0902$

假定任何投资者都愿意投资于更高的无差异曲线上的组合，获得更高的效用。更高无差异曲线上的资本组合在给定风险水平上能够提供更高的期望的收益。例如，$A=2$ 的两条无差异曲线形状相同，但是对于任意水平的风险，效用为 0.09 的那条曲线比 0.05 的那条曲线的期望收益高 4%。

表 3.6 中的第 4 列和第 5 列对风险厌恶系数更高（$A=4$）的投资者重复了上述分析。图 3.13 反映出更高风险厌恶程度投资者的无差异曲线比低厌恶程度投资者的曲线更陡峭。更陡峭的曲线意味着投资者需要更多的期望收益来补偿同样的组合风险。

更高的无差异曲线意味着对应着更高的效用水平，因此投资者更愿意在更高的无差异曲线上寻找投资机会。但这要受到可行集和资本配置线的制约①。

➢本章小结

投资学的一个基本指导理念是风险与收益的最优匹配。当风险与收益达到最优匹配状态时，一项投资或投资组合给投资者的效用就越高。在风险一定的情况下，预期的收益越高，该投资或资产组合的效用价值越大；而收益波动性越强的投资或资产组合，其效用值越低。给定预期收益为 $E(r)$，收益波动性为 σ^2，则资产组合的效用价值为

$$U = E(r) - 0.005A\sigma^2$$

上式表明，高预期收益会提高效用，而高波动性（风险）将降低效用。上式还表明，风险减少效用的程度取决于投资者的风险厌恶指数 A。一个风险厌恶型的投资者，其为补偿所承担的风险，会按一定比例降低投资组合的预期收益，从而将降低组合的效用价值。也就是说，风险厌恶型的投资者，其风险与收益是正相关的。

风险厌恶型投资者的无差异曲线，是马科维茨组合理论确定最优资产组合工具之一。资本市场的无差异曲线表示在一定的风险和收益水平下（即在同一曲线上），投资者对不同资产组合的满足程度是无区别的，即同等效用水平曲线。

进一步讲，需要我们对影响投资者效用的风险与收益两个因素给以明确的量化。对单一资产或证券的收益和风险的衡量，是计量投资组合的收益与风险的基础。就收益方面而言，对资产收益的估计可用数学期望方法进行，即对每一收益率的估计都给出其实现的概率，再对各收益率及其概率加权平均。

就风险而言，一般将投资风险定义为实际收益对预期收益的偏离，数学上可用预期收益的方差来衡量。方差或标准差越大，随机变量与数学期望的偏离越大，风险就越大。

在实际投资中，大多数投资者都会考虑组合投资。对组合资产的投资决策，不仅要考虑单个资产的收益和风险，还要考虑资产组合作为一个整体的收益和风险。

---

① 详见下一章。

资产组合的预期收益 $E(r_p)$ 是资产组合中所有资产预期收益的加权平均，其中的权数 x 为各资产投资占总投资的比率。

正如对资产组合收益的计算一样，资产组合的方差也不是组合中各资产方差的简单加权平均，而是资产组合的收益与其预期收益偏离数的平方。

协方差的一个重要界限是两个随机变量的协方差满足：
$$|\sigma_{12}| \leqslant \sigma_1\sigma_2$$

这一不等式表明，如果 $\sigma_{12}=\sigma_1\sigma_2$，表明两个随机变量完全正相关；如果 $\sigma_{12}=-\sigma_1\sigma_2$，表明两个随机变量完全负相关。

相关系数反映两个随机变量的相关程度，其取值为 $-1\leqslant\rho_{ij}\leqslant+1$。正号表示正相关，负号表示负相关；当 $\rho_{ij}=1$ 时为两个资产完全正相关，当 $\rho_{ij}=-1$ 时为完全负相关，当 $\rho_{ij}=0$ 时两个资产不相关。不同资产之间的相关系数对资产组合的风险有重大影响，即资产的相关度越高，资产组合的风险越大。或者说，选择相关度小的资产组合，可降低投资风险。

投资组合所面对的风险还可进一步分为系统性风险和非系统性风险两类。非系统性风险是由个别上市公司或其他融资主体的特有情况所造成的风险，这一风险只与该公司本身的情况有关，而与整个市场无关，也称为微观风险。

而系统性风险是指由于某种全局性的因素而对所有资产收益都产生影响的风险。这种风险主要源于宏观经济因素的变化，因此又称为宏观风险。

对于某证券所面临的系统性风险的衡量，可以用该证券的收益率与市场收益率之间的 β 系数来进行。某证券 i 的 β 系数 β_i 是指该证券的收益率和市场收益率的协方差 σ_{im}，再除以市场收益率的方差。

对一个证券组合的 β 系数 β_p，它等于该组合中各证券的 β 系数的加权平均，权数为各种证券的市值占该组合总市值的比重 X_i。

β 值的判断标准是，如果某证券或证券组合的 $\beta=1$，其系统性风险与市场风险一致；如果其 $\beta>1$，该证券或投资组合的系统风险大于市场风险；如果其 $\beta<1$，则表明其系统性风险小于市场风险；当 $\beta=0$ 时，无系统性风险。

> **练习题**

一、名词解释

持有期收益率　几何平均持有期收益率　必要收益率　风险溢价　非系统性风险　系统性风险　厌恶型投资者

二、简答题

1. 简述风险与收益的最优匹配。

2. 如何判断系统性风险？

3. 简述风险厌恶型投资者效用曲线的特点。

三、计算题

1. 假定投资于某股票,初始价格为 10 元/股,持有期为 1 年,现金红利为 0.4 元/股,预期该股票价格在不同市场状态下有表 3.7 所示的三种可能,求各种可能下的收益率,并求该股票的期望收益和方差。

表 3.7 不同情况下的期末股价

市场状态	牛市	正常运行	熊市
概率	0.25	0.50	0.25
期末价/(元/股)	15	12	7

2. 假设由两项资产构成投资组合,$x_1=0.40$,$\sigma_1=0.30$,$x_2=0.60$,$\sigma_2=0.20$,且 $\sigma_{12}=0.01$,请计算该组合的方差及两资产的相关系数,并对计算结果进行简要分析。

3. 假设小王以三只股票构建投资组合,其基本情况如表 3.8 所示。请计算该组合的期望收益率。

表 3.8 A、B、C 三只股票的基本情况

组合中的证券	股票 A	股票 B	股票 C	组合
组合中股份数	1 000	2 000	1 000	4 000
初始买入价/(元/股)	7.23	6.55	6.67	
期望收益率	6%	8%	7%	

4. 假设有 A、B、C 三种证券可供选择,它们的期望收益率分别为 12.5%、25%、10.8%,标准差分别为 6.31%、19.52%、5.05%,请问这三种证券进行投资选择的次序。

四、分析题

分析什么是系统性风险?如何衡量系统性风险?其判断标准是什么?在依据其标准进行判断时有什么注意事项?

第四章

资产组合理论

在实际投资行为中,无论是个人投资者还是机构投资者,他们都不可能仅仅对一项资产或一个证券进行投资[①],而是将不同证券构成一篮子资产进行投资,即形成一个资产组合。投资者在构建一个投资组合时,所面临的主要问题如下:第一,应选择哪些资产或证券构成这一组合;第二,总投资额如何在这些资产或证券中分配;第三,这一组合中应包括多少种资产或证券;资产组合理论将解决或部分解决这些问题。资产组合理论是现代微观金融学的核心理论之一。

本章将在第三章对风险、收益和投资者效用研究的基础上,研究和展示资产组合理论的逻辑脉络和核心内容。

第一节 资产组合理论概述

1952年马科维茨发表了堪称现代微观金融理论史上里程碑的论文——《投资组合选择》。该论文阐述了衡量收益和风险水平的定量方法,建立了均值—方差模型的基本框架,奠定了求解投资决策过程中资金在投资对象中的最优分配比例问题的理论基础。本节我们从理论上对马科维茨资产组合理论进行概述。

一、前提假设

马科维茨的投资组合理论是建立在单一期间(single time period)和终点财富的预期效用(expected utility of terminal wealth)最大化基础上的。单一期间是指投资者持有资产的期间是确定的,在期间开始时持有证券并在期间结束时售出,由此简化了对一系

---

① 我们从第三章的有关研究中看到,进行组合投资不是投资于单一证券,而是进行多样化投资以降低风险。

列现金流的贴现和对复利的计算。

终点财富的预期效用最大化的假设，区别于预期终点财富（expected terminal wealth）最大化。因为财富最大化本身不是投资者的目标，而效用这一概念既包括了财富的期望值，也考虑了获得这种预期财富的不确定性，即风险效用的最大化才是投资者真正追求的目标。

此外，马科维茨投资组合理论还包含下列前提假设。

（1）证券市场是有效的，即该市场是一个信息完全公开、信息完全传递、信息完全解读、无信息时滞的市场。

（2）投资者为理性的个体，遵循不满足和风险厌恶的行为方式，且影响投资决策的变量是预期收益和风险两个因素。在同一风险水平上，投资者偏好收益较高的资产组合；在同一收益水平上，则偏好风险较小的资产组合。

（3）投资者在单一期间以均值和方差标准来评价资产和资产组合。该前提假设隐含证券收益率的正态分布假设，即证券的收益率为具有一定概率分布的随机变量，一般情况下它服从正态分布 $R_i \sim N(\sqrt{R_i}, \sigma^2)$。正态分布的特性在于随机变量的变化规律通过两个参数就可以完全确定，即期望值和方差在收益率服从正态分布的假设下，投资者投资该证券的预期收益率和风险就可以通过期望值和方差加以描述。

（4）资产具有无限可分性。在上述假设基础上，通过揭示资产组合的可行集，并从中分离出资产组合的有效集，再结合第三章我们研究过的投资者的效用无差异曲线，最终得到投资者的最优选择，这是马科维茨资产组合理论的逻辑脉络及其核心内容。

二、风险资产的可行集

通过给出风险资产的可行集，并从中分离出有效集，是从理论上确定投资者投资组合的另一基础性工具。

风险资产的可行集是指资本市场上由风险资产可能形成的所有投资组合的期望收益和方差的集合。将所有可能投资组合的期望收益率和标准差的关系描绘在期望收益率—标准差坐标平面上、封闭曲线上及其内部区域上来表示可行集。

假设由两种资产构成一个资产组合，这两种资产的相关系数为 $-1 \leq \rho_{12} \leq 1$。当相关系数分别为 $\rho_{12}=1$ 和 $\rho_{12}=-1$ 时，可以得到资产组合可行集的顶部边界和底部边界，其他所有可能的情况则在这两个边界之中。下面我们逐步进行研究。

第一步，我们考虑如果两种资产完全正相关，即 $\rho_{12}=1$，则组合的标准差为

$$\sigma_p(w_1) = \sqrt{w_1^2 \sigma_1^2 + (1-w_1)^2 \sigma_2^2 + 2w_1(1-w_1)\rho_{12}\sigma_1\sigma_2} \\ = \sqrt{[w_1\sigma_1 + (1-w_1)\sigma_2]^2} = w_1\sigma_1 + (1-w_1)\sigma_2 \tag{4.1}$$

式中，σ_p、σ_1 和 σ_2 分别为资产组合、资产 1 和资产 2 的标准差；w_1 为资产 1 在组合中的比重，$(1-w_1)$ 是资产 2 在组合中的比重。

组合的预期收益为

$$\overline{r}_p(w_1) = w_1\overline{r}_1 + (1-w_1)\overline{r}_2 \tag{4.2}$$

当 $w_1=1$ 时，则有 $\sigma_p=\sigma_1$，$\bar{r}_p=\bar{r}_1$；当 $w_1=0$ 时，即有 $\sigma_p=\sigma_2$，$\bar{r}_p=\bar{r}_2$。

因此，该可行集为连接（$\bar{r}_1$，σ_1）和（$\bar{r}_2$，σ_2）两点的直线。即当权重 w_1 从 1 减少到 0 时可以得到一条直线，该直线就构成了两种完全正相关资产组合的可行集（假定不允许买空卖空），如图 4.1 所示。

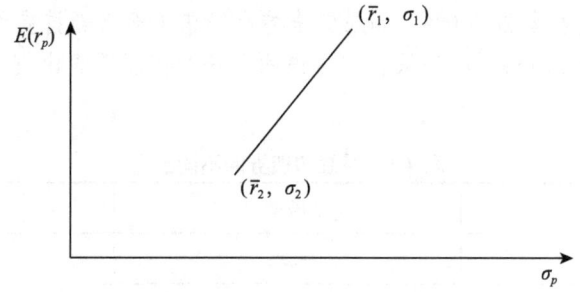

图 4.1　完全正相关资产所构成组合的可行集

第二步，如果两种资产完全负相关，即 $\rho_{12}=-1$，则有

$$\begin{aligned}\sigma_p(w_1)&=\sqrt{w_1^2\sigma_1^2+(1-w_1)^2\sigma_2^2-2w_1(1-w_1)\sigma_1\sigma_2}\\&=|w_1\sigma_1-(1-w_1)\sigma_2|\end{aligned} \quad(4.3)$$

$$\bar{r}_p(w_1)=w_1\bar{r}_1+(1-w_1)\bar{r}_2 \quad(4.4)$$

当 $w_1=\sigma_2/(\sigma_1+\sigma_2)$ 时，$\sigma_p=0$；当 $w_1>\sigma_2/(\sigma_1+\sigma_2)$ 时，$\sigma_p(w_1)=w_1\sigma_1-(1-w_1)\sigma_2$，则可得到 $w_1=f(\sigma_p)$，从而有

$$\begin{aligned}\bar{r}_p(\sigma_p)&=\frac{\sigma_p+\sigma_2}{\sigma_1+\sigma_2}\bar{r}_1+\left(1-\frac{\sigma_p+\sigma_2}{\sigma_1+\sigma_2}\right)\bar{r}_2\\&=\frac{\bar{r}_1-\bar{r}_2}{\sigma_1+\sigma_2}\sigma_p+\frac{\bar{r}_1-\bar{r}_2}{\sigma_1+\sigma_2}\sigma_2+\bar{r}_2\end{aligned} \quad(4.5)$$

同理：当 $w_1<\sigma_2/(\sigma_1+\sigma_2)$ 时，$\sigma_p(w_1)=(1-w_1)\sigma_2-w_1\sigma_1$，则：

$$\bar{r}_p(\sigma_p)=-\frac{\bar{r}_1-\bar{r}_2}{\sigma_1+\sigma_2}\sigma_p+\frac{\bar{r}_1-\bar{r}_2}{\sigma_1+\sigma_2}\sigma_2+\bar{r}_2 \quad(4.6)$$

也就是说，完全负相关的两种资产所构成的组合的可行集是两条直线，其截距相同，斜率异号，如图 4.2 所示。

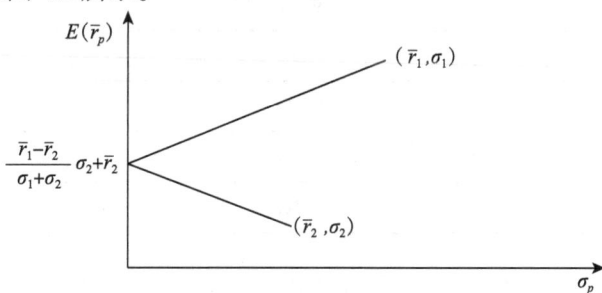

图 4.2　完全负相关资产所构成组合的可行集

两个风险资产的可行集

假设有股票和债券两个风险资产。如果完全持有债券（股票的持有比例为 0），其风险为 8.2%，其收益率为 7.0%；如果完全持有股票（即债券持有量为 0），其风险为 14.3%，其收益率为 11.0%。而如果我们将该两项资产按照不同比例构建投资组合，情况如表 4.1 所示。

表 4.1　股票和债券的不同组合

股票投资比例	风险	收益率
0	8.2%	7.0%
5%	7.0%	7.2%
10%	5.9%	7.4%
15%	4.8%	7.6%
20%	3.7%	7.8%
25%	2.6%	8.0%
30%	1.4%	8.2%
35%	0.4%	8.4%
40%	0.9%	8.6%
45%	2.0%	8.8%
50%	3.08%	9.00%
55%	4.2%	9.2%
60%	5.3%	9.4%
65%	6.4%	9.6%
70%	7.6%	9.8%
75%	8.7%	10.0%
80%	9.8%	10.2%
85%	10.9%	10.4%
90%	12.1%	10.6%
95%	13.2%	10.8%
100%	14.3%	11.0%

根据表 4.1 的数据，我们即可绘制如图 4.3 所示的两个风险资产的可行集。

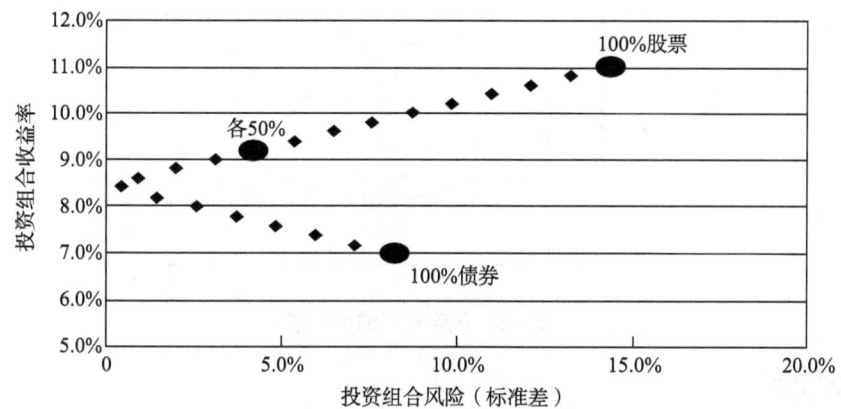

图 4.3　两个风险资产的可行集

第三步，根据以上推导，在各种可能的相关系数下，两种风险资产构成的可行集如图 4.4 所示。由图 4.4 可见，可行集曲线的弯曲程度取决于相关系数，当相关系数由 1 向 -1 转变时，曲线的弯曲程度逐渐加大：当相关系数为 1 时，曲线是一条直线，即没有弯曲；当相关系数为 -1 时，曲线成为折线，即弯曲程度达到最大；当 $-1 \leqslant \rho_{12} \leqslant 1$ 时，曲线即介于直线和折线之间，成为平滑的曲线。

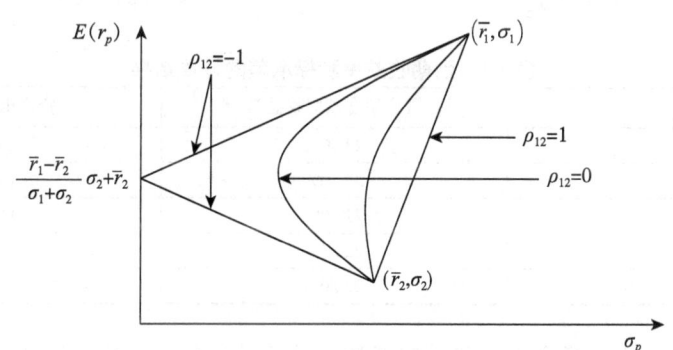

图 4.4　各种可能的相关系数下风险资产的可行集

一方面，在现实中我们在资本市场上很难找到完全负相关的原生性资产[①]，另一方面，进行资产组合的目的之一就是通过降低资产之间的相关性来降低投资风险。因此在一个实际资产组合中一般不会存在相关系数为 -1 或 1 的情况。也就是说，正常的可行集应是一条有一定弯曲度的平滑曲线。

进一步，当我们考虑一个由 n 项风险资产构成的投资组合时，即形成了如图 4.5 所示的伞形可行集曲线图。其边界上或边界内的每一点代表一个投资组合。将不规则分布的最外围的组合点连接起来，整个可行集呈雨伞状，其左侧边界是一条双曲线的一部分。

---

① 一些衍生性金融工具即试图创造出负相关性较大的不同资产。详见第六篇"衍生证券分析"。

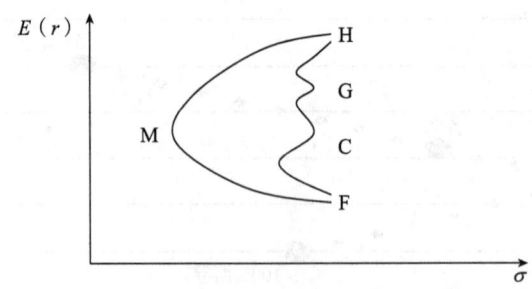

图 4.5 风险资产的可行集

不同相关系数下的可行集

如果两种证券（证券 1 和证券 2）的预期收益率和标准差分别为 $E(R_1)=20\%$、$E(R_2)=25\%$、$\sigma_1=10\%$、$\sigma_2=20\%$。并且权重：$w_1=w_2=50\%$。请分别计算 $\rho_{12}=1,0.5,0,-0.5$ 和 -1 时的资产组合的预期收益率和标准差，并绘制对应情况的可行集。

解：根据公式 $E(R_P)=w_B E(R_B)+w_S E(R_S)$ 和 $\sigma_P^2=(w_B\sigma_B)^2+(w_S\sigma_S)^2+2(w_B\sigma_B)(w_S\sigma_S)\rho_{BS}$，计算得表 4.2。

表 4.2 预期收益率和标准差的计算结果

ρ_{12}	资产组合预期收益率	资产组合标准差
1	22.50%	15.00%
0.5	22.50%	13.23%
0	22.50%	11.18%
−0.5	22.50%	8.66%
−1	22.50%	5.00%

将表 4.2 的数据绘制为图，即得到不同相关系数下的可行集（图 4.6）。

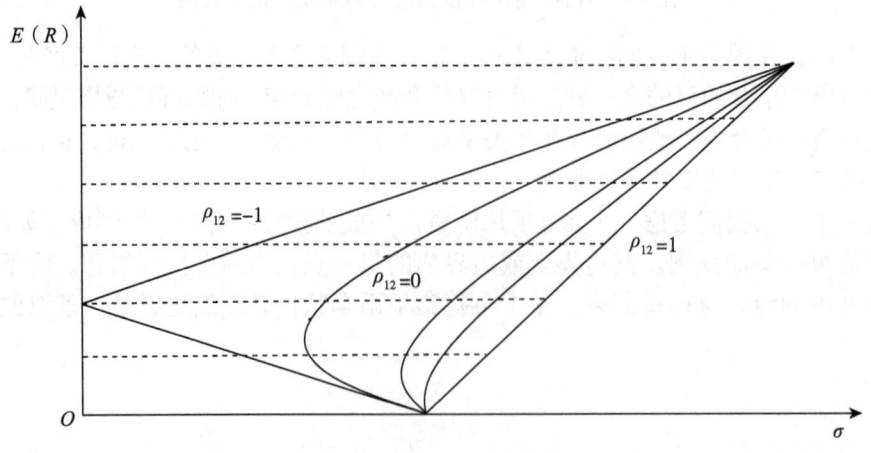

图 4.6 证券 1 和证券 2 不同相关系数的可行集

三、资产组合的有效边界

根据马科维茨投资组合理论的前提条件,投资者为理性个体且服从不满足假定和回避风险:①投资者在既定风险水平下要求最高收益率;②在既定预期收益率水平下要求最低风险,即有效集原则。

在前面的图4.5中,按原则①,则M点到H点的边界之下的点可以全部不用考虑。M为最小风险点,H为最大风险点。按原则②,则弧FMH之右的点可以完全去除。H点和F点分别为期望收益率的最大点和最小点。

为了更清晰地表明资产组合有效边界的确定过程,这里我们集中揭示可行集左侧边界的双曲线FMH。该双曲线上的资产组合都是同等收益水平上风险最小的组合,因此该边界线称为最小方差资产组合的集合,如图4.7所示。

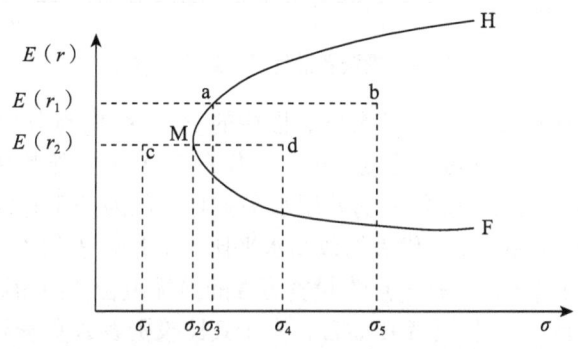

图4.7 资产组合的有效边界

图4.7中,既定收益水平$E(r_1)$下,边界线上的a点所对应的风险为σ_3,而同样收益水平下,边界线内部的b点所对应的风险则上升为σ_5。

FMH双曲线左侧端点处的M点,其资产组合是所有最小方差资产组合集合中方差最小的,被称为最小方差资产组合(minimum variance portfolio,MVP)。图4.7中,M点左侧的c点,其对应的风险水平为σ_1,但它脱离了可行集;M点右侧的d点,则在同样收益$E(r_2)$水平下,风险上升为σ_4。也就是说,同时满足前述两条有效集原则的只剩下弧MH边界,称为有效集,亦即资产组合的有效边界(efficient frontier)。

有效边界的一个重要特性是上凸性,即随着风险增加,预期收益率增加的幅度减慢。在某种意义上,有效边界是客观确定的,即如果投资者对证券的期望收益率和方差协方差有相同的估计,则他们会得到完全相同的有效边界。

四、投资者的最优选择

对各种可供选择的风险资产或证券,如果已知其期望收益率和方差-协方差矩阵,则有效边界可以确定下来。投资者根据个人偏好的不同选择有效边界上的某一点进行投资决策,由于有效边界上凸,而效用曲线下凸(见第三章),所以两条曲线必然在某一点相切,切点代表的就是为了达到最大效用而应该选择的最优组合(optimal portfolio)。

不同投资者会在资产组合有效边界上选择不同的区域。风险厌恶程度较高的投资者会选择靠近端点的资产组合；风险厌恶程度较低的投资者会选择端点右上方的资产组合，如图 4.8 所示。

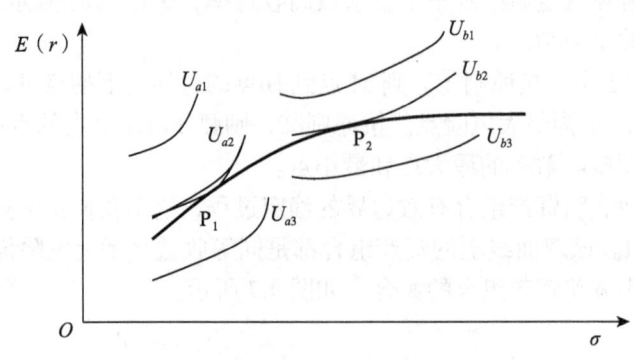

图 4.8　投资者最优投资组合的确定

图 4.8 中的黑体曲线，即有效边界线；图中的 P_1 点和 P_2 点分别是投资者 A 和投资者 B 的最优投资组合点。由两者的位置可见，投资者 A 比投资者 B 更厌恶风险。对投资者 A 来说，虽然效用线 U_{a1} 代表的效用水平更高，但因处于有效边界上方，故不可行（infeasible）；等效用线 U_{a3} 代表的效用水平比 U_{a2} 所代表的水平低，投资者显然不愿意只达到这一效用水平；只有 P_1 点为投资者 A 的最优组合，因为这一点所在的等效用线 U_{a2} 与有效边界相切。对投资者 B 而言，由于其比投资者 A 更喜好风险，他将选择期望收益率更高而风险也更高的 P_2 点进行投资。

第二节　马科维茨模型

根据本章第一节确定有效集的两条原则，构造最优投资组合的过程，就是在所有可以实施的组合集中，选择那些期望收益率固定时风险最小或风险固定时期望收益率最大的组合。因此，这一过程是一个非线性规划问题，本节我们就以此方法具体介绍马科维茨的资产组合模型。

一、模型

假设构造风险最小的组合，则目标函数为

$$\min_{(w_1,\cdots,w_n)} \sigma_p^2 = \sum_{i=1}^{n}\sum_{j=1}^{n} w_i w_j \sigma_{ij} \tag{4.7}$$

式中，w_i，w_j 分别为证券 i 和 j 所占的比重（权数），$\sigma_{ij}=\sigma_i\sigma_j\rho_{ij}$，$\rho_{ij}$ 为证券 i 和 j 的相关系数。

式（4.7）的约束条件为

$$\sum_{i=1}^{n} w_i = 1$$

且
$$\sum_{i=1}^{n} w_i \overline{r_i} = \overline{r_p}$$

约束条件中 r_i 为证券 i 的期望收益率，r_p 为组合的期望收益率。

假设是两个证券的组合，则该组合的期望收益率和方差分别为
$$\overline{r_p} = w_1 \overline{r_1} + (1-w_1)\overline{r_2}$$
$$\sigma_p^2 = w_1^2 \sigma_1^2 + (1-w_1)^2 \sigma_2^2 + 2w_1(1-w_1)\sigma_{12}$$

构造拉格朗日函数：
$$L = \sigma_p^2 - \lambda\left[\overline{r_p} - w_1 \overline{r_1} - (1-w_1)\overline{r_2}\right] \tag{4.8}$$

求最优解，得
$$\frac{\mathrm{d}L}{\mathrm{d}w_1} = \frac{\mathrm{d}\sigma_p^2}{\mathrm{d}w_1} + \lambda\left(\overline{r_1} - \overline{r_2}\right) = 0 \tag{4.9}$$

通过对上式求解，可得 w_1 的唯一解或边界解，从而可得到 w_2 的值，最终构造出组合。

二、有效集方程组

对于均值为 $\overline{r}$ 的有效投资组合，在允许卖空的条件下，其组合中 n 个资产的权重 $w_i (i=1,2,\cdots,n)$ 与两个拉格朗日乘数 λ，μ 满足：

$$L = \sum_{i=1}^{n}\sum_{j=1}^{n} w_i w_j \sigma_{ij} - \lambda\left(\sum_{j=1}^{n} w_i \overline{r_i} - \overline{r}\right) - \mu\left(\sum_{i=1}^{n} w_i - 1\right) \tag{4.10}$$

则有
$$\frac{\partial L}{\partial w_i} = 2\sum_{j=1}^{n} w_j \sigma_{ij} - \lambda \overline{r_i} - \mu = 0 \ (i=1,2,\cdots,n) \tag{4.11}$$

$$\sum_{j=1}^{n} w_i \overline{r_i} = \overline{r} \tag{4.12}$$

$$\sum_{i=1}^{n} w_i = 1 \tag{4.13}$$

式（4.11）中有 n 个方程，再加上式（4.12）和式（4.13），得到 $n+2$ 个方程组成的方程组，相应地，有 $n+2$ 个未知数 $w_i(i=1,2,\cdots,n)$，λ 和 μ。因此，求解后将得到均值为 $\overline{r}$ 的一个有效投资组合的权数。

例题 4.2

投资比例的求解

假设由三个资产构成一个投资组合，三个资产各自的均值分别为 1，2，3，各资产

的方差和协方差都为1。请确定各资产的投资比例及该组合的方差。

解：根据题意，有

$$\sigma_1^2 = \sigma_2^2 = \sigma_3^2 = 1; \sigma_{12} = \sigma_{23} = \sigma_{13} = 0$$

因此，式（4.11）变为

$$\begin{cases} 2w_1 - \lambda - \mu = 0 \\ 2w_2 - 2\lambda - \mu = 0 \\ 2w_3 - 3\lambda - \mu = 0 \end{cases} \quad (4.14)$$

式（4.12）和式（4.13）变为

$$\begin{cases} w_1 + 2w_2 + 3w_3 = \overline{r} \\ w_1 + w_2 + w_3 = 1 \end{cases} \quad (4.15)$$

由式（4.11）变形后的方程组式（4.14）解出 w_1, w_2, w_3，并将其代入方程组式（4.15），得到：

$$\begin{cases} 14\lambda + 6\mu = 2\overline{r} \\ 6\lambda + 3\mu = 2 \end{cases} \quad (4.16)$$

解该方程组，得

$$\lambda = \overline{r} - 2, \mu = \frac{14}{3} - 2\overline{r}$$

将该结果代入方程组式（4.14），得

$$w_1 = (4/3) - (\overline{r}/2)$$
$$w_2 = 1/3$$
$$w_3 = (\overline{r}/2) - (2/3)$$

据此，求解标准差有

$$\sigma = \sqrt{w_1^2 + w_2^2 + w_3^2} = \sqrt{\frac{7}{3} - 2\overline{r} + \frac{\overline{r}^2}{2}}$$

三、卖空的限制

上述研究中未对 w_i 加以限制，意味着允许卖空。当禁止卖空时，可通过限制 w_i 为非负来表示。卖空限制下的马科维茨模型为

$$\min_{(w_1, \cdots, w_n)} \sigma_p^2 = \sum_{i=1}^n \sum_{j=1}^n w_i w_j \sigma_{ij} \quad (4.17)$$

限制条件为

$$\sum_{i=1}^n w_i \overline{r}_i = \overline{r}_p \quad (4.18)$$

和

$$\sum_{i=1}^n w_i = 1 \quad (4.19)$$

且

$$w_i \geq 0, \ i=1,2,\cdots,n$$

卖空限制下的马科维茨模型的求解目标是非线性的（二次的），而其限制条件是线性的（一次的）等式或不等式。这称为二次规划，需用金融计量软件计算。

卖空限制与非卖空限制的马科维茨模型，其投资学的差别在于：当允许卖空时，绝大部分最优的 w_i 有非 0 值（或正或负），即几乎所有的资产都可被使用；当禁止卖空时，许多 w_i 值为 0，即存在许多"闲置"资产或投资机会不能为投资者所用。

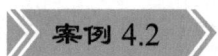

以资产组合理论考察中国证券投资基金实际组合的构建

本案例我们以马科维茨模型为指导，以中国资本市场中的证券投资基金"大成价值增长"为例，对我国证券投资基金实际组合的构建进行实证研究。研究中我们以"大成价值增长"2014 年 3 月 31 日公布的投资组合为例，对其组合中的个股（前十名）利用组合理论，围绕投资比例进行计算①。模型中计算的周期为"周"；无风险收益选取 2014 年一年期居民储蓄定期存款利率 3.00%（换算为周利率 = 0.062 5%）②。

从表 4.3 中的结果看，基金的实际持仓风险 σ_p 为 0.03，而按照马科维茨模型所得到的风险 σ_p 为 0.011 2，从这个意义上讲，应用马科维茨模型是较优的选择。

表 4.3 投资比例与风险

序号	名称	相对比例	马科维茨计算的投资比例
1	中国平安	15.60%	20.85%
2	浦发银行	15.26%	12.30%
3	民生银行	13.68%	−13.24%
4	万科 A	11.37%	−21.60%
5	兴业银行	9.97%	31.27%
6	美的集团	8.08%	7.61%
7	康美药业	7.49%	−2.75%
8	中国建筑	7.18%	−7.41%
9	桑德环境	6.00%	13.88%
10	王府井	5.38%	11.08%
σ_p		0.03	0.011 2

---

① 在投资决策过程中，当投资者确定了投资对象后最为关心的是如何在投资对象之间进行资金分配，使其在一定收益下风险最小，或风险一定时收益最大。至于投资对象的确定，一般的程序如下：由研究员通过基本面分析、行业研究等工作形成"资产池"；投资经理通过夏普比率、相关系数等指标再结合自己的投资风格并考虑组合的最优规模从"资产池"中确定投资对象。本案例我们选择"大成价值增长"的十大重仓股为给定的投资对象。

② 这一选择的理由是，一方面，我国商业银行（特别是国有商业银行）的兑付和破产风险还只是一种理论上的存在；另一方面，正如上一章对我国证券投资基金投资组合的研究中所说明的，基金的"闲置"资产大多存于托管银行的账户中并获得相应的储蓄收益。

进一步我们对收益进行计算。计算方法如下：假设基金以自己的持仓比例持有的时间与在相同期望收益下模型计算的持仓比例的持仓时间相同，通过比较各自的实际收益大小检验模型的实际效用。如果按照模型计算的比例进行投资，在相同时间内获得的实际收益高于基金的实际收益，则可以认为模型具有较好的适用性，反之，应当对模型的适用性进行检讨。

根据以上基本思路，设定基金持有期为3个月，在2014年6月30日计算基金组合的实际收益。计算结果见表4.4。由表4.4可见，按"大成价值增长"实际持仓比例获得的收益为-8.93%，而按马科维茨模型计算的比例获得的实际收益为-11.19%，远低于基金按实际持仓比例获得的收益。

表 4.4 "大成价值增长"不同持仓比例的收益表

股票名称	买入价格/元	持有期结束价格/元	涨幅	实际收益率	马科维茨模型
中国平安	37.56	39.34	4.74%	0.74%	0.99%
浦发银行	9.72	9.05	-6.89%	-1.05%	-0.85%
民生银行	9.64	6.21	-18.93%	-2.59%	2.51%
万科 A	8.09	8.27	2.22%	0.25%	-0.48%
兴业银行	9.52	10.03	5.36%	0.53%	1.68%
美的集团	45.08	19.32	-57.14%	-4.62%	-12.35%
康美药业	16.20	14.95	-7.72	-0.58%	0.21%
中国建筑	2.91	2.82	-3.09%	-0.22%	0.23%
桑德环境	27.48	22.85	-16.85%	-1.01%	-2.34%
王府井	17.01	15.80	-7.11%	-0.38%	-0.79%
基金持仓3个月的总收益率				-8.93%	-11.19%

综合以上研究结果，按照马科维茨模型计算的比例进行投资，其所获得的收益和风险都低于"大成价值增长"的实际投资组合所获得的收益和承担的风险。

也就是说，按照马科维茨模型指导投资组合的构建的效果与基金按照自身的投资方式进行投资的结果相比，并没有明显的比较优势。这可能主要是由于马科维茨模型在其假设中隐含要求市场具备强式有效，但我国的市场目前只具备弱式有效（详见本书第八章有关内容）。这是马科维茨模型应用受到限制的重要原因。进一步看，由检验结果可见，"大成价值增长"的投资组合也并未完全按照组合理论进行设计（否则结果应一致）。

当然，本案例只是对马科维茨组合理论的模拟应用，它只是对2014年的一只基金的十大重仓股所进行的应用分析，还不足以构成一个全面、真实的研究结论。

第三节 最优资产组合的确定

在马科维茨模型中,每一资产的方差都大于0,即组合中的资产都是风险资产。本节我们即研究加入无风险资产后对风险投资组合的影响,以及如何建立一个最优资产组合。

一、风险资产与无风险资产的配置

（一）无风险资产的含义

无风险资产是指其收益率是确定的,从而其资产的最终价值也不存在任何不确定性。换言之,无风险资产的预期收益率与其实际收益率不存在任何偏离,即其方差（标准差）为0。

进一步看,根据第三章给出的相关系数公式 $\rho_{ij} = \sigma_{ij}/\sigma_i\sigma_j$ [式（3.25）],两种资产 i 和 j 之间的协方差等于这两种资产之间的相关系数和这两种资产各自的标准差的乘积,即

$$\sigma_{ij} = \rho_{ij}\sigma_i\sigma_j \qquad (4.20)$$

假设 i 是无风险资产,则 $\sigma_i=0$,因此 $\sigma_{ij}=0$,即无风险资产的收益率与风险资产的收益率之间的协方差也是0。

（二）资本配置的含义

要使一个资产组合具有分散或降低风险的功能,前提条件之一是降低组合中各资产之间的协方差或相关系数。

由于无风险资产的收益率与风险资产的收益率之间的协方差为 0,控制资产组合风险的一个直接方法,即将全部资产中的一部分投资于风险资产,而将另一部分投资于无风险资产上。

资本配置即根据风险与收益相匹配的原则,将全部资产投资于风险资产和无风险资产中,并决定这两类资产在一个完全资产组合中的比例（权重）,这一过程称为资本配置。

上述的资本配置的结果,也就形成了完全的资产组合（complete portfolio）。完全的资产组合是指在该组合中既包括风险资产又包括无风险资产。

如果我们已经按照马科维茨模型确定了最优风险资产组合,则一个资本配置过程,实际上是在不改变风险资产组合中各资产的相对比例的情况下,将财富从风险资产向无风险资产进行转移；或者说,是在一个全面资产组合中,降低风险资产组合的权重,而提升无风险资产组合的权重。

（三）无风险资产与风险资产构造的投资组合

如果我们以任意风险资产与无风险资产（通常选择国库券）构造资产组合,该组合

的构造将形成一条资本配置线 CAL，如图 4.9 所示。

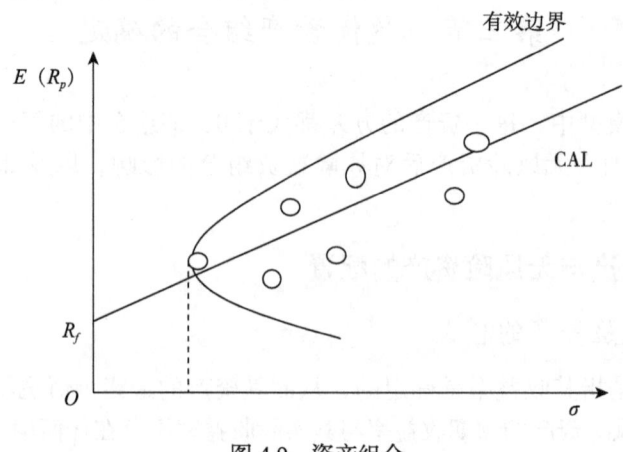

图 4.9 资产组合

由图 4.9 可得

$$E(R_P) = yR_f + (1-y)E(R_A)$$
$$\sigma_P = (1-y)\sigma_A$$
$$E(R_P) = R_f + \frac{E(R_A)-R_f}{\delta_A}\sigma_P \tag{4.21}$$

二、资本配置线

那么，上述式（4.21）是如何导出的呢？假设一个全面的资产组合由一个风险资产和一个无风险资产构成，其中风险资产的预期收益率（以 r 表示）为 16.2%，方差为 1.46%；无风险资产的预期收益率（以 r_f 表示）为 4%。并假设这两种资产在组合中的比例（X_1 代表风险资产，X_2 代表无风险资产）分别为表 4.5 所示的 5 种情况。

表 4.5 全面组合中两种资产的权重

资产	组合 C_1	组合 C_2	组合 C_3	组合 C_4	组合 C_5
X_1	0	0.25	0.5	0.75	1
X_2	1	0.75	0.5	0.25	0

（一）资本配置线的导出

根据以上情况，该完全组合的预期收益率为

$$E(r_c) = X_1 r + X_2 r_f = (X_1 \times 16.2\%) + (X_2 \times 4\%) \tag{4.22}$$

对于组合 C_1，其全部资产都投资于无风险资产，因此其预期收益率为 4%；而对于组合 C_5，其全部资产都投资于风险资产，因此其预期收益率为 16.2%。对于组合 C_2、C_3 和 C_4，其预期收益率分别为

$$E(r_{C_2}) = (0.25 \times 16.2\%) + (0.75 \times 4\%) = 7.05\%$$
$$E(r_{C_3}) = (0.5 \times 16.2\%) + (0.5 \times 4\%) = 10.1\%$$

$$E(r_{C_4}) = (0.75 \times 16.2\%) + (0.25 \times 4\%) = 13.15\%$$

我们再计算该完全组合的标准差。对于组合 C_1 和组合 C_5 来说，其标准差分别为

$$\sigma_{C_1} = 0\%, \quad \sigma_{C_5} = 12.08\%$$

组合 C_2、C_3 和 C_4 的标准差可由下述组合标准差的公式计算：

$$\sigma_C = \left(X_1^2 \sigma_1^2 + X_2^2 \sigma_2^2 + 2X_1 X_2 \sigma_{12}\right)^{1/2} \quad (4.23)$$

根据无风险资产的定义，有 $\sigma_2 = 0$，$\sigma_{12} = 0$。因此公式可简化为

$$\sigma_C = \left(X_1^2 \times 1.46\%\right)^{1/2} = X_1 \times 12.08\% \quad (4.24)$$

从而组合 C_2、C_3 和 C_4 的标准差分别为

$$\sigma_{C_2} = 0.25 \times 12.08\% = 3.02\%$$
$$\sigma_{C_3} = 0.5 \times 12.08\% = 6.04\%$$
$$\sigma_{C_4} = 0.75 \times 12.08\% = 9.06\%$$

我们将上述计算结果概括为表 4.6。

表 4.6　5 个组合的预期收益率和标准差

组合	X_1	X_2	预期收益率	标准差
C_1	0	1	4%	0
C_2	0.25	0.75	7.05%	3.02%
C_3	0.5	0.5	10.1%	6.04%
C_4	0.75	0.25	13.15%	9.06%
C_5	1	0	16.2%	12.08%

将表 4.6 中的数据绘制到以预期收益率为纵轴，以标准差为横轴的坐标图中，从而得到图 4.10。

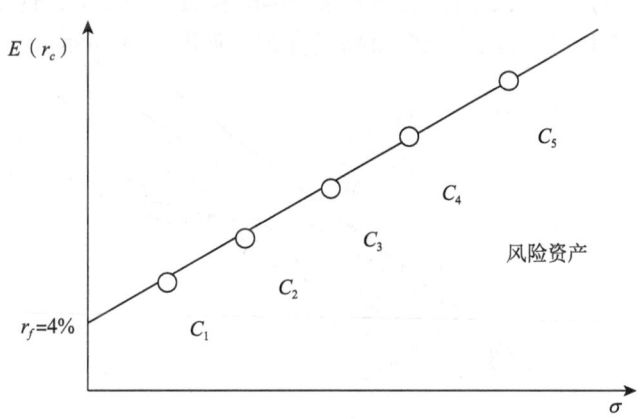

图 4.10　风险资产与无风险资产组合

表 4.6 中所列示的 5 个组合都落在连接无风险资产（C_1 点）和风险资产（C_5 点）的两个点的直线上，而且，我们可以证明，由无风险资产和风险资产构成的任何一个组

合，都会落在该直线上。

我们还可以推论出：对于任意一个由无风险资产和风险资产所构成的组合，其相应的预期收益率和标准差都落在连接无风险资产和风险资产的直线上。该线被称作资本配置线。

（二）资本配置线的表述

如果我们将一个完全的资产组合中风险资产的预期收益率记为 $E(r_p)$，投资比例为 x，无风险资产的投资比例为 $(1-x)$，则该完全资产组合的预期收益率为

$$E(r_c) = xE(r_p) + (1-x)r_f = r_f + x\left[E(r_p) - r_f\right] \quad (4.25)$$

根据公式（4.17）有

$$\sigma_c = x\sigma_p$$

则：

$$x = \sigma_c / \sigma_p \quad (4.26)$$

将式（4.26）代入式（4.25），得到：

$$E(r_c) = r_f + \frac{\sigma_c}{\sigma_p}\left[E(r_p) - r_f\right] \quad (4.27)$$

式（4.27）即资本配置线方程，其截距即无风险资产收益率 r_f，其斜率为 $\left[E(r_p) - r_f\right]/\sigma_p$。该斜率实际上所表明的是组合中每单位额外风险的风险溢价测度。资本配置线表示投资者所有可行的风险—收益组合。

三、资本市场线

不同的风险资产与无风险资产的配置，会形成不同的资本配置线。在均衡情况下，投资者会选择最陡的（有限制条件的）一条资本配置线（CAL），这条线被称为资本市场线（CML），与有效边界的切点即市场组合 M，如图 4.11 所示。

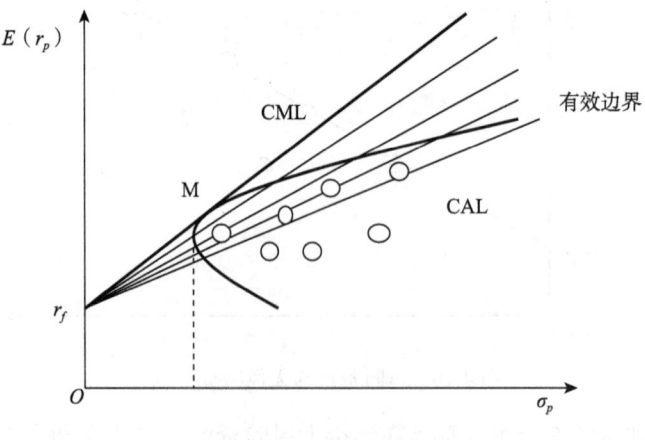

图 4.11 资本市场线

市场组合是一个完全多样化的风险资产组合。市场组合中的每一种证券的现时市价都是均衡价格，就是股份需求数等于上市数时的价格。如果偏离均衡价格，交易的买压或卖压会使价格回到均衡水平。

风险溢价或风险报酬是一个资产或资产组合的期望收益率与无风险资产收益率之差，即 $E(R_p)-r_f$。通常 CML 是向上倾斜的，因为风险溢价总是正的。风险愈大，预期收益也愈大。

CML 的斜率反映有效组合的单位风险的风险溢价，表示一个资产组合的风险每增加一个百分点，需要增加的风险报酬，其计算公式为

$$\text{CML的斜率} = [E(R_M)-r_f]/\sigma_M \quad (4.28)$$

CML 上的任何有效的资产组合 P 的预期收益 = 无风险收益 + 市场组合单位风险的风险溢价×资产组合 P 的标准差。CML 的公式表述为

$$E(R_p) = R_f + \frac{E(R_M)-r_f}{\sigma_M}\sigma_P \quad (4.29)$$

四、最优资产组合的确定

（一）投资者效用与资本配置

1. 定性分析

CML 给出风险水平不同的各个有效证券组合的预期收益。不同投资者可根据自己的无差异效用曲线在资本市场线上选择自己的资产组合。

对于风险承受能力弱、偏爱低风险的投资者可在 CML 上的左下方选择自己的资产组合，一般可将全部资金分为两部分，一部分投资于无风险资产，一部分投资于风险资产。越是追求低风险，在无风险资产上投资越大，所选择的资产组合点越接近于纵轴上的 r_f。

对于风险承受能力强、偏爱高风险的投资者可在 CML 上的右上方选择自己的资产组合。一般将全部资金投资于风险资产组合后，还按无风险利率借入资金投资于风险资产。风险偏好越强，借入资金越多，所选择的资产组合点越远离 CML 上的 M 点。

2. 定量分析

根据我们给出的投资者的效用函数：

$$U = E(r) - 0.005A\sigma^2$$

求解该函数的最大化，即

$$\max U = E(r_c) - 0.005A\sigma_c^2 \quad (4.30)$$

根据 $E(r_c)$ 和 σ_c 的计算公式从而式（4.30）成为：

$$\max U = r_f + x[E(r_P)-r_f] - 0.005Ax^2\sigma_P^2 \quad (4.31)$$

对 U 求一阶导数并令其等于零，即得到风险厌恶型投资者的最优风险资产头寸 x^*：

$$x^* = \frac{E(r_P)-r_f}{0.01A\sigma_P^2} \quad (4.32)$$

式（4.32）表明，最优风险资产头寸是用方差度量的，这一最优解与风险厌恶水平 A 成反比，与风险资产提供的风险溢价成正比。由此我们即得到一组新的投资者无差异曲线（图4.12）。

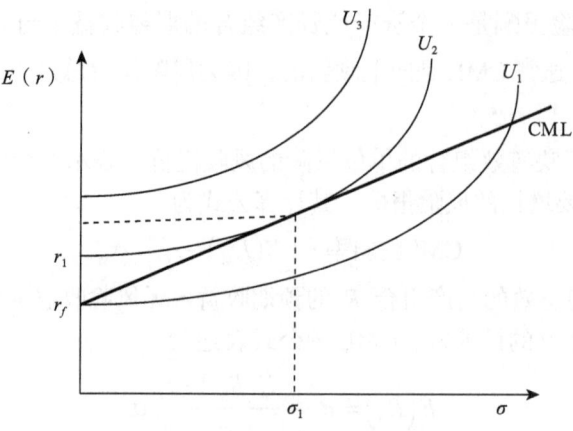

图4.12 投资者效用与资本配置

图4.12中，无差异曲线在纵轴的截距，即无风险资产组合的效用，它实际上是该组合的预期收益率。

在 CML 与投资者无差异曲线的切点处，决定了完全资产组合风险与收益的最优匹配。

资本配置线、无差异曲线与最优组合

在表示可行集的资本配置线上加入投资者的效用无差异曲线，我们就可以得到与资本配置线相切的最高的效用无差异曲线，切点对应最优投资组合的标准差和期望收益。为了证明这一点，我们以数值案例进行演示，如表4.7所示。

表4.7 无差异曲线、资本配置线对不同 σ 的期望收益（$A=4$）

σ	U=0.07	U=0.078	U=0.086 53	U=0.094	资本配置线
0	0.070 0	0.078 0	0.086 5	0.094 0	0.070 0
0.02	0.070 8	0.078 8	0.087 3	0.094 8	0.077 3
0.04	0.073 2	0.081 2	0.089 7	0.097 2	0.084 5
0.06	0.077 2	0.085 2	0.093 7	0.101 2	0.091 8
0.08	0.082 8	0.090 8	0.099 3	0.106 8	0.099 1
0.09	0.086 3	0.094 3	0.102 8	0.110 3	0.102 8
0.10	0.090 0	0.098 0	0.106 5	0.114 0	0.106 4
0.12	0.098 8	0.106 8	0.115 3	0.122 8	0.113 6
0.14	0.109 2	0.117 2	0.125 7	0.133 2	0.120 9
0.18	0.134 8	0.142 8	0.151 3	0.158 8	0.135 5

续表

σ	U=0.07	U=0.078	U=0.086 53	U=0.094	资本配置线
0.22	0.166 8	0.174 8	0.183 3	0.190 8	0.150 0
0.26	0.205 2	0.213 2	0.221 7	0.229 2	0.164 5
0.30	0.250 0	0.258 0	0.266 5	0.274 0	0.179 1

表 4.7 给出了某投资者的风险敏感度 A=4 的 4 条无差异曲线（效用水平分别为 0.07、0.078、0.086 53、0.094）的计算。

表 4.7 中的第 2~5 列利用投资者效用曲线方程即式（4.33）计算出了各曲线为了得到相应的效用值对不同标准差所必需的期望收益值。

$$U = E(r) - 1/2 \times A \times \sigma^2 \qquad (4.33)$$

表 4.6 中的第 6 列由式（4.34）计算出 $E(r_c)$ 的资本配置线上各 σ 值对应的期望收益。

$$E(r_c) = r_f + \left[E(r_p) - r_f\right]\frac{\sigma_c}{\sigma_p} = 0.07 + (0.15 - 0.07)\frac{\sigma_c}{0.22} \qquad (4.34)$$

图 4.13 画出了 4 条无差异曲线和资本配置线，图形反映出效用函数 U=0.086 53 的无差异曲线与资本配置线相切；切点对应了最大的效用值的资产组合。

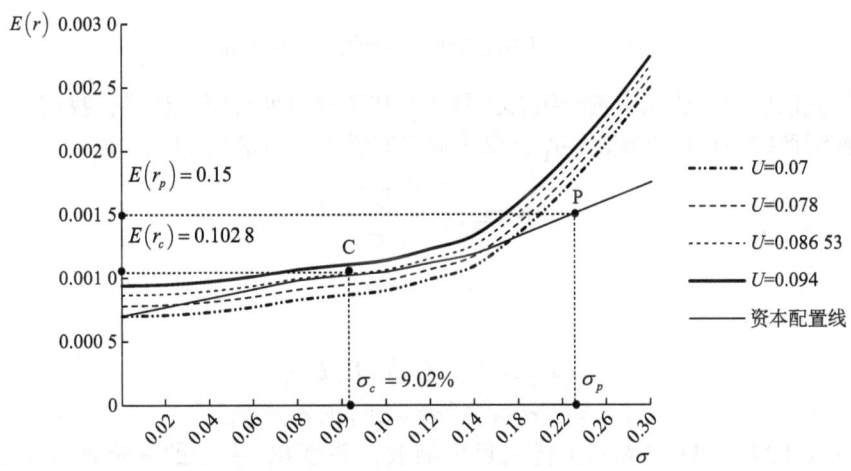

图 4.13　资本配置线、无差异曲线与最优组合

图 4.13 中切点 C 处 $E(r_c)$=10.28%，σ_c=9.02%。最优投资组合的风险—收益比例是 y^*=0.41，这个数值和用式（4.35）的算术解相同：

$$y^* = \frac{E(r_p) - r_f}{A\sigma_p^2} \qquad (4.35)$$

由本案例可见，y^* 的决策主要取决于风险厌恶程度。

（二）有效边界与资本配置

根据马科维茨资产组合理论，风险资产的最优组合一定位于有效边界线上。现在我们在有效边界图中加入资本配置线,如图 4.14 所示。由于 CAL 的斜率由风险溢价和方差决定,因此我们通过变动风险资产组合中各资产的权重,即可变动 CAL 的斜率,直到其斜率与有效边界线的斜率一致(即成为 CML)。如图 4.14 中的切点 P,该点是满足有效边界要求(即在有效边界线上)的斜率最大的资本配置线,即最优风险资产组合点。

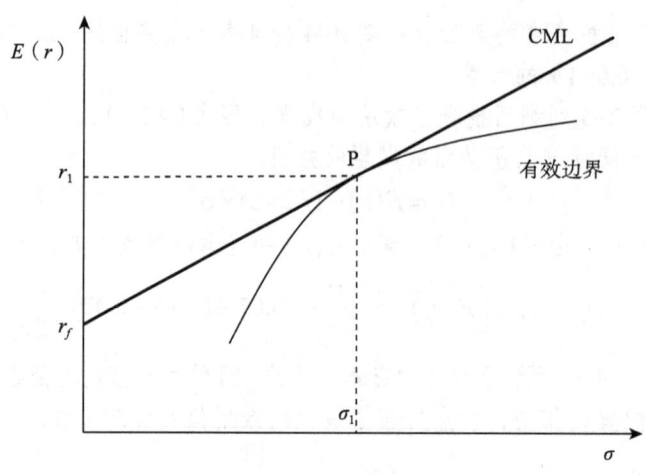

图 4.14 资本配置线下的最优风险资产组合

如果我们假设上述风险资产组合由股票 E 和债券 D 两种资产构成,我们的任务是找出这两种资产的各自权重 W_D 和 W_E,以使资本配置线的斜率 S_P 最大。即

$$\text{Max} S_P = \frac{E(r_P) - r_f}{\sigma_P} \tag{4.36}$$

$$\text{s.t.} \sum X_i = 1$$

其中:

$$E(r_P) = W_D E(r_D) + W_E E(r_E) \tag{4.37}$$

$$\sigma_P^2 = W_D^2 \sigma_D^2 + W_E^2 \sigma_E^2 + 2 W_D W_E \sigma_D \sigma_E \rho_{DE} \tag{4.38}$$

将式(4.37)和式(4.38)代入目标函数,并令 W_D 对 S_P 的一阶导数等于零,即求得

$$W_D = \frac{\left[E(r_D) - r_f\right]\sigma_E^2 - \left[E(r_E) - r_f\right]\text{cov}(r_D, r_E)}{\left[E(r_D) - r_f\right]\sigma_E^2 + \left[E(r_E) - r_f\right]\sigma_D^2 - \left[E(r_D) - r_f + E(r_E) - r_f\right]\text{cov}(r_D, r_E)}$$

则:

$$W_E = 1 - W_D$$

从而资本配置线的斜率 S_P 达到最大。

(三)最优全部资产组合的确定

图 4.12 所显示的是一个投资者效用最大化的资产组合,图 4.14 所显示的则是风险资产组合的确定。将两个图合到一起,我们即可得到一个全部资产组合的确定。如图 4.15

所示。

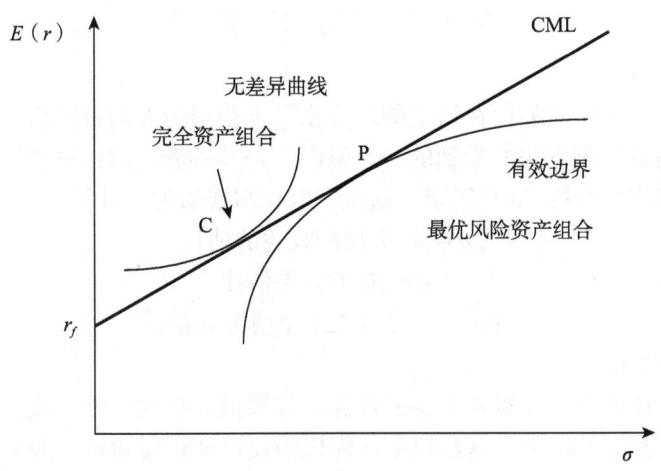

图 4.15 最优全部资产组合的确定

五、资产组合与风险分散化

在第三章的研究中我们已指出,投资风险总体上可以划分为系统性风险和非系统性风险两个部分。构建一个完全的资产组合,其最大的功效就是,从理论上它可以分散掉全部的非系统性风险。如图 4.16 所示。

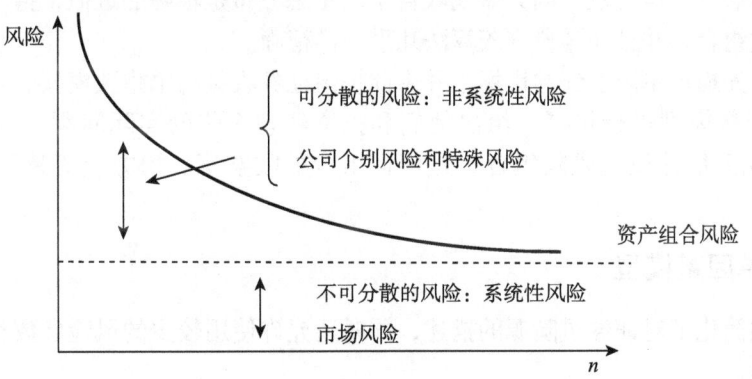

图 4.16 投资组合与风险

图中的横轴 n 代表资产数量。由图 4.16 可见,随着组合中资产数量的增加,一个资产组合所承受的非系统性风险在逐渐降低[1],当然,其前提条件是进入组合中的资产之间的相关系数要尽可能低[2]。因此,分散投资可以消除部分风险——非系统性风险,但无法消除所有的风险——系统性风险是投资组合无能为力的。

---

[1] 其具体机制我们将在下一节进行分析。
[2] 根据大量的实证研究,进入组合中的资产之相关系数最大不能超过 0.4。

第四节 指数模型

马科维茨模型说明了如何在给定的风险水平下获得最大的资产组合的收益。然而在实际应用中,马科维茨方法所受到的一个限制,是其所需要的计算量巨大。例如,如果一个投资者能够详细分析 50 只股票,这意味着他要做如下计算:

$n = 50$ 个预期收益的估计

$n = 50$ 个方差估计

$(n^2-n)/2 = 1\,225$ 个协方差估计

共计 1 325 个估计值。

这是足以令任何个人投资者生畏的任务。如果把 n 扩大一倍,成为 100 只股票,所需的估计值将达到 5 150 个,这足以令任何机构投资者望而却步。如果 $n = 1\,500$,即大约相当于 2010 年在我国深圳交易所上市的所有股票,就需要对近 113 万个数据进行估计,对投资决策的时效性而言,这将是一个无法完成的任务。

通过引入指数模型,简化协方差矩阵的估计,并将风险分解为系统性风险和非系统性风险,指数模型使我们了解分散化的威力和局限性,并且能够度量特定证券和组合的风险成分。

除了更简化,指数模型和有效边界及组合最优化的概念也保持一致。指数模型与收益正态分布假设一样有效。因为短期收益率用正态分布是很好的近似,指数模型可以用来选择最优组合,并且和马科维茨算法几乎一样精确。

本节首先描述单因素证券市场,并由此提出证券收益的单指数模型。其次分析其性质,对单指数模型进行拓展,给出他们和投资经理面临的实际问题之间的联系。最后用指数模型估计最优风险组合,这使得组合的收益率、协方差等特征的推导和解释更容易。

一、单因素模型

该模型简化了对证券风险源的描述,同时还允许使用较少的风险参数和风险溢价的相容估计集。

将证券 i 的收益率分解为期望收益率和非期望部分之和:

$$r_i = E(r_i) + e_i \tag{4.39}$$

将影响证券收益的不确定性因素分解为整个经济系统的不确定性(m)和特定公司的不确定性(e_i),在这种情况下,为了包含两大因素导致的不确定性,将证券 i 的收益率表示为

$$r_i = E(r_i) + m + e_i \tag{4.40}$$

式中,m 为未预期到的宏观突发事件,均值为 0,其标准差为 σ_m;e_i 为特定公司的突发事件,均值为 0,其标准差为 $\sigma(e_i)$,m 和 e_i 相互独立,即

$$\sigma_i^2 = \sigma_m^2 + \sigma^2(e_i) \tag{4.41}$$

各个公司特有的事件 e_i 之间没有联系，独立的共同因素 m 与各个公司特有事件没有联系，因此，任意两种证券 i 和 j 之间的协方差为

$$\text{cov}(r_i, r_j) = \text{cov}(m + e_i, m + e_j) = \sigma_m^2 \quad (4.42)$$

进一步，考虑到不同企业的收益对宏观经济事件有不同的敏感度，证券 i 对宏观经济事件的敏感度为 β_i，则证券 i 的宏观成分为 $\beta_i m$，得到如下的单因素模型：

$$r_i = E(r_i) + \beta_i m + e_i \quad (4.43)$$

式（4.43）表明证券 i 的系统性风险由其 β_i 系数决定。周期性公司对市场的敏感性更高，所以系统性风险就更大。证券 i 的系统性风险为 $\beta_i^2 \sigma_m^2$，总风险为

$$\sigma_i^2 = \beta_i^2 \sigma_m^2 + \sigma^2(e_i) \quad (4.44)$$

任意两证券间协方差为

$$\text{cov}(r_i, r_j) = \text{cov}(\beta_i m + e_i, \beta_j m + e_j) = \beta_i \beta_j \sigma_m^2 \quad (4.45)$$

就系统性风险和市场暴露而言，上述公式表示公司间存在近似替代关系，β 值相等的公司其系统性风险也相同。

至此，我们只使用了证券收益联合正态分布的统计意义。仅证券收益的正态性就保证了组合收益的正态特征，且证券收益和共同宏观因素之间存在线性关系。这大大简化了组合分析。然而，仅从统计角度并未识别到共同宏观因素是什么，也未能确定该因素在长期投资中如何发挥作用。尽管共同因素、单个证券的方差，以及证券间的协方差变化非常缓慢，我们还是需要一个变量来代表该共同因素。这一变量必须可以观察，易于估计其波动性和单个证券对其的敏感度。

二、单指数模型

使单指数模型具备可操作性的合理方法是将沪深 300 这类覆盖大部分流通市值的指数的收益率视为共同宏观经济因素的一个有效代理指标。使用这种方法可以得到一个与单因素模型类似的方程，该方程被称为单指数模型，因为它使用单一市场指数作为共同因素的代理指标。

因为沪深 300 指数是一个股票组合，其价格和收益率易于观察。我们有足够的历史数据来估计系统性风险。用 M 表示市场指数，其超额收益率为 $R_M = r_M - r_f$，标准差为 σ_M，将某证券 i 的超额收益率 $R_i = r_i - r_f$ 对指数的超额收益率进行回归，回归分析首先要收集配对观测样本 $R_i(t)$ 和 $R_M(t)$ 的历史数据，其中 t 代表每对样本的观测期，回归方程如下：

$$R_i(t) = \alpha_i + \beta_i R_M(t) + e_i(t) \quad (4.46)$$

该方程的截距项 α 代表了市场超额收益率为 0 时该证券的超额收益率，斜率 β_i 代表证券的 β 值，即证券对指数的敏感度。e_i 代表 t 时刻零均值的公司特有突发事件对证券收益的影响，称为残差。

（一）期望收益与 β 的关系

因为 $E(e_i)=0$，式（4.46）两边取期望值，就可得单指数模型的期望收益与 β 值之间的关系，即

$$E(R_i) = \alpha_i + \beta_i E(R_M) \tag{4.47}$$

式中，第二项 $\beta_i E(R_M)$ 称为系统风险溢价[1]，α_i 代表非市场溢价。如果证券的市场定价偏低，α_i 就可能会比较大，因为这样才能提供有吸引力的期望收益。如果证券的价格合理，α_i 就趋向于零。分析师的任务就是找到 α_i 非零的股票。

用指数模型分解单个证券风险为市场和非市场两部分，极大简化了对所投资公司的宏观经济和证券分析工作。

（二）单指数模型的风险和协方差

马科维茨模型所面临的问题之一是该模型的实现需要估计大量参数，而指数模型大大减少了参数估计量，式（4.46）可以得出每种证券的总风险中包含的系统和公司特有成分，以及任意两种证券的协方差。方差和协方差均由证券的 β 值和市场指数的特性决定。

某证券 i 的总风险=系统风险+非系统风险，即

$$\sigma_i^2 = \beta_i^2 \sigma_m^2 + \sigma^2(e_i)$$

协方差=证券 β 值的乘积×市场指数风险，即

$$\text{cov}(r_i, r_j) = \beta_i \beta_j \sigma_M^2$$

相关系数=相应证券与市场指数的相关系数乘积，即

$$\text{Corr}(r_i, r_j) = \frac{\beta_i \beta_j \sigma_M^2}{\sigma_i \sigma_j} = \frac{\beta_i \sigma_M^2 \beta_j \sigma_M^2}{\sigma_i \sigma_M \sigma_j \sigma_M} = \text{Corr}(r_i, r_M) \times \text{Corr}(r_j, r_M) \tag{4.48}$$

（三）单指数模型的估计

该模型需要的变量包括：n 个市场外预期超额收益 α_i 估计；n 个敏感性系数 β 的估计；n 个公司特有方差 $\sigma^2(e_i)$ 估计；1 个市场溢价估计；1 个共同宏观经济因素 σ_M^2 估计。那么整个输入表就需要 $3n+2$ 个估计，对于涵盖100种证券的投资组合就需要302个估计[2]。如表4.8所示。

表4.8 单指数模型的输入指标

指标	符号	所需估计量
1. 市场中性条件下（即超额收益率为 $r_M - r_f = 0$）股票的期望收益	α_i	n 个 α_i
2. 受整个市场运行影响的那部分收益，其中 β 表示证券对市场变化的反应程度	$\beta_i(r_M - r_f)$	n 个敏感系数 $\beta(\beta_i)$，一个市场溢价估计 $r_M - r_f$

---

[1] 该风险溢价因为是对所承担的系统性风险的补偿，所以理论上看（应该）为正值。
[2] 而不是马科维茨组合理论中的 5 150 个估计。

续表

指标	符号	所需估计量
3. 只与特殊证券相关的非预期事件所引起的收益的非预期成分	e_i	
4. 由共同宏观经济因素的不确定性引起的方差	$\beta_i^2 \sigma_M^2$	一个共同宏观因素 σ_M^2
5. 公司特有因素的不确定性所引起的方差	$\sigma^2(e_i)$	n 个公司特有方差 $\sigma^2(e_i)$

指数模型的另一个常被忽略但同样重要的优势是，指数模型的简化对证券分析专业化非常重要——如果每对证券间的协方差需要直接计算，那么分析师就无法实现专业化。

但从指数模型假设条件得出的简化方法并不是没有成本的。指数模型的简化限制了资产收益不确定性的结构。它简单地将不确定性分为宏观和微观两类，过于简化了宏观世界的不确定性，可能会遗漏一些影响股票收益的重要因素。例如，这种二分法排除了行业因素影响。

（四）指数模型和分散化

由夏普首先建立的指数模型也提供了资产组合风险分散化的另一个视角。假定我们选择有 n 个证券的等权重资产组合。每个证券的超额收益率由下式给出：

$$R_i = \alpha_i + \beta_i R_M + e_i \tag{4.49}$$

股票资产组合的超额收益为

$$R_P = \alpha_P + \beta_P R_M + e_P \tag{4.50}$$

现在我们说明，随着资产组合中包括的股票数目的增多，正如上一节的图4.16所示，归因于非市场因素的资产组合风险将变得越来越小，这部分风险被分散掉了。但要注意，正如之前所揭示的，无论组成资产组合的公司数目有多少，市场风险依然存在。

为了理解上述结论，我们注意到等权重（每种资产权重 $\omega_i = 1/n$）资产组合的超额收益率为

$$\begin{aligned} R_P &= \sum_{i=1}^{n} \omega_i R_i = \frac{1}{n} \sum_{i=1}^{n} R_i \\ &= \frac{1}{n} \sum_{i=1}^{n} (\alpha_i + \beta_i R_M + e_i) \\ &= \frac{1}{n} \sum_{i=1}^{n} \alpha_i + \left(\frac{1}{n} \sum_{i=1}^{n} \beta_i \right) R_M + \frac{1}{n} \sum_{i=1}^{n} e_i \end{aligned} \tag{4.51}$$

我们看到资产组合对市场的敏感度由下式给出：

$$\beta_P = \frac{1}{n} \sum_{i=1}^{n} \beta_i \tag{4.52}$$

它是单个 β_i 的平均值。同时，资产组合有一个常数（截距）的非市场收益成分：

$$\alpha_P = \frac{1}{n} \sum_{i=1}^{n} \alpha_i \tag{4.53}$$

它也是单个 α 的平均值,加上零均值变量,即

$$e_P = \frac{1}{n}\sum_{i=1}^{n} e_i \qquad (4.54)$$

它是公司特有成分的平均值,因此,资产组合的方差为

$$\sigma_P^2 = \beta_P^2 \sigma_M^2 + \sigma^2(e_P) \qquad (4.55)$$

定义资产组合方差的系统风险成分依赖于市场运行的部分为 $\beta_P^2 \sigma_M^2$,它也依赖于单个证券的敏感度系数。这部分风险依赖于资产组合的 β 和 σ_M^2,不管资产组合分散化程度如何都不会改变——无论持有多少股票,他们在市场中暴露的一般风险都会反映在资产组合的系统风险中。

相比较,资产组合方差的非系统成分是 $\sigma^2(e_P)$,它来源于公司特有成分 e_i。因为这些 e_i 是独立的,都具有零期望值,所以可以由平均法则得出这样的结论:随着越来越多的股票加入资产组合,公司特有风险倾向被消除掉,非市场风险越来越小,这些风险被认为是可分散的。为了更准确地理解这一点,考虑有公司特有成分的等权重资产组合的方差公式。因为 e_i 是不相关的,则:

$$\begin{aligned}\sigma^2(e_P) &= \sum_{i=1}^{n}\left(\frac{1}{n}\right)^2 \sigma^2(e_i) \\ &= \frac{1}{n}\bar{\sigma}^2(e)\end{aligned} \qquad (4.56)$$

式中,$\bar{\sigma}^2(e)$ 为公司特有方差的均值。由于这一均值独立于 n,所以当 n 变大时,$\sigma^2(e_P)$ 就变得很小,甚至可以忽略。

总之,随着分散化程度增加,投资组合的总方差就会接近系统风险,定义为市场因素的方差乘以投资组合敏感性系数的平方 β_P^2,类似于图 4.16,图 4.17 说明了这一现象,这里用标准差表示。

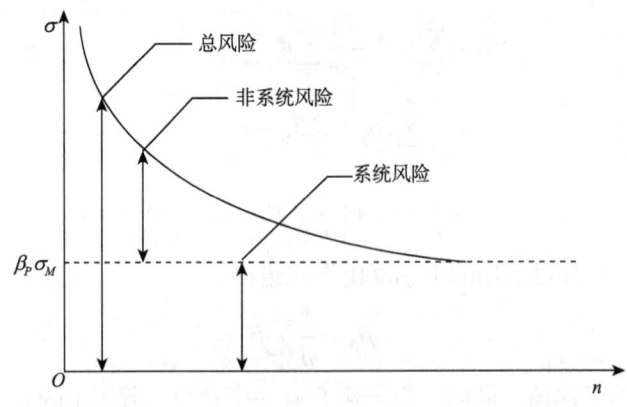

图 4.17 单因素经济中 β 系数为 β_P 等权重组合方差

图 4.17 显示当组合中包含越来越多的证券时，组合方差因为公司风险的分散化而下降。然而，分散化的效果是有限的，即使 n 很大，由共同或市场因素引起的风险仍然存在，无法被分散化。

三、投资组合的构建与指数模型

在这一部分，我们考察指数模型在组合构造中的意义。我们会看到这一模型有很多优点，不仅能应用在参数估计方面，而且能运用在简化分析和组合分散上。

（一）α 和证券分析

单指数模型最重要的优点在于它对宏观经济分析和证券分析提供了如下框架。

该市场驱动模型期望收益以信息对所有证券都产生影响为条件，而不是通过对特定公司的证券分析收集得到。这个市场驱动模型可以作为一个基准：单个证券的风险溢价不受证券分析的影响，而是等于 $\beta_i E(r_M)$，也就是说，它的风险溢价只从这个证券跟随市场指数的趋势中获得；任何超过基准风险溢价的期望收益（α）都对应于证券分析中获得的非市场因素。α 不只是期望收益的一个成分，它还是告知人们一个证券是否可以买入的关键变量。对投资组合管理者来说，一个证券是否具有吸引力只看它的 α 值。

（二）指数组合作为投资资产

单指数模型的有效边界图与第三节马科维茨模型非常类似。指数模型能够使输入列表更加简化，而且，组合最优化显示出单指数模型的另一优势，即简单、直观地显示出最优风险投资组合。这里我们来分析指数在最优组合中的角色。

假设一只证券投资基金只投资沪深 300 指数中的股票。这时，沪深 300 指数就涵盖了宏观经济对该基金持有的大公司的股票的影响。假设该基金的投资范围只涵盖可投资空间的一部分子集（如限定于对电子行业的投资），如果组合仅限于这些可投资产品，我们就有理由怀疑这样的投资组合其分散化程度是有限的。

应对分散化不足的简单方法是直接把沪深 300 指数作为一个投资资产。从式（4.46）和式（4.47）来看，如果我们把沪深 300 指数看作市场指数，那么它的 β 值为 1，没有公司特有风险，α 值为 0，即其期望收益中不包括非市场风险溢价部分。式（4.47）显示任一证券 i 和指数的协方差为 $\beta_i \sigma_M^2$。为了区别沪深 300 指数与公司投资的 n 只股票，把沪深 300 指数当成第 $n+1$ 种资产。我们可以将沪深 300 指数看作基金经理不进行证券分析时的一种消极资产组合[①]。如果基金经理愿意进行证券研究，那么他可能会构建包含该指数的积极组合，得到更好的收益风险匹配。

（三）单指数模型的输入数据

如果上述经理打算构建一个组合，包括 n 家积极研究的公司和一个消极的组合，则输入数据如下：

（1）沪深 300 的风险溢价；

[①] 组合管理从策略上可以分为积极管理和消极管理两大策略，我们将在后续章节进行详细分析。

（2）沪深300的标准差估计值；

（3）n套如下估计值，包括β系数的估计值、个股残差的方差、证券的α值。

（四）单指数模型的最优风险组合

$$\alpha_P = \sum_{i=1}^{n+1} w_i \alpha_i, \text{对于指数} \alpha_{n+1} = \alpha_M = 0$$

$$\beta_P = \sum_{i=1}^{n+1} w_i \beta_i, \text{对于指数} \beta_{n+1} = \beta_M = 1$$

$$\sigma^2(e_P) = \sum_{i=1}^{n+1} \omega_i^2 \sigma^2(e_i), \text{对于指数} \sigma^2(e_{n+1}) = \sigma^2(e_M) = 0$$

最优权重是使得组合的夏普比率S_P最大化，即

$$\begin{aligned} E(R_P) &= \alpha_P + E(R_M)\beta_P \\ &= \sum_{i=1}^{n+1} w_i \alpha_i + E(R_M) \sum_{i=1}^{n+1} w_i \beta_i \end{aligned} \quad (4.57)$$

$$\begin{aligned} \sigma_P &= \left[\beta_P^2 \sigma_M^2 + \sigma^2(e_P)\right]^{1/2} \\ &= \left[\sigma_M^2 \left(\sum_{i=1}^{n+1} w_i \beta_i\right)^2 + \sum_{i=1}^{n+1} \omega_i^2 \sigma^2(e_i)\right]^{1/2} \end{aligned} \quad (4.58)$$

$$S_P = \frac{E(R_P)}{\sigma_P} \quad (4.59)$$

最优风险投资组合由两个组合构成：积极组合A，由n个积极分析过的证券组成；市场指数组合，即第$n+1$种资产，称为组合M。

若积极组合的$\beta = 1$，则其最优权重为$\alpha_P/\sigma_{e_A}^2$，同理，指数组合的权重为$E(R_M)/\sigma_M^2$，初始头寸为$\omega_A^0 = \dfrac{\alpha_A/\sigma_{e_A}^2}{E(R_M)/\sigma_M^2}$。如果积极组合头寸的$\beta$不为1，当$\beta$值越高时，积极组合与消极组合相关性越大，投资组合中积极组合的头寸越小，如式（4.60）所示：

$$\omega_A^* = \frac{\omega_A^0}{1+(1-\beta_A)\omega_A^0} \quad (4.60)$$

（五）信息比率

观察积极组合的最优头寸式（4.60），投资于积极组合的权重为ω_A^*，投资于指数组合的权重为$1-\omega_A^*$。可以计算其期望收益率、标准差和夏普比率。最优组合的夏普比率会超过指数组合的夏普比率S_M。它们之间的精确关系为

$$S_P^2 = S_M^2 + \left[\frac{\alpha_A}{\sigma(e_A)}\right]^2 \quad (4.61)$$

上式表明积极组合对整个风险投资组合夏普比率的贡献取决于它的α值和残差标准

差的比率。这个重要的比率称为信息比率。该比率度量当积极组合权重过高或过低时，通过证券分析可以获得的额外收益与公司特有风险的比值。要最大化夏普比率，必须最大化积极组合的信息比率。

如果投资于每个证券的相对比例为 $\alpha_i/\sigma^2(e_i)$，此时积极组合的信息比率将实现最大化。调整这个比率，使得所有积极组合中证券的头寸相加等于 ω_A^*，即每个证券权重为

$$\omega_i^* = \omega_A^* \frac{\alpha_i/\sigma^2(e_i)}{\sum_{i=1}^{n}\alpha_i/\sigma^2(e_i)} \quad (4.62)$$

运用这组权重，可以得到每个证券对积极组合信息比率的贡献依赖于它们各自的信息比率，即

$$\left[\frac{\alpha_A}{\sigma(e_A)}\right]^2 = \sum_{i=1}^{n}\left[\frac{\alpha_i}{\sigma(e_i)}\right]^2 \quad (4.63)$$

这个模型揭示了在有效利用证券分析时信息比率的核心角色。某一证券的加入对组合的正面贡献是增加了非市场风险溢价，证券加入对组合的负面影响则是公司特有风险带来组合方差的增加。

与 α 不同，市场部分（系统性）的风险溢价为 $\beta_i E(R_M)$，被单个证券不可分散的（市场）风险 $\beta_i^2\sigma_M^2$ 拖累。两者都受相同的 β 值的影响。这对任何证券都一样，因此要关注积极组合的整体 β 值，而不是单个证券的 β 值。

从式（4.62）可以看出，如果一个证券的 α 为负，则该证券在最优风险投资组合中应该为空头头寸。如果禁止卖空，一个具有负 α 值的证券将从最优程序中剔除，权重为零。随着 α 非零证券的数量增加，积极组合本身带来更好的分散化，在整个风险组合中积极组合的权重也会增加，同时，消极指数组合权重将降低。

只有当所有 α 值为零时，指数组合是一个有效的投资组合。除非证券分析找到 α 值非零的证券，否则包含该证券的积极组合将使得该组合的投资吸引力降低。当 α 为零时，公司特有风险无法通过非市场风险溢价得到补偿。因此，如果所有证券的 α 值均为零，则积极组合的最优权重为零，指数组合的权重为1。

（六）最优化过程总结

现在我们将上述最优风险组合的构造程序总结如下：

（1）计算积极组合中每个证券的原始头寸 $\omega_i^0 = \dfrac{\alpha_i}{\sigma^2(e_i)}$；

（2）调整原始权重，使组合权重和为1，即 $\omega_i = \dfrac{\omega_i^0}{\sum_{i=1}^{n}\omega_i^0}$；

（3）计算积极组合的 α 值，$\alpha_A = \sum_{i=1}^{n}\omega_i\alpha_i$；

（4）计算积极组合的残差，$\sigma^2(e_A) = \sum_{i=1}^{n}\omega_i^2\sigma^2(e_i)$；

(5）计算积极组合的原始头寸 $\omega_A^0 = \left[\dfrac{\alpha_A / \sigma^2(e_A)}{E(R_M)/\sigma_M^2} \right]$；

（6）计算 β 值 $\beta_A = \sum_{i=1}^{n} \omega_i \beta_i$；

（7）调整积极组合的原始头寸，$\omega_A^* = \dfrac{\omega_A^0}{1+(1-\beta_A)\omega_A^0}$；

（8）此时最优风险组合的权重为 $\omega_M^* = 1 - \omega_A^*$，$\omega_M^* = \omega_A^* \omega_i$；

（9）计算最优风险组合的风险溢价，根据指数组合的风险溢价和积极组合的 α 值，得出最优风险组合的风险溢价 $E(R_P) = (\omega_M^* + \omega_A^* \beta_A) E(R_M) + \omega_A^* \alpha_A$；

（10）运用指数组合的方差和积极组合的残差计算最优风险组合的方差，$\sigma_P^2 = (\omega_M^* + \omega_A^*)^2 \sigma_M^2 + [\omega_A^* \sigma(e_A)]^2$。

利用指数模型构建风险资产组合

我们将通过多个公司的一个小样本建立最优风险组合来展示如何使用指数模型，并与马科维茨理论建立的最优风险组合进行对比，讨论指数模型在实际操作中的应用。

这里我们以中国证券市场为例，展示指数模型的估计并对其进行投资分析解读。我们分析六大中国上市公司，即沪深300（hs300）中信息技术板块的恒生电子（hs）、中天科技（zt），银行板块的交通银行（jt）、建设银行（js），钢铁板块的宝钢股份（bg）、鞍钢股份（ag）。

观察这六只股票、沪深300指数和短期国债在5年中的月收益率（即60个观察值），首先计算7个风险资产的超额收益率，然后以恒生电子为例示范整个输入过程，最后会讲述如何建立最优风险组合。

（一）恒生电子的证券特征线

将 $R_i(t) = \alpha_i + \beta_i R_M(t) + e_i(t)$ 运用于恒生电子就变为

$$R_{hs}(t) = \alpha_{hs} + \beta_{hs} R_{hs300}(t) + e_{hs}(t) \tag{4.64}$$

式（4.64）描述了恒生电子的超额收益率与沪深300指数投资组合的收益率表示的经济变化之间的相关性。回归估计结果描述的直线被称为恒生电子的证券特征线。

图4.18显示了恒生电子和沪深300指数60个月的超额收益率。图像显示恒生电子的收益与指数的收益一般是同向变动，但恒生电子收益的波动幅度比指数大，这意味着其敏感度大于市场平均值，即 β 大于1.0。

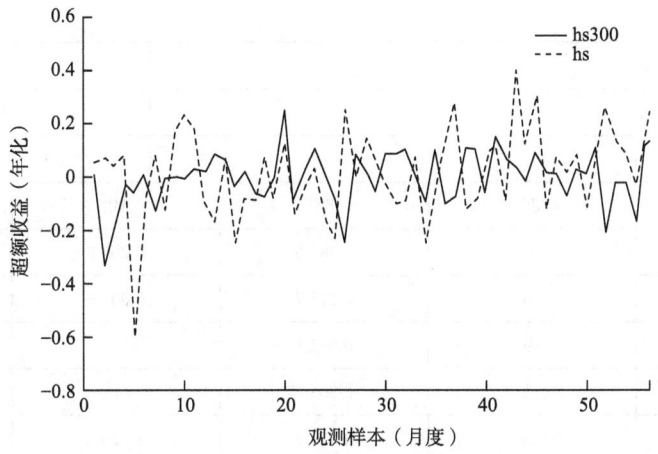

图 4.18　沪深 300 和恒生电子超额收益（一）

图 4.19 的散点图更清楚地描述了恒生电子和沪深 300 指数收益率之间的关系。如图 4.19 所示，回归线穿过散点，每个散点和回归线的垂直距离就是每个时点恒生电子的残差 $e_{hs}(t)$。散点图显示恒生电子的月收益率波动幅度超过 0.4，而沪深 300 指数的收益只在−0.35~0.2 波动。

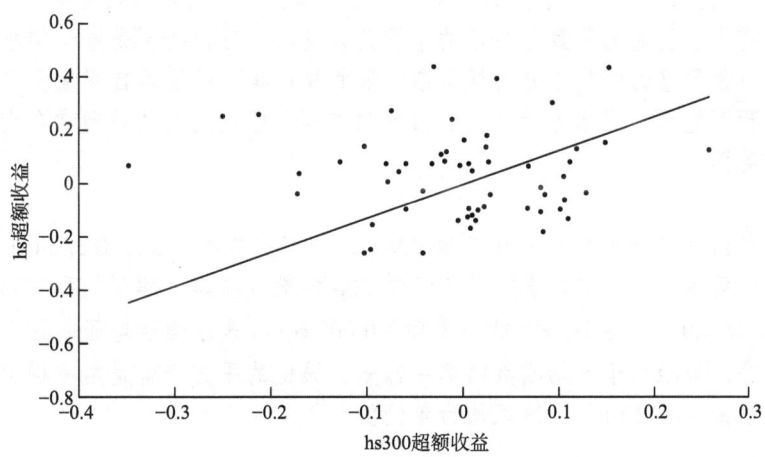

图 4.19　沪深 300 和恒生电子超额收益（二）

（二）恒生电子的回归结果与投资分析解读

恒生电子的回归分析结果如表 4.9 所示。

表 4.9　恒生电子证券特征线的回归统计

	回归统计数据
乘数 R	0.839 8
R^2	0.629 9

续表

			0.617 8
调整后 R^2			0.617 8
标准误差			0.329 1
观测样本			60

	df	SS	MS	
方程	1	0.383 6	0.267 8	
残差	58	0.278 7	0.002 6	
总计	59	0.662 3		

	系数	标准误差	t 值	p 值
截距	0.024 3	0.023 7	1.025 3	0.309 1
hs300	1.267 3	0.229 7	5.517 2	0.009 7

1. 恒生电子证券特征线的解释力

由表 4.9 可见，恒生电子和沪深 300 指数的相关性很高，达到 0.839 8，说明恒生电子随着沪深 300 指数的波动而同向变动。R^2 为 0.629 9，说明沪深 300 指数的方差可以解释恒生电子约 63%。调整后的 R^2 稍小于原来的 R^2，修正了因使用 α 和 β 估计值而非真实值产生的偏差，当有 60 个观测样本时，这一偏差很小，为残差的平方。这个指标衡量了公司特有因素引起的股票与指数的平均关系变动，且该指标是基于样本内数据计算的。另一个更为严格的检验是分析样本各期限的收益率，并检验自变量（沪深 300 指数的收益）的预测能力。样本外数据的回归预测与实际值之间的关系通常会大大低于样本内数据的相关性。

2. 方差分析

证券特征线的方差分析结果中（表 4.9），回归平方和（SS，0.383 6）表示因变量（恒生电子收益率）方差中被自变量（沪深 300 指数收益率）解释的那一部分，该值等于 $\beta_{hs}^2 \sigma_{hs300}^2$。表 4.9 中 MS 这一列的残差项（0.002 6），表示恒生电子收益中无法被自变量解释的部分，即独立于市场指数的那一部分，该值的平方根就是第一栏中报告的回归方程的标准误差（0.329 1），这里均为年化值。

3. α 估计

t 统计量是回归参数与其标准差之比，可以用来估算不可观测的真实值可能等于 0 而非估计值的概率。如果真实值等于 0，那么估计值就不会远离 0，因此大的 t 值意味着真实值等于 0 的概率很低。

假如恒生电子的非市场成分被定义为特定期内实际收益减去市场变化所引起的收益，这也被称为公司特有收益 R_{fs}：

$$R_{\text{firm-specific}} = R_{fs} = R_{hs} - R_{hs300} \tag{4.65}$$

如果 R_{fs} 服从均值为 0 的正态分布，其估计值与标准误差之比就服从 t 分布。从 t 分布表中可以查到在估计值及估计标准误差为正的条件下真实 α 值实际为 0 甚至是更低的概率，这一概率被称为显著性水平。传统的统计显著性的取舍点低于 5%，这就要求 t 统计量的值大于 2.0。表 4.9 的结果显示恒生电子 α 的 t 值为 1.025 3，意味着该估计值并不显著。即在某一置信水平下，不能拒绝真实 α 值等于零的原假设，α 估计的 p 值（0.309 1），表示如果真实 α 值等于 0，得到 0.024 3 这样高的估计值的概率为 0.309 1，这表明可能性不大。大量数据显示，5 年内的 α 值不会维持不变，某一样本期的估计值与下一期的估计值之间没有实质的联系。当市场处于稳定期时，回归估计出的 α 值所表达的证券平均收益率不能用来预测未来公司的绩效。这就是证券分析很难的原因：过去并不一定能预测未来。

4. β 估计

计算 β 估计值偏离假定值 1 的标准差的数量，而且也很容易将该差距变大以求统计上显著：

$$\frac{\text{估计值}-\text{假定值}}{\text{标准误差}}=\frac{1.267\,3-1}{0.229\,7}=1.16 \tag{4.66}$$

如果要在 95% 的显著性水平下构建一个包含不可观测的真实 β 值的置信区间，就应该以估计值为中心，加上或减去 2 倍的标准差，这样就形成了一个范围很大的区域 $(1.267\,3-2\times0.229\,7, 1.267\,3+2\times0.229\,7)=(0.807\,9, 1.726\,7)$。

5. 公司特有风险

由表 4.9 可知，恒生电子残差的年化月度标准差为 0.329 1，系统性风险的年化标准差为 $\beta\times\sigma(\text{hs}300)=1.267\,3\times0.182\,1=23.08\%$，注意到恒生电子的公司特有风险和系统性风险一样大，而这对于单只股票来说非常常见。

（三）指数模型与马科维茨模型

我们通过沪深 300 指数和之前讨论风险参数的六只股票来构建最优投资组合以演示指数模型的应用。这里包含六只股票，从三个行业中选择三对公司是因为能够产生相对高的残差相关性。这对指数模型是个严格的考验，因为当进行协方差矩阵估计时，该模型忽略了残差之间的相关性。因此，比较从所有模型得到的结果和具备所有特征的马科维茨模型所得结果之间的差异，有一定的研究意义。

在实际投资过程中，每只股票的 α 和风险溢价的估计值是投资公司最关注的。但统计量只扮演了一个小角色，在这个领域，宏观分析和证券分析最重要。在允许卖空的情况下，积极组合中的头寸都相当大。组合的 α 值为 3.58%，比组合中任何单个证券的 α 估计值要大很多，是一个激进组合。导致一个较大的残差平方和（0.059 7，相应的残差标准差为 18%）。因此，积极组合的配置权重降低了，最终找到一个适度值，再次表明在投资组合最优化过程中分散化观点是优先考虑的。

最优风险投资组合的风险溢价是 7.23%，标准差是 18.97%，夏普比率是 0.52。指数组合的夏普比率是 0.50，这个比率与最优风险投资组合的夏普比率非常接近。

指数模型得到的结论是否劣于用全协方差模型（马科维茨模型）的结果呢？图 4.20 展示了用样本数据采取两个模型得到的有效边界，发现它们之间的差别非常小。沿有效边界向上移动，要求的期望收益排除了协方差不同带来的影响，投资组合的业绩变得相似。

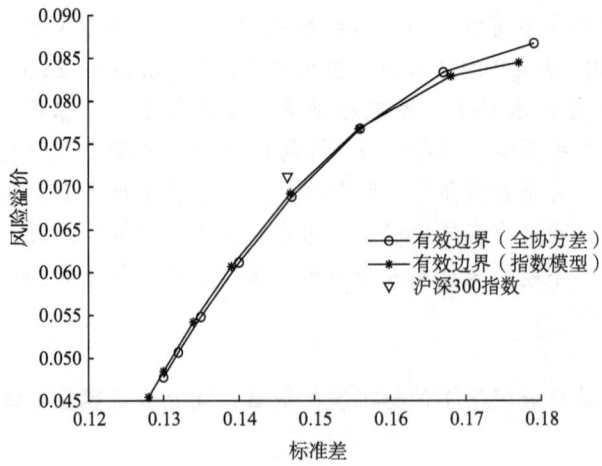

图 4.20 指数模型与全协方差模型的有效边界

➤本章小结

资产组合理论所要解决的核心问题是，以不同资产构建一个投资组合，提供确定组合中不同资产的权重（投资比例），达到使组合风险（方差）最小的目的。

马科维茨的投资组合理论是建立在单一期间（single time period）和终点财富的预期效用（expected utility of terminal wealth）最大化基础上的。单一期间简化了对一系列现金流的贴现和对复利的计算；终点财富的预期效用最大化的假设，既包括了财富的期望值，也考虑了获得这种预期财富的不确定性。

此外，马科维茨投资组合理论还包含下列前提：①证券市场是有效的。②投资者为理性的个体，遵循不满足和风险厌恶的行为方式；且影响投资决策的变量是预期收益和风险两个因素；在同一风险水平上，投资者偏好收益较高的资产组合；在同一收益水平上，则偏好风险较小的资产组合。③投资者在单一期间内以均值和方差标准来评价资产和资产组合。④资产具有无限可分性。

风险资产的可行集和有效集是从理论上确定投资者投资组合的一个基础性工具。风险资产的可行集是指资本市场上由风险资产可能形成的所有投资组合的总体。将所有可能投资组合的期望收益率和标准差的关系描绘在期望收益率—标准差坐标平面上，封闭曲线上及其内部区域上来表示可行集。当我们考虑一个由 n 项风险资产构成的投资组合时，即形成了一个伞形可行集曲线图。其边界上或边界内的每一点代表一个投资组合。整个可行集呈雨伞状，其左侧边界是一条双曲线的一部分。

根据马科维茨投资组合理论的前提条件，投资者为理性个体且服从不满足假定和回避风险：①投资者在既定风险水平下要求最高收益率；②在既定预期收益率水平下要求最低风险。这即有效集原则。同时满足两条有效集原则的边界，亦即资产组合的有效边界。有效边界的一个重要特性是上凸性，即随着风险增加，预期收益率增加的幅度减慢。

投资者根据个人偏好的不同选择有效边界上的某一点进行投资决策，由于有效边界上凸，而效用曲线下凸，所以两条曲线必然在某一点相切，切点代表的就是为了达到最大效用而应该选择的最优组合。不同投资者会在资产组合有效边界上选择不同的区域。风险厌恶程度较高的投资者会选择靠近端点的资产组合；风险厌恶程度较低的投资者，会选择端点右上方的资产组合。

马科维茨的资产组合理论在实际应用中的一个明显缺陷是所需要的计算量巨大，因素模型基础上衍生出的指数模型很好地克服了这一缺陷，使得马科维茨资产组合理论具有了更好的理论表达和实际操作的意义。

> 练习题

一、名词解释
风险资产的可行集　马科维茨有效集　无风险资产　资本配置

二、简答题
1. 风险与收益的最优匹配是什么？
2. 如何判断系统性风险？
3. 风险厌恶型投资者效用曲线的特点是什么？
4. 有效集的原则及其图形解释。
5. 用图形表述投资者的最优选择。
6. 资本市场线为什么是向上倾斜的？其斜率的投资学含义是什么？

三、计算题
1. 请详细计算本章中各个案例和例题。
2. 以中国实际股票市场为例演示你对指数模型某一角度应用的理解。

四、论述题
1. 最优完备资产组合如何确定？
2. 资产组合是如何分散风险的？

第五章

资产组合的绩效评价

投资者构建最优组合的主要目的是在控制风险的前提下获得良好的投资绩效,本章即对投资绩效的评估模型和方法进行深入研究。这里我们首先要指出的是,任何对投资绩效进行评估的方法都是相对的业绩评价,它是将投资结果与某一参照标准相比较而进行的。但这里我们需要明确的是,虽然是相对的评价,然而投资者对自身投资绩效的评估,一则不能与其他投资者的投资结果进行比较,即"不要与别人比",其原因就是我们一直强调的,不同投资者对风险有不同的态度,而根据风险与收益相匹配的原则,也就会产生与其特定风险偏好相适应的收益;二则不能将目前的投资结果与自己的历史绩效相比,即"不能与自己比",否则会产生投资行为方面的逻辑悖论:为了使明年的绩效令自己满意,今年将设法大幅降低自己的投资业绩,特别是对机构投资者(如证券投资基金)而言。

有效的绩效评估包括两个环节:第一个环节是确定投资绩效是好是坏;第二个环节是进一步区分这一业绩的具体来源。本章即对这两个环节进行研究。

第一节 投资绩效评估:业绩指数方法

投资绩效评估的业绩指数即经典的夏普业绩指数、特雷诺业绩指数(Treynor's performance index)和詹森业绩指数(Jensen's performance index)这三大指数评价模型。这三大业绩指数也是在学术研究和实际投资领域中最为常见的评价方法。

一、夏普业绩指数

第四章得到的 CML 表明了期望收益 $E(R_I)$ 与标准差 σ_{R_I} 之间的线性关系,即

$$E(R_I) = r_f + \frac{[E(R_M) - r_f]}{\sigma_M}\sigma_{R_I} \tag{5.1}$$

式中，r_f 为无风险收益率；$E(R_M)$ 为市场组合的预期收益率；σ_M 为市场组合的标准差。

虽然我们不知道参数 $E(R_I)$ 和 σ 的值，但我们可以通过历史数据估算期望收益率（即投资组合的历史平均收益）和标准差 σ_{R_I}；而且我们通常假设这一估计是无偏估计，这样我们即可得到由历史数据估计的 CML。

CML 代表了市场组合与无风险资产之间的所有可能组合，其斜率越大，一定风险下的平均收益就越高，如图 5.1 中 CML$_A$ 与 CML$_B$ 的比较。

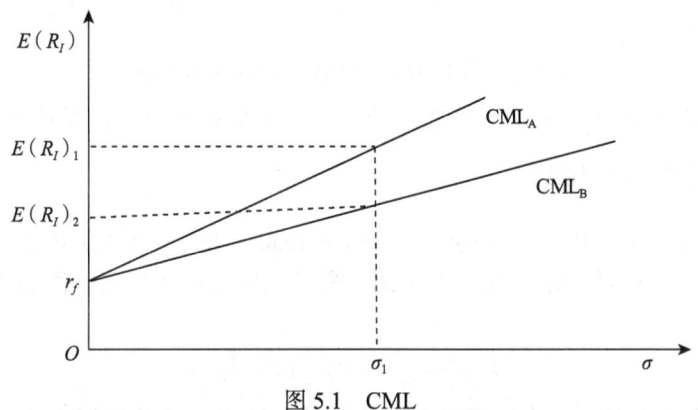

图 5.1 CML

由图 5.1 可见，在同样的风险 σ_1 下，斜率较高的 CML$_A$ 的预期收益率高于斜率较低的 CML$_B$ 的预期收益率。也就是说，投资者倾向对 CML 斜率更大的资产进行投资。夏普指数是指上升幅度除以 σ_{R_I}，其中的上升幅度，即投资组合的预期收益率与无风险利率的差，从而夏普业绩指数的公式为

$$\text{PI}_S = (\overline{R_I} - r_f)/\overline{\sigma}_{R_I} \tag{5.2}$$

夏普业绩指数的分子和分母均为百分数，其结果是不带单位的数字。夏普业绩指数越大，表明在承担一定风险的情况下，投资组合获得的风险补偿（收益）越大，从而该组合的绩效就越高①。

用夏普指数衡量业绩

假设有 A、B、C 三只基金，其基本情况如表 5.1 所示；并假设无风险收益率为 5%。

---
① 我们回忆一下第三章关于夏普比率，即 CV 比，是综合了风险与期望收益率的帮助我们进行资产选择的一个指标，而这里的夏普指数则是进行绩效评价的指标。但目前的主流文献大多是将夏普比率与夏普指数混用，并且谈到夏普比率的时候基本上是指我们这里的夏普指数，本书也是这样处理的。用夏普比率代替夏普指数，或者说既用夏普指数作为资产选择的工具又用其作为绩效评价的工具，原因就在于夏普指数考虑到了风险溢价，而传统的夏普比率仅仅考虑了预期收益率。

请用夏普指数评价这三只基金的业绩。

表 5.1 三只基金的基本情况

基金	A	B	C
收益率均值	10.78%	12.02%	13.46%
标准差	10.03%	13.17%	13.33%

解：根据夏普指数公式，基金 A 的绩效为

$$PI_{S,A} = (10.78\% - 5\%)/10.03\% = 0.576$$

基金 B 的绩效为

$$PI_{S,B} = (12.02\% - 5\%)/13.17\% = 0.533$$

基金 C 的绩效为

$$PI_{S,C} = (13.46\% - 5\%)/13.33\% = 0.635$$

由计算结果可见，基金 C 的绩效最好，基金 A 的绩效次之，而基金 B 的绩效最差。

二、特雷诺业绩指数

特雷诺业绩指数是用证券市场线（security market line，SML）评价投资组合的管理业绩。第六章给出的证券市场线代表了某个资产期望收益率与其 β 值的线性关系，其定义式为

$$E(r_i) = r_f + \left[E(r_m) - r_f\right] \times \beta_i \quad (5.3)$$

式中，$E(r_i)$ 为特定资产（或投资组合）的期望收益率；β_i 为该资产（或组合）的 β。当市场均衡时，所有资产都将落在证券市场线上。实际投资中，一些组合将位于证券市场线之上，另一些组合则会落在曲线之下。凡是位于证券市场线之上的组合，即意味着该组合"战胜了市场"。

进一步看，投资者的目标是在一定的 β 值下获得更高的收益，或在一定收益下尽可能降低 β 值，即投资者希望获得更大斜率的证券市场线。证券市场线的斜率为 $\left[E(r_i) - r_f\right] \times \beta_i$，特雷诺业绩指数即以组合形成的特定证券市场线斜率的大小作为衡量该组合业绩的指标，即

$$PI_T = \left[E(r_i) - r_f\right] \times \beta_i \quad (5.4)$$

式中，$E(r_i)$ 和 β_i 可通过历史数据进行无偏估计。如果一个组合的表现与市场一致，即该组合落在证券市场线上；如果其由无风险收益率到组合点所形成的直线的斜率更大，则该组合绩效优于市场，反之则绩效低于市场。

例题 5.2

用特雷诺指数衡量业绩

在前述例题 5.1 的基础上，我们假设这三只基金的 β 值分别为，$\beta_A = 0.64$，$\beta_B = 0.85$，

$\beta_C = 1$。请用特雷诺业绩指数评价这三只基金的绩效。

解:根据特雷诺业绩指数公式,基金 A 的绩效为
$$\text{PI}_{T,A} = (10.78\% - 5\%)/0.64 = 9.031\%$$

基金 B 的绩效为
$$\text{PI}_{T,B} = (12.02\% - 5\%)/0.85 = 8.259\%$$

基金 C 的绩效为
$$\text{PI}_{T,C} = (13.46\% - 5\%)/1 = 8.46\%$$

由计算结果可见,基金 A 的绩效最好,基金 C 的绩效次之,基金 B 的绩效最差。

由例题 5.1 和例题 5.2 可见,对同一组合或基金进行检验时,夏普业绩指数和特雷诺业绩指数所得结果并不一致,夏普业绩指数的业绩排序为 C、A、B;特雷诺业绩指数的业绩排序为 A、C、B。

导致上市业绩评价差异的原因有两方面:一方面,夏普业绩指数以 CML 为衡量标准,其关注的是标准差,特雷诺业绩指数以证券市场线为衡量标准,其关注的是 β 值;另一方面,夏普业绩指数适用于还没有建立起完备的最优组合的情况,所以其关注的是总风险,而特雷诺业绩指数适用于已经建立起完备资产组合的投资者,所以其非系统性风险已经被充分分散掉而只承担了系统性风险。也就是说,夏普业绩指数和特雷诺业绩指数的适用对象是不同的,它们是针对不同的投资者而设计的不同的绩效评价方法。换言之,同一投资者不能同时应用这两个指标进行业绩评估,否则如例题 5.1 和例题 5.2 所示,面对不同的结果我们无法给出确定的绩效评价。

这里我们需要进一步指出的是,夏普业绩指数和特雷诺业绩指数能够对组合或基金的业绩进行排序,但它们却不能告诉我们基金或组合优于市场组合的具体程度,这一工作是由詹森业绩指数完成的。

三、詹森业绩指数

詹森业绩指数是以下一章的 CAPM 为基础的。根据第六章给出的 CAPM,风险与收益的均衡关系为

$$E(r_i) = r_f + \left[E(r_M) - r_f\right]\beta_i \tag{5.5}$$

詹森业绩指数通过比较评估期的实际收益和由 CAPM 推算出的预期收益这两者偏离值的大小,来判断一个投资组合的绩效。通过在 CAPM 中加入詹森业绩指数 α_i,得到:

$$E(r_i) = r_f + \left[E(r_M) - r_f\right]\beta_i + \alpha_i \tag{5.6}$$

式中,α_i 为组合的实际收益与 CAPM 的偏离程度:$\alpha_i > 0$,即组合的实际收益超过了与其风险相匹配的期望收益;$\alpha_i < 0$,即组合的实际收益低于均衡的风险与收益匹配性。因此,詹森业绩指数为

$$\text{PI}_J = r_i - r_f - \beta_i\left[E(r_M - r_f)\right] \tag{5.7}$$

式中，r_i 为组合的实际收益；PI_J（即 α_i）>0，表明组合的实际收益超过了与其风险相对应的收益，即基金战胜了市场，反之则反。

> **例题 5.3**

用詹森指数衡量业绩

根据例题 5.1 和例题 5.2 的数据，假设基金 C 为一个指数基金（市场组合）。请用詹森业绩指数对这三只基金进行绩效评价。

解：根据詹森业绩指数的式（5.7），基金 A 的绩效为

$$PI_{J,A} = 10.78\% - \left[5\% + 0.64(13.46\% - 5\%)\right] = 0.366\%$$

基金 B 的绩效为

$$PI_{J,B} = 12.02\% - \left[5\% + 0.85(13.46\% - 5\%)\right] = -0.171\%$$

基金 C 的绩效为

$$PI_{J,C} = 13.46\% - \left[5\% + (13.46\% - 5\%)\right] = 0$$

由结果可见，基金 A 比与其 β 值相匹配的收益多出了 0.366% 的超额收益，基金 B 则出现了超额损失，基金 C 由于是市场组合，其实际收益与期望收益-β 关系完全吻合。

上述计算结果表明，詹森业绩指数所计算的基金绩效排序为 A、C、B，这与特雷诺业绩指数是完全一致的，其原因在于特雷诺业绩指数和詹森业绩指数都以 β 值作为衡量风险的指标。也就是说，如果一个基金或组合的特雷诺业绩指数表明该基金战胜了市场，则詹森业绩指数也将给出同样的结果。但我们需要注意的是，特雷诺业绩指数和詹森业绩指数虽然会给出同样的结论，但其具体的绩效排序却可能会不一致。

詹森业绩指数的优势在于它的直观性。由我们的例题可见，詹森业绩指数表明，基金 A 优于基金 C 36.6 个基点，基金 B 则劣于基金 C 17.1 个基点。

> **阅读资料 5.1**

投资组合构成变化时的业绩评估

我们可以看到，就算投资组合收益分布的均值和方差固定不变，但由于股票收益率在不断波动，我们必须根据相当长时期的样本观察值才能比较准确地预测业绩水平。如果投资组合收益的分布在不断变化，对组合业绩的评价就要有更为全面的考虑。

现实市场操作中，由于主动管理型[①]投资组合管理者经常根据新的信息对投资组合进行动态调整，就导致了投资组合的收益分布随之而变化。这种情况下，如果仍假设在样本期内均值和方差固定不变，就会产生很大的错误。

---

① 投资组合的主动管理也称为积极投资策略，与其对应的是消极投资策略或消极的组合管理。

假设市场指数的夏普指数指标为 0.4，在前 52 周（一个年度）内，基金经理奉行了一种低风险策略，每年实现超额收益 1%，其标准差为 2%。于是它的夏普指数为 0.5，显然要优于市场指数。在下一个 52 周的投资期内，该基金经理发现超额收益为 9%、标准差为 18%的高风险投资策略要更好，其夏普指数仍为 0.5。基金经理在两年内都维持了高于市场指数的夏普指数值。

该基金经理在两年投资期内的季度收益率（以年收益率表示）如图 5.2 所示。在前四季度内，超额收益率分别为-1%、3%、-1%和3%，其均值为 1%，标准差为 2%。在后四季度内超额收益率分别为-9%、27%、-9%、27%，均值为 9%，标准差为 18%。两年中投资组合的夏普指数都是 0.5。但是，如果以 8 个季度为计算期，其均值为 5%，标准差为 13.42%，于是夏普指数只有 0.37，明显低于市场指数的夏普指数值。

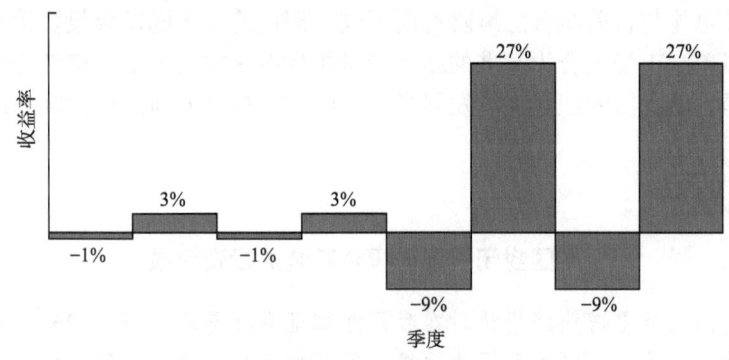

图 5.2　资产组合收益

导致上述差异的原因是两年中均值的差异增加了投资组合收益率的表面波动。换言之，积极投资策略中均值的变化会使策略看上去比实际更具"风险"性，因此使夏普指数的有效性大大降低。这也就告诉我们，对于积极的投资策略来说，跟踪投资组合的构成并随时调整投资组合的均值及方差是很有必要的。

四、三大业绩指数方法的比较与应用

夏普业绩指数、特雷诺业绩指数和詹森业绩指数这三大指数因其定义和原理的不同而产生的绩效评价的结果不同，总体来看，三者具有以下几点区别和联系。

第一，夏普业绩指数（以 S 代替）和特雷诺业绩指数（以 T 代替）衡量的是单位风险下的超额收益，而詹森业绩指数（以 J 代替）给出的为绝对差异率。

第二，衡量的风险不同，S 衡量的是总风险，关注的是标准差，而 J 和 T 衡量的是系统风险，关注的是 β 值。

第三，绩效排序的顺序不同，取决于针对的风险及风险的分散程度。S 观察的风险没有完全分散，所以针对的是总风险，J 和 T 观察的风险被充分分散，因而非系统性风险趋于 0，只剩下了需要承担的系统性风险。

第四，J 和 T 仅仅考虑了绩效评价的深度（即超额收益的大小），而 S 额外地考虑了风险程度，即绩效评价的广度——覆盖了既包括系统性风险又包括非系统性风险的总风险的收益。

第五，J 要求使用样本期内所有变量的样本数据进行计算，而 T 和 S 仅需要平均收益率即可。

此外，在使用三大绩效评价指标进行评价时，一些问题难以避免，导致评价的结果出现偏差。首先，CAPM 的有效性。特雷诺业绩指数和詹森业绩指数以证券市场线为基础，只有 CAPM 符合假定条件，即市场具有有效性，两大指标才可成立。其次，证券市场线的错误确定可能引致的衡量误差。评价绩效中需使用一个市场组合，但在实际应用中，只能选择一个"准市场组合"作为替代，可能与真实市场组合有所差别。最后，基金组合的风险水平并非保持不变。基金的投资策略会随着市场而改变，利用历史数据对风险的估计可能与目前组合的风险有所不同，即风险水平随基金投资策略的改变而改变。总之，以单一市场组合为基准的绩效衡量指标有一定的偏颇，应考虑多个因素比较合理，特别是目前我国的证券市场发展尚不成熟，需从多方面进行比较和衡量。

中国封闭式证券投资基金的投资绩效

本案例我们以特雷诺业绩指数对在我国深圳证券交易所上市的 25 只封闭式证券投资基金的绩效进行检验。经过数据的收集、处理和计算，我们得到如表 5.2 所示的截至 2014 年底 25 只基金的相关数据。

表 5.2 基金相关数据

基金名称	$E(r_i)$	r_f	β_i	基金名称	$E(r_i)$	r_f	β_i
国投瑞银瑞和小康	0.046 8	0.156 6	1.137 9	南方新兴消费收益	0.113 4	0.156 6	−0.000 7
国联安双禧 A 中证 100	0.107 3	0.156 6	0.002 4	信诚沪深 300A	0.114 0	0.156 6	−0.001 0
兴全合润分级 A	0.115 2	0.156 6	0.140 7	泰达稳健	0.125 9	0.139	0.001 1
银华稳进	0.121 4	0.156 6	−0.000 1	工银瑞信中证 500A	0.128 4	0.139	0.000 6
富国汇利回报分级 A	0.081 5	0.116 5	0.000 4	长城中小 300A	0.110 9	0.127 8	0.000 2
申万菱信深成指 A	0.142 7	0.082 8	0.281 9	银华资源 A	0.127 2	0.116 5	0.000 6
信诚中证 500A	0.141 8	0.127 8	0.002 9	长盛同瑞 A	0.124 8	0.082 8	−0.000 4
银华中证 90A	0.133 6	0.127 8	−0.003 9	国泰互利 A	0.084 8	0.082 8	−0.001 0
嘉实多利优先	0.092 2	0.105 3	0.001 0	诺安稳健	0.126 2	0.105 3	0.000 5
泰达宏利聚利 A	0.080 8	0.082 8	−0.000 5	浙商稳健	0.114 0	0.105 3	−0.000 8
建信稳健	0.131 9	0.105 3	−0.000 8	广发深证 100A	0.126 3	0.082 8	0.000 7

续表

基金名称	$E(r_i)$	r_f	β_i	基金名称	$E(r_i)$	r_f	β_i
中欧鼎利分级A	0.076 7	0.082 8	−0.000 5	申万菱信中小板A	0.125 9	0.072 4	−0.000 3
银华消费A	0.137 4	0.062 5	−0.001 1				

将表 5.2 的相关数据代入式（5.3），我们即得到各基金的特雷诺业绩指数及其绩效排序，见表 5.3。

表 5.3 基金绩效

基金代码	基金名称	特雷诺指数	绩效排序
150008	国投瑞银瑞和小康	0.000 1	13
150012	国联安双禧A中证100	0.230 0	10
150016	兴全合润分级A	0.004 5	11
150018	银华稳进	−12.057 9	25
150020	富国汇利回报分级A	0.695 2	6
150022	申万菱信深成指A	0.003 2	12
150028	信诚中证500A	0.304 6	9
150030	银华中证90A	−0.206 8	14
150032	嘉实多利优先	0.390 0	8
150034	泰达宏利聚利A	−0.524 6	17
150036	建信稳健	−1.020 0	22
150039	中欧鼎利分级A	−0.466 0	16
150047	银华消费A	−0.750 4	19
150049	南方新兴消费收益	−0.929 9	21
150051	信诚沪深300A	−0.628 9	18
150053	泰达稳健	0.659 8	7
150055	工银瑞信中证500A	1.182 9	4
150057	长城中小300A	3.076 2	1
150059	银华资源A	1.271 4	3
150064	长盛同瑞A	−1.953 1	23
150066	国泰互利A	−0.326 0	15
150073	诺安稳健	1.357 2	2
150076	浙商稳健	−0.810 6	20
150083	广发深证100A	1.071 5	5
150085	申万菱信中小板A	−2.570 0	24
	平均值	−0.479 9	

由表 5.3 的结果可见，中国 25 只封闭式证券投资基金的平均特雷诺指数为 −0.479 9，表明总体上看这些基金的绩效位于证券市场线之下，也就是说平均而言这 25 只基金都没有战胜市场。

第二节 投资绩效评估：其他方法

夏普业绩指数、特雷诺业绩指数和詹森业绩指数这三个绩效评价指标至今为止仍是我们进行投资绩效评价的经典方法。此外，随着对投资绩效评价指标研究的深入，一些新的评价方法不断产生并经常被应用于实际投资绩效评估工作中，这些方法主要包括套利定价理论绩效评估法、M^2 测度、FF3 方法、四因素模型等。

一、套利定价理论绩效评估法

将詹森业绩指数的分析思路应用于第七章给出的套利定价理论中，形成了套利定价理论绩效评估方法。其主要思路是计量评估期的平均收益率与基于套利定价理论的预期收益率的偏离度。与詹森业绩指数相同，它同样可以使我们得到一只基金的绩效比另一只基准基金的表现好或差的具体程度。

例如，假设考虑所有风险因素后，期望收益率为 5%，而基金的实际收益率为 8%，则套利定价理论绩效评估法告诉我们，基金的绩效超过了市场组合，其幅度为 3%。

套利定价理论绩效评估法与詹森业绩指数的区别在于套利定价理论所特有的假设，即它假设有多个风险因素，如通货膨胀、经济增长率等。也就是说，如果我们认为除了市场组合外，通货膨胀等因素也影响证券价格的形成，我们即可用套利定价理论绩效评估法对基金或投资组合的绩效进行评估。

二、M^2 测度

M^2 测度方法是由 F. Modigliani 和 L. Modigliani 两人发明的，从而根据这两人的姓氏命名。M^2 测度与夏普业绩指数一样，也是基于 CML 的。但正如第二节的研究所指出的，夏普业绩指数能够对组合或基金的业绩进行排序，但它不能告诉我们基金或组合优于市场组合的具体程度。M^2 测度试图通过第五章所导出的 CAL 与 CML 的相对位置，来具体得出基金或组合优于市场组合的程度，如图 5.3 所示。

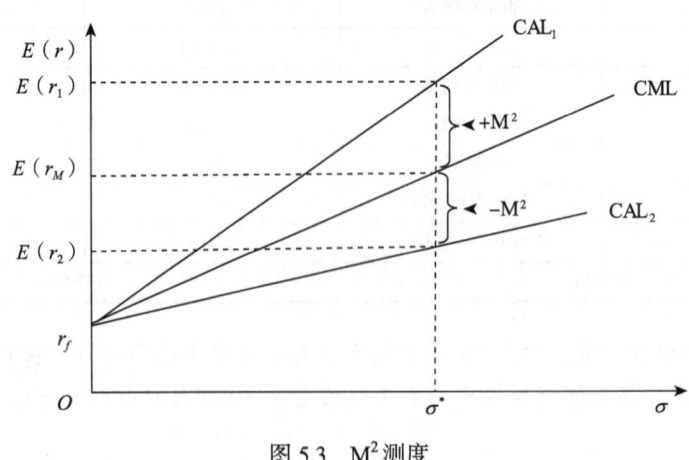

图 5.3 M^2 测度

由图 5.3 可见，如果一个包含无风险资产的投资组合的 CAL 为 CAL_1，即该线斜率大于 CML 的斜率，这一资本配置的预期收益率为 $E(r_1)$，大于由 CML 所表明的市场组合的预期收益率 $E(r_M)$，其大于的程度为 $+M^2$。反之，如果 CAL 为 CAL_2，这一资本配置的预期收益率为 $E(r_2)$，小于由 CML 所表明的市场组合的预期收益率 $E(r_M)$，其小于的程度为 $-M^2$。这样，我们得到了 M^2 测度的具体公式，即

$$M^2 = r_P - r_M \tag{5.8}$$

式中，r_P 为基金实际组合的收益率。

M^2 测度评估基金绩效

给定例题 5.1 的已知条件，并假设基金 C 为市场组合，请用 M^2 测度评估基金 A 和基金 B 的绩效。

解：根据 M^2 测度的公式，基金 A 的绩效为

$$M^2 = 10.78\% - 13.46\% = -2.68\%$$

基金 B 的绩效为

$$M^2 = 12.02\% - 13.46\% = -1.44\%$$

即基金 A 和基金 B 的绩效都低于市场组合（没有"战胜"市场），其分别比市场平均收益率低 2.68% 和 1.44%。

为了更好地理解 M^2 的计算，假定市场上的一只股票型证券投资基金，当我们把一定量的国债头寸加入其中后，这个经过调整的资产组合的风险就有可能与市场指数（如上证指数）的风险相等。

例如，如果该投资基金 P 原先的标准差是上证指数的 1.5 倍，那么经调整的资产组合应包含 2/3 比例的股票和 1/3 比例的国债。这里，我们把经过调整的基金资产组合称为 P'，通过简单的计算可知，此时它与上证指数具备了相同的标准差。这里需要说明的是，如果基金 P 的标准差低于上证指数的标准差，构建调整组合的方法可能就是卖空国库券，然后投资于股票，最终也能够使调整组合的方差"追赶"上上证指数。

此时调整组合 P' 和上证指数的标准差相等，我们只要通过比较它们之间的收益率就可以观察到它们之间的业绩差异，于是得到式（5.8）。

假设基金 P 具有 42% 的标准差，而上证指数的标准差为 30%。因此，调整的组合 P' 应由 0.714（30/42）比例的原股票 P 和 0.286（1−0.714）比例的国债构成，调整后组合具有 26.7%［（0.286×6%）+（0.714×35%）］的预期收益率，比上证指数的平均收益率（假设为 28%）少 1.3%，所以该基金的 P' 指标为 −1.3%，这是业绩低于上证指数的情况。

M² 指数的应用

表 5.4 是某投资于机械制造业的基金 P 及市场资产组合（以上证指数代表）M 的风险收益数据参数，假设无风险收益率为 3%。

表 5.4 示例数据

内容	基金 P	上证指数 M
平均收益率	9%	7%
收益率的标准差	15%	11%

如果我们希望采用 M² 指标来评价该基金的业绩水平，需要如何构建调整后的资产组合？原基金和国债的占比分别为多少？最终计算得到的指标为多少？其含义是什么？

根据组合调整方法，新的组合中原基金所占的比例应为

$$\sigma_M / \sigma_P = 11/15 = 0.733$$

相应加入的国债比例为 0.267，则该基金的 M² 指标为

$$\begin{aligned} M^2 &= r_P - r_M \\ &= 0.733 \times 9\% + 0.267 \times 3\% - 7\% \\ &= 0.398\% \end{aligned}$$

可见，本案例中的机械制造业基金的 M² 指标为正，获得了较市场组合更优的业绩。

第三节 投资业绩的分解

虽然影响基金业绩的因素非常多，但是 Fama（1972）认为，基金业绩可以通过投资管理者的两种预测能力进行分析：一是指对于股票整体而言，预测个股价格走势的能力，即资产选择（择股）能力；二是指预测整个股票市场总体价格走势的能力，即时机选择（择时）能力。

一、资产选择能力

（一）含义

资产选择能力表现为投资者能否识别那些相对于整个市场而言被低估或者高估的股票。

（二）图形表示

图 5.4 中的斜线为证券市场线，其中，市场收益率 r_M 为 9%，无风险利率 r_f 为 2%。假设投资组合 A 所实现的收益率为 r_A=8%，其市场风险为 β_A=0.67，用 A 点表示。当投

资组合处于市场风险水平 β_A 时，所期望获得的收益率为 r_{β_A} =6.7%。这一期望收益率由两部分构成，即无风险利率为 2%，以及风险溢价为 4.7%。投资组合实际获得的收益率为 8%，比期望值高 1.3%，这一增加值就是股票选择的收益率。

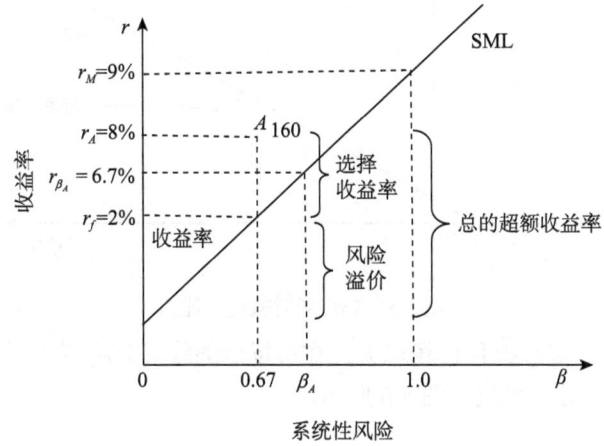

图 5.4　资产选择能力

由图 5.4 可知：

$$r_A - r_f = (r_A - r_{\beta_A}) + (r_{\beta_A} - r_f) \quad (5.9)$$

我们可以得到投资组合 A 的总的超额收益率等于股票选择的收益率加上风险溢价，即

$$8\% - 2\% = (8\% - 6.7\%) + (6.7\% - 2\%)$$
$$6\% = 1.3\% + 4.7\%$$

二、时机选择能力

（一）含义

时机选择能力是指投资者能否根据市场走势的变化，将资金在风险资产和无风险资产之间进行转移，以便抓住市场机会获得更大绩效的能力。具体表现为当预期行情上升时，可以减少投资组合中的现金持有比例而提高投资组合中股票的比例从而提高组合的 β 值。当预期行情下跌时，则相应扩大投资组合中的现金比例从而降低投资组合的 β 值。

（二）判断标准

判断投资经理在市场时机的选择中是否成功，最直接的方法就是分析投资组合的投资收益率与市场指数收益率之间的关系。具体而言，就是通过计算业绩评价期间投资组合的收益率和市场指数收益率，再将所有的点描述在坐标图上。根据这些点画出一条表示投资组合与市场指数之间关系的直线，据此进行市场时机选择的分析。

假设基金经理人以市场指数和国债两种证券构建了一个投资组合 r_p，该组合中两证券的比例是一定的，则该组合的 SCL①的斜率也是一定的。该基金经理人如果保持这一组合不变，意味着其没有时机选择能力，如图 5.5 所示。

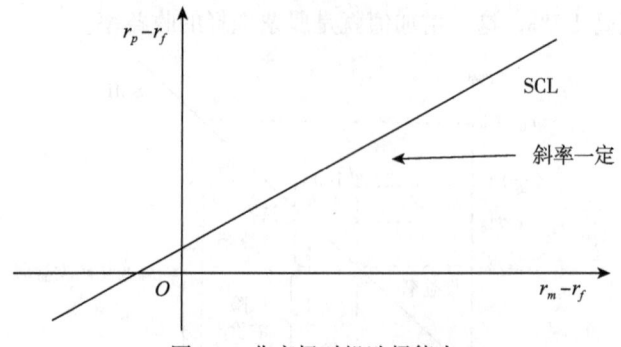

图 5.5　非市场时机选择能力

如果基金经理人能够抓住市场机会，在市场走势较好时将资金更多地配置到市场指数基金②中，则其证券市场线如图 5.6 所示。

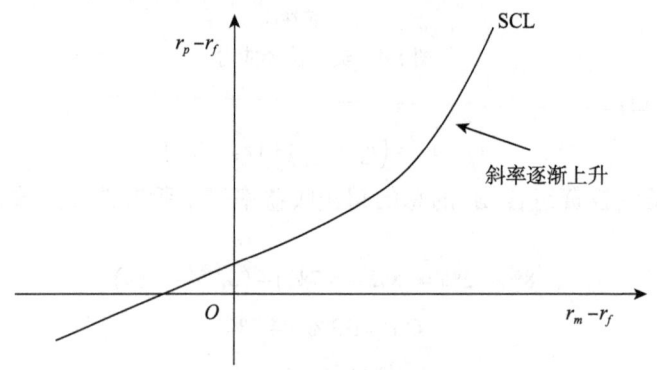

图 5.6　市场时机选择能力

图 5.6 中 SCL 的斜率逐渐上升的原因在于该基金经理人抓住了市场牛市的机会，加大了对市场指数组合的投资比重，从而 r_m 升高，SCL 的斜率即随之增大。而当投资组合的收益低于无风险收益时，SCL 的斜率递减，其原因在于，当市场熊市（$r_p < r_f$）时，为了规避市场下跌的风险，基金代理人将资产更多地配置到了低 β 值资产中。

表达市场时机能力的 SCL 的方程为

$$r_i - r_f = \alpha_i + \beta_1(r_m - r_f) + \beta_2(r_m - r_f)^2 + \varepsilon_i \tag{5.10}$$

式中，r_i、r_m 和 r_f 分别为基金收益、市场收益和无风险收益；α_i、β_1、β_2 为回归系数。如果回归系数 β_2 是正的，则该项将使曲线斜率逐渐上升，即表明市场时机能力存在。该方程被称为 T-M 模型，它是由 Treynor 和 Mazuy（1966）给出的。

---

① 描述 R_i 和 R_M 之间关系的回归线被称为证券特征线 SCL。该回归线的方程为 $R_{i_t} = \alpha_i + \beta_i R_{M_t} + e_{i_t}$。按照博迪等的观点，该方程表述的是传统 SCL，因为它没有考虑 β 值和收益均值的变动性。我们这里所使用的实际上是扩展的 SCL，它不要求固定均值和固定方差的假设。

② 或者说，基金代理人基于对市场指数的"复制"构建投资组合，进行资金配置。

在 T-M 模型基础上，Henriksson 和 Merton（1981）给出了判断市场时机能力的 H-M 模型。该模型假设资产组合的 β 值为两值之一：当市场走势好时 β 值取值较大，当市场为弱势时 β 值取值较小。这样，资产组合的特征线如图 5.7 所示。

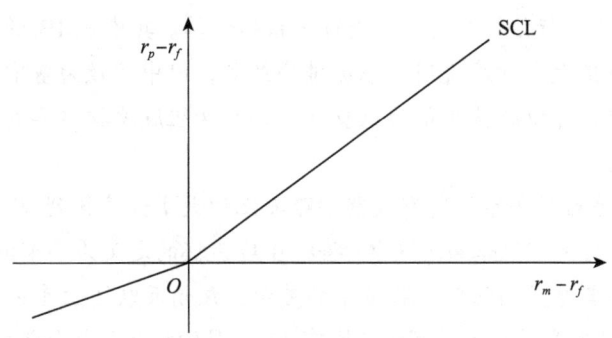

图 5.7 H-M 模型中的 SCL

图 5.7 中的 SCL 方程为

$$r_i - r_f = \alpha_i + \beta_1(r_m - r_f) + \beta_2(r_m - r_f)D + \varepsilon_i \tag{5.11}$$

式中，D 为一个虚拟变量：当 $r_m > r_f$ 时，$D=1$；当 $r_m < r_f$ 时，$D=0$。这样，资产组合的 β 值在熊市时为 β_1，在牛市时则为 β_2。H-M 模型与 T-M 模型的判断标准一样：如果回归的结果 β_2 为正值，则基金代理人的市场时机选择能力存在，否则即不存在。

> 阅读资料 5.2

FF3方法和四因素模型

T-M 模型和 H-M 模型都是在 CAMP 的背景下，特别是其中的 SCL 基础上建立的。Fama 和 French（1993）的研究表明，CAMP 在解释横截面股票收益率时没有涵盖各类风险因素，对此他们提出了三大影响因素，即 FF3 模型：

$$r_i - r_f = \alpha_i + \beta_1(r_m - r_f) + \beta_2 \text{SMB} + \beta_3 \text{HML} + \varepsilon_i \tag{5.12}$$

式中，SMB 为小盘股组合与大盘股组合的收益率之差；HML 为高 B/P（账面价值与市值之比）股票组合与低 B/P 股票组合的收益率之差。

如果式（5.12）的回归结果表明系数 β_2 和 β_3 是正值，则表明基金基于抓住市场时机将资金在不同股票中进行配置的能力。

进一步，Carhart 在 FF3 模型基础上，加入了 Jegadeesh 和 Titman 提出的一年期收益因子，形成了四因素模型（Carhart, 1997; Jegadeesh and Titman, 1993）。该模型显著地改善了平均价格误差并减少了平均绝对误差。模型如下：

$$R_{i_t} - r_{f_t} = \alpha_i + \beta_i^{\text{mkt}}\text{MKT}_t + \beta_i^{\text{smb}}\text{SMB}_t + \beta_i^{\text{hml}}\text{HML}_t + \beta_i^{\text{umd}}\text{UMD}_t + \varepsilon_{it} \tag{5.13}$$

式中，R_{i_t} 为基金 i 在 t 期的收益率；r_{f_t} 为第 t 期的无风险收益率；α_i 为常数项；MKT_t

为第 t 期市场组合的超额收益率；SMB_t 为第 t 期小市值股票与大市值股票收益率的差；HML_t 为第 t 期大市值账面比股票与小市值账面比股票收益率的差，UMD_t 为第 t 期高收益股票与低收益股票收益率的差。

在对式（5.13）进行估计之前，要进行一系列计算。其中 SMB_t 的计算方法为对每年市场所有股票按市值大小升序排列，根据排序结果，以中位数为基准将所有股票分为大市值组和小市值组，并以股票市值为权重计算每月两组股票收益率的差值，该值反映了上市公司的规模差异。

HML_t 的计算为对每年市场所有股票按账面比的大小升序排列，根据排列结果将排在前 30% 的股票定义为大市值账面比股票，将排在后 30% 的定义为小市值账面比股票，并以股票市值为权重计算每月两组股票收益率的差值，该值反映了上市公司的成长性差异。

UMD_t 的计算为对每月市场所有股票按前 11 个月的收益率大小进行升序排列，根据排序结果将排在前 30% 的股票定义为高收益股票，将排在后 30% 的定义为低收益股票，并以股票市值为权重计算每月两组股票收益率的差值，该值反映了上市公司的营利能力的差异。

计算上述数据后，为满足大样本的要求，可以用之前 30 个月的数据对式（5.13）进行估计，得到当月的 β_i^{mkt}、β_i^{smb}、β_i^{hml} 和 β_i^{umd} 估计值，然后从当月 R_{i_t} 中减去估计值与其对应变量乘积之和，即得出经各变量调整后的反映当月业绩的报酬率（alpha）。

三、业绩贡献分析程序

毫无疑问，良好的投资业绩取决于投资者正确择时择股的能力，这些时机感和选择能力既可以认为是在股市大升时从固定收益证券转入股权市场，又可以定义得更具体，如指投资者在特定行业中寻找表现相对不错的股票。

投资组合管理者一般既做出关于资产配置的方向性决定，又在同一资产类别中选择具体的证券配置。研究业绩贡献，其目的就是把总的业绩分解为具体的组成部分，每个组成部分都代表了一个特定的投资组合的选择能力。

一般先从最广泛的资产配置进行分析，然后再进一步分析投资组合选择中较细致的具体内容。这种情况下，一个通常的业绩贡献分析系统把业绩分解为三个要素：①广义的资产配置选择，如股权、固定收益证券和货币市场工具之间的选择；②各市场中行业的选择；③行业中具体股票的选择。

贡献分析法着重解释投资组合 P 与另一个市场基准投资组合 B 之间的收益差别，我们称其为基准收益（bogey）。假设投资组合 P 与投资组合 B 共包括了几类资产，如股票、债券、国库券等。在每一类中存在着确定的市场基准指数投资组合。例如，沪深300指数是股票的市场基准。投资组合 B 中各类资产的权重是固定的，于是它的收益率为

$$r_B = \sum_{i=1}^{n} w_{B_i} r_{B_i} \tag{5.14}$$

式中，w_{B_i} 是投资组合 B 中第 i 类资产的权重；r_{B_i} 是评估期第 i 类资产市场基准资产组合的收益率。

根据组合管理者的预测,投资组合 P 的管理者选择权重为 w_{P_i} 的第 i 类资产;在每类中,管理者也根据证券分析做出了持有不同证券的选择,它们在评估期内的收益为 r_{P_i}。于是 P 的收益率为

$$r_P = \sum_{i=1}^{n} w_{P_i} r_{P_i} \tag{5.15}$$

它与投资组合 B 收益率的差距为

$$r_P - r_B = \sum_{i=1}^{n} w_{P_i} r_{P_i} - \sum_{i=1}^{n} w_{B_i} r_{B_i} = \sum_{i=1}^{n} \left(w_{P_i} r_{P_i} - w_{B_i} r_{B_i} \right) \tag{5.16}$$

式(5.16)中的每一项都能重新展开,从而使每项分解为资产配置决策贡献和该类中的证券选择决策贡献,并以此来确定它们对整体业绩水平的贡献。我们把每一项分解如下,注意每类中来自资产配置的贡献与来自证券选择的贡献之和实质上就是每一类资产对整体业绩的总贡献,如下所示:

资产配置的贡献 +证券选择的贡献 = 第 i 类资产总的贡献	$(w_{P_i} - w_{B_i}) r_{B_i}$ $+ w_{P_i}(r_{P_i} - r_{B_i})$ $= w_{P_i} r_{P_i} - w_{B_i} r_{B_i}$

第一项 $(w_{P_i} - w_{B_i}) r_{B_i}$ 之所以能测度资产配置的效应,是因为它反映了各资产类实际权重与基准权重之差再乘以该资产类的指数收益率;第二项 $w_{P_i}(r_{P_i} - r_{B_i})$ 之所以能测度证券选择的效应,是因为它是某一资产类中实际投资组合的超额收益率与市场基准收益率之差,然后乘以实际资产组合中该资产的权重。由这两项构成了该类资产的总业绩 $w_{P_i} r_{P_i} - w_{B_i} r_{B_i}$。图 5.8 是关于整体业绩如何分解为证券选择和资产配置的简单图解。

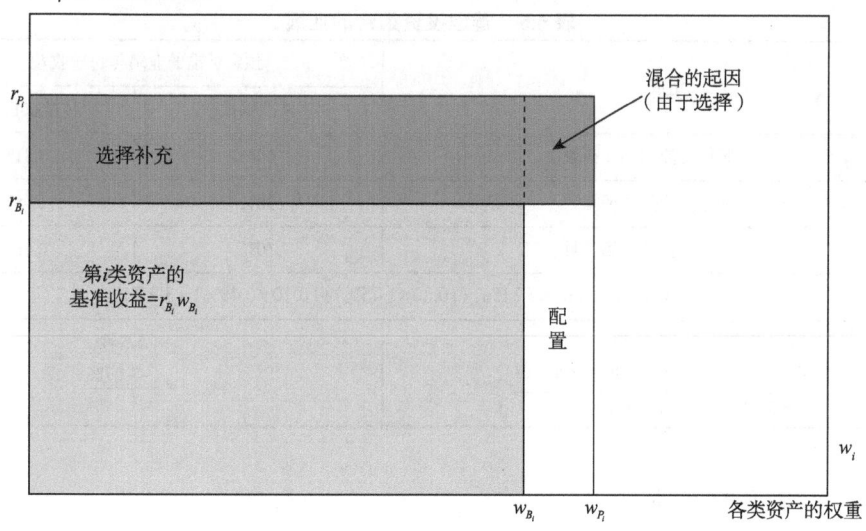

图 5.8 第 i 类资产对业绩的总贡献

为了解释这种方法，我们可以考虑对一个假想投资组合进行具体的贡献分解。如果该资产组合只投资于股票债券和货币市场。以下都是具体的贡献分析。设投资组合当月的收益率为5.34%。

先建立一个可比较的市场基准水平。我们仍把这个市场基准称为基准收益，它是投资者就算完全采取消极策略也能得到的收益率。"消极"在这里有两层意思。其一，是指资金在各类资产之间的配置是按照常规或中性的原则进行的，于是一般的市场配置就是一种消极投资策略；其二，是指投资组合管理者在每一类资产中持有类似指数基金的投资组合，如在股权市场中持有沪深300指数基金。在这种情况下，作为业绩基准的消极投资策略，既是资产配置的基准，又是证券选择的基准。任何一种对消极投资基准的偏离都可以归结为资产配置发生了变化（对市场资产中性配置的偏离），或是证券选择发生了变化（对资产类中消极指数的偏离）。

各资产的权重能否称为"中性"，这主要取决于投资者的风险容忍度。例如，爱冒险的投资者可能愿意把大部分资金注入股权市场，于是该基金管理者的中性权重也许就是75%的股权、15%的债权，另有10%的现金。以这些权重为中心的任何一点偏离都将表明投资者认为其中一种资产的市场表现超过或低于了通常的风险—收益要求。相反地，厌恶风险型的投资者可能会认为在三种市场上45%、35%、20%的权重是中性的。因此，在正常情况下，他们的投资组合会比那些喜好风险的投资者表现出更低的风险。所以，只有当投资者在判断各市场表现后，对各资产权重做出了"特意"的调整，我们才能认为其真正偏离了"中性"。

在表5.5中，中性权重分别为股权60%、债券30%、现金10%，因此基准收益的投资组合就由每种指数按照60：30：10的权重组成，其收益率为3.97%。被评估的投资组合的业绩是正的，其实际收益率减去基准收益：5.34%-3.97%=1.37%。接下来我们需要对1.37%的收益率进行分解，并把它们归因于各个独立的决策。

表5.5 管理投资组合的业绩

组成	预定标准的业绩与超额收益	
	基准权重	月指数收益率
股权（沪深300指数）	60%	5.81%
债券（沪公司债指数）	30%	1.45%
现金（货币市场工具）	10%	0.48%
预定标准=(0.60×5.81%)+(0.30×1.45%)+(0.10×0.48%)=3.97%		
管理投资组合的收益率		5.34%
−预定标准的资产组合的基准收益率		−3.97%
＝管理资产组合的超额收益率		＝1.37%

（一）资产配置决策

假设被评估投资组合的权重分别为股权70%、债券7%、现金23%。投资组合的业绩必然与这些权重对预定标准权重 60∶30∶10 的偏离有关，而且程度的大小取决于三种资产类中权重偏离所产生的或好或坏的结果。

为把管理者关于资产配置的效应独立出来，我们考察一个假想的投资组合，它由权重为 70∶7∶23 的三种指数基金组成。它的收益率仅反映了从 60∶30∶10 的基准权重转移到现在权重所引起的收益变化效应，而不包括任何由积极投资管理者在每个市场中积极选择证券所带来的效应。

由于管理者会对具有良好表现的市场增加权重，而减少表现不好市场的份额，上述假想投资组合的业绩要优于预定标准。因此，总业绩中属于资产配置的贡献等于三个市场中超额权重与其相应指数收益率之积的总和。

表 5.6 表明在总超额收益的 137 个基点中，成功的资产配置贡献了 31 个基点，因此部分优良业绩应归功于此。这是因为当月股权市场实现了 5.81% 的收益率时，经理大幅增加了当月的股权市场投资权重。

表 5.6 业绩归因

	市场	（1） 在市场的实际权重	（2） 在市场的基准权重	（3） 超额权重	（4） 市场收益率	（5）=（3）×（4） 对业绩的贡献率
a. 资产配置对业绩的贡献	股权	0.70	0.60	0.10	5.81%	0.581 0%
	固定收益债券	0.07	0.30	−0.23	1.45%	−0.333 5%
	现金	0.23	0.10	0.13	0.48%	0.062 4%
	资产配置的贡献					0.31%
	市场	（1） 投资组合业绩	（2） 指数业绩	（3） 超额业绩	（4） 投资组合权重	（5）=（3）×（4） 对业绩的贡献率
b. 证券选择对总业绩的贡献	股权	7.28%	5.81%	1.47%	0.70	1.03%
	固定收益债券	1.89%	1.45%	0.44%	0.07	0.03%
	资产配置的贡献					1.06%

（二）部门与证券选择决策

如果业绩中有 0.31%（表 5.6）应归功于各资产市场间的成功配置，那么剩下的 1.06% 就应归功于在每一市场中的部门及证券选择。表 5.6 具体计算了该投资组合中部门及证券选择对总体业绩的贡献大小。

从表 5.6 可知，该投资组合中股权部分所实现的收益率 7.28%（沪深 300 指数的收益率为 5.81%），固定收益债券的收益率为 1.89%（沪公司债指数收益率为 1.45%）。把股票市场和债券市场中的超额收益乘以各自的投资比例，两项之和共计 1.06%，此即部门及证券选择对业绩的贡献。

表 5.7 通过记录股权市场每一部门的数据而得到了股权市场中优异业绩的具体来源。（1）、（2）、（3）栏是该投资组合与沪深 300 指数在股权市场上各部门间的配置及两者之间的差异，第（4）栏列出了每个部门的收益率。第（5）栏为每个部门中两

者之间的差异与部门收益率的乘积，它们分别代表每个部门对其在股权市场上出色业绩所做出的贡献。

表 5.7　股权市场中的部门选择

部门	（1）月开始时权重 投资组合	（2）月开始时权重 沪深 300 指数	（3）权重差	（4）部门收益率	（5）=（3）×（4）部门配置的贡献
基本材料	1.96%	8.3%	-6.34%	6.9%	-0.437 5%
工商服务	7.84%	4.1%	3.74%	7.0%	0.261 8%
资本品	1.87%	7.8%	-5.93%	4.1%	-0.243 1%
周期性消费品	8.47%	12.5%	-4.03%	8.8%	-0.354 6%
非周期性消费品	40.37%	20.4%	19.97%	10.0%	1.997 0%
信用敏感品	24.01%	21.8%	2.21%	5.0%	0.110 5%
能源	13.53%	14.2%	-0.67%	2.6%	-0.017 4%
技术	1.95%	10.9%	-8.95%	0.3%	-0.026 9%
总计					1.289 8%

注意，好的业绩源于加大了对一些具有出色表现的部门所做的投资，如周期性消费品，而同时减少了对技术等表现不佳部门的投资力度。由于仅部门选择一项就为投资组合中股权超额收益提供了 1.289 8% 的收益率，而且表 5.6 中第（3）列显示投资组合中股权部分的收益率比沪深 300 指数大 1.47%，于是我们可以通过简单的相减得出部门内证券选择对投资组合中股权业绩所做的贡献为 0.180 2%（1.47%-1.289 8%）。

当然在投资组合的固定收益债券部分也可以应用同样的部门分析，在这里不再赘述。

（三）各部分贡献的加总

总体看该投资组合的各项选择程序都很成功。表 5.8 详细列出了各方面的业绩贡献。在 3 个市场上进行资产配置贡献了 31 个基点，在各市场内的证券选择贡献了 106 个基点，于是投资组合的总的超额业绩达到了 137.0 个基点。

表 5.8　投资组合贡献小结

		贡献（基点）
1. 资产配置		31
2. 选择		
a. 股权超额收益（基点）		
i. 部门配置	129	
ii. 证券选择	18	
	147 × 0.70（投资组合权重）=	102.9
b. 固定收益超额收益	44 × 0.07（投资组合权重）=	3.1
投资组合总的超额收益		137.0

➤ 本章小结

业绩评估是一种相对评估,其参照的标准是市场。其中最典型的绩效评估方法即业绩指数方法。业绩评估的夏普业绩指数是指上升幅度除以证券市场线的斜率。其中的上升幅度即投资组合的预期收益率与无风险率的差。夏普业绩指数的公式为

$$\mathrm{PI}_S = \left(\overline{R_I} - r_f\right) / \bar{\sigma}_{R_I}$$

夏普业绩指数越大,表明在承担一定风险的情况下,投资组合获得的风险补偿(收益)越大,从而该组合(基金)的绩效就越高。

特雷诺业绩指数是以组合所形成的特定的证券市场线的斜率的大小作为衡量该组合业绩的指标,即

$$\mathrm{PI}_T = \left[E(r_i) - r_f\right] / \beta_i$$

如果一个组合(或基金)的表现与市场一致,即该组合落在证券市场线上;如果其由无风险收益率到组合点所形成的直线的斜率更大,则该组合(或基金)绩效优于市场;反之则绩效低于市场。

詹森业绩指数通过比较评估期的实际收益和由 CAPM 推算出的预期收益这两者偏离值的大小,来判断基金或组合的绩效。詹森业绩指数为

$$\mathrm{PI}_J = r_i - r_f - \beta_i \left[E(r_m - r_f)\right]$$

$\mathrm{PI}_J(\alpha_i) > 0$,表明基金或组合的实际收益超过了与其风险相对应的收益,即基金战胜了市场,反之则反。

上述三大指数的综合比较表明:①夏普业绩指数和特雷诺业绩指数的共同点在于能够对组合或基金的业绩进行排序,但它们却不能告诉我们基金或组合优于市场组合的具体程度。两者的区别如下:一方面,夏普业绩指数以 CML 为衡量标准,其关注的是标准差,特雷诺业绩指数以证券市场线为衡量标准,其关注的是 β 值;另一方面,夏普业绩指数适用于不持有其他组合的投资者,特雷诺业绩指数适用于除投资基金外还持有其他多项资产的投资者。也就是说,夏普业绩指数和特雷诺业绩指数的适用对象是不同的,它们是针对不同的投资者而设计的不同的绩效评价方法。换言之,同一投资者不能同时应用这两个指标进行业绩评估。②特雷诺业绩指数与詹森业绩指数的共同点在于都以 β 值作为衡量风险的指标。也就是说,如果一个基金或组合的特雷诺业绩指数表明该基金战胜了市场,则詹森业绩指数也将给出同样的结果。其不同在于两者给出的具体绩效排序会不一致。詹森业绩指数的优势在于它的直观性。

除了上述经典的三大指数外,还有一些新的评价方法。套利定价理论绩效评估方法的主要思路是计量评估期的平均收益率与基于套利定价理论的预期收益率的偏离度。M^2 测度,即通过 CAL 与 CML 的相对位置,得出基金或组合优于市场组合的程度。

考察投资业绩来源则可以分为资产选择能力和时机选择能力,其中的时机选择能力即通过 SCL,检验投资者(如基金经理)能否根据市场走势的变化,将资金在风险资产和无风险资产之间进行转移,以便抓住市场机会获得更大绩效的能力。具体的衡量和检验主要体现在 T-M 模型与 H-M 模型中。进一步的 FF3 方法,即在 CAMP 的基础上,再考虑小盘股组合与大盘股组合的收益率之差,以及高 B/P 股票组合与低 B/P 股票

组合的收益率之差；在 FF3 模型的基础上，加入 Jegadeesh 和 Titman 提出的一年期收益因子，即形成四因素模型。

▶练习题

一、名词解释

夏普业绩指数　特雷诺业绩指数　詹森业绩指数　M^2 测度　时机选择能力　四因素模型

二、简答题

1. 简述特雷诺业绩指数、夏普业绩指数和詹森业绩指数三大经典绩效评估指标的异同。
2. 简述"择股能力"和"择时能力"的含义及表现。
3. 简述业绩持续性的评价方法。

三、计算题

1. 假设有 A、B、C 三只基金，其基本情况如下表所示，并假设基金 C 为一个指数基金（市场组合），无风险收益率为 5%。请分别用夏普业绩指数、特雷诺业绩指数和詹森业绩指数评价这三只基金的业绩。

三只基金的基本情况

基金	A	B	C
收益率均值	8.78%	10.02%	11.46%
标准差	8.03	11.17	11.33
β 值	0.64	0.85	1

2. 假设基金 A 和市场资产组合的风险收益数据参数如下表所示。

内容	基金 A	上证指数 M
平均收益率	8%	6%
收益率的标准差	13	7

如果采用 M^2 指标来评价该基金的业绩水平，则调整后的原基金和国债的占比分别为多少？M^2 指标为多少？

3. 基金 A 的投资组合和市场组合的基本情况如下表所示，无风险收益率为 6%。

内容	收益率均值	标准差	β 值
基金 A 的投资组合	10%	18	0.60
市场组合	12%	13	1.00

计算基金 A 的投资组合和市场组合的特雷诺指数和夏普指数，根据这两个指标，投资组合是否超过风险调整基础上的市场组合？简要说明使用特雷诺指数和夏普指数所得结果不符的原因。

4. 使用 H-M 模型，自己选择一只基金，使用数据库找到需要的数据（选择一个时期，如 2013~2014 年），对时机选择能力做检验，判断该基金的基金代理人是否具有时机选择能力。（选做）

第三篇　资本市场均衡理论与应用

如果市场中的每个投资者都能够按照马科维茨的理论构建起最优资产组合的话，按照经济学的经典逻辑，这个市场就是一个没有外力影响且自身不再变动和调整的市场，即资本市场将达到均衡状态。那么，理论上如何刻画和描述资本市场的均衡呢？对这一问题的回答是通过 CAPM 来完成。这就是本篇第六章的核心内容。

换一个角度看，如果市场处于非均衡状态，这个市场会如何调整恢复均衡呢？ROSS 等的套利定价理论完美地回答了这个问题，从而引出了金融学的一个核心概念——无套利均衡。本篇第七章即讲解因素模型与套利定价理论。

进一步看，按照经济学的传统思想，一个均衡的市场是资源配置效率最优的市场，那么资本市场达到均衡后，一个有效率的资本市场需要什么样的条件才能达到？资本市场的效率如何衡量和划分？对这些问题的研究和回答即通过 Fama 等学者创立的效率市场假说来完成，这是本篇第八章的核心内容。

然而,随着行为经济学的发展,通过大量的金融研究文献发现,现实中的资本市场并非有效的市场,对这一现象和问题的研究引发了行为金融学的产生,这就构成了第九章的主体内容。

第六章

资本资产定价模型

CAPM 是现代金融学的基石之一，它是在马科维茨资产组合理论的基础上，通过 Sharpe 的《资本资产价格：一个市场均衡理论》，Lintner 的《在股票组合和资本预算中的风险资产估值和风险投资选择》，以及 Mossin 的《资本资产市场均衡》三篇经典论文发展起来的。

第一节　模型的含义与假设

CAPM 本质上是一个市场均衡模型，它是在资产组合理论的基础上，通过一系列特定的前提假设导出的。本节我们先来了解该模型的含义及其假设条件。

一、模型的含义

在 CAPM 中，资本资产一般被定义为任何能创造终点财富的资产。CAPM 所要解决的问题是，在资本市场中，当投资者采用马科维茨资产组合理论选择最优资产组合时，资产的均衡价格是如何在收益与风险的权衡中形成的，或者说，在市场均衡状态下，资产的价格是如何依风险而定的。

换言之，CAPM 所研究的问题就是，当所有投资者依据马科维茨理论选择了最优资产组合后，市场即达到一种均衡状态。那么，这种状态下资产如何定价？收益与风险的关系是 CAPM 的核心。

二、模型的假设

CAPM 是在如下理论假设的基础上导出的。

假设 1：投资者通过预期收益和方差来描述和评价资产或资产组合，并按照马科维茨均值方差模型确定其单一期间的有效投资组合；对所有投资者而言，投资起始期间都是相同的。

假设2：投资者为理性的个体，服从不满足和风险厌恶假定。

假设3：存在无风险利率，投资者可以按该利率进行借贷，并且对所有投资者而言，无风险利率都是相同的。

假设4：不存在任何手续费、佣金，也没有所得税及资本利得税，即市场不存在任何交易成本。

假设5：所有投资者都能同时自由迅速地得到有关信息，即资本市场是有效率的。

假设6：所有投资者关于证券的期望收益率、方差和协方差都有一致的预期。这也是符合马科维茨模型的。依据马科维茨模型，给定一系列证券的价格和无风险利率，所有投资者对证券的预期收益率和协方差矩阵都相等，从而产生了唯一的有效边界和独一无二的最优资产组合。这一假设也被称为"同质期望"（homogeneous expectations）假设。

第二节 模型的内容

在本章第一节给定的假设条件的基础上，本节我们即导出正式的 CAPM。

一、β 系数

（一）β 系数定理

假设在资产组合中包括无风险资产，那么，当市场达到买卖交易均衡时，任意风险资产的风险溢价 $E(r_i) - r_f$ 与全市场组合的风险溢价 $E(r_M) - r_f$ 成正比，该比例系数即 β 系数，它用来测度某一资产与市场一起变动时该资产收益变动的程度。换言之，β 系数所衡量的即市场系统性风险的大小。

上述 β 系数定理可以表示为

$$E(r_i) - r_f = \beta_i \left[E(r_M) - r_f \right] \tag{6.1}$$

式中：

$$\beta_i = \text{cov}(r_i, r_M) / \sigma_M^2 \tag{6.2}$$

（二）市场组合的 β 值

任意一个给定的投资组合的 β 值等于该组合中各证券 β 值的加权平均，而对于一个市场组合而言：

$$\beta_M = 1 \tag{6.3}$$

即一个市场组合的所有资产的加权平均 β 值必定为 1。这也正是第五章我们指出的如果某组合 P 的 β 值大于 1，意味着该组合承担的系统性风险大于市场的原因所在。

（三）组合 β 值的投资学含义

一个资产组合的 β 是由组合中各资产的 β 加权而来的，即

$$\beta_p = \sum_{i=1}^{n} w_i \beta_i \tag{6.4}$$

由式（6.4）可见，一个投资组合的 β 可能大于1也可能等于1还可能小于1。那么在实际投资管理中所构建的资产组合，其 β 如何取值为好呢？回答这一问题，就需要我们考虑到市场走势以及投资者的风险承担能力。

在市场走势为牛市时，如果一个积极的组合管理者[①]希望战胜市场，就应该构建一个 β 大于1的组合，以便组合收益向上波动的幅度大于市场，从而达到比市场升幅更大的效果；反之在熊市时即应使组合的 β 小于1从而跌幅小于市场。

无论对市场的判断是牛市还是熊市，这一判断都是有风险的。特别是考虑到大资金的管理者需要做出提前量的判断，所承担的判断错误的风险更大，那么选择组合 β 值时就需要进一步衡量投资者自身的风险承受能力。

综合而言：一方面，组合 β 的大小本身没有指示性含义，需要结合市场的背景和投资者的风险承受能力；另一方面，给定投资者风险承受能力，或者说在投资者对市场走势判断正确的条件下，对一个积极的组合管理者的投资组合动态调整水平的判断标准之一就是，牛市中是否使得组合 β 值升高，熊市中是否降低了组合 β 值。

案例 6.1

长信量化先锋基金（证券代码519983）的组合动态调整

长信量化先锋基金成立于2010年11月18日。我们选取了该基金2011年1月7日至2016年11月25日基金的日涨跌幅和上证指数日涨跌幅分别作为该基金和市场收益率的标准，从2010年11月7日起每半年做一次回归分析以计算基金组合的 β。数据来源于 Wind 数据库。根据李学峰和张茜（2006）所设计的考察基金实际组合的 β 值与市场组合 β 值的关系式，即

$$\beta_{pM} = \beta_p - \beta_M \tag{6.5}$$

对该基金进行计算得到图6.1。由图6.1可见，该只基金在2015年前后的操作策略比较不同：2015年以前，组合的动态调整违背了 β 值的投资学含义，即违背了牛市中使得组合 β 值升高，熊市中降低组合 β 值的标准。2015年之后则十分符合上述标准。通过进一步查阅该基金公司的公告，发现从2015年3月份起，这只基金更换了基金经理，由此表现出了更好的业绩：收益率为15.34%，同类基金排名7/483；新任基金经理的任职年化回报为49.46%，同类排名1/450。由此可见，参照 CAPM 特别是其中 β 值所给出的组合动态调整原则进行组合资产的调整可以获得更好的回报，战胜市场和同业。

[①] 即采取积极组合管理策略的投资管理人。对于积极组合管理策略我们将在下一节给出正式的定义。

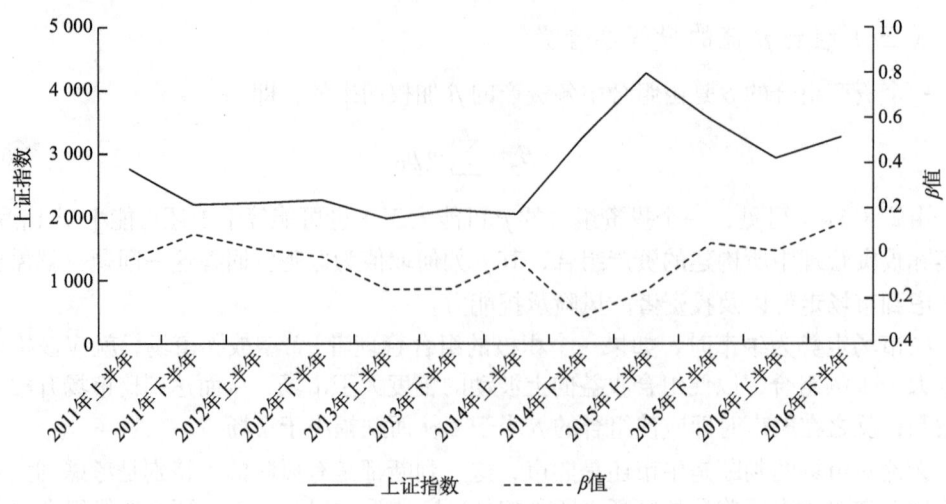

图 6.1 长信量化先锋基金组合 β 值与市场走势的动态变化

二、CAPM 的导出

首先，依据第三章给出的方差的计算公式，市场组合的方差可以表述为

$$\sigma_M^2 = x_1\sigma_{1M} + x_2\sigma_{2M} + \cdots + x_i\sigma_{iM} \tag{6.6}$$

式中，$x_i\sigma_{iM}$ 为投资比重为 x_i 的第 i 种成员证券对市场组合 M 的风险贡献大小的绝对衡量，而我们可以将 $\dfrac{\sigma_{iM}}{\sigma_M^2}$ 作为投资比重为 x_i 的第 i 种证券对市场组合 M 的风险贡献大小的相对度量。

进一步讲，根据对风险溢价的表述，我们可以把 $E(r_M)-r_f$ 视为市场对市场组合 M 的风险补偿，相当于对方差的补偿，于是单位资金规模的证券 i 的期望收益补偿存在如下关系：

$$x_i\left[E(r_i)-r_f\right]=\left[E(r_M)-r_f\right]\dfrac{x_i\sigma_{iM}}{\sigma_M^2} \tag{6.7}$$

于是有

$$\begin{aligned}E(r_i)-r_f &= \left[E(r_M)-r_f\right]\dfrac{\sigma_{iM}}{\sigma_M^2} \\ &= \left[E(r_M)-r_f\right]\beta_i\end{aligned} \tag{6.8}$$

整理式（6.8），我们即得到某证券 i 的预期收益率与风险之间的定价关系：

$$E(r_i)=r_f+\beta_i\left[E(r_M)-r_f\right] \tag{6.9}$$

式（6.9）即经典的 CAPM。如果是一个投资组合，则：

$$E(r_p)=r_f+\beta_p\left[E(r_M)-r_f\right] \tag{6.10}$$

操作CAPM

假设对 A、B 和 C 三只股票进行定价分析。其中 $E(r_A) = 0.15$,$\beta_A = 2$,$\sigma_{IA}^2 = 0.1$,需确定其方差;$\sigma_B^2 = 0.0625$,$\beta_B = 0.75$,$\sigma_{IB}^2 = 0.04$,需确定其预期收益 $E(r_B)$。$E(r_C) = 0.09$,$\beta_C = 0.5$,$\sigma_{IC}^2 = 0.17$,需确定其方差。请用 CAPM 求出各未知数,并进行投资决策分析。

解:

首先,利用 CAPM 模型进行相关计算。根据以上条件,由股票 A 和股票 C 得到方程组:

$$0.15 = r_f + [E(r_M) - r_f] \times 2$$
$$0.09 = r_f + [E(r_M) - r_f] \times 0.5$$

解方程组,得

$$r_f = 0.07$$
$$E(r_M) = 0.11$$

代入 CAPM,求解 $E(r_B)$,有

$$E(r_B) = 0.07 + (0.11 - 0.07)0.75 = 0.1$$

由于

$$\sigma_A^2 = \beta_A^2 \sigma_M^2 + \sigma_{IA}^2 \tag{6.11}$$

因此先求 σ_M^2:

$$\sigma_M^2 = (\sigma_B^2 - \sigma_{IB}^2)/\beta_B^2 = (0.0625 - 0.04)/0.75^2 = 0.04$$

代入式(6.11)得

$$\sigma_A^2 = 2^2 \times 0.04 + 0.1 = 0.26$$

再求解,有

$$\sigma_C^2 = \beta_C^2 \sigma_M^2 + \sigma_{IC}^2$$

由上述计算分析,得如下综合结果:

$$E(r_A) = 0.15 \quad \sigma_A^2 = 0.26 \quad \beta_A = 2$$
$$E(r_B) = 0.1 \quad \sigma_B^2 = 0.0625 \quad \beta_B = 0.75$$
$$E(r_C) = 0.09 \quad \sigma_C^2 = 0.18 \quad \beta_C = 0.5$$

其次,进行投资决策分析。先分析第一列和第二列。可见,$E(r_C) < E(r_B)$,而 $\sigma_C^2 > \sigma_B^2$,因而可剔除股票 C。对 A 和 B 而言,则体现了高风险高收益、低风险低收益,是符合收益—方差定理的。

但这里我们要考虑两个操作问题:其一,如果对于 A 和 B 两只股票只选择一个,就需要通过计算变异系数进行资产选择。我们对股票 A 的方差开方后得 0.5099,则股票 A 的 CV 比为 3.399;再对股票 B 的方差开方后得 0.25,则其 CV 比为 2.5。可见股票 B 更符合"好"股票的标准,即获取单位收益所承担的风险更低。其二,如果是打算用这两

个股票构建一个投资组合,就需要考虑这两只股票之间的相关系数。

最后,考虑收益—风险矩阵的最后一列。暂不考虑变异系数的话,股票 A 和股票 B 是无差异的,但在操作中我们要考虑两个因素:第一,投资者的风险偏好。如果投资者是风险厌恶的,则应选择股票 B,因为它的 β 小于 1;如果投资者是风险爱好者,即应选择股票 A,因为它的 β 值大于 1。第二,市场背景。如果市场处于上升的牛市,积极组合管理①即以战胜市场为目标的投资者即应选择股票 A;反之如果市场处于熊市,积极组合管理者即可考虑将股票 B 纳入投资组合。

三、风险和期望收益率的关系

CAPM 表达了风险与期望收益的关系。市场组合的预期收益率为
$$E(R_M) = R_f + 市场风险溢价$$
单个证券或证券组合的预期收益率为
$$E(r_i) = R_f + \beta_i \times (E(R_M) - R_f) \quad (6.12)$$
式中,$E(R_M) - R_f$ 为市场风险溢价。

该公式适用于充分分散化的资产组合中处于均衡状态的单个证券或证券组合。

组合的收益与风险

假定市场资产组合的风险溢价的期望值为 8%,标准差为 22%,如果一资产组合由 25%的通用汽车股票($\beta=1.10$)和 75%的福特公司股票($\beta=1.25$)组成,那么这一资产组合的风险溢价是多少?

解:$\beta_p = (0.75 \times 1.25) + (0.25 \times 1.10) = 1.2125$

因为市场风险溢价 $E(R_M) - R_f = 8\%$,故资产组合的风险溢价为
$$E(R_p) - R_f = \beta_p (E(R_M) - R_f) = 9.7\%$$

四、证券市场线

(一)证券市场线的含义

每种资产都有它自己的风险—收益关系。如果期望收益恰好弥补了投资者所承担的风险,那么我们就认为市场处于均衡的状态。这时,不存在卖出或买进股票的动力,投资者不希望改变他的证券组合构成。

当市场处于均衡状态时,所有的资产均价如其值,市场上不存在"便宜货"。此时,由 CAPM 确定的期望收益和 β 系数之间的线性关系被称为证券市场线。也就是说,CAPM 是指均衡定价模型,而证券市场线则是这一模型的最终结果,如图 6.2 所示。

---

① 关于积极组合管理与消极组合管理策略我们将在第八章详述。

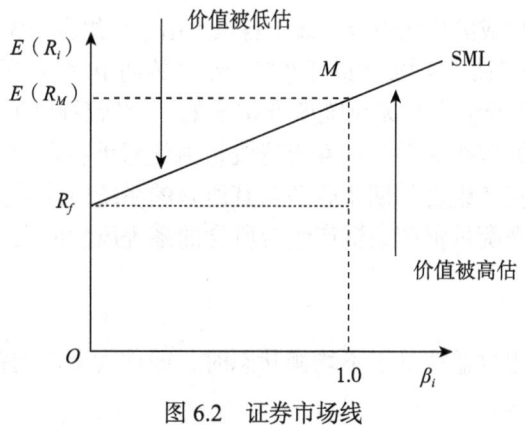

图 6.2 证券市场线

图 6.2 中,证券市场线的方程表述为

$$E(R_i) = R_f + [E(R_M) - R_f] \times \beta_i \quad (6.13)$$

例题 6.3

单一资产风险和期望收益率的关系

如果已知 $\beta_i = 1.5$,$R_f = 3\%$,且 $E(R_M) = 10\%$。请利用证券市场线确定某单一资产 i 的期望收益率。

解:依据证券市场线的公式,得

$$E(R_i) = 3\% + 1.5 \times (10\% - 3\%) = 13.5\%$$

如图 6.3 所示。

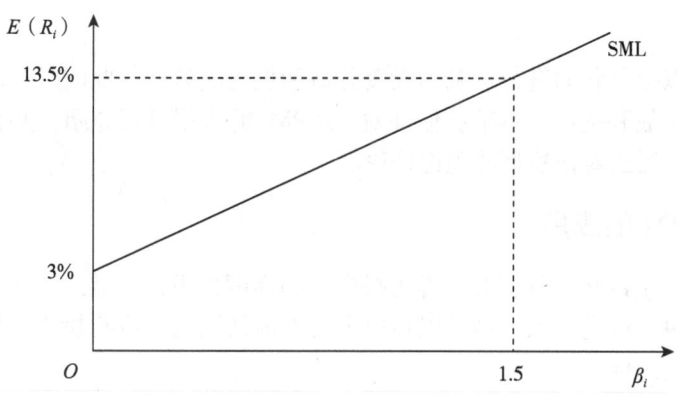

图 6.3 证券市场线所表示的单一资产风险和期望收益率的关系

(二)证券市场线与资本市场线的比较

证券市场线与 CML 都是描述资产或资产组合的期望收益率与风险之间关系的曲线。

CML 是由所有风险资产与无风险资产构成的有效资产组合的集合,反映的是有效资产组合的期望收益率与风险程度之间的关系。CML 上的每一点都是一个有效资产组合,其中

M 是由全部风险资产构成的市场组合，线上各点是由市场组合与无风险资产构成的资产组合。证券市场线反映的则是单项资产或任意资产组合的期望收益与风险程度之间的关系。

CML 是由市场证券组合与无风险资产构成的，它所反映的是这些资产组合的期望收益与其全部风险间的依赖关系。证券市场线是由任意单项资产或资产组合构成的，但它只反映这些资产或资产组合的期望收益与其所含的系统风险的关系，而不是全部风险的关系。因此，它用来衡量资产或资产组合所含的系统风险的大小。

五、α 系数

当资产价格与期望收益率处于不均衡状态时，即称为资产的错误定价，这可以用 α 系数度量，其计算公式为

$$\alpha_i = E(R_i) - E'(R_i) \tag{6.14}$$

式中，$E(R_i)$ 为资产 i 的期望收益率，来自历史取样法或情景模拟法；$E'(R_i)$ 为资产 i 的均衡期望收益率，即位于证券市场线上的资产 i 的期望收益率，由证券市场线得出，即

$$E'(R_i) = R_f + \left(E(R_M) - R_f\right)\beta_i$$

则：

$$\alpha_i = E(R_i) - \left[R_f + \left(E(R_M) - R_f\right)\beta_i\right] \tag{6.15}$$

如果某资产的 α 系数为 0，则它位于证券市场线上，说明定价正确；如果某资产的 α 系数为正数，则它位于证券市场线的上方，说明价值被低估；如果某资产的 α 系数为负数，则它位于证券市场线的下方，说明价值被高估。

第三节 资本资产定价模型的应用与评价

CAPM 可以指导我们进行一系列投资分析和投资决策，与此同时，CAPM 也受到了来自理论上的挑战和批评。本节我们即对 CAPM 的应用进行介绍，并在对其进行实证检验的基础上，提出对该模型的理论评论。

一、CAPM 的应用

CAPM 自产生以来，就引起了各类投资者的高度重视，并被广泛应用于各种投资报告分析和投资决策过程。该模型可以在以下几方面帮助我们进行投资分析，提高投资决策的科学性和正确性。

（一）进行证券分类

CAPM 的 β 值定理，可以将证券分为进攻型、防守型和中性三大类。如果一只股票的 β 值大于 1，即大于市场组合的 β 值，意味着其风险大于市场风险，则为进攻型股票；如果 β 值小于 1，即小于市场组合的 β 值，意味着其风险小于市场风险，则为防守型股票；如果 β 等于 1，则为中性股票。

上述分类可以帮助我们在了解投资者风险偏好态度的基础上，更为准确地构建满足投资者效用最大化的完善的投资组合。

（二）在证券投资决策中的应用

在进行投资决策时，若我们要对证券价格的高估或低估进行判断，以便决策是买入（或持有）该证券还是卖出该证券时，一个简便的方法就是将证券现行的实际市场价格与均衡的期初价格进行比较，若两者不等，则说明市场价格被误定，或通过直接比较依据 CAPM 计算得到的均衡收益率与个人预测的收益率进行决策。其中均衡的期初价格可以依据下式进行判断：

$$均衡期初价格 = E（期末价格+利息）/\left[E(R_i)+1\right] \quad (6.16)$$

（三）进行证券投资的积极管理

进行证券投资的积极管理是指资产管理者力图预测未来的市场趋势，并据此改变组合中的投资比例，或构建新的投资组合，以试图最终战胜市场、获得超额收益的投资管理方式。

对积极的组合管理而言，可利用 CAPM 预测市场走势、计算资产 β 值。当预测市场价格将上升时，由于预期的资本利得收益将增加，根据风险与收益相匹配的原则，可增加高 β 值资产持有量；反之增加低 β 值证券的持有量。

积极管理的投资决策有赖于投资经理对未来一段时间大盘走势的预测，预测得是否准确可以从一个侧面反映投资经理的积极管理能力和择时能力。

> **案例 6.2**

基金银华核心价值优选的积极组合管理

根据上一节案例 6.1 所使用的考察基金实际组合的 β 值与市场组合 β 值的关系式，即 $\beta_{PM} = \beta_P - 1$[①]。本案例我们据此公式考察我国封闭式基金银华核心价值优选（519001）的积极组合管理的情况。由公式的计算结果我们得到图 6.4 所示的情况。

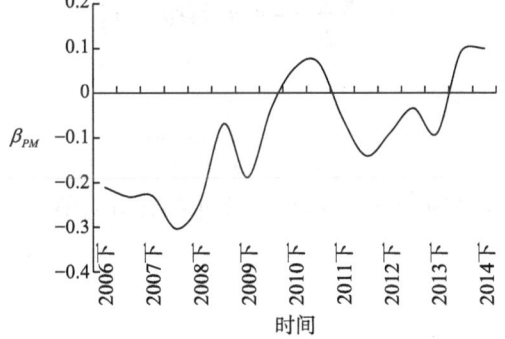

图 6.4 基金银华核心价值优选的积极组合管理

---

① 该式的推导过程和具体含义参见李学峰和张茜（2006）。

由图 6.4 我们看到，银华核心价值优选值的几个相对高点（实际组合 β 值较高）分别出现在 2006 年下半年、2009 年上半年、2011 年上半年、2014 年下半年这几个时期内。

其相对低点（也即实际 β 值较低）位于 2008 年上半年、2009 年下半年、2012 年上半年和 2013 年下半年这几个时期内。

将上述情况与各时期市场的实际走势相结合，我们看到，实际 β 值高点往往出现在单边上升行情中，而低点往往出现在震荡平盘及单边下跌的行情中。这说明该基金的积极组合管理是符合根据 CAPM 所给出的积极组合管理原则的。

（四）在投资绩效评价中的应用

从第五章对投资绩效评价的研究中我们看到，经典的夏普指数是建立在 CAPM 基础上的。进一步，我们还可以利用 CAPM 及 β 值定理，对投资经理所构建投资组合的风险与收益的匹配性进行评价，其基本原理如下。

前面的有关章节中我们已经指出，从理论上看，投资组合的 β 值等于、大于还是小于市场风险，并不能成为判断一个组合优劣的标准，或者说 β 值本身的大小无好坏之分。因为一方面理论上存在高风险应伴随高收益，即承担的风险越大可能获得的收益越高；另一方面不同投资者（或机构）对风险的偏好不一样，或者说其投资策略不同。例如，以追求风险价值为投资策略的投资者，其投资组合理应存在较高的 β 值。也就是说，一个证券组合的 β 值应与该组合的投资策略结合在一起进行研究和评价。

从现实来看，一个投资者的投资策略，实际上是在其投资组合构建和调整方面，规定了原则上应遵守的理论 β 值。因此，我们对投资者投资管理行为是否规范的研究，也就进一步具体到对基金投资组合的实际 β 值与其投资策略所规定的理论 β 值是否相符的考察[①]。

（五）在公司财务中的应用

如果我们已知某资产的购买价格为 p，其未来的出售价格为 q，且 q 是一个随机变量，那么，该资产的预期收益率为

$$\bar{r} = \frac{\bar{q}-p}{p} = r_f + \beta\left(\overline{r_M} - r_f\right)$$

因此：

$$p = \frac{\bar{q}}{1+r_f + \beta(\overline{r_M} - r_f)} \quad (6.17)$$

在项目决策中，若项目的投资成本小于通过 CAPM 计算得到的购买价格 p，则该项目具有可行性。

---

① 对此的案例式分析，有兴趣的读者可参见李学峰（2006）。

> 案例 6.3

以CAPM进行投资项目决策

某项目未来期望收益为 1 000 万元,假设该项目与市场相关性较小,即 $\beta=0.6$,如果无风险收益率为10%,市场组合的期望收益率为17%,则该项目最大可接受的投资成本是多少?

解:根据公式可得

$$p=\frac{\bar{q}}{1+r_f+\beta(\overline{r_M}-r_f)}=\frac{1\,000}{1+0.1+0.6(0.17-0.10)}=876\,(万元)$$

二、对 CAPM 的检验与评价

由经典 CAPM 的公式可见,资产的预期收益由无风险收益率(纵轴的截距)、市场收益率和无风险收益率的差,以及 β 值等因素共同决定。假设无风险收益率既定,则资产收益率取决于市场收益率和 β 值。

上述结论属于理论性结论,理论本身是否正确需要实证检验;而且理论能否应用于实践,也需要给予检验和证明。

(一)检验的方法

对 CAPM 进行实证检验通常分为两大类方法,即基于 CAPM 本身的检验,以及扩展性检验。其具体的检验步骤如下。

(1)测算所研究的每一股票在 5 年持有期内的收益率和 β 值。其中收益率为月收益率。

(2)将股票按 β 值由大到小排列,并构成 N 个组合。其中 N 通常取 10、12 或 20。

(3)组合的构建应尽可能分散非系统性风险,即证券间的协方差较小。

(4)上述步骤完成后再测算下一个 5 年持有期证券组合的收益率和 β 值。

(5)最后,对若干时间序列数据进行线性回归分析。

(二)检验结果

1. 基于 CAPM 本身的检验

基于 CAPM 本身的检验即以 CAPM 为指导建立回归模型进行检验。其结果如下。

(1)实现的收益率和用 β 值衡量的系统性风险之间存在明显的正相关关系。正如 CAPM 所表明的,β 值是影响证券预期收益率的重要因素之一。

(2)系统性风险和非系统性风险都与证券收益率正相关,即非系统性风险不为 0。也就是说,CAPM 只体现了系统性风险,没有包括微观的非系统性风险因素。

上述结果表明,实证检验结果没有完全支持 CAPM。

2. 扩展性检验

扩展性检验即在 CAPM 中加入其他因素,如公司规模、股利政策等,检验这些因素对资产定价（收益率）的影响。根据经典CAPM，这些因素不应有影响，但实证检验发现了如下结果。

（1）规模效应，也称小公司效应，即小公司的收益超过大公司的收益。

（2）一月效应，即每年一月份股票收益率远高于其他月份的股票收益率。

（3）周末效应，即一周中周五的收益率最高。

上述结果至少表明CAPM所揭示的影响资产定价的因素不全面。

（三）对CAPM的评价

从理论上看，CAPM本身存在着逻辑矛盾。在CAPM的分析中，形成最优风险资产组合时，投资者要买入一些资产，并卖出另外一些资产。但根据该模型的假设（见本章第一节的有关内容），由于投资者决策目标一致，持有的资产结构完全一致，而市场中交易双方都是这些投资者，这就意味着交易双方都想同时买入或同时卖出某项资产，而这样的交易显然不可能发生。

从实际中看，受中央银行货币政策影响，在投资组合持有期间内，无风险利率是不断变化的，这意味着最优投资组合的内部资产价值构成比例会发生调整，而这种调整又会遇到前面提到的无法交易这个问题。或者说，在无风险利率发生调整时，原有均衡仍将得以维持，投资者之间不会发生实质性的资产交易活动，均衡点仍然在原处，但该点已经不是最优组合点。

从成因上看，造成上述悖论的关键原因是模型假设中认为投资者对资产特性的完全一致认同，加上模型认为投资者会追求任何最优组合，而这一最优组合又是所有投资者一致认同的，因此，所有投资者都会选择同一最优组合，即一致决策，一致做出买入某项资产或卖出某项资产的决定，由此导致无法满足资产交易所需的条件。

从后果上看，CAPM悖论造成的对投资决策的影响是，投资者无法决定是采取消极投资法还是采取积极投资法。CAPM意味着，投资者应采取消极投资法，即将无风险资产与某一指数基金组合，或者说，投资者采取积极投资法去试图战胜市场是徒劳的。然而，如果投资者都不去试图"战胜"市场，那么市场就是可以"战胜"的。如此，对一个具体的投资者而言，他是认为市场是可以"战胜"的，还是不可以"战胜"的呢？投资者陷入了两难境地。

问题在于，如果修改投资者预期一致性的条件，即加入现实中投资者非一致性预期的因素，则CAPM将无法满足，并进而导致无法对CAPM进行实证检验。

第四节　对资本资产定价模型的扩展

本章第三节对CAPM的实证检验表明，CAPM所揭示的影响资产定价的因素还不全面。我们这里所说的CAPM的扩展形式，主要是针对CAPM的前提假设所做的修改，加入了CAPM所没有考虑到的因素，这样，就产生了基于经典CAPM的扩展形式。

一、零 β 资本资产定价模型

CAPM 的假设条件 3 指出，存在无风险利率，投资者可以按该利率进行借贷，并且对所有投资者而言无风险利率都是相同的。正是由这一假设，我们得到所有投资者都会选择市场资产组合作为其最优的切线资产组合。

但是，当借入受到限制时，或者当投资者无法以一个共同的无风险利率借入资金时[①]，市场资产组合不再是投资者共同的理想资产组合，即不再是最小方差有效组合。此时 CAPM 所导出的预期收益-β 关系也就不再反映市场均衡。这样，我们通过加入限制性借款的条件，将经典 CAPM 扩展为了零 β 模型。

有效资产组合的方差-均值存在如下三个性质。

（1）任何有效资产组合组成的资产组合仍然是有效资产组合。

（2）有效边界上的任一资产组合在最小方差资产组合集合的下半部分（无效部分见图 6.5）均有相应的伴随性或对应性资产组合存在，这些伴随性资产组合与有效组合是不相关的，因此这些组合可视为有效资产组合中的零 β 资产组合（zero-beta port-folio）。

（3）任何资产的预期收益都可由任意两个边界资产组合的预期收益的线性函数表示。

以上三个性质是资产组合零 β 资本资产定价模型建立的基础[②]。零 β 伴随性资产组合的预期收益和标准差如图 6.5 所示。

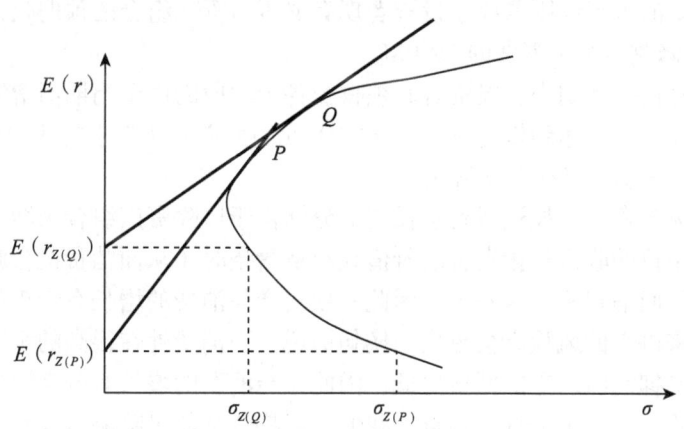

图 6.5 有效组合及其零 β 伴随性资产组合

图 6.5 中，假设任意有效资产组合 P，过 P 点做有效组合边界的切线，该切线与纵轴的交点为资产组合 P 的零 β 伴随性资产组合，记为 $Z(P)$；从该交点做横轴平行线，使其与最小方差资产组合集合线相交，这一交点即零 β 伴随性资产组合的标准差。由

---

① 例如，由于投资者要支付违约溢价，从而使其借入资金的利率高于贷出资金的利率。

② 由这三个性质，Black 推导出了三种情况：不存在无风险资产的资产组合；以高于无风险利率 r_f 借入的资产组合；可贷出但不能借入无风险资产的资产组合。我们这里只介绍第三种情况。详见 Black（1972）。

图6.5可见，不同的有效组合（如 P 和 Q），有不同的零 β 伴随性资产组合。

根据性质三，考虑有两个最小方差边界资产组合 P 和 Q，任意资产 i 的预期收益的表达式为

$$E(r_i) = E(r_Q) + \left[E(r_P) - E(r_Q)\right] \frac{\text{cov}(r_i, r_P) - \text{cov}(r_P, r_Q)}{\sigma_P^2 - \text{cov}(r_P, r_Q)} \quad (6.18)$$

根据性质二，市场资产组合 M 同样存在一个最小方差边界上的零 β 伴随性资产组合 $Z(M)$。再根据性质三和式（6.18），可用市场资产组合 M 及其 $Z(M)$ 来表示任何证券的收益。这里，由于 $\text{cov}\left[r_M, r_{Z(M)}\right] = 0$，因此有

$$E(r_i) = E(r_{Z(M)}) + E\left[r_M - r_{Z(M)}\right] \frac{\text{cov}(r_i, r_M)}{\sigma_M^2} \quad (6.19)$$

该式即零 β 资产组合模型，其中的 $E\left[r_{Z(M)}\right]$ 取代了 r_f。

二、基于消费的 CAPM

本章第一节给出的 CAPM 的假设 1 表明，投资者按照马科维茨均值方差模型确定其单一期间的有效投资组合。这意味着投资者是短视的——所有投资者只在某一个时期内计划他们的投资。

然而，实际投资中投资者更多的是进行跨期消费，甚至是考虑整个生命期内的消费计划。消费计划的可行性则取决于投资者现有财富与资产组合的预期收益。因此就需要将经典 CAPM 修改为基于消费的 CAPM。

在一个终身消费计划中，投资者必须权衡各个阶段的用于当期消费和用于支撑未来消费的储蓄和投资。当达到最优时，每增加 1 元当前消费所带来的效用值应当等于该 1 元投资带来未来消费所产生的边际值。

假设存在风险资产，投资者希望投资部分储蓄于风险资产组合来增加期望消费。一般来说，一个单位的收入对投资者的价值在经济萧条时（从而消费机会匮乏时）要高于经济上行时（从而消费机会富裕）。因此一项资产与消费的增长有着正的协方差，那么从消费的角度来讲它的风险就会更大。换句话说，当消费处在很高的水平时，它的回报更大；当消费受抑制时，它的回报更低。因此，与消费的增长有着高协方差的资产拥有更高的均衡风险溢价。根据这一观点，我们可以将资产的风险溢价写作"消费风险"的函数：

$$E(R_i) = \beta_{iC} \text{RP}_C \quad (6.20)$$

资产组合 C 可以被称为跟踪消费的资产组合（也叫模拟消费的资产组合），即与消费增长相关性最高的资产组合。β_{iC} 表示资产 i 的超额收益 R_i 回归于模拟消费的资产组合超额收益的回归系数；RP_C 是与消费不确定性相关的风险溢价，它测度的是跟踪消费的资产组合的期望超额回报，即

$$\text{RP}_C = E(R_C) = E(r_C) - r_f \quad (6.21)$$

可以看到这一结果与普通的 CAPM 高度相似。在基于消费的 CAPM 中跟踪消费的

资产组合起到普通 CAPM 中市场投资组合所扮演的角色。这是由于该模型更关注消费机会的风险而不是资产组合中单位价值的风险和收益,并且跟踪消费的资产组合的超额回报同市场投资组合 M 的超额回报起到同样的作用,两种方法都得出线性、单因素模型,差别在于模型中因素的性质不同。

但与 CAPM 不同的是,市场投资组合的 β 在基于消费的 CAPM 中并不是不变的 1——事实证明 β 大大超过 1。这也意味着,在市场指数风险溢价和消费资产组合风险溢价的线性关系中:

$$E(R_M) = \alpha_M + \beta_{MC} E(R_C) + \varepsilon_M \tag{6.22}$$

式中,α_M 和 ε_M 表示与式(6.20)不符的经验偏差,β_{MC} 不一定等于 1。

我们要注意到,正如并非所有资产都具有可交易性导致 CAPM 在实证上存在缺陷,基于消费的 CAPM 也同样如此。该模型的吸引力在于它将消费对冲以及可能的投资机会的变换结合起来,即在于单因素框架中的收益分布参数。但这一结合所产生的优势也要伴随着代价的付出:同金融资产相比,消费增长数据发布的频率较低(最多每月一次),并且在测度上存在较大的误差。尽管如此,实证研究表明,这一模型相比于资本产定价模型更能成功地解释资产的收益。

三、多期模型与对冲组合

默顿(Merton,1992)提出了跨期资本资产定价模型,他假设所有个体都在优化自己的生命周期消费和投资计划,并且他们根据自己的财富水平和退休年龄不断地调整自己的消费/投资决策。当资产组合收益的不确定性是唯一的风险来源并且投资机会保持不变时,也就是说,市场组合或单个证券的期望收益分布不变时,跨期资本资产定价模型与单期模型预测的期望收益-β 关系相同[①]。

但是把额外的风险来源考虑进来时,情形发生了变化。这些额外的风险来源分为两大类:一类是关于描述投资机会的参数发生变化,如未来无风险利率、期望收益率或市场投资组合风险。例如,实际利率会随时间变化而变化。如果实际利率在未来一个时期下降,那么投资者的财富水平现在只能支撑一个低的实际消费水平。未来的消费计划,如退休支出,可能会受到冲击。根据一些证券的收益率随无风险利率变化而变化的程度,投资者将会选择资产组合来规避风险,从而会抬高这些具有对冲功能的资产价格(并降低收益)。当其他参数值(本例中的无风险利率)发生不利方向变化时,如果投资者能找到更高收益的资产,他将会牺牲一些自己原计划的期望收益。

另一类风险的来源是可以用财富购买的消费品价格。例如,发生通货膨胀风险情况下,除了名义财富的期望水平和波动性外,投资者必须关注通货膨胀对其消费能力的侵蚀。因此,通货膨胀风险是一项市场上重要的风险来源,投资者可能愿意牺牲一些期望收益来购买证券,以期抵消通货膨胀对财富的影响,由此就形成了一个为了对冲通货膨胀的影响而投资于证券组合的需求。这样,可以防止通货膨胀风险的证券需求影响到资产组合的选择及其期望收益。由此可进一步得出,对冲需求可能来自消费者支出的某个

---

① 默顿的详细论述可参见 Merton R C. Continuous-Time Finance. Oxford:Blackwell,1992.

子行业，如投资者可能竞相购买能源公司股票用来规避能源价格的不确定性。这是用投资资产规避额外市场风险的通常做法。

一般来说，假设定义 K 为额外市场风险，并找到与 K 相关的对冲风险资产组合。因此，默顿的跨期资本资产定价模型期望收益-β 关系等式将产生多指数形式的证券市场线：

$$E(R_i) = \beta_{im}E(R_M) + \sum_{k=1}^{k}\beta_{ik}E(R_K) \quad (6.23)$$

式中，β_{im} 是常用的市场指数资产组合的 β，而 β_{ik} 是第 k 种对冲资产组合的 β。不受额外市场风险因素影响的其他多因素模型详见下一章。

四、流动性 CAPM[①]

经典 CAPM 的第四个假定是市场不存在任何交易成本。换言之，所有资产都是可交易的，且所有交易都是免费的，即任何证券都具有完全的流动性。然而，我们从交易实际中看到，所有证券交易都有交易费用，没有什么证券具有完全的流动性。

流动性是指将资产转换为现金时，也就是将资产出售时所需的费用，以及资产出售的便捷程度。实际投资中，投资者更愿意选择那些流动性高且交易费用低的资产，由此导致了流动性高的资产预期收益也高，而流动性低的资产将低价交易，即流动性溢价（illiquidity premium）体现在资产价格中。换言之，流动性是影响资产定价的重要因素。

（一）流动性对投资者资产选择的影响

假定有大量互不相关的证券，因此充分分散化的证券组合的标准差接近于 0，此时市场资产组合的安全性也就与无风险资产基本相同；同时，由于互不相关性，任何一对证券的协方差也是 0，则任一证券对市场组合的 β 值也为 0。因此，根据经典 CAPM，所有资产的预期收益率等于无风险资产收益率。

进一步讲，我们假定上述大量互不相关的证券都可分为两种类型：可流动的股票（L 类型）和不可流动的股票（I 类型），并假定 L 类股票的流动费用为 c_L，I 类股票的流动费用为 c_I，且 $c_L < c_I$。因此对于持有 h 期的投资者而言，L 类股票的流动费用以每期（c_L/h）%的速度递减；I 类股票的流动费用高于 L 类，从而减少了每期的收益（c_I/h）%。这样，如果某投资者打算持有 L 类股票 h 期，则其净预期收益率为 $E(r_L) - c_L/h$。

根据经典 CAPM，均衡时所有证券的预期收益率为 r，则 L 类股票的毛预期收益率为 $r + xc_L$，I 类股票的毛预期收益率为 $r + yc_I$，其中 x 和 y 都小于 1[②]。由此，L 类股票对持有期为 h 的投资者而言，其净收益率为 $(r + xc_L) - c_L/h = r + c_L(x - 1/h)$；$I$ 类股票的净收益率为 $r + c_I(y - 1/h)$；无风险资产的净收益率为 r。图 6.6 显示了在投资者持有 L

[①] 本部分的研究借鉴了博迪等的研究和表述思路。可参阅 Bodie Z, Kane A, Marcus A J. Investments. 5th ed. New York：The McGraw-Hill Companies，2002.

[②] 否则分散化的资产组合的净收益率将高于无风险资产的净收益率。

类股票、I 类股票和无风险资产三种类型证券时,各证券净收益率曲线随持有期而变化的情况。

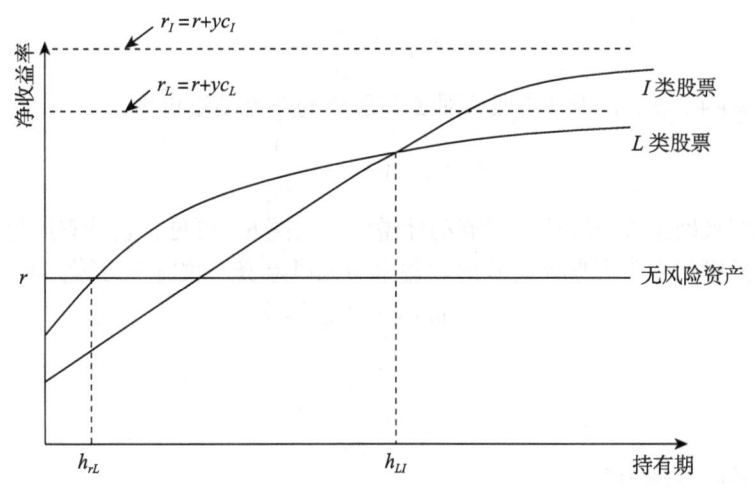

图 6.6　净收益率曲线与持有期

根据前面对流动费用的分析,持有期越短,两类股票的流动费用越高,从而其净收益率就越低。当持有期短到一定程度,如短于图 6.6 中的 h_{rL} 时,两类股票的收益率都低于无风险资产,投资者将选择完全持有无风险资产;随着持有期的延长,股票的毛收益率(从而其净收益率)将超过无风险资产,其中对于流动性较好的 L 类股票而言,只要对其的持有期超过 h_{rL},其收益率就会高于 r,投资者就会选择持有 L 类股票而放弃无风险资产;随着持有期的进一步延长,如超过图 6.6 中的 h_{LI} 时,由于 $c_I>c_L$,I 类股票的净收益率大于 L 类股票[①],投资者将选择流动性较差但毛收益率较高的 I 类股票。

(二)均衡(非)流动溢价的决定

首先我们来看 I 类股票的非流动溢价。由图 6.6 可见,当持有期为 h_{LI} 时,I 类股票和 L 类股票的收益率从边际上是相等的,即

$$r+c_L(x-1/h_{LI})=r+c_I(y-1/h_{LI}) \tag{6.24}$$

求解 y,得到:

$$y=\frac{1}{h_{LI}}+\frac{c_L}{c_I}\left(x-\frac{1}{h_{LI}}\right) \tag{6.25}$$

非流动股票的预期毛收益率为

$$r_I=r+c_Iy \tag{6.26}$$

将式(6.25)代入式(6.26),得

---

① 这里我们可以从另一个角度进行理解:对流动性高的资产来说,持有期越长,其流动性优势越不显著;而对流动性低的资产而言,持有期越长,其非流动性的劣势越不显著。

$$r_I = r + \frac{c_I}{h_{LI}} + c_L\left(x - \frac{1}{h_{LI}}\right)$$

$$= r + c_L x + \frac{1}{h_{LI}}(c_I - c_L) \tag{6.27}$$

已知 $r_L = r + c_L x$，因此 I 类股票对 L 类股票的非流动溢价为

$$r_I - r_L = (c_I - c_L)\frac{1}{h_{LI}} \tag{6.28}$$

其次我们来确定 L 类股票的非流动性溢价。由图6.6可见，当持有期位于 h_{rL} 点时，边际投资者投资于 L 类股票所得到的收益率与无风险资产收益率相等，即

$$r + c_L(x - 1/h_{rL}) = r \tag{6.29}$$

可得

$$x = \frac{1}{h_{rL}} \tag{6.30}$$

则 L 类股票的收益率为

$$r_L = r + xc_L = r + \frac{1}{h_{rL}}c_L \tag{6.31}$$

从而得到 L 类股票①对于无风险资产②的非流动性溢价为

$$r_L - r = \frac{1}{h_{rL}}c_L \tag{6.32}$$

式（6.27）和式（6.32）即非流动性溢价的确定公式。由这两个公式我们得到如下结论：①均衡预期收益率应足以弥补交易费用；②非流动性溢价是交易费用的非线性函数，且两者呈负相关关系；③式（6.28）显示，I 类股票的非流动溢价高于 L 类股票的非流动溢价 $1/h_{LI}$；式（6.32）则显示 L 类股票的非流动性溢价高于无风险资产的非流动性溢价 $1/h_{rL}$。

根据上述结论，再加上 $h_{LI} > h_{rL}$，我们的最终结论是，随着非流动资产不断注入投资组合，投资组合的非流动效应增加额在逐步下降。

（三）引入相关资产后的流动性CAPM

上述的分析和推导过程我们假定所有资产都是不相关的。现在引入存在系统性风险且彼此相关的资产。这里我们假定，对每一水平的 β，在该风险等级中都存在大量证券，且这些证券都有不同的交易费用。由此，我们以上的分析就可应用于每一风险等级，其结果是将非流动溢价加到系统性风险溢价——CAPM风险溢价之中，这样，我们即得到包括流动性效应的CAPM：

$$E(r_i) - r_f = \beta_i\left[E(r_M) - r_f\right] + f(c_i) \tag{6.33}$$

---

① 虽然该类股票可以流动，但它也存在流动性费用，因此它并不是一种完全流动的资产，换言之，该类股票也存在一定程度的非流动性。

② 如果我们以短期国库券代表无风险资产，由于短期国库券基本没有流动性费用，它近似于一种完全流动的资产。

式中，$f(c_i)$ 为在 i 证券交易费用确定的条件下，测度非流动溢价效应的交易费用的函数，并且 $f(c_i)$ 为关于 c_i 的一阶单调递增函数，其二阶导数为负。

▶本章小结

CAPM 所要解决的问题是，在资本市场中，当投资者采用马科维茨资产组合理论选择最优资产组合时，资产的均衡价格是如何在收益与风险的权衡中形成的；或者说，在市场均衡状态下，资产的价格是如何依风险而定的。资本资产定价模型是在如下理论假设的基础上导出的。

（1）投资者通过预期收益和方差来描述和评价资产或资产组合，并按照马科维茨均值方差模型确定其单一期间的有效投资组合；对所有投资者而言，投资起始期间都相同。

（2）投资者为理性的个体，服从不满足和风险厌恶假定。

（3）存在无风险利率，投资者可以按该利率进行借贷，并且对所有投资者而言，无风险利率都是相同的。

（4）不存在任何手续费、佣金，也没有所得税及资本利得税，即市场不存在任何交易成本。

（5）所有投资者都能同时自由迅速地得到有关信息，即资本市场是有效率的。

（6）所有投资者关于证券的期望收益率、方差和协方差都有一致的预期。

在上述假设基础上，通过资本市场线（CML）和 β 系数定理，我们可得到经典 CAPM。资本市场线是指投资者可能达到的最优资本配置线。它是在以预期收益和标准差为坐标的图中，表示风险资产的有效率组合与一种无风险资产再组合的有效率的组合线。资本市场线上任何一点都表示风险资产和无风险资产相结合而得到的风险与期望收益的组合。对一个市场资产组合而言，资本市场线的方程为

$$E(R_p) = R_f + \frac{E(R_M) - R_f}{\sigma_M} \sigma_P \qquad (1)$$

β 系数定理如下所示：当假设在资产组合中包括无风险资产，那么，当市场达到买卖交易均衡时，任意风险资产的风险溢价 $E(r_i) - r_f$ 与全市场组合的风险溢价 $E(r_M) - r_f$ 成正比，该比例系数即 β 系数。该定理可以表示为

$$E(r_i) - r_f = \beta_i \left[E(r_M) - r_f \right] \qquad (2)$$

其中：

$$\beta_i = \mathrm{cov}(r_i, r_M) / \sigma_M^2 \qquad (3)$$

将式（3）的 β 系数代入式（1），得到

$$E(r_i) = r_f + \left[E(r_M - r_f) \right] \beta \qquad (4)$$

该式即 CAPM 的经典形式——期望收益-β 关系。

CAPM 认为，证券的风险溢价与 β 和市场资产组合的风险溢价是成比例的，即证券的风险溢价等于 $\beta \left[E(r_M - r_f) \right]$。由此我们即可得到证券市场线。证券市场线即预期收益-β

关系线，将这一关系表示在以预期收益和 β 值为坐标的平面上，即构成一条以 r_f 为起点的射线，该射线即证券市场线。证券市场线与资本市场线的区别如下：①CML 用于描述无风险资产与风险资产组合后的有效资产组合的风险溢价，它是资产组合标准差的函数；而证券市场线描述的是任何一种资产或资产组合的收益和风险之间的关系，其测度风险的工具是 β 值，即单个资产的风险对资产组合方差的贡献度。②由我们对资本市场线的研究可见，只有有效组合才落在 CML 上，而非有效组合将偏离 CML；但无论是有效组合还是非有效组合，当市场均衡时，所有的证券都落在证券市场线上。

在上述研究基础上，针对 CAPM 的前提假设做了修改，以及加入了 CAPM 没有考虑到的因素，这样，就产生了基于经典 CAPM 的扩展形式。

一个扩展即零 β 资产组合模型。CAPM 的假设条件 3 指出，存在无风险利率，投资者可以按该利率进行借贷，并且对所有投资者而言无风险利率都是相同的。但是，当借入受到限制时，比如由于投资者要支付违约溢价，从而其借入资金的利率高于贷出资金的利率。我们通过加入限制性借款的条件，即将经典 CAPM 扩展为了零 β 模型：

$$E(r_i) = E[r_{Z(M)}] + E[r_M - r_{Z(M)}]\frac{\text{cov}(r_i, r_M)}{\sigma_M^2} \tag{5}$$

该式即零 β 资产组合模型。其中的 $E[r_{Z(M)}]$ 即最小方差边界上的零 β 伴随性资产组合的期望收益率，它取代了式（4）中的无风险收益率 r_f。

另外一个对经典 CAPM 的扩展形式即流动性 CAPM。经典 CAPM 的第四个假定是市场不存在任何交易成本。换言之，任何证券都具有完全的流动性。然而，我们从交易实际中看到，所有证券交易都有交易费用，没有什么证券具有完全的流动性。也正因此，投资者更愿意选择那些流动性高且交易费用低的资产，由此也就导致了流动性高的资产预期收益也高，而流动性低的资产将低价交易，即非流动性溢价会体现在资产价格中。换言之，流动性是影响资产定价的重要因素。包括流动性效应的 CAPM 为

$$E(r_i) - r_f = \beta_i[E(r_M) - r_f] + f(c_i) \tag{6}$$

式中，$f(c_i)$ 是在 i 证券交易费用确定的条件下，测度非流动溢价效应的交易费用的函数；并且 $f(c_i)$ 是关于 c_i 的一阶单调递增函数，其二阶导数为负。

从理论上看，经典 CAPM 的应用主要体现在资产估值和资产配置两个方面。而其在实际中的应用，即用于企业对投资项目的选择。

> 练习题

一、概念题

1. CAPM 的假设前提。
2. 资本市场线的定义、方程、图形与特点。
3. CAPM 的方程表述及其含义。
4. 证券市场线的含义、图形及其与资本市场线的比较。

二、简答题

1. CAPM 所要解决的问题是什么？
2. 简述 β 系数定理。
3. CAPM 如何表达了风险与期望收益的关系？
4. 证券市场线与资本市场线的比较。
5. 什么是资产的错误定价，它是如何表达的？

三、计算分析题

1. 如果 $E(r_P)=17\%$，$r_f=5\%$，$E(r_M)=15\%$，请计算该组合的 β 值。

2. 假定借款受到限制，即零 β 资本资产定价模型成立。给定市场资产组合的预期收益率是 17%，零 β 资产组合的预期收益率是 8%，那么 β 值为 0.7 的资产组合的预期收益率是多少？

第七章

因素模型与套利定价理论

第四章我们已指出,在实际应用中,马科维茨方法受到的一个限制是,其所需要的计算量巨大。例如,如果一个投资者能够详细分析 3 800 只股票,即大约相当于目前在我国深圳和上海两个交易所上市的所有股票,就需要对近 723 万个数据进行估计,对投资决策的时效性而言,这将是一个无法完成的任务。

进一步而言,我们介绍了如何将风险分解为市场风险和公司特有风险,然而对 CAPM 的实证检验发现,除了 β 值影响证券预期收益率以外,还有其他的市场风险因素会对预期收益率产生影响,本章将拓展新的方法来处理系统性风险的多层面特征。

第四章第四节已经显示,因素模型的引入会大大简化计算量,而因素模型的另一个重要价值则在于可以用来测度和管理许多经济领域的风险,如经济周期风险、利率或通货膨胀风险、能源价格风险等。通过因素模型,我们可以得到多因素版本的证券市场线,其风险溢价来源于多种风险因素,而每一种都有各自的风险溢价。

套利定价理论本质上是一个多因素模型,它是由 Stephen Ross 在 20 世纪 70 年代中期建立的。从某种意义上来说,它是一种比 CAPM 简单的定价理论。总体上我们可以说:

最优投资组合理论+市场均衡=CAPM

因素模型+无套利=套利定价理论

第一节 因素模型

因素模型是一种假设证券的回报率只与不同的因素波动(相对数)或者指标的运动有关的证券定价模型。

作为一种回报率产生过程,因素模型具有以下三个特点。

第一，因素模型中的因子应该是系统影响所有证券价格的经济因素。

第二，在构造因素模型中，我们假设两个证券的回报率相关（一起运动）仅仅是因为它们对因子运动具有共同反应。

第三，证券回报率中不能由因素模型解释的部分是该证券所独有的，从而与别的证券回报率的特有部分无关，也与因素的运动无关。

如果假设证券回报率满足因素模型，那么证券分析的基本目标就是，辨别这些因素以及确定证券回报率对这些因素的敏感度。依据因素的数量，该类模型可以分为单因素模型（single-factor model）和多因素模型（multifactor model）。

一、单因素模型

证券收益的协方差具有正的确定性，因为相同的经济因素几乎对所有的公司都会产生影响，如经济周期、利率、原材料价格等的变化。如果这些经济因素发生了非预期的变化，则整个证券市场的收益率也会随之发生非预期的变化。这即系统性风险（宏观风险）存在的原因。

此外，股票收益的不确定性还源于股票发行公司所特有的因素，如技术发明、企业文化、品牌等。这样，证券的持有期收益应等于它的初始期望收益加上一项反映未预期到的宏观经济事件影响的随机变量（零期望值），再加上另一项反映公司特有事件的随机变量（零期望值）。用公式表示如下：

$$r_i = E(r_i) + m_i + e_i \tag{7.1}$$

式中，$E(r_i)$ 是证券持有期期初的预期收益，m_i 是证券持有期内非预期的宏观风险对证券收益的影响，e_i 是非预期的公司特有事件的影响。e_i 具有零期望值。注意如果在任何时期宏观经济因素都为 0（如宏观经济没有很大波动），证券收益等于它期初的期望收益值 $E(r_i)$ 加上公司特有事件引起的变动。同时我们假定，非系统因素 e_i 均不相关，且与因素 m_i 不相关。

进一步看，不同企业对宏观经济因素的变化具有不同的敏感性。我们记宏观因素的非预期成分为 F，即宏观因素偏离其期望值的离差，证券 i 对该因素的敏感度为 β_i，则式（7.1）变为

$$r_i = E(r_i) + \beta_i F + e_i \tag{7.2}$$

该式即证券收益的单因素模型。该证券（或组合）收益率的方差为

$$\sigma_i^2 = \beta_i^2 \sigma_F^2 + \sigma_{e_i}^2 \tag{7.3}$$

式中，$\beta_i^2 \sigma_F^2$ 为因素风险；$\sigma_{e_i}^2$ 为非因素风险。

单因素模型具有两个重要的性质。

第一，单因素模型能够大大简化我们在均值—方差分析中的估计量和计算量。单因素模型所需要输入的数据包括：n 个预期收益率 $E(r_i)$ 的估计；n 个敏感度协方差 β_i 的估计；n 个公司特有方差 $\sigma_{e_i}^2$ 的估计；一个宏观经济因素方差 σ_M^2 的估计；共计 $3n+1$ 个估计值。

这样，对于 50 只股票的资产组合，需要计算 151 个估计值，而不是 1 325 个估计

值。对于 3 800 只在我国深圳和上海两个交易所上市的所有股票，所需的估计值是 11 401 个，而不是 723 万个。

第二，风险的分散化。由式（7.3）可见，一个投资组合的因素风险既包括了系统性风险，即 $\beta_P = \sum_{i=1}^{N} \omega_i \beta_i$，又包括了非系统性风险—— $\sigma_{eP}^2 = \sum_{i=1}^{N} \omega_i^2 \sigma_{ei}^2$。根据平均法则，随着组合中证券数量 W_i 的增加，系统性风险将平均化，非系统性风险（都是相互独立的）将越来越小（具有零期望值），即这部分风险是可分散的。

案例 7.1

GDP的预期增长率对证券收益率的影响

假设有表 7.1 所示的数据。

表 7.1 单因素模型举例

时间	I_{GDP_t}	股票 A 收益率
第 1 年	5.7%	14.3%
第 2 年	6.4%	19.2%
第 3 年	8.9%	23.4%
第 4 年	8.0%	15.6%
第 5 年	5.1%	9.2%
第 6 年	2.9%	13.0%

将表 7.1 的数据绘制到以横轴表示 GDP 的超额增长率，纵轴表示股票 A 的回报率的图中，如图 7.1 所示。

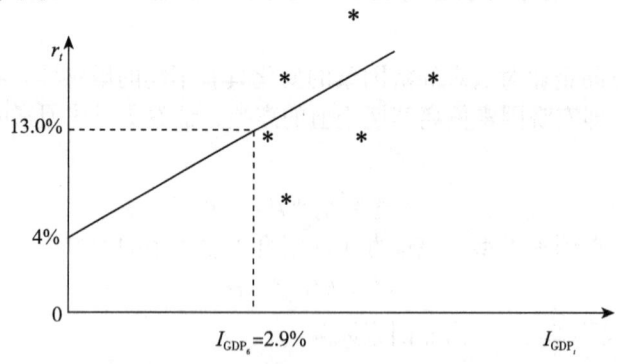

图 7.1 证券 A 收益率与 GDP 回归图

图 7.1 中的每一点都表示在给定的年份，股票 A 的回报率与 GDP 超额增长率的组合点。在图 7.1 中，零因子是 4%，这是 GDP 和预期增长率相同时，A 的回报率。通过线性回归，我们得到一条符合这些点的直线（极大似然估计）为

$$r_t = 4\% + 2I_{GDP_t} + e_t$$

这是由 GDP 增长率因素所决定的证券收益率的单因素模型。这条直线的斜率为 2，说明 A 的回报率与 GDP 超额增长率有正的关系；该值表明 A 的回报率对 GDP 超额增长率的敏感度为 2，即高的 GDP 的超额增长率一定伴随着高的 A 的回报率。如果 GDP 的超额增长率是 5%，则 A 的回报率为 14%。如果 GDP 的超额增长率增加了 1%，增长至为 6% 时，则 A 的回报率增加 2%，即 16%。GDP 增长率越大，A 的回报率越高。

本案例中，第 6 年的 GDP 的超额增长率为 2.9%，A 的实际回报率是 13.0%。因此，A 的回报率的特有部分（由 e_t 给出）为 3.2%：给定 GDP 的超额增长率为 2.9%，从 A 的实际回报率 13% 中减去 A 的期望回报率 9.8%。

从案例可以看出，A 在任何一期的回报率包含了三种成分：
（1）在任何一期都相同的部分，即零因子 α_i；
（2）依赖于 GDP 的超额增长率，每一期都不相同的部分 β GDP；
（3）属于特定一期的特殊部分 e_t。

二、单指数模型

单因素模型没有给出因素 F 的具体测度和明确界定。夏普（Sharpe，1963）提出的单指数模型认为，可以用市场指数作为一般宏观因素的有效代表，即夏普假设影响资产价格波动的主要因素是市场总体价格水平（即价格指数），并据此提出某资产收益率与市场收益率之间呈线性相关关系。这即单指数模型，它用市场指数来代表系统性因素。

根据单因素模型[式（7.2）]，实际上我们可以把证券的收益率分为三部分：① α_i，它是指当市场超额收益 $r_M - r_f$ 为 0 时证券 i 的期望超额收益率；② $\beta_i(r_M - r_f)$，即证券 i 收益受到整个市场因素影响的部分，其中 β_i 是市场因素对证券 i 收益的影响程度；③ e_i，即证券发行公司的特有因素对证券 i 收益的影响。这样，证券持有期的超额收益为

$$r_i - r_f = \alpha_i + \beta_i(r_M - r_f) + e_i \tag{7.4}$$

如果我们以 R 代表超额收益，则式（7.4）变为

$$R_i = \alpha_i + \beta_i R_M + e_i \tag{7.5}$$

这即单指数模型。它表明每个证券的收益受到两种风险的影响：一个是系统性风险，它表现在 R_M 上；一个是企业特有的风险（非系统性风险），它反映在 e_i 上。由此证券 i 收益率的方差也受到两部分的影响：一是源于宏观因素不确定性的方差，记为 $\beta_i^2 \sigma_M^2$，其中 σ_M^2 即市场超额收益 R_M 的方差；二是源于公司特有因素不确定性的方差，即 $\sigma^2(e_i)$。

因为 e_i 是公司特有的不确定性，即独立于市场的因素，所以 e_i 和 R_M 的协方差为零。从而证券 i 收益率的方差为

$$\sigma_i^2 = \beta_i^2 \sigma_M^2 + \sigma^2(e_i) \tag{7.6}$$

组合中任意两种证券 i 和 j 的相关系数则可以表达为

$$\text{cov}(R_i, R_j) = \text{cov}(\alpha_i + \beta_i R_M + e_i,\ \alpha_j + \beta_j R_M + e_j) \tag{7.7}$$

由于 α_i 和 α_j 是常数，因此它们与任何变量的相关系数为零；又由于公司特有因素 e_i、e_j 与市场无关，且相互之间无关。因此两种证券之间的相关系数仅仅源于它们共同依赖的因素 R_M。也就是说，证券之间的相关系数源于每个证券都不同程度地依赖于宏观经济运行的状态，即

$$\text{cov}(R_i, R_j) = \text{cov}(\beta_i R_M, \beta_j R_M) = \beta_i \beta_j \sigma_M^2 \tag{7.8}$$

以单指数模型考察中国证券投资基金的投资组合

这里我们应用单指数模型，研究我国大成基金管理有限公司所管理的大成价值增长证券投资基金投资组合的风险与收益。该基金的投资策略和目标如下：以价值增长类股票为主构造投资组合，在有效分散投资风险的基础上，通过资产配置和投资组合的动态调整，达到超过市场的风险收益比之目标，实现资金资产的长期稳定增值。

我们选取该基金所公布的 2014 年第 1 季度报告中披露的投资组合为研究标的，报告期为 2014 年 1 月 1 日至 2014 年 3 月 31 日。我们计算了基金实际组合中持有比例的前十大股票的情况，见表 7.2。

表 7.2 报告期末按市值占基金资产净值比例大小排序的前十名股票明细

序号	股票代码	股票名称	数量/股	市值/元	市值占基金资产净值比例
1	601318	中国平安	9 514 967	357 382 160.52	5.54%
2	600000	浦发银行	36 000 000	349 920 000.00	5.42%
3	600016	民生银行	40 887 472	313 198 035.52	4.86%
4	000002	万科A	32 184 843	260 375 379.87	4.04%
5	601166	兴业银行	24 000 000	228 480 000.00	3.54%
6	000333	美的集团	4 100 000	184 828 000.00	2.87%
7	600518	康美药业	10 599 868	171 717 861.60	2.66%
8	601668	中国建筑	56 535 291	164 517 696.81	2.55%
9	000826	桑德环境	5 000 000	137 400 000.00	2.13%
10	600859	王府井	7 225 218	122 900 958.18	1.91%

我们运用单指数模型计算了基金组合中持有比例为前十大股票的风险与收益，见表 7.3。研究中模型的计算周期为周；无风险收益选取 2014 年一年期居民储蓄定期存款利率 3%（换算为周利率=0.062 5%）；个股的 β 系数通过一元线性回归求得，为周 β 系数；考虑到我国股票实际上很少分配现金股利及股票股利，在不影响计算精度的前提下，为了简化计算，本案例的周收益率计算不考虑股利因素。

表 7.3 大成基金所持十大股票 Sharp 单指数模型表

股票代码	601318	600000	600016	000002	601166	000333	600518	601668	000826	600859
平均周收益率	0.022 7	0.133 6	0.216 7	0.043 5	0.125 8	0.009 3	0.164 9	0.018 3	0.315 5	−0.195 5
平均周 β	1.369 3	1.473 3	1.354 1	1.251 5	1.447 8	0.451 4	0.676 9	1.008 7	1.092 9	1.346 1

进一步，我们还可以计算该基金组合中上述十只股票所获得的实际风险和收益，然后将其与通过单指数模型的计算所获得的风险与收益进行比较，以便得出更有意义的结论。有兴趣的读者可以对此进行尝试。

三、多因素模型

单因素模型将收益分解为系统和公司特有两个层面是很有说服力的，但将系统性风险限定为由单因素造成的就不那么有说服力了。第六章我们在对经典 CAPM 进行了实证检验中也指出，CAPM 所揭示的影响资产定价的因素并不全面。考虑到影响市场收益的系统性或宏观因素，其又有很多的风险来源，如经济周期、利率和通货膨胀等。如果能找到系统性风险的明确表达，我们就可以发现不同的股票对不同的风险来源的敏感性差异，即 β 值的差异。这使得单因素模型存在进一步改进的空间，我们不难看出，包含多个因素的多因素模型能更好地解释证券收益。除用于建立均衡证券定价模型之外，多因素模型还可以应用于风险管理。这一模型创造了一种简化衡量宏观经济风险的方法，并构造投资组合来规避这些风险。

（一）双因素模型概述

我们从分析双因素模型开始。假设经济周期的不确定性和利率的变动是宏观经济风险的来源，前者我们用未预期到的 GDP 增长率来测度，后者用 IR 表示。任意股票的收益都受到宏观风险及其公司自身的风险所影响。

对上述情况，我们可以把单因素模型扩展成为一个双因素模型，即
$$R_i = \alpha + \beta_{\text{GDP}} \text{GDP}_t + \beta_{\text{IR}} \text{IR}_t + e_i \tag{7.9}$$

式（7.9）的两个宏观经济因素构成了经济中的系统因素。正如在单因素模型中，所有的宏观经济因素的期望值都为 0：这代表这些变量的变化没有被预期到。式（7.9）中每个因素的系数度量了股票收益对该因素的敏感程度。对于大部分公司来说利率上升是坏消息，因此通常利率的 β 值为负。与前面一样，e_i 表示公司特定因素的影响。

接下来考虑两家公司，一家是公用事业公司，一家是航空公司。由于公用事业公司的收益受到政府管制，一般它对 GDP 的敏感性较弱，即有一个"低 GDP β 值"；但可能对利率的敏感度较高，即有一个"负的高利率 β 值"。相反，航空公司的业绩对经济活动非常敏感，而对利率的敏感度较低，即它有一个"高 GDP β 值"和"负的低利率 β 值"。很明显，这种情况下，单因素模型很难对风险因素进行精确处理，而多因素模型即可精确描述不同宏观风险对不同证券的影响。这即多因素模型优于单指数模型的原因所在。

在应用多因素模型时，一个重要的工作是对因素的选择与确定，也就是说，我们在众多的宏观经济因素中，应选择哪些因素作为对证券收益产生影响的宏观风险？一般而言，对因素的选择应遵循两个原则：其一是仅考虑与证券收益直接有关的宏观因素；其二是选择那些投资者最关心的因素。

> **案例 7.3**
>
> **利用多因素模型进行风险评估**
>
> 假设我们运用式（7.9）的双因素模型对某航空公司进行评估，得到如下结果：
>
> $$R = 0.133 + 1.2\text{GDP} - 0.3\text{IR} + e$$
>
> 这告诉我们根据现有的信息，该航空公司的期望收益率为 13.3%，但在当前预期的基础上 GDP 每增加一个百分点，东北航空公司股票的收益率平均增加 1.2%，而对非预期的利率增加一个百分点，其股票收益下降 0.3%。

（二）多因素模型概述

当风险对期望收益有影响时，这一风险是"可定价"的。单因素模型认为，只有市场因素可定价。默顿（Merton，1973）则推导出了多因素的 CAPM，并证明，其他风险来源因素也可定价，这些因素包括劳动收入、重要消费品价格（如能源价格）等。也就是说，对其他风险来源可否定价的研究，构成了多因素模型的理论基础。

多因素模型的一般形式为

$$r_i = a_i + \beta_{i1}F_{1t} + \beta_{i2}F_{2t} + \cdots + \beta_{ik}F_{kt} + e_{it} \tag{7.10}$$

式中，$i = 1,2,\cdots,n$；$j = 1,2,\cdots,m$；且有 $E(e_i)=0$；$\text{cov}(e_i, F_j)=0$；$\text{cov}(e_i, e_j)=0$，$i \neq j$。

第二节 套利定价理论

在一个均衡的资本市场中，所有的资产将遵循"一价法则"，即同一个资产即便在不同的市场上也只有一个均衡价格。当"一价法则"被违反时，就出现了套利机会。套利定价理论即通过对套利条件和行为的研究，揭示出套利定价模型及其对市场均衡的影响。套利定价理论本质上是一个多因素定价模型。

一、有关套利的概念

套利即无风险套利，即对同一个金融产品进行使净投资为零且能赚取正值收益的投资方式或行为。套利与风险套利是对应的概念。套利通常有两种类型：一种是空间套利，另一种为时间套利。

空间套利是指同一资产在同一时间不同市场具有不同的收益率时，投资者利用这一状态所进行的套利行为。例如，投资者在相对高价的市场卖出资产，而在相对低价的市场买入资产。在高价市场出售资产所得资金用于在低价市场购买资产，利用这种高低价市场的价格联系获取套利。

时间套利是指同一资产在不同时间具有不同的收益率时，投资者利用此状态所进行的套利投资行为。例如，投资者在当前购买（或卖出）一种资产，同时承诺在将来某个时间卖出（或买进）该项资产。它是在两个不同的时间同时进行的买卖同一种资产的行为。

套利机会的大量和持续性出现，意味着市场处于非均衡状态，此时投资者的套利行为将最终消除套利机会，使市场恢复均衡。这一状态下的市场称为无套利均衡，它是指即使很少的投资者能发现套利机会，并动用大笔资金获利，市场也能通过价格变动，很快恢复均衡。

套利定价理论中"无风险套利"行为的特点如下：①总投资为零。②不承担风险，一种情况是风险因素相抵消，如不同的市场中买卖同一不同定价的证券；另一种情况是在确凿的市场参数条件下，虽然标的并非完全相关，但确凿的市场参数预期使得投资行为是近似无风险的。③套利主体不确定，不一定为所有投资者。动作"剧烈"，少数投资者发现套利机会，做出巨大的头寸。④瞬时性。

二、套利定价理论的假设和主要观点

（一）假设

（1）市场是完全竞争的、无摩擦的，用以保证套利的可实施性。

（2）投资者是非满足的：当投资者具有套利机会时，他们会构造套利证券组合来增加自己的财富。这也说明套利具有主观性。

（3）所有投资者有相同的预期：任何证券 i 的回报率满足多因素模型[式（7.10）]。预期不同属风险套利。

（4）市场上的证券的种类远远大于因子的数目 k，保证有足够多的证券来分散掉不同的风险。

（二）主要观点

（1）套利行为是利用同一资产的不同价格赚取无风险利润的行为；在一个高度竞争的、流动性强的市场中，套利行为将导致差价的消失，最终使市场趋于均衡。

（2）套利定价理论认为，套利行为是市场效率（市场均衡）的决定因素之一。如果市场未达到均衡，市场上即存在套利机会，投资者即会利用差价买入或卖出，直至套利机会消失，市场达到均衡。

（3）套利机会主要表现于差价的存在，因此凡是影响价格的因素都会影响套利机会。

（4）根据无套利均衡原则，在因素模型下，具有相同因素敏感性的资产（组合）应提供相同的期望收益率。

三、构造有效套利组合需满足的条件

一个有效的套利组合必须同时满足如下三个条件。

（1）应是一个不需要投资者增加额外资金的组合。以 Δx_i 表示投资者对证券 i 的持有量的改变量，则该条件要求：

$$\Delta x_1 + \Delta x_2 + \cdots \Delta x_n = 0 \tag{7.11}$$

即组合中各证券之间的持有量具有替代性（有增加就有减少），但组合中所有证券持有量的总体变化为 0（增减抵消）。这一条件表明投资者一方面要大量购入头寸，另一方面还要大量卖出头寸；而且买卖行为是同时进行的。

（2）该组合对任何因素都没有敏感性，即组合不存在额外风险。即

$$\beta_{pj} = 0 \tag{7.12}$$

这正是无风险套利的原因。

（3）组合的预期收益必须为正，即

$$x_1 E(r_1) + x_2 E(r_2) + \cdots + x_n E(r_n) > 0 \tag{7.13}$$

否则构建组合无意义。

可见，有效的套利组合是有吸引力的：不需要额外资金、无额外风险、收益为正。

套利投资组合的构造

假设有如表 7.4 所示参数。

表 7.4 有关参数

股票	当前价格/元	预期收益率	标准差
股票 A	10	25.0%	29.58%
股票 B	10	20.0%	33.91%
股票 C	10	32.5%	48.15%
股票 D	10	22.25%	8.58%

投资者不同情况下的预期收益率如表 7.5 所示。

表 7.5 不同情况下预期收益率

不同情况	预期收益率			
	高实际利率		低实际利率	
	高通货膨胀率	低通货膨胀率	高通货膨胀率	低通货膨胀率
概率	0.25%	0.25%	0.25%	0.25%
股票 A	−20%	20%	40%	60%
股票 B	0	70%	30%	−20%
股票 C	90%	−20%	−10%	70%
股票 D	15%	23%	15%	36%

将表 7.5 中不同概率下的预期收益率代入期望收益率计算公式，并依据相关系数计算公式，我们即得到如表 7.6 所示的结果。

表 7.6 计算结果 1

统计的收益率						
现行价/元	期望收益率	标准差	相关系数			
			股票 A	股票 B	股票 C	股票 D
10	25%	29.58%	1.00	−0.15	−0.29	0.68
10	20%	33.91%	−0.15	1.00	−0.87	−0.38
10	32.5%	48.15%	−0.29	−0.87	1.00	0.22
10	22.25%	8.58%	0.68	−0.38	0.22	1.00

从表 7.6 的原始收益预期收益可观察到，股票 A 与 B 和 C 之间存在着负相关性，可通过组合来降低风险。

将 A、B、C 按等比例方式构造一投资组合，可分别计算出每种经济状态下该组合的收益，从而可计算出该组合的收益率和标准差。

同理，可以计算出这一组合与 D 之间的相关系数。以上计算结果如表 7.7 所示。

表 7.7 计算结果 2

计算内容	预期收益率	标准差	相关性
由 A、B、C 组成的资产组合	25.83%	6.40%	0.94
股票 D	22.25%	8.58%	

将表 7.7 的结果绘制为图 7.2，我们可直观比较组合与股票 D 的风险与收益。

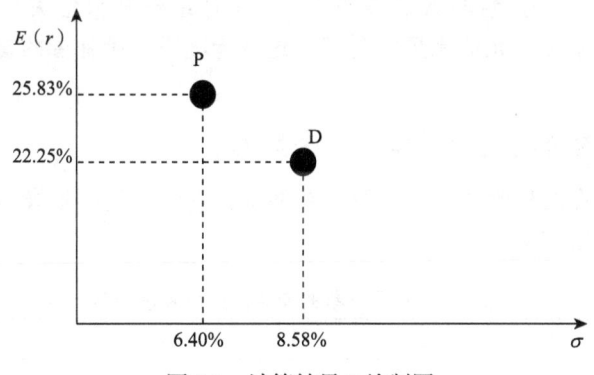

图 7.2 计算结果 2 绘制图

据此，我们可做如下套利操作：卖空股票 D，购买 1 份由 A、B、C 组成的资产组合 P。由此得到的回报：多头组合 P 的回报率高于空头资产 D 的回报率。

四、套利定价模型

套利定价模型也可以分为单因素模型和多因素模型。

（一）单因素套利定价模型

假设只有单个系统性因素影响证券的收益，即考察一个单因素的情况。在这一模型中，证券收益的不确定性来自两个方面：系统性因素和公司特有的因素。如果我们用 F 代表系统性因素的影响，β_i 表示公司 i 对该因素的敏感性，ε_i 表示公司 i 特定因素的扰动，则该单因素模型可以表述为

$$r_i = E(r_i) + \beta_i F + \varepsilon_i \qquad (7.14)$$

式中，所有非系统性收益 ε_i 之间均相互独立，同时与 F 相互独立。

套利组合

假设一个充分分散化的投资组合 A，其 $\beta_A = 1$，预期收益为 10%，则该投资组合的收益为

$$E(r_A) + \beta_A F = 10\% + 1 \times F$$

如果宏观因素发生积极的变化，即 F 为正值，投资组合的收益将超过预期收益，反之如果 F 为负值，则收益将低于平均值。

进一步，假设存在另一投资组合 B，其预期收益为 8%，$\beta_B = 1$。那么，组合 A 和组合 B 如果同时存在，将导致套利机会的出现。以数字为例表述就是，如果我们做 100 万元的组合 B 的空头，同时买入 100 万元组合 A，即实施一项净投资为零的策略，我们将获利 2 万元。即

$$[(0.1 + 1 \times F) \times 100 \text{万元}] - [(0.8 + 1 \times F) \times 100 \text{万元}] = 2 \text{万元}$$

    资产组合 A 做多头   资产组合 B 做空头

即我们获得了净收益 2 万元的无风险利润。这种情况下，投资者的套利行为必将使利差消失。

（二）双因素套利定价模型：一个案例

假如市场上存在四种股票，每个投资者都认为它们满足因素模型，且具有表 7.8 所示的期望回报率和敏感度。

表 7.8 四只股票的期望回报率和敏感度

股票	$\bar{r}_i$	β_{i1}	β_{i2}
股票 1	15%	0.9	2.0
股票 2	21%	3.0	1.5
股票 3	12%	1.8	0.7
股票 4	8%	2.0	3.2

假设某投资者投资在每种股票上的财富为 5 000 元，投资者现在总的投资财富为 20 000 元。我们先看看这个证券市场是否存在套利证券组合。显然，一个套利证券组合 $(\omega_1, \omega_2, \omega_3, \omega_4)$ 是下面四个方程的解。

初始成本为零：
$$\omega_1 + \omega_2 + \omega_3 + \omega_4 = 0$$

对因子的敏感度为零：
$$0.9\omega_1 + 3.0\omega_2 + 1.8\omega_3 + 2.0\omega_4 = 0$$
$$2.0\omega_1 + 1.5\omega_2 + 0.7\omega_3 + 3.2\omega_4 = 0$$

期望回报率为正：
$$0.15\omega_1 + 0.21\omega_2 + 0.12\omega_3 + 0.08\omega_4 > 0$$

满足这四个条件的解有无穷多个。例如，（0.1，0.088，-0.108，-0.08）就是一个套利证券组合。这时候，投资者如何调整自己的初始财富 20 000 元？

答案是，因为（0.1，0.088，-0.108，-0.08）是一个套利证券组合，所以，每个投资者都会利用它。从而，每个投资者都会购买股票1和2，而卖空股票3和4。由于每个投资者都采用这样的策略，必将影响证券的价格，相应地，也将影响证券的回报率。

特别地，由于购买压力的增加，股票1和2的价格将上升，而这又导致股票1和2的回报率下降。相反，由于销售压力的增加，股票3和4的价格将下降，这又使得股票3和4的回报率上升。

这种价格和回报率的调整过程一直持续到所有的套利机会消失为止。此时，证券市场处于均衡状态。在这时的证券市场里，不需要成本、没有因子风险的证券组合的期望回报率必为零。

这样，无套利时，四种证券的期望回报率和因子敏感度 β_{i1} 与 β_{i2}，对任意组合 $(\omega_1, \omega_2, \omega_3, \omega_4)$，如果：
$$\omega_1 + \omega_2 + \omega_3 + \omega_4 = 0$$
$$b_{11}\omega_1 + b_{21}\omega_2 + b_{31}\omega_3 + b_{41}\omega_4 = 0$$
$$b_{12}\omega_1 + b_{22}\omega_2 + b_{32}\omega_3 + b_{42}\omega_4 = 0$$

则必有
$$\overline{r}_1\omega_1 + \overline{r}_2\omega_2 + \overline{r}_3\omega_3 + \overline{r}_4\omega_4 = 0$$

根据 Farkas 引理，必存在常数 λ_0，λ_1，λ_2，使得下面的公式成立：
$$E(r_i) = \lambda_0 + \lambda_1\beta_{i1} + \lambda_2\beta_{i2} \tag{7.15}$$

该式即双因素套利定价模型。

五、对套利定价理论的进一步研究

（一）因素的识别与估计

套利定价理论对系统风险进行了细分，而且又能够测量每项资产对各种系统因素的敏感系数，因而可以使投资组合的选择更准确，对实际的组合策略更具有指导意义。要利用套利定价理论来定价，首先必须辨别市场中重要的因素的类别，并对因素进行估计。

1. 因素的识别

直观上来说,因为股票的价格应视为将来红利的贴现值,而将来的红利与总的经济状况如 GDP 增长率或工业生产的增长率有关;贴现率则与通货膨胀率和利率有关。所以,重要的因子应具有以下特征:①它们应该包含表明总的经济行为的指标;②它们应该包含通货膨胀;③它们应该包含某种利率。

一般而言,在学术研究和实际分析中,我们会确定 3~5 个因素。例如,根据特定的研究,可以设定 GDP 增长率、长短期利率差、石油价格变化率、国防开支增长率等。

上述因素的识别的理论基础与指导思想来源于宏观经济学、微观经济学、产业组织、基本分析。

2. 因素模型的估计

主要应用如下方法进行估计。

(1)时间序列方法(times-series approaches),这是最直观的方法。该方法假设投资者事先知道影响证券回报率的因素,其中准确度量因素值是关键。

(2)横截面方法(cross-sectional approaches),即先估计敏感度,再估计因素的值。应用时要注意计量经济学上与时间序列方法的区别。

(3)因子分析方法(factor-analytic approaches)。当我们既不知道因素的值,也不知道对因素的敏感度的情况下,适用该方法。

(二)因素模型与 CAPM 的区别

单因素模型可以表述为

$$E(r_i) = \alpha + \beta_i F \tag{7.16}$$

CAPM 则表述为

$$E(r_i) = r_f + \beta_i (r_m - r_f) \tag{7.17}$$

两者在理论上的区别在于:其一,因素模型不是均衡模型,而 CAPM 为均衡模型;其二,在 CAPM 中,β 值相同的证券回报率相同,但在因素模型中,β 相同的证券回报率不一定相同;其三,两者的出发点不同,因素模型假设证券的回报率只与不同的因素波动或指标的运动有关,而 CAPM 依据风险资产的风险溢价与全市场组合的风险溢价间的关系而确定。

> **本章小结**

股票收益的不确定性大体上源于两方面:一个是系统性风险(宏观风险);另一个是股票发行公司所特有的因素。由此可得到证券收益的单因素模型,$E(r_i)$ 是证券持有期期初的预期收益,m_i 是证券持有期内非预期的宏观风险对证券收益的影响,e_i 是非预期的公司特有事件的影响。e_i 具有零期望值,则证券的持有期收益为

$$r_i = E(r_i) + m_i + e_i \tag{1}$$

记宏观因素的非预期成分为 F,证券 i 对该因素的敏感度为 β_i,则该证券(或组

合）收益率的方差为

$$\sigma_i^2 = \beta_i^2 \sigma_F^2 + \sigma_{e_i}^2 \tag{2}$$

单因素模型不仅能够大大简化在均值—方差分析中的估计量和计算量，而且有利于风险的分散化。但是，它没有给出因素 F 的具体测度和明确界定。单指数模型用市场指数来代表系统性因素的方法解决了上述问题，其具体形式为

$$R_i = \alpha_i + \beta_i R_M + e_i \tag{3}$$

式中，R 代表超额收益 $(R_i = r_i - r_f; R_M = r_M - r_f)$；$\beta_i$ 是市场因素对证券 i 收益的影响程度；e_i 即证券发行公司的特有因素对证券 i 收益的影响。

则证券 i 收益率的方差为

$$\sigma_i^2 = \beta_i^2 \sigma_M^2 + \sigma^2(e_i) \tag{4}$$

证券之间的相关系数为

$$\text{cov}(R_i, R_j) = \text{cov}(\beta_i R_M, \beta_j R_M) = \beta_i \beta_j \sigma_M^2 \tag{5}$$

单因素模型将收益分解为系统的和公司特有的两部分，而宏观因素本身又受到多种因素的影响，因此需要构建多因素模型。多因素模型认为，不仅市场因素可定价，其他风险来源因素也可定价，这些因素包括劳动收入、重要消费品价格（如能源价格）等。其一般形式为

$$r_i = a_i + \beta_{i1} F_{1t} + \beta_{i2} F_{2t} + \cdots + \beta_{ik} F_{kt} + e_{it} \tag{6}$$

在多因素定价模型的基础上，形成了通过对套利条件和行为的研究以揭示套利定价模型及其对市场均衡的影响的套利定价理论。

套利即无风险套利，即对同一个金融产品进行使净投资为零且能赚取正值收益的投资方式或行为。通常包括空间套利和时间套利两种类型：前者是指同一资产在同一时间不同市场具有不同的收益率时，投资者利用这一状态所进行的套利行为；后者是指同一资产在不同时间具有不同的收益率时，投资者利用此状态所进行的套利投资行为。

一个有效的套利组合应是不需要额外资金、无额外风险、收益为正，因此需要满足以下条件。

（1）不需要投资者增加额外资金。以 Δx_i 表示投资者对证券 i 的持有量的改变量，则该条件要求：

$$\sum_{i=1}^{n} \Delta x_i = 0 \tag{7}$$

（2）该组合对任何因素都没有敏感性，即组合不存在额外风险。即

$$\beta_{pj} = 0 \tag{8}$$

（3）组合的预期收益必须为正，即

$$\sum_{i=1}^{n} x_i E(r_i) > 0 \tag{9}$$

套利定价理论中"无风险套利"行为有以下特点：总投资为零、不承担风险、套利主体不确定、瞬时性。

套利定价理论有四个假设条件，分别如下：市场完全竞争、无摩擦；投资者是非满足的；所有投资者有相同的预期；市场上的证券的种类远远大于因子的数目 k。

套利定价理论的主要观点如下：在一个高度竞争的、流动性强的市场中，套利行为将导致差价的消失，最终使市场趋于均衡，因此，套利行为是市场效率（市场均衡）的决定因素之一；凡是影响价格的因素都会影响套利机会；根据无套利均衡原则，在因素模型下，具有相同因素敏感性的资产（组合）应提供相同的期望收益率。

单因素套利定价模型将证券收益的不确定性假定为来自系统性因素和公司特有的因素两个方面，该模型可以表述为

$$r_i = E(r_i) + \beta_i F + \varepsilon_i \tag{10}$$

考虑到多种因素对于套利行为的影响，定义多因素套利定价模型：

$$E(r_i) = \lambda_0 + \sum_{k=1}^{n} \lambda_k \beta_{ik} \tag{11}$$

总之，套利定价模型与资本资产定价模型均是关于证券均衡价格的模型，但是，前者建立在更少更合理的假设之上，并且大大简化了投资者的计算量。套利定价模型以回报率形成的多指数模型为基础，认为具有相同因素敏感性的证券或组合必然要求有相同的预期回报率，否则，就会出现套利机会。投资者将建立套利组合，利用这些套利机会，最终导致套利机会消失，市场达到均衡，资产的均衡预期回报率是其因素敏感性的线性函数。

➢练习题

一、名词解释

套利　空间套利　时间套利　因素模型

二、简答题

1. 因素模型的特点。
2. 单因素模型的性质。
3. 一个有效的套利组合必须同时满足的条件。
4. 因素模型与 CAPM 的区别。
5. 因素模型和套利定价模型中的 β 值有什么区别或联系吗？

第八章

有效市场假说

有效市场假说既是现代微观金融学的又一理论支柱,又是判断资本市场效率的理论依据,并决定着实际投资中的投资策略。什么样的市场才是有效的,市场有效性程度的划分及其相应特征是什么,这就是有效市场假说要回答的核心问题。

第一节 有效市场假说的相关介绍

在运转良好的金融市场中,价格反映了所有相关信息,这样的市场就被称为有效市场或效率市场(efficient market)。效率市场理论认为,如果市场是有效的,证券价格即反映了所有相关信息,或者说,证券的真实价值即其现行的市场价格。

一、股票价格的随机游走与市场有效性

20世纪50年代以前,经济学家们一直认为:股票价格是由其"内在价值"决定的,是可以预测的;股价的波动应该是有规律的,即股票价格应围绕其内在价值做有规律的波动。然而1953年英国著名统计学家肯德尔(Maurice Kendall)从对股价波动的统计中发现:股票价格变动没有任何模式可寻,就像"醉汉走步一样",昨天的价格与今天的价格无关,今天的价格与明天的价格无关,股市运动每天都是新的内容,即股票价格完全是随机游走的。

如何解释这一现象呢?有效市场假说提供了答案。市场价格的随机波动反映的正是一个功能良好的、理性的有效市场,即价格已经反映了已知信息,而股价取决于相关信息。首先,股价由供求决定,供求是通过买卖来实现的,投资者买卖股票受其心理预期的影响,而心理预期是投资者在收集、处理相关信息的基础上形成的。其次,随机的"新信息"导致了股价的随机游走。在一定时点上,股价反映了"旧"的相关信息,而

下一时点的股价取决于"新"的相关信息。因为"新"信息的出现是随机而不可预测的，所以股价随机游走。

股票价格的随机游走并不是说市场是非理性的，而恰恰表明这是理性投资者争相寻求新信息，以使自己在别的投资者获得这种信息之前买卖股票而获得利润的结果。产生股票价格随机游走的根本原因在于投资者理性的存在。由于投资者是理性的，任何能够用来对股票价格做预测的信息必定被投资者获得并反映在股票的价格中；而由于价格是公开的，这意味着已经反映价格的"新"信息已经可知，则"新"信息就成了旧信息。此时，如果用已反映价格的信息去预测未来，等价于以旧信息作为决策依据，这种决策就是无效的——未来价格产生什么变化都有可能，即价格是随机游走的。

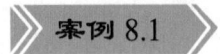

收购消息公布对股票价格的影响

如图 8.1 所示，某一收购消息公布前，股票价格是随机游走的，而在收购消息公布之后，股票价格在新状态运行。

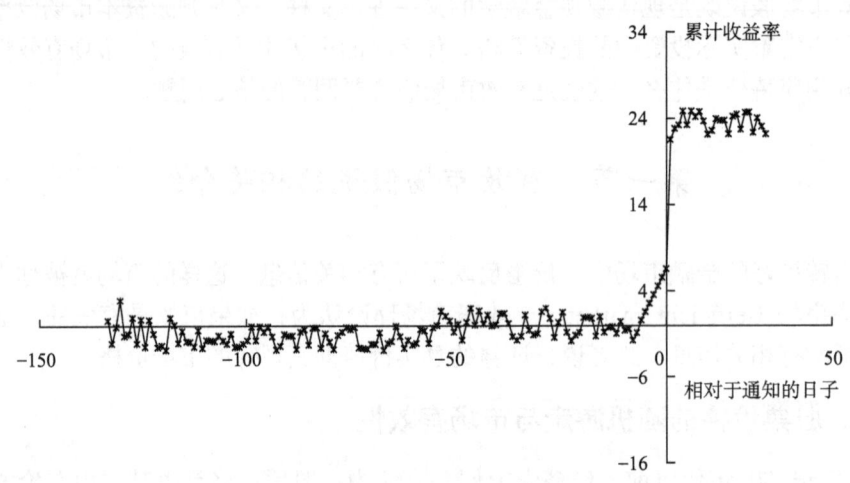

图 8.1　收购消息公布对股票价格的影响

二、有效证券市场的含义及其必备条件

有效市场假说认为，在一个有效的资本市场上，资本品的全部信息都能迅速、完整和准确地被投资者得到，从而投资者可根据这些信息准确判断出该资本品的价值，进而以符合价值的价格购买该资本品。

（一）有效证券市场的含义

根据有效市场假说，在一个有效的证券市场上，证券价格曲线上任一点的价格均真实、准确地反映了该证券及其发行人在该时点的全部信息；同时如果证券市场是有效的，则任何一个在该市场上交易的证券的实际价格，都应全面反映该证券的价值。

如果一个证券市场满足上述条件，则该证券市场是有效的。这里的有效是指价格对信息的反应具有高效率，这种高效率不仅指价格对信息反应的速度，还包括价格对信息反应的充分性和准确性。

（二）有效证券市场需具备的条件

根据上述有效证券市场的含义，一个有效的证券市场需要同时具备如下4个条件。

（1）信息公开的有效性。即证券的全部信息都能真实、及时地在市场上得到公开。

（2）信息获得的有效性。即所有公开有效的信息都能被投资者全面、准确地获得。

（3）信息判断的有效性。即所有投资者都能根据所得到的有效信息做出一致的价值判断。

（4）投资行为的有效性。即所有投资者能够根据获得的信息，做出准确、及时的行动。

三、有效证券市场的分类

根据有效证券市场需要具备的条件，我们可以将市场分为三类，即强有效市场（strong form of EM）、半强有效市场（semi-strong form of EM）和弱有效市场（weak form of EM）。

（一）强有效市场

如果在一个市场中，信息完全公开、信息完全传递、信息被投资者完全解读，且无任何信息时滞及依据此信息采取行动的时滞，也即有效市场的4个条件同时具备，这样的市场即强有效市场。在强有效市场中，股票价格可充分反映一切信息，包括内幕信息、公开信息，以及股票交易的历史信息。强有效市场理论认为，在这样一个市场中，无论对什么信息进行分析，都无法获得超额利润。

（二）半强有效市场

如果一个市场中信息不完全公开，但只要是公开的信息就能够完全传递，被投资者完全解读，且不存在信息时滞。也就是说，有效市场的后3个条件都具备，但信息公开的有效性不具备，即存在着内幕信息。这样的资本市场即属于半强有效市场。在半强有效市场中，股票价格中所反映的信息仅包括公开信息和历史交易信息。

（三）弱有效市场

如果一个证券市场中存在信息不完全公开和信息不完全解读，前者如只公开历史信息，但对现在和未来的信息没有公开，即存在强烈的内幕信息；后者如机构投资者对信息的解读能力和水平大于个人投资者，或者掌握内幕信息者的信息能力大于只掌握公开信息者的信息能力。也就是说，不满足有效市场的第一、第三这两个条件，这一市场即属于弱有效市场。在弱有效市场中，股票价格所反映的信息仅包括历史交易信息。

四、有效市场模型

市场有效性理论给出了不同市场有效性的定性分类。要使市场有效性理论可进行定量检验，就必须明确刻画出价格序列的形成过程，预期收益模型可较好地做到这一点。Fama（1970）给出预期收益模型的一般形式为

$$E(P_{j,t+1}|\Phi_t) = [1+E(R_{j,t+1}|\Phi_t)]P_{j,t} \quad (8.1)$$

式中，$P_{j,t+1}$ 是证券 j 在 $t+1$ 时刻的价格；$R_{j,t+1}$ 是证券 j 在 $t+1$ 时刻的收益率，$R_{j,t+1}=(P_{j,t+1}-P_{j,t})/P_{j,t}$；$\Phi_t$ 表示 t 时刻股票价格中所反映的信息；$E(R_{j,t+1}|\Phi_t)$ 和 $E(P_{j,t+1}|\Phi_t)$ 均为条件期望。式（8.1）可用于描述任何程度有效市场的价格形成过程，区别在于信息集 Φ_t 的范围是不同的：弱有效市场的信息集 Φ_t 仅包含历史交易信息；半强有效市场的信息集 Φ_t 包含历史交易信息和市场中全部的公开信息；强有效市场中的信息集 Φ_t 包含全部的公开信息和内幕信息。

如果市场是有效的，即 Φ_t 包含全部的公开和非公开信息时，投资者将不可能获得超额期望收益，超额期望收益为零，即

$$E(R_{j,t+1}|\Phi_t) = 0 \quad (8.2)$$

由式（8.1）和式（8.2）可得

$$E(P_{j,t+1}|\Phi_t) = P_{j,t} \quad (8.3)$$

即利用当前全部信息 Φ_t 估计证券未来价格 $P_{j,t+1}$ 的期望值，其结果只能是当前价格。

>>> 阅读资料 8.1 >>>

市场是有效的吗？

有效市场假说并没有引起专业投资组合管理者过多的兴趣，一个重要的原因是，有效市场中寻找被低估的证券只是在浪费资源——没有人能用什么方法战胜一个有效的市场。但在现实市场中我们又经常听到有基金经理获取了超额收益，或者有专业的分析师预测得非常准确，难道市场真的是无效的吗？要确切地回答这一问题就需要进行严谨的实证检验。在此之前我们先要考虑到这样三个问题：规模问题、选择性偏见问题及幸运事件问题。

规模问题。假设某投资经理负责管理 100 亿元的投资组合，他每年可以获得 0.1% 的投资增长，即 0.001×100 亿=0.1 亿元的年收益。这个 0.1 亿元的收益额当然不少，但问题是我们无法评价他是否战胜了市场或者说该投资经理是不是聪明的、有能力的，因为 0.1 个百分点的贡献将被市场年度波动性掩盖，如在美国这样一个相对成熟、稳定的市场中，充分分散的标准普尔 500 指数的年标准差已在 20% 左右。相对于这些波动而言，业绩的小幅度提升是很难被察觉的。

选择性偏见问题。假定某位投资者发现了一个确实能赚钱的投资计划。他有两种选

择：要么在证券报刊上发表自己的看法提高自己的声誉，要么保留这个秘密以赚取一大笔钱。一般的投资者都会选择后者，这给我们带来了一个猜测：是不是只有当投资者发现一个投资方案不能获取异常收益时才会将其公之于众？因此我们看到，很多反对市场有效的人认为，很多技术分析方法不能赚钱不是因为市场有效，而是由于那些能战胜市场的方法没有被公之于众。这就是选择性偏见中的一个问题，即我们能够观察到的结果已经被预先选出来支持市场失效的观点。换言之，我们无法公平地评价投资组合的管理者提出成功的股市策略的真实能力。

幸运事件问题。现实中我们经常可以听到某个投资者或者某个基金管理公司及其基金经理取得了战胜市场的完美的投资业绩。这些投资者的优秀记录显然是对有效市场假说的驳斥。然而，这一结论并不明显。作为投资游戏的一个类比，考虑这样一个游戏：一枚均匀的硬币投掷50次，看谁抛出的正面最多。显然，对于每个人来说，期望的结果是50%正面和50%的反面。如果10 000人参加这项比赛，出现这样一个结果就并不奇怪：最少一个人抛出75%概率的正面。实际上，初级统计学的知识告诉我们能抛出75%以上正面的参赛者的期望人数是 2。那么，我们能说这两个人具有抛硬币的独家诀窍并因此就授予他们"世界抛硬币大赛冠军"的称号？很明显，他们只不过是在事件发生的当天运气较好而已。

有效市场显然与上述的抛硬币游戏类似：在任何股票在全部信息给定的基础上是公平定价的假设下，对某一股票下注只不过是一个投币游戏而已——赌输和赌赢的可能是相等的。但从统计学的角度来看，如果有很多投资者或基金经理利用各种方案来进行公平的赌注，一些投资者将会很幸运并赢得赌注。特别是我们还要看到，这些因为运气而成为市场传奇人物的投资者或者基金经理，他们的背后却站着无数的败给了市场的大输家。再结合上面的选择性偏见问题，我们看到这个市场历来就是充满了"正能量"——盛传赢家，使得我们并没有听说什么传奇式的著名大输家的名字，而赢家的名字被财经媒体追捧并成为资本市场的明星。

实际上这里还有一个选择性偏差需要避免：面对上述情况，怀疑者将其称为运气，而成功者将其称为技巧。这就需要我们去考察：之前一段时期的赢家，之后是否还能保持住这种地位呢？这实际上涉及投资绩效的持续性问题。这方面的众多研究成果（Hendricks et al., 1993; Brown and Goetzmann, 1995; 李学峰等，2019）都得到投资绩效的不可持续或者仅仅短期内持续而长期是不可持续的结论。

第二节 有效市场假说的实证研究

有效市场假说给出了不同市场有效性的定性分类。本节我们将研究这一定性理论如何对现实中的市场运行的有效性进行评估。

一、实证研究方法

以 Fama 给出的市场有效性模型为基础,在对该模型的实证检验中,存在如下四种方法。

(一)随机游走模型

根据式(8.1),随机游走模型假定价格序列的改变量相互独立,且具有相同的分布,其分布可以表示为

$$f(P_{j,t+1} | \Phi_t) = f(P_{j,t+1}) \tag{8.4}$$

即 j 证券 $t+1$ 时期的价格,在给定的信息集下,只与其 $t+1$ 时期的价格相关;或者说,与 t 期价格的相关系数为 0。

根据上述假设,随机游走模型一般表述为

$$P_t = P_{t-1} + \varepsilon_t \tag{8.5}$$

根据式(8.5),如果实证检验证明 t 期的价格与 $t-1$ 期的价格之间的相关系数为 0,则说明市场是有效的,或者至少是半强有效的。

(二)游程检验

在股票市场的实际运行中,t 期的价格明显是在 $t-1$ 期价格的基础上形成的,从而模型式(8.5)会存在序列相关性,这就使得该模型中价格之间的相关系数很难为 0,进而使得对市场有效性的检验失灵。对此,经济学家们提出了游程检验的方法,以克服随机游走模型的上述缺陷。

游程是指股价连续地上升或下降的过程,每一次这样的过程称为一个游程。该模型的构造过程如下:在随机游走假设下,当样本容量很大时,总游程 Q 服从正态分布;再构造统计量 Z,使得

$$Z = \frac{Q - E(Q)}{\sigma_Q} \tag{8.6}$$

式中,$E(Q)$ 为总游程的期望值,σ_Q 为总游程的标准差。$E(Q)$ 的计算公式为

$$E(Q) = \frac{N + 2N_1 N_2}{N} \tag{8.7}$$

式中,N 是股价变动的总天数,N_1 是股价上升的天数,N_2 是股价下降的天数。σ_Q 的计算公式为

$$\sigma_Q = \sqrt{\frac{2N_1 N_2 (2N_1 N_2 - N)}{N^2 (N-1)}} \tag{8.8}$$

如果 Z 服从标准的正态分布,则市场是(弱)有效的;如果实证检验的 Z 大于临界值,则市场不具有弱有效性。

(三)方差比检验模型

上述的随机游走模型和游程模型都假定方差是不变的,但在现实中,金融资产收益

的方差并非如此，特别是在短期内更可能出现大幅变动，这就有可能使上述模型的检验失效。

针对上述问题，Lo 和 MacKinglay 提出了方差比检验方法[①]。该方法认为，如果时间序列呈随机游走，则股票在两个时期的连续复合收益 $r_t(2)$ 的方差与时期 1 连续复合收益 $r_t(1)$ 的方差之比为 2，即 q 期的方差是 1 期的 q 倍，有

$$\frac{\text{var}[r_t(q)]}{\text{var}[r_t(1)]} = q \tag{8.9}$$

由此，方差比检验模型为

$$\text{VR} = \frac{\text{var}[r_t(q)]}{q \times \text{var}[r_t(1)]} \tag{8.10}$$

当 VR 接近于 1 时，即可认为市场已达到弱有效；否则不具有有效性。

（四）渐进有效性检验

以上检验方法是在研究成熟的股票市场中得出的。但对于新兴的或转轨中的股票市场来说，市场早期的无效会对整个时期的检验产生影响：由于基期的强烈影响，会错误地推断整个市场是无效的。Cornelius（1994）指出，在新兴股市中，市场参与各方的行为并不符合有效市场假说的范式，根据有效市场假说，新兴股市的无效是必然的，因而需要新的检验方法。

在上述背景下，Emerson 等（1997）提出了渐进有效性检验方法，即

$$r_t = \beta_{0,t} + \sum_{i=1}^{p} \beta_{i,t} r_{t-i} + e_t \tag{8.11}$$

$$\beta_{i,t} = \beta_{i,t-1} + u_{i,t}, \quad u_{i,t} \sim N(0, \sigma^2) \tag{8.12}$$

式中，序列 $\{r_t\}$ 为市场指数的收益率序列；序列 $\{\beta_{i,t}\}$ 为状态变量，通过考察其变化情况，可以观察市场有效性的动态演进，如 $\{\beta_{i,t}\}$ 随时间变化逐渐向 0 收敛，即可认为市场在趋向有效，否则说明市场的有效性在降低。

渐进有效性检验不是将市场有效性视为一成不变的，而是设法发现其动态的演进规律，这正是该方法的独特性。

二、对市场有效性的分类研究

由本章第一节的研究可见，有效市场假说将市场有效的程度分为三类，即弱有效市场、半强有效市场和强有效市场。那么更进一步的实证研究即针对这三类市场有效程度所进行的分类实证研究。

（一）对弱有效市场的实证检验

检验一个市场是否弱有效，有两种主要的实证检验方法。

---

① 对该方法的详细证明和表述，可参见 Campbell 等（1997）。

第一种是研究技术分析方法能否产生额外的收益。在弱有效市场中，技术分析方法是无效的，不能为投资者带来额外利润[1]。那么，在技术分析的规则下[2]，如果实证研究证明了这一额外利润的存在，即可判断该市场不是弱有效的。

这里的额外利润也即非正常收益率（abnormal rate of return）[3]，它是指在给定风险水平下，投资者所获得的超过预期收益率以上的收益。我们可以通过 CAPM、单指数模型或套利定价理论来确定正常收益率。根据 CAPM，证券（或组合）i 的预期收益率为

$$E(r_i) = r_f + \left[E(r_M - r_f)\right]\beta \tag{8.13}$$

式中，$E(r_i)$ 即正常收益率。这样，非正常收益率 AR_i 即可定义为

$$AR_i = r_i - E(r_i) = r_i - \left\{r_f + \left[E(r_M - r_f)\right]\beta\right\} \tag{8.14}$$

式中，r_i 为证券（或组合）i 已实现的或实际的收益率。式（8.14）表明，非正常收益率=实际收益率-正常收益率。实证研究中一般用累加非正常收益率（cumulative abnormal rate of return，CAR）表述，其公式为

$$CAR_i = \sum_{i=1}^{m} AR_{i,t} \tag{8.15}$$

式中，m 为时间，一般以天为单位。如果累加非正常收益率为较大的正值，即可认为技术分析可产生额外收益，因此市场不具有弱有效。

第二种检验市场是否弱有效的方法是对历史数据进行统计分析，如用自相关（auto correlation）或序列相关（serial correlation）方法检验过去的收益是否对未来收益有预测力。如果过去的价格变动与目前的价格变动是高度相关的（无论正负），那么就可用过去的收益去预测未来的收益，从而技术分析方法是有效的，即市场是无效的。

表 8.1 是对美国股票市场是否弱有效的代表性研究。由表 8.1 可见，在 20 世纪 80 年代之前，美国的股票市场是弱有效的，而进入 1980 年以后，美国股市已脱离了弱有效市场。

表 8.1 美国股票市场弱有效性的实证检验

作者	Fama	Solink	Merton	Keim	Lehmann
年份	1965	1973	1980	1983	1990
是否弱有效	是	是	否	否	否

此外我们还需要注意的是，经验考察中要区分短期与长期的不同。至今为止的有关研究，短期内不能得到反驳市场弱有效的明确证据[代表性的如 Conrad 和 Kaul（1988）的研究]，长期的考察结果则存在争论，并引发了行为金融学的阐释。

---

[1] 详见下一节。
[2] 详见第九章。
[3] 从理论上说在一个有效市场中，投资者仅能获得正常收益，而任何相反的证据都是违背有效市场的非正常现象。

(二)对半强有效市场的实证检验

在半强有效市场中,由于存在信息的不完全公开,那么通过基本面分析的方法,利用已公开的投资者众所周知的信息是无法获得额外利润的。因此,如果实证检验能够证实基本面分析方法可带来非正常利润,则半强有效市场是不成立的。

具体来看,对半强有效市场的研究,即研究公司特有的信息对股票价格的影响。一般我们可通过揭示公司所公布的每股盈余(EPS)对其股价的影响进行研究。这里关键在于区别实际盈余与期望盈余之间的关系,其公式为

$$\text{Sue} = [\text{EPS} - E(\text{EPS})] / \text{SEE} \tag{8.16}$$

式中,Sue 是标准化未预期到的盈余,$E(\text{EPS})$ 为每股盈余的历史均值,SEE 是估计的标准差。根据式(8.16)解出 Sue 后,再研究未预期到的盈余是否影响股票价格。如果 Sue 能够产生非正常利润 CAR,则市场违背了半强有效——基本面分析能够获得非正常收益[1]。

(三)对强有效市场的实证检验

在一个强有效市场中,无论对什么信息进行分析,都无法获得超额利润。因为在这样一个市场中,有效市场的 4 个条件同时具备,不存在任何内幕信息。

这样,如果实证研究发现内幕交易者可以获得高额利润,则强有效市场不成立。表 8.2 是有关美国股票市场是否强有效的实证研究,这些研究基本证实了即便是美国这样的发达资本市场,也没有达到强有效状态[2]。

表 8.2 对美国股市是否强有效的代表性研究

作者	年份	研究内容	是否强有效
Scholes	1972	内幕交易者	否
Jaffe	1974	内幕交易者	否
Seyhun	1986	内幕交易者	否
Liu,Smith and Syed	1990	内幕交易者	否

资料来源:列维(2004)

> **阅读资料 8.2**
>
> ### 中国股票市场的渐进有效性[3]
>
> 资本市场对外开放是一国金融发展与金融深化的重要内容之一。20 世纪 90 年代以来,随着经济全球化的加速和贸易自由化的深入发展,大部分国家都在持续推动着本国资本市场的对外开放。就我国来看,自 1990 年以来,一直在循序渐进地推进着资本市场的对外开放。

---

[1] 目前很多研究发现一些简单的且容易获得的指标,如股票市盈率或市场资本化比率似乎能够预测异常风险调整收益,这类发现很难符合有效市场假说,因此经常被称为有效市场异象(anomalies),对这一问题我们将在下一章进行详细研究。

[2] 2000 年之后的一些文献表明美国市场开始了从半强有效向强有效市场的过渡,但这一进程显然被 2008 年的金融危机打断了,最新文献只看不到上述结论,而是继续证实美国的资本市场处于半强有效的状态。

[3] 本阅读资料详见李学峰和文茜(2012)。

但问题是，资本市场的对外开放是否越高越好呢？又如何来衡量开放的程度及其成本呢？特别是我国这样新兴加转轨的资本市场，其当前对外开放程度怎样？对资本市场本身的运行又产生了怎样的影响？李学峰和文茜（2012）的研究一方面通过网络分析法构建出更为综合的资本市场开放度衡量体系，另一方面借助 Emerson 等（1997）的技术突破从动态角度考察市场的渐进有效性。该研究发现，就市场有效性而言，资本市场开放程度并非越高越有利。发达国家资本市场对外开放并不能对市场有效性产生显著影响，新兴市场国家过早过快地提高当前对外开放水平反倒有损于国内市场有效性。

第三节 有效市场假说与股票分析

有效市场假说不仅是理论上我们判断市场有效性的依据，也对实际投资决策、股票分析具有指导意义，并对我们研判现实市场的运行及对投资者权益的侵害具有重要的指导价值。

一、不同市场有效性与股票分析

在不同市场有效性状态下，股票分析方式的有效性是不同的，也就意味着，对股票分析方式的选择和应用，要注意其在不同市场有效性下的适用性。可以从对"全部已知信息"的含义的不同理解来区分。

弱有效形式假定认为：①股价已经反映了全部能从市场交易数据中得到的信息，这些信息包括过去的股价史、交易量等，过去的股价资料是公开的且几乎毫不费力就可以获得。②市场的价格趋势分析是徒劳的，如果这样的数据曾经传达了未来业绩的可靠信号，那所有投资者肯定已经学会如何运用这些信号了。随着这些信号变得广为人知，它们最终会失去价值，即在弱有效市场中，技术分析无效。

半强有效形式假定认为：①与公司前景有关的全部公开的已知信息一定已经在股价中反映出来了。除了过去的价格信息外，这种信息还包括公司生产线的基本数据、管理质量、资产负债表组成、持有的专利、利润预测及会计实务等。如果任一投资者能从公开已知资源获取这些信息，我们可以认为它会被反映在股价中。②正如前面所述，投资者利用这些信息也不能够获得超额利润，利用公开信息进行分析也是徒劳的，即在半强有效市场中，基本面分析无效。

强有效形式假定认为：①股价反映了全部与公司有关的信息，甚至包括仅为内幕人员所知的信息。②内幕人员包括公司管理层、董事、主要的股东等。这些内幕知情者、内幕知情者的家属及其他相关人员若根据内部消息交易将被视为利用了内幕消息。③要定义内幕交易并非易事。毕竟，股票分析家们也在发掘尚未广为人知的信息。私人信息与内幕信息的区别有时是含糊的。④强有效市场中，所有投资者都能够得到包括内幕信息在内的所有信息，即使通过内幕信息也不能获得超额利润。

二、有效市场中的主动管理

对于个人投资者，即便在完全有效的市场中，理性的资产组合管理也有重要作用，原因如下：①理性的投资者同样要求在证券选择中反映赋税要求。高税阶层的投资者通常不愿意购入对低税阶层有利的证券。②投资者要考虑其特定的风险范畴。例如，通用汽车公司的一个经理，通常他不应在汽车股上进行额外的投资。③对于不同年龄的投资者，也应考虑其对风险的承受能力的不同而提供不同的资产组合政策。

结论是，即便在有效的市场中，资产组合管理仍具作用。投资者资金的最佳部位将随年龄、税赋、风险厌恶程度及职业等因素而变化。

三、有效市场假说的其他应用

在有效市场中，"事件"的发生能够立竿见影地反映在股票价格波动上，这里的"事件"多指各种公告的重大事项的发生和披露。

这里需要指出，事件研究中的一个通常方法是在某个股票的新信息在市场发布的那几天对非常规收益进行估计，并且把股票的非正常行为归因于新信息。

这里我们以股息政策公告效应为例进行分析，如图 8.2 所示。

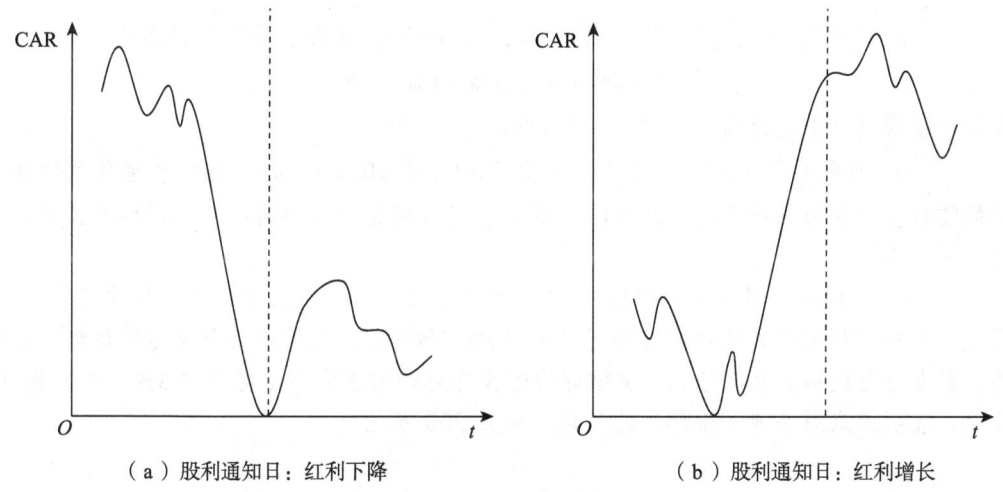

（a）股利通知日：红利下降　　　　（b）股利通知日：红利增长

图 8.2　围绕着红利公布的累积非常规收益

可见，信息有效市场这个概念可以帮助我们研究如下两个事情。

（1）假如证券价格反映了所有当前可知的信息，那么价格变动一定反映了新信息。因此，人们可以通过考察在事件发生的一段时期内的价格变化来测度事件的重要性。

（2）我们可以通过研究事件来测度违反内部人员交易规则或其他证券法的交易商所得的非法收入，如信息诈骗案。

假定市值 1 亿元的公司在诈骗消息公布当天出现-6%的非常规收益，则可以推算投资者因诈骗而蒙受的损失为 600 万元。

然而，上述案例图中价格并不是在瞬间达到公平价值的。这主要是信息的泄露所引发的,通过内部交易者和市场投资者的羊群行为来实现。

在内幕交易泄漏严重或内幕交易行为十分猖獗的情况下,信息公布前股价会迅速调整到公平水平,信息公布时反而没有反应了①。严重的内幕交易证明了市场无效,但也可以帮助我们推测内幕交易者获得了多少非法利润。

利用有效市场假说进行分析

假设投资者预测明年的市场收益率为12%,国库券收益率为4%。某公司股票的 β 值为0.5,在外流通股的市价总值为1亿元。那么:

a. 假定该股票被公正地定价,投资者估计其期望收益率是多少?
b. 如果明年的市场收益率实际是10%,投资者估计股票的收益率会是多少?
c. 假定该公司在这一年里赢得了一场法律诉讼,法院判给它500万元,公司在这一年的收益率为10%。投资者原先预期的市场获得了什么样的结果(继续假定一年中的市场收益率为10%)?诉讼的规模是唯一不确定的因素。

解答:

a. 我们已知 $E(r_M)=12\%$,$r_f=4\%$,且 $\beta=0.5$。因此,预期收益率为
$$k = 4\% + 0.5(12\% - 4\%) = 8\%$$
即如果股票是公平定价的,则 $E(r)=k=8\%$。

b. 如果 r_M 下跌至小于投资者的预期2%(即10%-12%),则投资者将预期该公司的收益会下跌为原始预期×2%=1%。因此投资者将会对该公司有一个调整的预期收益8%-1%=7%。

c. 市场收益率给定为10%,投资者预期该公司的收益为7%,实际的收益为10%。因此,由企业特定因素导致的意外变动为 10%-7%=3%,我们将之归结为法律诉讼的解决。因为企业最初价值1亿元,法律诉讼解决的意外增值应为1亿元的3%,也就是300万元,表明原来对法律诉讼解决的预期收益为200万元。

▶本章小结

有效市场假说认为,在一个有效的资本市场上,资本品的全部信息都能迅速、完整和准确地被投资者得到,从而投资者可根据这些信息准确判断出该资本品的价值,进而以符合价值的价格购买该资本品。

有效市场假说的基础在于股票价格的随机游走。股票价格的随机游走是指股票价格的变化是随机的且不可预测的,它是股票价格变动的本质特征。股票价格的随机游走反映了只有新信息会引起价格变化。新信息是指它是随机的、无法预测的,也就是说,只有无法预测的信息才是新信息。"市场有效"的本质即信息有效,即股票价格已经充分

---

① 市场中时常存在的"见光死"现象,就将这种猖獗的内幕交易发挥到了极致。

地、有效地、立即地消化了所有可以得到的信息。

一个有效的证券市场需要同时具备4个条件：①信息公开的有效性。即证券的全部信息都能真实、及时地在市场上得到公开。②信息获得的有效性。即所有公开有效的信息都能被投资者准确获得。③信息判断的有效性。即所有投资者都能根据得到的信息做出一致的价值判断。④投资行为的有效性。即所有投资者能够根据获得的信息，做出准确、及时的行动。

如果有效市场的4个条件同时具备，这样的市场即强有效市场。强有效市场理论认为，在这样一个市场中，无论对什么信息进行分析，都无法获得超额利润。此时技术分析方法将失效；而且，用基本分析法也挖掘不到任何内幕信息，即基本分析方法也将失效。投资者的最佳策略是进行消极的组合管理。

如果有效市场的后3个条件都具备，但信息公开的有效性不具备，即存在着内幕信息，这样的资本市场即属于半强有效市场。在半强有效市场中，技术分析也不会产生额外收益。但通过基本分析的方法，有可能挖掘到内幕信息、发现定价"错误"的证券，因此基本分析方法有其被应用的合理性。同时，进行资产组合管理将同样产生效益。

如果一个证券市场中存在信息不完全公开和信息不完全解读，即不满足有效市场的第一、第三这两个条件，这一市场即属于弱有效市场。这种情况下，市场处于非均衡状态，任何定价分析和组合分析都无法获得均衡价格和最优组合位置，投资者只能依据股价的历史走势去"猜测"未来，即技术分析是适用的；而且，由于投资者的信息解读能力有差异，此时应用基本分析方法可能缩小投资者之间的信息不完全。同时，投资者可通过积极型投资策略去捕捉市场机会、获取超额利润。

有效市场假说的模型化表述为

$$E(P_{j,t+1}|\Phi_t) = [1 + E(R_{j,t+1}|\Phi_t)]P_{j,t} \tag{1}$$

如果市场是有效的，则投资者利用已知的信息集 Φ_t，将不可能获得超额期望收益，超额期望收益为零，即

$$E(R_{j,t+1}|\Phi_t) = 0 \tag{2}$$

由式（1）和式（2）可得

$$E(P_{j,t+1}|\Phi_t) = P_{j,t} \tag{3}$$

即利用历史信息 Φ_t 估计证券未来价格 P_{t+1} 的期望值，其结果只能是当前价格——当前价格已经包含所有的历史信息。

检验一个市场是否弱有效，有两种主要的实证方法。

其一是研究技术分析方法能否产生额外的收益。即通过 CAPM 确定正常收益率，从而非正常收益率 AR_i 可定义为

$$AR_i = r_i - E(r_i) \tag{4}$$

实证研究中一般用累加非正常收益率 CAR_i 表述，如果累加非正常收益率为较大的正值，即可认为技术分析可产生额外收益，因此市场不具有弱有效。

其二是对历史数据进行统计分析，检验过去的收益是否对未来收益有预测力。如果过去的价格变动与目前的价格变动是高度相关的（无论正负），那么就可用过去的收益

去预测未来的收益，从而技术分析方法是有效的，即市场是无效的。

对半强有效市场的研究就是研究公司特有的信息对股票价格的影响。一般我们可通过揭示公司所公布的每股盈余（EPS）对其股价的影响进行研究。如果未预期到盈余能够产生非正常利润（CAR），则市场是半强有效的，基本分析能够获得非正常收益。

如果实证研究发现内幕交易者可以获得高额利润，则强有效市场不成立。至今为止大量的实证研究没有发现哪个市场达到了强有效状态。

> 练习题

一、简答题
1. 有效资本市场应具备的条件有哪些？
2. 强有效市场、半强有效市场和弱有效市场各自的条件特征是什么？
3. 简述市场有效性理论的模型化表述。
4. 简述不同有效市场下的投资策略。

二、论述题
请以有效市场假说分析中国资本市场的有效性。

第九章

行为金融理论

对市场有效性理论进行实证检验，发现了大量市场异常现象。这些异常现象①如下所示。

公司异常（firm anomaly）：是指公司本身或投资者对公司的认同程度导致的非正常收益的出现。例如，Banz（1981）所揭示的规模效应（size effect），即将公司按规模分成五组，发现最小规模组的平均年收益率比那些最大规模组的公司要高19.8%，而且无论是在风险调整之前还是调整之后，小规模组的公司股票的收益率都系统地高。换言之，对小公司的投资收益大于对大公司的投资收益。一般也将这一现象称为小公司效应（small-firm effect）。

季节异常（seasonal anomaly）：是指时间因素导致的非正常收益的出现。例如，Stambaugh等（2015）研究发现，1月份全球指数的月平均收益率为2.35%，明显高于其他月份的平均收益率，即1月效应。又如，大量研究发现的周末效应，即证券价格在周末（一般是每周五）趋于上升，而在周一则趋于下降。

事件异常（event anomaly）：是指由某种容易辨明的事件（如公司挂牌上市、被分析师推荐等）所引起的证券价格的上升。例如，当公司宣布由场外交易市场转入挂牌交易后，该公司股票价格将上升。又如，当某股票被很多分析师推荐后，该股票价格将上升。

会计异常（accounting anomaly）：是指在会计信息公布后股票价格的变动。例如，前面所讨论的实际每股盈余高于市场预期时，股票价格将上升。又如，投资低市盈

---

① 除了列示的这些"异象"外，大量的实证研究和经验观察表明股票市场还存在收益异常现象（如股票溢价之谜、股利之谜等），这些现象无法用主流金融学及其资产定价理论给以圆满的解释。此外，Fisher和Statman（1999）发现共同基金常为一些投资者设计了较高股票比例的投资组合，而为另一些投资者却设计了较高债券比例的投资组合，这也是传统的资产组合理论无法解释的，因为两基金分离定理证明所有有效组合都能够表示为一个股票与债券具有固定比例的风险组合和不同数量的无风险证券（国库券）的组合，该组合处在均值方差有效前沿上。

率①的股票往往能获得更高的收益。

上述异常现象不但存在于弱有效市场，而且在半强有效市场也经常出现，特别是它们的出现或存在往往是持续性或反复性的，这不仅引发了有效市场假说的重大争论，还引发了行为金融学的产生和发展。

第一节 对市场异象的解释与分歧

正如前文所指出的，越来越多的研究发现了大量市场异象的存在，这是否意味着整个市场是无效的？或者还存在其他解释？对于这一问题，经典金融学家与行为金融学家产生了深刻的分歧。

一、风险溢价之争

市盈率、小公司、账面—市值比效应是最令人迷惑的现象。以账面—市值比为例，图 9.1 显示，账面—市值比最高的 10 家公司平均月收益率为 16.87%，而最低 10 家公司为 10.92%。收益对账面—市值比如此强的依赖性与 β 值无关的，这意味着要么是高账面—市值比公司定价相对较低，要么是账面—市值比充当着衡量影响均衡期望收益的风险因素的代理变量。

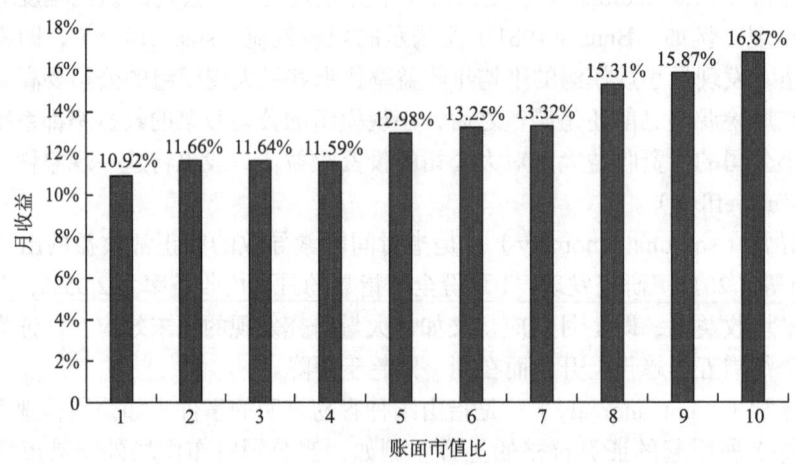

图 9.1 作为账面市值比函数的平均收益率（1926~2011 年）
大小十分位数：1=最小，10=最大

对此，Fama 和 French（1993）认为这些效应可以解释为风险溢价的典型表现。Fama 和 French 利用他们发明的三因素模型，发现拥有高账面—市值比或公司规模的 β（也称为因子载荷）的股票平均收益率较高，并将这样的收益解释为与因素相关的高风险溢价的证据。尽管公司规模和账面—市值比显然不是风险因素，但是它们可以作为更基本的风险代理变量。Fama 和 French 认为这种收益模式与有效市场一致——在有效市

---

① 关于市盈率的概念及其应用，参阅第十三章"股票价格与估值"。

场中收益与风险也是一致的。

Lakonishok 等（1992）则提出了相反的解释。他们认为这些现象正是市场非理性的证据，特别是表明股票分析师在预测股票前景中出现了系统错误的证据：分析师把历史业绩向未来延伸得太远了，因此过高定价的公司近期表现良好，而被低估的公司近期表现较差。当这两种极端被"更正"时，低期望增长的公司将比高期望增长的公司表现良好。

二、数据挖掘之谜

各种异象是真实存在于金融市场中还是人为的数据挖掘的结果呢？毕竟，如果反复地在计算机上运行过去收益的数据并从多个角度检验股票的收益，在预期收益时总能出现一些指标。

这里特别需要我们注意的是，一些异常在学术文献中公示后并没有太长的持续力。例如，小公司效应在 20 世纪 80 年代初被公布后，在接下来的几年里消失了；账面—市值策略在 20 世纪 90 年代初同样引起关注，但在后面几年中就失去效应了。

然而，即使认可了数据挖掘的能力及其存在，还是存在很多难以解释的谜团。现实市场中有价值的股票通常被定义为低市盈率、高账面—市值比，或相对于历史水平压低的价格①，这是用有效市场的逻辑所无法解释的。特别是，说明数据挖掘问题的一个方法就是找出一组尚未被研究的数据并检查其中的那些关系在这些新数据中是否存在。这些研究表明在世界其他证券市场确实存在规模、动量、账面—市值比效应。尽管这些现象被当作系统风险溢价的证据，但问题是在经典金融学的范畴内我们却无法充分理解这些风险含义及其性质。

三、异象的持续性

前文指出的那些违背有效市场的现象之所以被称为异象，其重要原因就在于对这些现象我们无法给出完美的经典金融学逻辑的解释。

例如，账面—市值比效应，我们可以假设这样一个故事，金融学家们通过实证研究发现市场中存在这样的情况：具有高账面—市值比的公司的收益率往往较高或者说存在着超额收益。这样的研究结果公开发表后，市场中的投资者逐渐了解到该效应的存在，那么投资者就会把更多的高账面—市值比公司的股票纳入投资组合。如此，随着高账面—市值比公司股票需求的增加，这些公司的股票价格上升，其收益率就会下降并最终使得超额收益消失，市场（这些公司的股票）重新恢复均衡，市场有效性被证实。

这方面的一个代表性研究是 McLean 和 Pontiff（2016）做出的，他们总结了学术研究中有超过 80 个与超额收益有关的特征，并以美国市场为基础进行研究，发现与异象有关的因子的收益率预测力在原始研究的样本区间之外衰减了 26%，在与该异象有关的

---

① 详见本书第十二章。

论文发表后额外衰减了 32%（58%–26%），也就是说，由于统计偏误[①]的消失和学术论文的发表，基于异象研究的投资策略收益衰减明显，但套利机会仍在一定程度上存在，并没有完全消失。

中国股市中异象的持续性[②]

我国资本市场的定价效率在多年的发展历程中有没有发生变化，特别是相关学术研究成果对市场定价效率有何影响。为了回答上述问题，我们选取了 31 个异象因子计算投资组合收益率序列，采用不同的资产定价模型予以调整，在此基础上对调整后的序列分别做趋势回归分析和 QLR（Quandt likelihood ratio，匡特似然比）结构突变点检验，考察每一个异象因子收益率随时间的变化趋势，寻找在变化过程中是否存在收益率水平和变化速率发生明显变化的时点，然后将其与相关论文发表时间进行对比分析，考察学术研究对因子收益率的变化过程有无影响，最后以所有显著存在的异象因子收益率为基础计算出一个百分数平均数序列，作为对错误定价水平的测度，来考察中国资本市场的定价效率从中国资本市场建立以来的变化过程。

通过上述过程我们发现：有 73.8%的异象因子收益率存在突变点，且在突变点之后出现了显著的迅速或缓慢衰减；在中国资本市场建立前即被外国学者发现的因子，在中国资本市场建立后不久，收益率全部显著下降；一些投资者能够在相关论文发表之前，通过参照一些财务或基本面指标进行选股，有时可以发现套利机会，而套利交易行为会释放信息，这些信息的传播会使更多的投资者参与到套利活动中，使得相关资产和因子的收益率衰减，市场的定价效率会在这一过程中自发提高；学术研究成果的发表作为套利机会发现和披露的重要信息源，能够为投资者的套利交易行为提供信息，从而在一定程度上对因子收益率衰减、市场定价效率提高的过程起到催化作用，加速市场资产定价效率提高的过程，平均来说，因子收益率开始发生显著衰减的突变时点大多集中于相关论文发表后的 1~5 年；我国资本市场的定价效率在 1993 年 6 月之前较低，在 1993 年之后明显提高，但在一些市场风险较大、行情不好的环境下，定价效率有时会明显回落。

四、小结

总之，对于至今为止发现的大量的市场异象，经典金融学的解释用一句话概括：可能是风险溢价。行为金融学的观点如下：投资者处理信息存在系统性的非理性，预测经常是有偏的；套利手段受到限制，套利机会不存在并不说明市场是有效的。因此，市场可能是长期无效的。

[①] Schwert（2002）发现，一些研究人员为了发表不同寻常而又引人注目的学术研究成果，挑战现有的理论发现，可能会夸大样本的显著性。例如，不寻常的特定样本会引起研究人员的注意从而产生样本选择偏差，误认为一个随机过程并不是随机的，这种行为被称为"统计偏误"，是数据挖掘的一个表现。

[②] 本阅读资料取自李学峰和赵子燮（2019）。

进一步来看，市场有效性的成立依赖如下三个假设：投资者是理性的，因此能理性评估证券价格；即使有些投资者是非理性的，但他们的交易是随机的，所以能抵消彼此对价格的影响；若部分投资者有相同的非理性行为，市场仍可利用套利机制使价格恢复理性。

行为金融学则针锋相对地提出，投资人具有非理性行为，表现如下：人在不确定条件下的决策过程并不是完全理性的，会受到过度自信、代表性偏差、框架依赖、锚定和调整、损失规避等信念①影响，出现系统性认知偏差；投资人的非理性行为并非随机发生的，因此无法对冲彼此的非理性行为对价格的影响；特别是现实市场中套利会受一些条件限制，如广泛存在的市场分割（market segmentation）导致套利不可行，使其不能发挥预期效果。

第二节 行为金融学及其基本理论

行为金融学是行为经济学（behavioral economics）的一个分支，可以看作金融学和心理学相结合而产生的交叉学科，它是在现代金融理论（尤其是在对有效市场假说和CAPM）的挑战和质疑下产生的，并由此形成了基本理论框架。

一、行为金融学的产生与发展

以有效市场假说和理性人假设为前提的现代金融理论对投资者行为的界定是在标准的新古典理论的基础上进行的，即认为（或假定）投资者是理性的、投资者的投资决策是厌恶风险的等。也正因此，它对金融市场的大量异象无法给出圆满的解释，表明了标准金融学理论的局限性。

对行为金融学的产生和发展有突出贡献的研究主要包括如下几个方面：1951年俄勒冈大学的 O. K. Burrel 教授所写的文章《投资战略的实验方法的可能性研究》（possibility of an experimental approach to investment strategies）将行为心理学结合在经济学中，被认为是行为金融学产生的标志；1972年俄勒冈大学的 Paul Slovic 教授和 Bauman 教授所写的《人类决策的心理学研究》（psychological study of human judgement）为投资决策的行为分析做出了开创性的贡献；Kahneman 和 Tversky（1979）则通过实验对比发现，大多数投资者并非标准金融投资者而是行为投资者，他们的行为并不总是理性的，也并不总是风险回避的。

正是由于标准投资理论存在的理论缺陷，以及包括上述学者在内的众多金融学家的共同努力，以更为接近真实市场行为为理论特色的行为金融学在20世纪90年代后得到了迅猛的发展。

Kahneman 和 Tversky 于 1979 年发表了文章《前景理论：风险状态下的决策分析》，该研究成果首次提出了"前景理论"，被认为是行为金融学正式产生的标志。

---

① 对这些信念或行为偏差我们将在本章第三节详细考察。

之后的两大学术事件,一个是 1999 年,《金融分析家》杂志在该年度的最后一期出版了行为金融理论专刊。另一个是 2001 年,由 Hersh Shefrin 任主编的三卷本《行为金融学》论文集出版。这两大学术事件推进了行为金融学逐渐进入主流经济学家的视野,而使得行为金融学成为全球学术界和实务界研究与关注焦点的事件,无疑是 2002 年,前景理论的创始人 Kahneman 教授被授予诺贝尔经济学奖。

二、行为金融学的基本理论

行为金融学是行为经济学在金融领域的应用与延伸,其研究的重点是人们在投资过程中认知、感情、态度等心理特征,以及由此而引起的市场非有效性。也就是说,行为金融学研究的出发点是人们的心理特征,中间环节是由心理特征所决定和引发的投资者行为,落脚点则是由投资者行为导致的市场的非有效。

(一)行为金融学的基本框架

根据行为金融学的有关研究(图 9.2),金融投资过程首先是一个心理过程,它包括投资者对市场的认知过程、受环境影响的情绪过程,以及投资者的意志过程;这些心理过程决定了投资者的行为选择,如过度自信、损失厌恶、羊群效应等;投资者的行为特征则导致了投资决策的制定,而投资决策偏差进一步导致了资产定价偏差。上述过程又会形成一个反馈机制,即资产定价偏差会产生一种锁定效应,它反过来会影响投资者对资产价值的判断,并进一步影响投资者的心理过程,产生认知偏差和情绪偏差等。

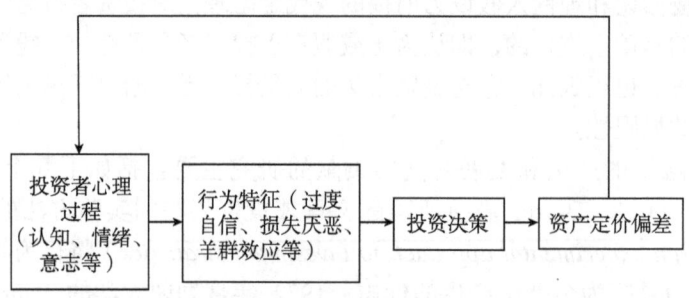

图 9.2 投资者的心理、行为过程及其对资产定价的影响

基于上述的研究框架,行为金融学主要提出了两种理论观点,即 BSV(Barberis, Shlefer and Vishny,1998 年)理论和 DHS(Daniel, Hirsheifer and Subramanyam,1998 年)理论。

BSV 理论认为收益是随机变动的,但一般投资者错误地认为收益变化有两种范式:范式 A 认为,收益变化是均值回归的,股价波动对收益变化的影响只是一种暂时的现象,不需要根据收益变化充分调整自身的行为,这就是说当投资者奉行这种范式时,对股票本来收益状况的预期反应不足,而当后来的实际收益状况与先前的预期不符时,才进行调整,使股价变动对于收益变化的反应滞后;范式 B 认为,收益变化是趋势性的,股价变化对收益的影响是同方向的、连续的,这就是说当投资者奉行这种范式时,就会错误地将这种趋势扩大,从而导致股价变动对于收益变化的反应过度。

DHS 理论将投资者分为两类：一类是有信息者；另一类是无信息者。无信息者的投资行为不会受到判断偏差的影响，而有信息者的投资行为容易受到判断偏差的影响。DHS 模型中将有信息者的判断偏差又分为两类：一类是过度自信；另一类是有偏差的自我归因（self-contribution）。过度自信使投资者夸大自己对股票价值判断的准确性；有偏差的自我归因则使投资者低估公共信息对股票价值的影响。这就是说当投资者奉行这种模型时，会产生个人掌握的信息与公共信息的背离，这种背离导致股票回报的短期连续性和长期支持性。

（二）行为金融学的理论基础：前景理论

有很多学者研究风险及不确定性条件下的决策，提出的模型也非常多，其中最常用的被接受的理性选择模型是 Von Neumann 和 Morgenstern 于 1953 年发表的财富预期效用理论。该理论提供了数学化的公理，是一个标准化的模型，解决了当人们面对风险选择时应该怎样行动的问题，应用起来比较方便。但是在最近的几十年，该理论遇到了很多问题，它不能解释众多的异象，它的几个基础性的公理被实验数据所违背，这些问题也刺激了其他的一些试图解释风险或者不确定性条件下个人行为的理论的发展。前景理论（prospect theory）就是其中比较优秀的一个。前景理论认为，人们通常不是从财富的角度考虑问题，而是从输赢的角度考虑，关心收益和损失的多少。

1. 前景理论的内涵

前景理论认为，与预期效用理论相反，大多数的投资者的行为并不总是理性的，其效用不是单纯财富的函数，他们也并不总是风险规避的。标准金融投资者的效用决定于财富或消费的绝对水平，而行为金融投资者的效用则是一条中间有一个拐点的 S 形曲线。如图 9.3 所示。

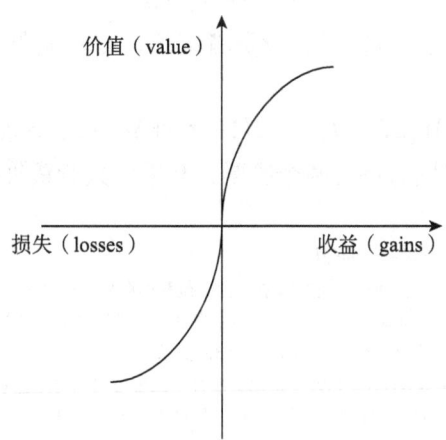

图 9.3　前景理论的效用函数

价值函数定义在相对目前财富状态的变化上，以现状为原点，纵坐标右侧是收益区，左侧是损失区。投资者对于损失表现为风险厌恶特征，而对于收益则表现出风险喜好特征。这意味着当投资者处于盈利状态时，投资者是风险回避者，当投资者处于亏损状态时，投资者是风险偏好者。而且，价值函数呈不对称性，投资者由亏损导致的感觉上的不快乐程度大于相同数量的盈利所带来的快乐程度，因此投资者对损失更为敏感。

2. 前景理论对处置效应的解释

迄今为止，越来越多的证据表明在不同国家或地区的资本市场上，投资者基本都存在处置效应（disposition effect）的现象（Shefrin and Statman，1985；Odean，1998；Brown et al.，2006；李学峰等，2010），即当投资者的投资组合中既有盈利股票又有亏损股票时，投资者倾向卖出盈利股票，而将亏损股票保留在投资组合中，回避实现损失[1]。这又进一步引起了学者们对处置效应产生原因的解释和分析，目前已产生的理论解释有前景理论、均值反转（mean reversion）预期理论[2]、准神奇式思考（quasi-magical thinking）[3]和自我辩解（self-justification）[4]等。

由于前景理论拥有比较完善的理论基础和实证依据，而且一些学者也证实了前景理论可以解释处置效应的存在（Barberis and Xiong，2009），因此 Kahneman 和 Tversky（1979）开创性提出的前景理论成了目前的主流解释。这一解释的基本逻辑如下。

假定投资者以价格 P_0 购买股票 X，一段时间之后股票价格变为 P_1，即投资者财富变化了 $\Delta P_0 = P_1 - P_0$（这里假设投资者持有股票份额为 1）。之后，该股票价格上涨 P_u 的概率为 π，下跌 P_d 的概率为 $(1-\pi)$。若投资者卖出股票，其就以概率 1 收入 ΔP_0；若继续持有该股票，其可能以概率 π 获得 $\Delta P_0 + P_u$，也可能以概率 $(1-\pi)$ 获得 $\Delta P_0 - P_d$。那么，如果 $\Delta P_0 > 0$，即该股票盈利时，投资者继续持有盈利股票的效用要小于卖出盈利股票的效用：

$$\Pi(\pi)v(\Delta P_0 + P_u) + \Pi(1-\pi)v(\Delta P_0 - P_d) < v(\Delta P_0) \quad [5] \tag{9.1}$$

如果 $\Delta P_0 < 0$，即该股票亏损时，投资者继续持有亏损股票的效用大于卖出亏损股票的效用：

$$\Pi(\pi)v(\Delta P_0 + P_u) + \Pi(1-\pi)v(\Delta P_0 - P_d) > v(\Delta P_0) \tag{9.2}$$

类似地，考虑投资者同时持有两个股票，其中一只股票价格上涨，另一只股票价格

---

[1] 下一节我们还将对处置效应做进一步的分析。

[2] 根据这一理论，投资者之所以会持有亏损的股票，卖出盈利的股票，是因为他们相信，亏损的股票未来会反弹，而上涨的股票未来会下跌。但正如 Andreassen（1988）的研究发现的，处置效应关注的是以前价格的波动而不是持平，因此不能满足均值反转预期理论假设投资者对价格的期望是回归的要求。

[3] Shiller（1999）将 Shafir 和 Tversky（1992）提出的准神奇式思考引入对处置效应的解释中，指出人们存在一种心理，即觉得某种程度上保留损失的东西可以扭转他们已经损失的事实。因此，投资者会继续持有亏损的股票。但是当股票已明显被高估时，投资者对股票的需求可能也有准神奇式的思考，即认为如果自己继续持有，股票会继续上涨，这又与对处置效应的解释产生了矛盾。

[4] 即当面对认知失调（cognitive dissonance），或与其信念不符的情况时，人们趋向为自己的行为辩解或否认其行为所带来的消极后果。这种由认知失调产生的不适应会导致一种合理化最初投资行为的心理，诸如"我的投资最终会获得回报"或"损失只是暂时的"等。因此投资者在面临损失时会继续持有股票，进而产生处置效应。但从理论上看，上述解释存在一个主要的问题，即持有亏损股票这一行为在多大程度上来自自我辩解。

[5] 不等式右边 $\Pi(1)=1$，故省略。

下跌。如果投资者面临着流动性需求，在没有关于两只股票任何新信息的情况下会倾向卖出上涨的股票，即投资者通过继续持有亏损股票来赌股价会在未来回升，从而规避损失的实现。

三、小结

前景理论与传统金融学中预期效用理论不同之处可以归结为以下三点。

（1）确定性效应。这是指投资者在预测未来事件发生的概率时，存在低估某些可能发生的情况在未来发生的概率，而不会低估未来发生的确定性事件的概率。在确定性效应存在的情况下，当投资者同时面对确定性事件和可能性事件时，投资者倾向对确定性事件赋予更高的权重，从而使投资者的风险偏好呈现为风险规避。由于确定性效应的存在，投资者对确定性事件与不确定性事件赋予的权重并不相同，这与传统金融学期望效用论中，投资者对于不同情况下发生的事件均等看待是完全不同的。

（2）反射效应。这是指当投资者相对于参考点处于盈利状态和处于亏损状态时，投资者的风险偏好会发生变化，并呈现非对称性。当投资者所持资产的价格高于投资者内心参考价格时，投资者是风险厌恶者，倾向及早地卖出该项资产而不是继续持有该项资产；当投资者持有资产的价格低于投资者内心的参考价格时，投资者是风险爱好者，倾向继续持有该项资产而不是及早地卖出该项资产。Kahneman 和 Tversky（1979）通过设计不同发生概率的赌局实验，将大学生和大学教授作为该实验的实验体，发现在赌局中面对不同情况时，投资者的风险偏好程度在不同的情况下并不是保持一致的，这一结论与传统金融学期望效用理论假设投资者在面对不同情况时风险偏好始终保持一致的假设是相违背的。

（3）分离效应。这是指投资者在做出投资决策前倾向先获取关于资产的所有信息，即使取得的相关信息对于投资者做出投资决策并不能起到多大程度的作用。Kahneman 和 Tversky（1979）的研究表明：即使未来事件给投资者带来的效用并不会改变，投资者仍会仅仅因为在做出决策前所获取的信息即实验中描述方法的不同，做出完全相反的选择，这表明投资者做出投资决策并不仅仅取决于效用的变化，还会受到其他因素的影响。这种现象显然违背了期望效用理论中投资者在做出投资决策时仅从最后状态为投资者带来的效用出发的假设。

总之，前景理论主要说明：①投资者不是根据最终的财富水平来评估收益结果，而是根据基于投资者内心设定的参考点的收益与损失状况，并且参考点通常以购买价格作为参考依据；②当投资者处于参考点两侧时，投资者对于同等幅度盈利的敏感性要弱于同等幅度损失的敏感性；③相对于参考点而言，当投资者持有资产价格高于投资者内心的参考点价格时，投资者是风险厌恶者，倾向及早地卖出该项资产而不是继续持有该项资产，当投资者持有资产价格低于投资者内心的参考点价格时，投资者是风险爱好者，倾向继续持有该项资产而不是及早地卖出该项资产。

> 阅读资料 9.1

什么导致了处置效应[①]

从前景理论的角度解释处置效应的产生原因表面上看似乎很令人信服,但也正因此而使人们长期以来忽视了一个重要问题:前景理论导致处置效应的作用机理到底是什么。进一步地,虽然大量的研究已经证明机构投资者也存在处置效应(Locke and Mann,1999; Shapira and Venezia,2001),但是,也有很多研究表明机构投资者是不存在处置效应的(O'Connell and Teo,2004;赵彦志和王庆石,2005),甚至有研究表明机构投资者实际上采取的是反处置效应行为(李学峰等,2013a;王立民等,2014)[②]。如果考虑到这些研究所用的方法和样本基本一致但时期不同,这是否意味着同一个投资者的处置效应行为是断续性存在的?如果是,其原因又是什么?Barberis 和 Xiong(2009)首次对这些问题进行了研究并给出了理论解释。

Barberis 和 Xiong(2009)第一次基于前景理论本身,对导致处置效应的机制和原因给出了一个正式的解释,并对迄今为止"经验研究"中处置效应存在与否给出了统一的理论解释。但他们的研究中存在两个重要的不足[③]:其一是将股票收益大于无风险收益的概率 π 设定为恒定的 0.5,即市场走势上升和下跌的概率各 50%,仅通过改变上升和下降比例(R_u、R_d)来改变投资者的预期收益 μ;其二是仅仅基于模拟实验得出了导致处置效应的条件,而没有结合市场的实际情况进行必要的经验检验,从而也就无法确定这一模拟结论在现实市场中是否具有说服力和适用性。

我们通过改变股票收益率大于无风险收益率的概率,研究了市场环境因素对处置效应的影响,发现市场环境因素作为投资者决策过程中的一个外生变量亦会对决策结果产生影响,最终使处置效应出现断续性,即在牛市中不会出现处置效应,在熊市中则可能出现处置效应。进一步我们还以我国开放式基金为对象对模拟结果进行了验证,得到了支持性结论。

第三节 投资者的行为偏差

早在 18 世纪英国南海泡沫事件中,艾萨克·牛顿就评论到:我能计算出天体运行,但人们的疯狂实在难以估料。

[①] 本阅读资料取自李学峰等(2011)。
[②] 反处置效应反映了投资者在做出投资决策时,同样受到了与得失相关的不合理情绪的影响,其行为具有以下特点:①投资者更加看重的是财富的相对变化量而不是财富的绝对值;②投资者面临条件相当的损失前景时倾向接受确定性亏损,而面临条件相当的盈利前景时倾向冒险赌博;③盈利带来的快乐大于等量损失带来的痛苦。详见李学峰等(2013a)。
[③] 对这两个不足的详细讨论参见李学峰等(2011)。2015 年夏笔者与 Xiong 教授就此问题当面进行了详细的讨论,确认了我们所指出的上述不足是真实存在的。

有效市场假说严重依赖于理性投资者假定。理性被定义为根据所有可以获得的信息估价证券，并据此而定价的能力；特别是投资者是回避风险型的。如果投资者准备接受更大的风险，他们就必须得到更高收益率的补偿。

但事实证明，当牵涉到亏损时，人们更倾向追求风险，他们更倾向赌一把，如果赌博有可能把他们的亏损减少到最低限度。换言之，在真实市场中，真实的投资者往往会出现各种行为偏差。行为金融学的研究表明，投资者的行为偏差主要表现为代表性偏差、过度自信、羊群行为、处置效应、过度反应与反应不足等。

一、代表性偏差

代表性法则指人们在不确定性的情形下，会抓住问题的某个特征直接推断结果，而不考虑这种特征出现的真实概率以及与特征有关的其他原因。在很多情况下，代表性法则是一种非常有效的方法，它能帮助人们迅速地抓住问题的本质并推断出结果，但有时也会造成严重的偏差，特别是会忽视事件的基本要素（base rate neglect），即无条件概率和样本大小。Rabin 称这种用小样本特征反映母体特征的情况为"小数定律"。

正是由于在金融市场上投资者的决策受到代表性启发式的影响，De Bondt 和 Thaler（1985）指出投资者在进行概率修正时倾向反应过度，对近期的信息赋予过大的权重而对整体的基率数据赋予较低的权重，其对获利数据的过度反应会推动股票价格偏离基本面价值。由此推论，在前段时期表现不佳的股票很可能比表现出色的股票更具投资价值。

概率论中有个"大数定律"，但研究发现，人们往往信奉"小数规则"，即不管样本容量多小，人们总认为它能反映总体。例如，前五次抛出的硬币都是正面时，大多数人就会认为第六次抛出的硬币更可能是反面，因为人们认为"正正正正正反"比"正正正正正正"更具有一般性。一些投资者老抱着一些深度套牢的股票不放，就是自认为已经两年没涨了，现在该轮到它了吧。投资者的这种股价会"自我矫正"的错误观念，无疑是"把牢底坐穿"的一个很重要的原因。

与"自我矫正"观念相反的是，投资者还很容易忽略事件会有向平均数回归的倾向。例如，两只都缺乏"题材"的股票 A 和 B，A 股票持续上涨，B 则按兵不动，此时有些投资者往往会认为 A 会继续上涨，于是跟进，结果却吃了大亏。

投资者在挑选分析师时也同样存在非回归现象。例如，有两位股评家 A 和 B，股评家 A 可能连续两次预测准确，而 B 两次都预测错误，这时投资者往往会认为 A 比 B 要好，于是听从 A 的意见。事实上，也许 B 要比 A 好，只不过是 B 这两次太不走运罢了。

代表性偏差是投资者非理性心理的反应，主要包括框架依赖（framing dependence）和启发式偏差（heuristics bias）。

框架依赖是指个体在面临不确定性选择时，决策制定受到其作为参考的框架的影响，不同的框架会导致不同的结果。

启发式偏差是指投资者往往依据经验法则来进行投资决策，依赖"启发法"做出的投资决策带有不确定性，只能说可能是正确的结论，但如果所遗漏的因素和现象很重要，那么信息的缺损就会导致判断与估计上的严重偏差[1]。其中锚定和调整偏差（anchoring heuristics bias）是一种重要的启发式偏差[2]，是指人们在形成某一判断和估计时，经常先始于某初始值或基准值（可能是任意的），目标价值以此为基础结合其他信息进行上下调整而得出，即人们趋向把对将来的估计和过去已有的估计相联系，然后相对此值再做出"调整"。

要研究和衡量现实市场中投资者是否具有启发式偏差，主要是分析投资者对未来的预期是否由历史投资收益率所决定。因此，首先需要选择合适的指标反映投资者对未来市场走势的预期。从本书之前一直所强调的风险与收益相匹配的角度而言[3]，如果预期未来市场上升，那么投资者可以提高整个投资组合的风险，即增加风险资产的持有比例，以便从市场上升中获得更高的收益；反之，如果预期未来市场下跌，那么投资者可以降低整个投资组合的风险，即减少风险资产的持有比例，以降低由市场下跌所造成的损失。因此投资组合中风险资产持有比例的变动可以明确地反映投资者对市场未来走势的预期，由此我们以增加持股比例[4]的投资者数量占所有投资者总数的比例作为衡量投资者的看涨情绪指标（S），以此来衡量投资者对未来市场走势的预期，并进一步计算看涨情绪变动指标（DS），以衡量投资者整体对未来市场走势心理预期的变动。检验模型如下：

$$DS_t = \alpha_0 + \alpha_1 \times R_{m,t-1} + \varepsilon_t \tag{9.3}$$

$$DS_{t+1} = \alpha_0 + \alpha_1 \times R_{m,t} + \varepsilon_t \tag{9.4}$$

式中，DS_t 表示 t 期投资者看涨情绪的变化，$DS_t = S_t - S_{t-1}$，S_t 表示 t 期增加持股比例的投资者数量占所有投资者总数的比例，即投资者看涨情绪指标；$R_{m,t-1}$，$R_{m,t}$ 分别表示 $t-1$ 期和 t 期的市场走势，即投资者可能参照的市场收益率；α_0、α_1 为回归系数，ε_t 为残差项。如果回归参数 α_1 具有显著性，则表明市场历史（当期）表现与投资者心理预期变动之间存在相关关系，投资者心理预期变动依赖于市场历史（当期）表现，即表明投资者具有锚定启发式偏差，投资者对未来市场走势的预期是一种非理性预期；并可以进一步利用 α_1 来量化市场历史（当期）表现对投资者心理预期变动的影响。在 α_1 通过显著性检验的情况下，如果 α_1 为正，表明投资者具有基于收益率惯性的启发式偏差，如果 α_1 为负，则表明投资者具有基于收益率反转的启发式偏差。

---

[1] 中国的开放式基金在投资心理上具有锚定启发式偏差，并且此种投资心理会对当期市场走势产生显著的正向影响，而对未来市场走势产生显著的负向影响。开放式基金的这种非理性投资心理所引致的投资行为产生的短期影响大于其在中长期产生的影响。详见李学峰等（2008b）。

[2] 启发式偏差具体包括易获得性偏差、代表性偏差与锚定和调整偏差。

[3] 经典投资理论的基础概念之一是风险与收益的最优匹配。对此的详细研究可参见李学峰和张茜（2006）。

[4] 从理论上来看，一般将投资组合中的股票视为风险资产的代表。持股比例=投资者所投资股票市值/投资组合总市值。

卡纳曼试验

背景1：约翰，男，45岁，已婚，有子女；他比较保守，谨慎并且富有进取心；他对社会和政治问题不感兴趣，闲暇时间多用于业余爱好，如做木匠活和猜数字谜语（表9.1）。约翰更有可能从事哪种职业？

表9.1　背景1

样本	工程师	律师
样本1	30%	70%
样本2	70%	30%

即使在强调了样本概率的情况下，多数人还是根据描述性的语言选择工程师，而忽略了先验概率的影响。

背景2：琳达，31岁，单身，性格外向，哲学毕业。在学校期间关心歧视和社会公平问题，参加过反核武器抗议示威活动（表9.2）。那么，她可能是个什么样的人？

表9.2　背景2

选项一	银行职员和女权主义者
选项二	银行职员

多数人选择选项一，因为人们认为该描述更符合琳达的特性。但是选项一出现的概率要比选项二出现的概率小得多，即人们忽视了事件发生的真实概率。

二、过度自信

（一）过度自信的内涵

大量的认知心理学的文献认为，人是过度自信的，尤其对其自身知识的准确性过度自信。人们系统性地低估某类信息并高估其他信息。Gervaris 和 Odean（2001）将过度自信定义为，认为自己知识的准确性比事实中的程度更高的一种信念，即对自己的信息赋予的权重大于事实上的权重。

人类倾向从无序中看出规律，尤其是从一大堆随机的经济数据中，推出所谓的规律。Tversky 和 Kahneman（1992）提供了大量的统计数据，来说明许多事件的发生完全是运气和偶然因素的结果，而人类有一种表征直觉推理（representative heuristic）特点，即从一些数据的表面特征，直觉推断出其内在的规律性，从而产生认知和判断上的偏差（biases of cognition and judgment）。投资者的归因偏好也加重了这种认知偏差，即将偶然的成功归因于自己操作的技巧，将失败的投资操作归于外界无法控制的因素，从而产生了过度自信的心理现象。

过度自信是指人们对自己的判断能力过于自信。投资者趋向认为别人的投资决策都是非理性的，而自己的决定是理性的，是在根据优势的信息基础上进行操作的，但事实并非如此。Kahneman 认为，过度自信来源于投资者对概率事件的错误估计，人们对于小概率事件发生的可能性产生过高的估计，认为其总是可能发生的，这也是各种博彩行为的心理依据；而对于中等偏高程度的概率性事件，易产生过低的估计；但对于 90%以上的概率性事件，则认为肯定会发生，这是过度自信产生的一个主要原因。此外，参加投资活动会让投资者产生一种控制错觉（illusion of control），即人们在知觉上将社会世界扭曲成一个比真实世界更有次序、有组织、可预测、可控制的世界，从而令投资者系统地高估自己对事件的控制程度，而低估外界不可控因素对事件发展所造成的影响，最终导致过度自信。总之，过度自信产生的原因包括表征直觉推理、对概率事件的错误估计、控制错觉。

在传统的金融理论中都假设行为人是风险规避的，但现实中人往往是风险中性甚至是风险寻求的。尽管赢得彩票的概率只有数百万分之一，还是有很多人去买彩票，这种购买彩票的行为就表现为风险寻求。风险寻求的原因很可能是过度自信。

（二）过度自信对交易的影响

当投资者过度自信时，市场中的交易量会增加。在无噪声的完全理性预期的市场中，如果不考虑流动性需求，交易量应该是零。如果理性是共识，当一个投资者买进股票时，另外的投资者卖出股票，买进者会考虑是否存在卖出者知道而买进者不知道的信息，这时就不会有交易产生。

现实中金融市场的交易量是非常大的。全球外汇的日交易量大约是年度世界贸易总额和投资流动总额之和的四分之一。1998 年纽约证券交易所的周转率超过 75%。1996 年上海证券交易所的换手率是 591%，深圳证券交易所的换手率是 902%。

由于没有模型来说明在理性市场中交易量应该是多少，很难证明什么样的交易量是过多的。Odean（1998）分析了投资者的买卖行为，发现在考虑了流动性需求、风险管理和税收影响后，投资者买进的股票差于卖出的股票，这些投资者交易过多，由于交易成本的原因，过多的交易损害了投资者收益，这一解释是投资者是过度自信的，投资者过度评价了其私人信息的准确性并错误地解释了这些信号，才导致了差的决策。

（三）过度自信的衡量

至今为止，理论上对于过度自信的衡量，或者说判断投资者是否存在过度自信的具体检验方法，是存在分歧的。根据上文所述，过度自信会导致过度交易。因此，大量文献选用具有交易特征的换手率对过度自信进行衡量或作为投资者过度自信的代理变量[①]：投资者存在过度自信时，换手率也相应增加。换手率具体表示为

$$\text{TO}_{i,t} = \frac{1}{2}\left(\sum_{k=1}^{N_{i,t}} w_{i,t}^k \frac{B_{i,t}^k}{H_{i,t}^k} + \sum_{k=1}^{N_{i,t}} w_{i,t}^k \frac{S_{i,t}^k}{H_{i,t}^k}\right) \quad (9.5)$$

[①] 对中国市场的实证研究发现，过度自信对基金业绩产生负向影响；我国基金团队模式的过度自信偏差比单经理模式更高，且在投资业绩方面相比于单经理模式效率相对也更低。详见李学峰和朱虹（2018）。

式中，$TO_{i,t}$ 表示 t 期投资者 i 的换手率；$w_{i,t}^k$ 表示投资者 i 在 t 期持有股票 k 的市值占投资者 i 持有的总市值之比；$B_{i,t}^k$ 和 $S_{i,t}^k$ 分别表示投资者 i 在 t 期买入和卖出股票 k 的数量；$H_{i,t}^k$ 表示投资者在 t 期持有股票 k 的数量；$N_{i,t}$ 表示投资者 i 在 t 期买入或卖出不同股票的个数。

三、羊群行为

羊群行为也叫从众行为，最开始在生物学中被用于研究动物群聚行为特征，后来被用于分析人类行为，表示人们采用同样的思维活动或采取类似的行为，是指人在心理上依赖于大多数人的行为，以减少损失、获得尽可能多的收益。"跟风""随大流"更能通俗地描述羊群行为。进一步延伸至金融市场上，则指在信息不确定的情况下，投资者行为相互影响，个体行为更容易受到群体行为倾向的左右，个人私人信息和分析可能被投资者群体"共有信念"取代，结果可能导致金融市场系统性风险增加，市场不稳定性增强。

投资者采取相同的投资决策并不一定是羊群行为，羊群行为的关键是其他投资者的行为影响了该投资者的投资决策，并对他的决策结果造成影响。羊群行为特征如下。

（1）路径依赖。羊群行为的产生不仅取决于投资者对信息的评价，还取决于投资者的交易顺序。

（2）随机性。由于数名投资者投资行为的一致，羊群行为产生的概率非常大。

（3）脆弱性。羊群行为发生后，投资者的私人信息就不再真实地反映在公众信息集中，因此，该公众信息集提供给投资者的信息并不是充分、准确的信息，从而羊群行为面对较小的冲击就会崩溃。

对于羊群行为，需要区分虚假羊群行为（spurious herding）与故意羊群行为（intentional herding）。前者是指投资者在面临相似的决策问题和信息集时采取相似的决策；后者是指投资者观察并模仿他人的交易行为，重在投资者之间的相互影响。换言之，虚假羊群行为并不是真正的羊群行为。例如，利率提高，投资者预期股票市场价格下降，会减少投资组合中股票的比重。投资者这一行为并不是真正的从众，而是针对利率变化共同做出的调整。我们来看这样一个例子。

有一国内投资者 D 先生和国外投资者 F 先生，由于资本项目可兑换的限制和规定，D 先生只能投资于国内股票市场 S_d 和国内债券市场 B_d，F 先生可以投资于 S_d 和 B_d，还可以投资于国外股票市场 S_f 和国外债券市场 B_f。

如果国外市场利率上升或出现公司盈利的悲观预期，那么 F 先生将减少 S_f 和 B_f 的投资，并增加 S_d 和 B_d 在投资组合中的权重。这样来看，F 先生在购进资产的行为上表现出对 D 先生的从众行为。但是，这其实是 F 先生个体的决定，而不是仿效。类似的，如果没有资本可兑换的限制，D 先生也可能表现出对 F 先生的从众，但这实际上是基于共同信息源、结合个体风险收益而做出的自主决定，表现为虚假羊群行为。

理论上讲，羊群行为产生原因如下。

（1）理性缺陷。在经济主体拥有有限理性的情况下，投资者会在不同时点采用相似的模式进行投资,这种模式称为大众模式。

(2)信息不完全。在信息不完全的不确定的市场中,投资者无法观察到别人的私人信息,但却可以从别人的买卖行为中推测其拥有的私人信息,并结合自己的信息进行买卖操作,这样就产生了羊群行为。

(3)委托-代理关系。基金经理的报酬往往与某一基准挂钩,在这种情况下,基金经理往往会推断、模仿别的基金经理的买卖行为,以免自身业绩落后于同行或指数或行业的平均水平。

案例9.3

中国市场上QFII与开放式基金的羊群行为[①]

根据 LSV 模型(Lakonishok et al., 1992),计算时期 t 内股票 i 的羊群行为度 $\mathrm{HM}_{i,t}$ 的公式如下:

$$\mathrm{HM}_{i,t} = \left| P_{i,t} - E(P_{i,t}) \right| - \mathrm{AF}_{i,t} \tag{9.6}$$

式中,$P_{i,t} = B_{i,t}/(B_{i,t} + S_{i,t})$,其中 $B_{i,t}$ 表示在时期 t 内买入股票 i 的机构投资者家数,$S_{i,t}$ 表示在时期 t 内卖出股票 i 的机构投资者家数,$P_{i,t}$ 表示在时期 t 内买入股票 i 的机构投资者占买卖股票 i 的所有机构投资者的比例;$E(P_{i,t})$ 为 $P_{i,t}$ 的期望值,可以用 $\overline{P_t}$ 替代,$\overline{P_t} = \dfrac{\sum_i B_{i,t}}{\sum_i (B_{i,t} + S_{i,t})}$,表示所有股票的 $P_{i,t}$ 在给定时期 t 的算术平均值;调整因子为 $\mathrm{AF}_{i,t} = E\left[\left| P_{i,t} - E(P_{i,t}) \right|\right]$,它是在没有羊群行为存在的零假设条件下的 $\left| P_{i,t} - E(P_{i,t}) \right|$ 的期望值,可以利用如下公式计算[②]:

$$\mathrm{AF} = \left| P_{i,t} - E(P_{i,t}) \right| \times C_{n_{i,t}}^{k} \overline{P_t}^{k} (1-\overline{P_t})^{n_{i,t}-k} \tag{9.7}$$

再根据 Wermers(1999)因对 LSV 进行改进而设计的组合变化测度(portfolio-change measure,PCM)指标中的 $\mathrm{BHM}_{i,t}$ 和 $\mathrm{SHM}_{i,t}$ 两个指标,分别计算买方羊群行为度和卖方羊群行为度,研究机构投资者买和卖两个方向的羊群行为是否一致。其中:

$$\mathrm{BHM}_{i,t} = \mathrm{HM}_{i,t} \big| P_{i,t} > E[P_{i,t}] = \mathrm{HM}_{i,t} \big| P_{i,t} > \overline{P_t} \tag{9.8}$$

$$\mathrm{SHM}_{i,t} = \mathrm{HM}_{i,t} \big| P_{i,t} < E[P_{i,t}] = \mathrm{HM}_{i,t} \big| P_{i,t} < \overline{P_t} \tag{9.9}$$

即 $\mathrm{BHM}_{i,t}$ 计算的是在 t 时期买入股票的比例 $(P_{i,t})$ 大于其平均值 $(\overline{P_t})$ 的股票,表示股票 i 在 t 时期的买方羊群行为度;$\mathrm{SHM}_{i,t}$ 计算的是在 t 时期买入股票的比例 $(P_{i,t})$ 小于其平均值 $(\overline{P_t})$ 的股票,表示股票 i 在 t 时期的卖方羊群行为度。

[①] 本案例取自李学峰等(2008a)。
[②] 该式的导出可参见 Lakonishok 等(1992)。

引入指标 $\overline{\mathrm{HM}_t}$，$\overline{\mathrm{BHM}_t}$，$\overline{\mathrm{SHM}_t}$，计算 t 时期机构投资者的羊群行为度，以进一步观察羊群行为在时间上的动态变化趋势。这里，$\overline{\mathrm{HM}_t} = \dfrac{\sum_i \mathrm{HM}_{i,t}}{n}$，$\overline{\mathrm{BHM}_t} = \dfrac{\sum_i \mathrm{BHM}_{i,t}}{n_B}$，$\overline{\mathrm{SHM}_t} = \dfrac{\sum_i \mathrm{SHM}_{i,t}}{n_S}$。其中 n 表示在时期 t 投资者参与买卖的股票只数，n_B 表示 t 时期满足条件 $P_{i,t} > \overline{P_t}$ 的股票只数，n_S 表示 t 时期满足条件 $P_{i,t} < \overline{P_t}$ 的股票只数。

由上述方法，我们即得到两类机构投资者的 $\overline{\mathrm{HM}_t}$，$\overline{\mathrm{BHM}_t}$，$\overline{\mathrm{SHM}_t}$，分别见图 9.4~图 9.6。由图 9.4 可见，QFII 的羊群行为度在大多数时期均大于开放式基金；但在第 8 个和第 12 个研究子时期，两者的羊群行为度数值基本重合于一点，虽然两者的总体羊群行为一直处于波动的状态，但从其总体的发展趋势来看，两者的羊群行为都表现出一个轻微上扬的趋势。说明随着时间的推移，两者的总体羊群行为度出现了明显的趋同趋势。

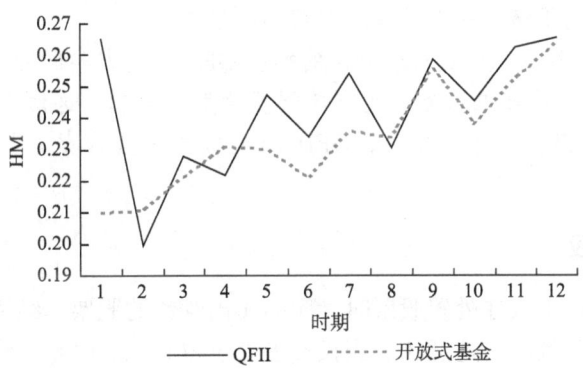

图 9.4　QFII 与国内开放式证券投资基金总体羊群行为度 $\overline{\mathrm{HM}_t}$ 对比

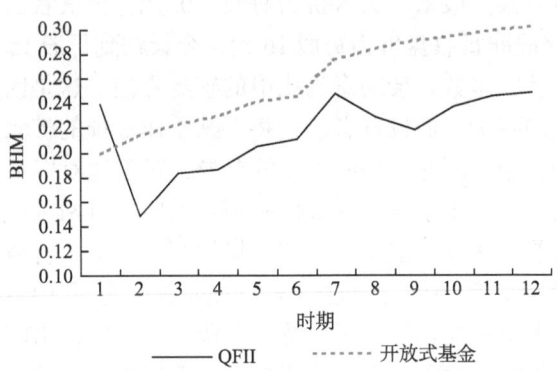

图 9.5　QFII 与国内开放式证券投资基金买方羊群行为度 $\overline{\mathrm{BHM}_t}$ 对比

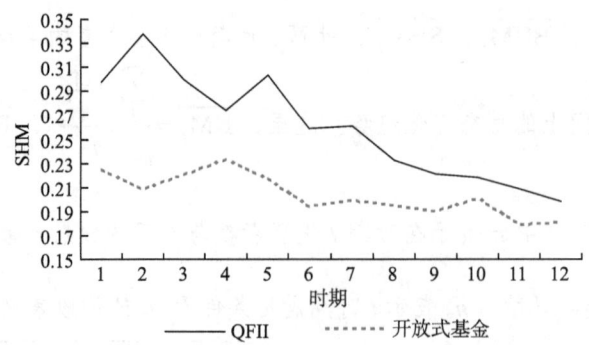

图 9.6　QFII 与国内开放式证券投资基金卖方羊群行为度 $\overline{SHM}_t$ 对比

由图 9.5 我们看到，总体而言开放式基金的买方羊群行为度比 QFII 的买方羊群行为度高；开放式基金的买方羊群行为度从第一个研究周期至最后一个研究周期，发展非常规律，呈现出一种慢慢上扬的趋势，而 QFII 的则出现较大的波动性；QFII 在第 7 个子研究时期与开放式基金的羊群行为度最为接近，在其他的研究周期则与开放式基金差异明显，而且随时间的推移这一差异并没有缩小的趋势。

由图 9.6 可知，第一，虽然随着时间的推移 QFII 的卖方羊群行为度呈明显的下降趋势，但还是大大高于开放式基金的卖方羊群行为度。第二，这两类机构的卖方羊群行为度随时间的推移都在下降和趋同，QFII 与开放式基金的卖方羊群行为度之间的差异呈缩小的趋势。

四、处置效应

处置效应是指投资人在处置股票时，倾向卖出赚钱的股票，继续持有赔钱的股票，也就是"出赢保亏"效应。这意味着当投资者处于盈利状态时是风险回避者，而处于亏损状态时是风险偏好者。

假如投资者甲持有某只股票，买入价为每股 10 元，投资者乙持有同一只股票，买入价为每股 20 元。该股昨日收盘价为每股 16 元，今天跌到每股 15 元。请问：甲乙两位投资者，谁的感觉更差？多数人会同意乙比甲的感觉更差。这是因为，投资者甲可能会将股价下跌看作收益的减少，而投资者乙会将下跌看作亏损的扩大。由于价值函数曲线对于亏损比收益更为陡峭，因此，每股 1 元的差异，对乙比对甲更为重要。

再假如有一位投资者，由于需要现金他必须卖出所持有两种股票中的一种。一只股票账面赢利，另一只股票账面亏损（赢利和亏损均相对于买入价格而言），该投资者会卖出哪只股票？1998 年，美国行为金融学家 Odean 在研究了 10 000 个个人投资者的交易记录后发现，投资者更可能卖出那只上涨的股票，当股票价格高于买入价（参考点）（即主观上处于盈利）时，投资者是风险厌恶者，希望锁定收益；而当股票价格低于买入价（即主观上处于亏损）时，投资者就会转变为风险喜好者，不愿意认识到自己的亏损，进而拒绝实现亏损。当投资者的投资组合中既有盈利股票又有亏损股票时，投资者倾向较早卖出盈利股票，而将亏损股票保留在投资组合中，回避实现损失，这就是处置效应。

Odean 的结论与我们通常所了解的情况是吻合的，我们周围的投资者大都如此。国内研究者对中国股市处置效应的研究结果表明：中国的投资者更加倾向卖出盈利股票，继续持有亏损股票，而且这种倾向比国外投资者更为严重。无论是在个人投资者还是在机构投资者中均存在着处置效应[①]。这种持有亏损股票而过早卖出赢利股票的"售盈持亏"的心态在国内和国外投资者中同样存在，反映了人类的天性。处置效应的极端情况就像我们通常所说的"虱多不痒，债多不愁"，甚至"死猪不怕开水烫"。针对处置效应的一项有力措施就是止住亏损，让赢利充分增长。

处置效应的基本结论是投资者更愿意卖出盈利股票和继续持有亏损股票。与此相关的两个推论如下：

第一，卖出盈利股票的比率超过卖出亏损股票的比率；

第二，持有亏损股票的时间长于持有盈利股票的时间。

案例 9.4

投资者的处置效应

假设有如表 9.3 和表 9.4 所示的两种情况。

表 9.3　盈利情况下的选择

选择	内容	概率	期望值
A	得到 1 000 元	100%	1 000
B	得到 2 000 元	50%	1 000
	得到 0 元	50%	

表 9.4　亏损情况下的选择

选择	内容	概率	期望值
A	损失 1 000 元	100%	−1 000
B	损失 0 元	50%	−1 000
	损失 2 000 元	50%	

在表 9.1 的情况下，大部分人会选择 A；而在表 9.2 的情况下，大部分人会选择 B。在表 9.1 中，即面对盈利时，人们是风险厌恶的；而当情况变为表 9.2，即面对亏损时，人们又变成风险偏好的了。

而实际上，表 9.1 和表 9.2 情况是一样的，可以将表 9.2 考虑成在表 9.1 做选择前先损失了 2 000 元的情况。

结论：人们通常不是从财富的角度考虑问题，而是从输赢的角度考虑，关心收益和损失的多少。

[①] 对中国市场上机构投资者处置效应的一个代表性研究是李学峰等（2011）做出的。他们通过进一步优化"买卖周期时间"统计量，研究了我国 2005~2008 年开放式基金和 QFII 处置效应的存在性与差异性，发现我国的开放式基金存在着明显的处置效应，而 QFII 并不存在。

第四节 行为投资学

资产组合理论与资本资产定价模型构成了现代投资学的理论基础，行为金融学在投资学中的重大影响与应用，即初步发展出了行为组合理论（behavioral portfolio theory，BPT）与行为资产定价模型（behavioral asset pricing model，BAPM），以及在投资管理中的交易策略。

一、行为组合理论

行为组合理论由 Statman 和 Shefrin 借鉴 Markowitz 的资产组合理论于 2000 年提出。该理论打破了现代投资组合理论中存在的局限，包括理性人局限，投资者均为风险厌恶者的局限，以及风险度量的局限，更加接近投资者的实际投资行为。

（一）行为组合理论的理论基础

一是安全第一组合理论（safety-first portfolio theory）。该理论由 Roy 于 1952 年提出，在这一理论中，组合的原则是安全第一，即投资者的目标是使其破产的概率 $\Pr\{W<s\}$ 最小化，这里的"破产"指一个投资者的期终财富 W 低于其生存水平 s。

二是安全、潜力和期望理论。这是 Lopes 于 1987 年提出的，是在不确定条件下进行选择的心理理论，是对安全第一组合模型看法的扩展。其中安全（security）的定义与安全第一组合理论中的安全（safety）类似，都是指避免财富降至较低水平。潜力（potential）指的是一种要达到较高水平财富的愿望。期望（aspiration）就是一种目标，对安全第一资产组合中要达到给定的目标价值（如 s）的概念做出了归纳。

（二）行为组合理论的内容

行为组合理论由单一账户资产组合理论（behavior portfolio theory-single account，BPT-SA）、多重账户资产组合理论（behavior portfolio theory-multiple account，BPT-MA），以及金字塔结构理论构成。

单一账户资产组合理论和均值方差组合理论的投资者都将资产组合视为一个整体，即单一的账户，它们像 Markowitz 理论中提出的那样考虑资产间的协方差。但均值方差理论的核心是 (μ, δ) 平面中的均值方差有效边界。单一账户资产组合理论与之对应的则是 $(Eh(W), \Pr\{W \leqslant A\})$ 平面中的有效边界。其中，$Eh(W)$ 表示受感情因素影响和支配的期望财富函数，A 表示投资期望值。

多重账户资产组合理论是建立在期望理论之上的。Shefrin 和 Statman（2000）提出投资者具有两个心理账户，分别对应高、低两个期望值，代表投资者既想避免贫困，又希望变得富有的愿望。投资者的目标就是将现有财富在两个账户间分配以使整体效用达到最大。最大化投资者整体效用的做法将会使低期望账户中的组合比高期望账户中的组合看起来更像无风险债券，而与之相反，高期望账户里的组合更像彩票。

传统的马科维茨均值方差组合理论将资产组合看成一个整体，该理论假定在构建资产组合时投资者只考虑不同证券之间的协方差，并且都是风险厌恶者。行为组合理论则认为，投资者具有金字塔形层状结构的资产组合，每一层都对应着投资者特定的投资目的和风险特性（方差）。在现实中大部分投资者实际构建的资产组合是一种金字塔形状的行为资产组合，位于金字塔各层的资产都与特定的目标和特定的风险态度相联系，一些资金投资于最安全的底层，也有资金投资于更冒险精神的高层，且各层之间存在相关性。如图9.7所示。

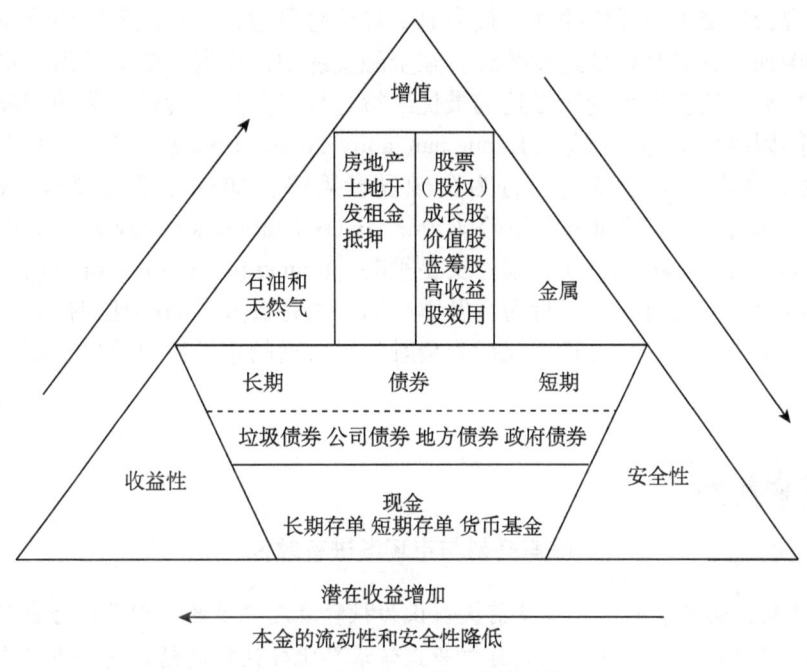

图9.7 行为组合的金字塔结构

二、行为资产定价模型

BAPM 是由 Shefrin 和 Statman 于 1994 年提出的。在 BAPM 模型中，投资者被划分为信息交易者和噪声交易者。信息交易者是理性投资者，他们通常支持现代金融理论的 CAPM 模型，避免出现认识性错误并且具有均值方差偏好。噪声交易者通常跳出 CAPM 模型，易犯认识性错误，并且无严格的均值方差偏好。当信息交易者占据着交易的主体时，市场是有效率的，而当噪声交易者占据着交易的主体地位时，市场是无效率的。在 BAPM 模型中，证券的预期收益是由其行为贝塔（behavioral beta）决定的，当然，这时市场组合的代表性问题更加严重。例如，噪声交易者倾向高估成长型股票的价格，相应的市场组合中成长型股票的比例也就偏高，为此，行为资产组合（行为贝塔组合）较市场组合要人为调高成熟型股票的比例。Statman（1999）更进一步指出，决定供求的是人们的功利主义考虑（如产品成本、替代品价格）和价值表达考虑（如个人品位、特殊偏好）；CAPM 只包括了人们的功利主义考虑，而 BAPM 把两者都包括了进来。

另外，BAPM 还对在噪声交易者存在的条件下，市场组合回报的分布、风险溢价、期限结构、期权定价等问题进行了全面研究。在 BAPM 模型中，由于既考虑了价值表现特征，又包含了效用主义特性，因此，它一方面从无法战胜市场的意义上接受市场的有效性，另一方面从理性主义意义出发拒绝市场有效性，这对金融研究的未来发展有着深刻的启示。

总之，行为金融学通过对现代金融理论的核心假说——"理性人"假说的质疑，提出了期望理论，认为投资者对收益的效用函数是凹函数，而对损失的效用函数是凸函数，表现为投资者在投资账面值损失时更加厌恶风险，而在投资账面值盈利时，随着收益的增加，其满足程度速度减缓。在金融交易中，投资者的心理因素将使其实际决策过程偏离经典金融理论所描述的最优决策过程，并且对理性决策的偏离是系统性的，并不能因统计平均而消除（Kahneman and Riepe，1998）。此外，基于行为金融学也产生了许多不同于传统的行为金融投资策略，如资金平均策略（dollar-cost averaging strategy）、时间分散策略（time diversification strategy）、反向投资策略（counter investment strategy）和惯性交易策略（momentum trading strategy）等。应该说，在金融学的有关研究中，行为金融学是第一次将投资者的心理和行为特征作为关键变量进行了深入研究，也正因此行为金融学对大量的市场异象给出了较为令人信服的解释。

阅读资料 9.2

噪声交易与市场渐进有效性[①]

有效市场假说暗含的一个重要前提假设为投资者是理性的，但是行为金融学却指出现实中的投资者并非完全理性。到目前为止学术界比较认可的结论是，市场中的投资者可以分为理性套利者与噪声交易者，理性套利者即我们所称的理性投资者，而噪声交易者即非理性投资者。

行为金融学的诞生便是从投资者非理性的角度来解释市场异象，即说明为什么市场不是完全有效的，而一个被广泛接受的看法是，正是噪声交易者的存在才导致了市场的非有效性。然而行为金融的有关研究基本上是从静态角度论证了投资者的非理性导致了市场的非有效，而从市场渐进有效性理论的动态角度看，究竟是不是投资者的非理性行为造成了市场的动态无效呢？特别的，针对我国这样一个新兴市场，投资者的非理性行为在市场渐进有效的进程中扮演了怎样的角色呢？行为金融的研究并没有给出明确的结论。

李学峰等（2013b）的研究对上证 50 指数所代表的子市场的噪声交易情况进行了度量，同时构建状态空间方程，并采用 Kalman 滤波法测度了该市场的渐进有效性，进而研究投资者噪声交易对我国市场渐进有效性的水平及其波动的影响。研究发现，我国市场整体上趋于有效，噪声交易的平均水平在各时期比较平稳；噪声交易会起到微弱的降低市场有效

[①] 本阅读资料取自李学峰等（2013b）。

性的作用，增加渐进有效性的短期波动，但是从长期看并不能影响市场趋于有效的趋势。

上述研究结论说明，投资者的非理性行为并不是造成我国资本市场非有效的根本原因，但是非理性行为也在短期内给市场的有效性进程造成阻滞。这一发现的理论意义在于：既支持了有效市场假说——虽然我国市场整体的有效水平仍有待提升，但长期来看却是逐渐趋于有效的；也没有否认行为金融学所认为的非理性行为对市场有效性造成的影响。也就是说，尽管传统金融学与行为金融学两大理论体系在很多问题的看法上意见相左，但该研究却说明我国市场目前兼具两大理论体系所描述的特征。这也就启示我们，两大理论的综合和融合，既是金融学理论发展的方向之一，也应成为我们研究现实市场问题的立足点和依据所在。

三、动量交易与反转投资策略

（一）动量交易策略

现实市场中，舆论普遍认为投资者大多会采取追涨杀跌的交易行为。自从Jegadeesh和Titman（1993）对动量交易的开创性研究以来，投资者的追涨杀跌行为开始引起行为金融学的重视。

动量交易策略（momentum investment strategy）也叫作惯性投资策略，即购入过去表现良好的股票，卖出前段时期表现不好的股票，也即"Buying Winners and Selling Losers"。具体来说，由于股票价格具有一定黏性，买进开始上涨，并且由于价格粘性和人们对信息的反应程度比较慢，买入预期将会在一定时期内持续上涨的股票，卖出开始下跌而由于同样原因预期将会继续下跌的股票。

大量的行为金融学的研究表明，动量交易策略在现实市场中是普遍存在的（Nofsinger and Sias，1999；Griffind et al.，2003；徐捷和肖峻，2006；李学峰等，2008c；王磊和陈国进，2009）。根据行为金融理论的研究，动量效应产生的原因主要是投资者的反应不足和保守心理。即投资者对于新的信息可能采取观望、等待的行为，导致新信息不能有效地反映到价格形成中，从而使价格出现了缓慢变化的状态，产生了趋势的延续。

行为金融的实证研究发现，动量交易是具有获利性的，采用动量交易策略可以获取不同程度的超额收益（Fama and French，1998；Jegadees and Titman，2001；高秋明等，2014）。这也就是动量交易会成为一种投资策略的原因所在。

根据行为金融学的研究，动量交易策略之所以能够获利，一种解释是"收益动量"，即当股票收益的增长超过预期，或者当投资者一致预测股票未来收益的增长时，股票的收益会趋于升高。因此，动量交易策略所获得的利润是由股票基本价值的变动带来的。另一种解释是，基于价格动量和收益动量的策略是因为利用了市场对不同信息的反应不足的特征而获利。收益动量策略是利用了对公司短期前景的反应不足的特点，最终体现在短期收益中；价格动量策略利用了对公司价值有关信息反应迟缓以及在短期收益中未被近期收益和历史收益增长充分反映的公司长期前景。

（二）反转投资策略

反转投资策略（contrarian investment strategy），简单说就是买进过去表现差的股票而卖出过去表现好的股票来进行套利的方法。De Bondt 和 Thaler（1985）研究表明反转投资策略每年可获得大约 8% 的超常收益。

反转投资策略之所以能够获利，是因为投资者在投资决策中，往往过分注重上市公司近期表现，并根据公司的近期表现对其未来进行预测，导致对公司近期业绩做出持续过度反应，形成对业绩较差公司股价的过分低估和对业绩较好公司股价的过分高估现象，这就为投资者利用反转投资策略提供了套利的机会。

总之，无论是惯性还是反转投资策略，都有可能给投资者带来超额收益，从而使得两种策略都有了存在的价值。至于在投资管理中具体采取何种策略，则需要根据市场行为状态、近期投资者普遍的心理认知等进行判断和决策。

（三）交易策略的衡量指标

衡量现实市场中投资者是采取了惯性交易策略还是实施了反转交易策略，基本思路是检验买入股票的投资者数目或者股票的买入量与期间股票收益率之间是否存在正相关关系，如果证券的买入量与价格的变动方向一致，则证明市场上存在正反馈交易（即动量交易），反之是负反馈交易（即反转交易）。

具体而言，以 $H_{i,k}$ 作为第 k 期期初投资者持有股票 i 的数量占该股流通数的比例，即 $H_{i,k}$ =某投资者在第 k 期初持有股票 i 的股份数/第 k 期初股票 i 的流通股份数；并以 $H_{i,k'}$ 作为第 k 期期末投资者持有该股数量占流通股数的比例，即 $H_{i,k'}$ =该投资者在第 k 期末持有股票 i 的股份数/第 k 期末股票 i 的流通股份数。进一步，$(H_{i,k}-H_{i,k'})$ 即判断投资者在第 k 期内交易行为的指标，该值为正时，表示增持；反之，表示减持。

在上述基础上，就可以得出用以判断、衡量投资者采取了惯性或反转投资策略的指标 M：

$$M=(H_{i,k'}-H_{i,k})\times(R_{i,k}-R_{m,k}) \quad (9.10)$$

式中，$R_{i,k}$ 为第 k 期股票 i 的收益率，$R_{m,k}$ 为第 k 期市场 m 的收益率。当投资者增持表现好的股票或减持表现差的股票时，$M>0$，表明对该股采取了惯性投资策略；当减持表现好的股票或增持表现差的股票时，$M<0$，表明对该股采取了反转投资策略。

> 案例 9.5

中国市场上的获利性交易策略[①]

取 2005 年第一季度至 2007 年第三季度共 11 个子考察期的数据，利用上述模型和方法，对我国市场上包括南方稳健、华夏成长等 27 只开放式基金的情况进行实证检验，结

[①] 本案例取材于李学峰，张舰，常培武 2019 年的工作论文《证券投资基金交易策略对其投资绩效的影响研究——基于 AB 动态面板模型的实证检验》。

果如表 9.5 所示。

表 9.5 动态面板数据估计结果

变量	c	α_1	α_2	β_1	β_2	β_3	β_4
系数	0.298 8	0.115 1	0.369 4	0.236 9	−1.997 2	−0.420 5	−1.790 7
z 统计量（相伴概率）	26.96（0.000）	4.31（0.000）	16.66（0.000）	3.01（0.003）	−4.72（0.000）	−3.23（0.001）	−5.34（0.000）
Wald χ^2 统计量（相伴概率）	13 549.95（0.000 0）			Sargan 检验 χ^2 统计量（相伴概率）	26.69（0.968 4）		

在模型估计结果较为理想的基础上，对各系数做进一步的分析。其中，c 代表了各期绩效中固定的部分，α_1、α_2 分别体现当期绩效受到滞后 1 期、2 期绩效水平的正影响。β_1 为 0.236 9，表明如果当期内采取惯性策略，会对当期的绩效产生积极影响，即提高绩效；β_2 为 −1.997 2，说明如果当期采用反转策略，也会对当期绩效产生积极影响[①]，提高绩效，由于其绝对值大于 β_1，意味着当期反转策略对绩效的贡献大于当期惯性策略；β_3 为 −0.420 5，即如果上一期采取了惯性策略，会对当期绩效产生消极影响，降低绩效，由于其绝对值大于 β_1，说明其消极影响的程度高于当期惯性策略的积极影响；β_4 为 −1.790 7，说明上一期的反转策略也有助于提高当期绩效，其影响程度比当期反转策略略小，大体相当。

> **本章小结**

行为金融学是行为经济学在金融领域的应用与延伸，其研究的重点是人们在投资过程中认知、感情、态度等心理特征，以及由此而引起的市场非有效性。也就是说，行为金融学研究的出发点是人们的心理特征，中间环节是由心理特征所决定和引发的投资者行为，落脚点则是由投资者行为所导致的市场的非有效。

行为金融学的研究表明，投资者的行为偏差主要表现为代表性偏差、过度自信、羊群行为、处置效应、过度反应与反应不足等。

代表性偏差是投资者非理性心理的反应，主要包括框架依赖和启发式偏差。其中，框架依赖是指个体在面临不确定性选择下的决策制定受到其作为参考的框架的影响，不同的框架会导致不同的结果；启发式偏差是指投资者往往依据经验法则来进行投资决策，依赖"启发法"做出的投资决策带有不确定性，只能说可能是正确的结论，但如果所遗漏的因素和现象很重要，那么信息的缺损就会导致判断与估计上的严重偏差。

Gervaris 等将过度自信定义为，认为自己知识的准确性比事实中的程度更高的一种信念，即对自己的信息赋予的权重大于事实上的权重。过度自信产生的原因包括表征直觉推理、对概率事件的错误估计、控制错觉。

羊群行为也叫从众行为，最开始在生物学被用于研究动物群聚行为特征，后来被用于分析人类行为，表示人们采用同样的思维活动或采取类似的行为，在心理上依赖于大

---

① 虽然 β_2 为负数，但其对应的反转策略指标也为负数，二者乘积为正数，即对被解释变量产生正面影响。

多数人的行为，以减少损失、获得尽可能多的收益。羊群行为的特征为路径依赖、随机性、脆弱性。

处置效应是指投资人在处置股票时，倾向卖出赚钱的股票，继续持有赔钱的股票，也就是"出赢保亏"效应。这意味着当投资者处于盈利状态时是风险回避者，而处于亏损状态时是风险偏好者。处置效应的基本结论是投资者更愿意卖出盈利股票和继续持有亏损股票。与此相关的两个推论如下：

第一，卖出盈利股票的比率超过卖出亏损股票的比率；

第二，持有亏损股票的时间长于持有盈利股票的时间。

投资者的行为偏差会对市场运行和自身投资绩效产生根本性影响，理解和把握这些影响，对制定正确的投资管理方略、改善行为选择的合理性，并最终提升投资管理的能力和水平，都具有重要意义。

行为金融学与投资学密切相关即在于行为组合理论和行为资产定价模型，以及对投资者行为偏差的研究所揭示的其对市场运行和投资绩效的影响。

有效市场假说严重依赖于理性投资者假定。理性被定义为根据所有可以获得的信息估价证券，并据此而定价的能力；特别是投资者是回避风险型的——如果投资者准备接受更大的风险，他们就必须得到更高收益率的补偿。但事实证明，当牵涉到亏损时，人们更倾向追求风险，他们更倾向于赌一把，如果赌博有可能把他们的亏损减少到最低限度。换言之，在真实市场中，真实的投资者往往会出现各种行为偏差，并由此而产生了一系列的影响与后果。

▷练习题

一、简答题

1. 前景理论的理论思想是什么？
2. 投资者的行为偏差主要有哪些？
3. 羊群行为的产生原因有哪些？
4. 请用行为金融学的有关理论解释我国市场上的一些异象。

第四篇　固定收益证券估值和投资管理

　　固定收益证券的估值和投资管理，已成为投资学重要的分支理论之一。本篇包括两章内容，第十章"债券估值"分别介绍了债券定价的基础工具、不同债券的估值方法、影响债券定价的因素，以及债券收益率。

　　第十一章"利率期限结构与债券投资管理"对债券的利率期限结构理论和固定收益证券组合管理的消极策略、积极策略和混合策略进行了详细的分析和介绍。

第十章

债券估值

对债券的价值评估或确定其理论价值所在,是进行债券投资决策分析的基础性环节之一。债券由于其收益上的特点,又被称为固定收益证券(fixed-income securities)。固定收益证券是指收益固定且按规定时期得到支付的证券,它主要是指一些期限较长(一年以上)的债务类工具,如中长期国债公司债券、优先股和国际债券。

第一节 有关债券及其定价的基础概念

在对债券估值理论和方法进行研究之前,本节先对债券的基本要素和证券定价的金融学基础进行简要分析和介绍。

一、债券的基本要素

债券的基本要素主要包括面值(face value)与本金(principal)、息票(coupon)与息票率(coupon rate)、到期日(maturity date)与期限(maturity)。

(一)面值与本金

面值是指债券票面上所标明的价值,它代表了发行人的债务和持有人的债权。

面值确定了债券到期时发行人必须向持有人偿还的金额,该金额通常被称为本金。

债券的面值包括计价币种和面额两个内容,如美国中长期国债的面值一般为 1 000 美元,中国国债的面值一般为 100 元。

(二)息票与息票率

某债券每次支付的利息(interest)由息票或息票率确定。息票是指债券每年支付的利息额,息票率则是指息票与面值的比率。

例如，对于面值为 100 元、息票率为 8%、每半年付息 1 次的债券，它的息票或年利息额为 8 元，因此，半年的利息额为 4 元。

息票率为 0 的债券被称为零息债券（zero-coupon bonds）。

（三）到期日与期限

债券在发行时，一般要规定债券的到期日。债券的到期日是指债券偿还本金的日期。

债券的偿还期（term to maturity）是指从债券发行之日起至清偿本息之日止的时间，而债券剩余偿还期是指发行一段时间之后的债券距离到期日剩余的时间长度。

例如，某 20 年长期国债是 2010 年 5 月 10 日发行的，该债券的偿还期为 20 年，到期日为 2030 年 5 月 10 日，在 2015 年 5 月 10 日，该债券的剩余偿还期为 15 年。

二、债券定价的金融学基础

（一）有关利率的概念及计量

任何金融工具的定价，都要考虑货币的时间价值。货币的时间价值即货币的机会成本，而利率从本质上看即对货币机会成本的表达和计算。

1. 名义利率与实际利率

名义利率（nominal interest rate）是指货币的增长率，而实际利率（real interest rate）则是指货币购买力的增长率。二者的关系为

$$1+\text{RIR}=\frac{C_0(1+\text{NIR})}{C_1} \tag{10.1}$$

式中，RIR 为实际利率；NIR 为名义利率；C_0 为年初的消费价格指数；C_1 为年末的消费价格指数。

进一步讲，名义利率与实际利率的关系还可以表述为

$$1+\text{RIR}=\frac{1+\text{NIR}}{1+\text{IF}} \tag{10.2}$$

式中，IF 为通货膨胀率。

此外，由于计息方式的不同，我们还可以把利率分为单利（simple interest）和复利（compound interest）两大类型。

2. 单利

单利是指货币投资的累计利息与投资年限成正比关系，即在任 1 年投资产生的利息等于利息率 r 与初始投资的乘积。

如果初始投资为 A，以单利 r 计息，则 n 年后该投资的总价值 V 为

$$V=(1+r\times n)A \tag{10.3}$$

由式（10.3）可知，随时间的变动，投资额以线性方式增长。

3. 复利

复利即 1 年后所得利息会加到初始的本金之中，从而第 2 年计息的本金额会增大。

也就是说，复利是对利息进行计息。

在复利情况下，若初始本金为 A，则1年后本金为 $A(1+r)$，2年后为 $A(1+r)^2$，n 年后即 $A(1+r)^n$，即复利下，投资额会随着时间的推移而呈几何式加速增长。

在复利条件下，如果我们要计算投资额翻倍的时间，可依据一个简单的计算技巧——72法则，即

$$投资额翻倍时间 = 72/(r \times 100) \qquad (10.4)$$

式中，r 为利率。假设年利率为8%，则投资额的翻倍时间为9年（72/8）。这一公式适用于利率小于20%的情况。

例题 10.1

假设一企业债券，年利率为5%，每年复利一次，如果对该债券投资1 000元，求3年后该投资的价值，并计算该投资的翻倍时间。

解：根据复利的计算公式 $V=A(1+r)^n$，有

$$V = 1\,000 \times (1+0.05)^3 = 1\,157.625 （元）$$

再根据72法则，该投资的翻倍时间为 $72/5 = 14.4$ 年。

（二）终值与现值

利率计量了当前投资额的未来价值的增加。进一步考虑，所获得的未来价值的当前价值如何？同时，为了获得未来某一确定的价值，当前的投资额需要多大？这些问题涉及对终值（future value）和现值（present value）的计算。

1. 终值

终值是指在采用复利计算的情况下，当天的一笔投资在未来某个时点上的价值。终值的计算公式为

$$FV = I_0(1+r)^n \qquad (10.5)$$

式中，n 为时期数；FV 为从现在开始 n 个时期后的未来价值，即终值；I_0 为初始本金，r 为每个时期的利率；$(1+r)^n$ 为今天投入一单位货币，按照复利 r，在 n 个时期后的价值。由式（10.5）可见，利率 r 越高，或复利期数 n 越多，一笔投资的未来值（终值）越大。

上述终值公式是在假设只有一期的现金流（即 I_0），以后每期不再有现金流发生的情况下而言的。现在假设在 n 期内共有 n 次现金流 I_0, I_1, I_2, $\cdots$, I_n 发生。初始现金流 I_0 在 n 期期末将增长为 $I_0(1+r)^n$；下一现金流 I_1 在账户中的时间是 $(n-1)$ 期，因此 n 期期末其价值是 $I_1(1+r)^{n-1}$；最后一个现金流 I_n 无计息期，因此其价值为 I_n。

根据上述假设和分析，各期现金流的终值为

$$FV = I_0(1+r)^n + I_1(1+r)^{n-1} + \cdots + I_n \qquad (10.6)$$

2. 现值

现值即终值的逆运算,它衡量了所获得的未来价值的当前价值的大小。

1) 贴现因子(贴现率)

未来值贴现为现值,关键取决于贴现因子 d。1 年的贴现因子 d_1 为

$$d_1 = 1/(1+r) \tag{10.7}$$

若以每年 m 次进行复利,则贴现因子为

$$d_k = 1/[1+(r/m)]^m \tag{10.8}$$

以未来值乘以贴现因子,即得到现值。

2) 现值的求解

给定现金流 $I_0, I_1, I_2, \cdots, I_n$;$I_0$ 没有贴现期,现值为其自身;I_1 的现值为 $I_1/(1+r)$,其余类推,因此得到现值公式为

$$PV = I_0 + \frac{I_1}{(1+r)} + \frac{I_2}{(1+r)^2} + \cdots + \frac{I_n}{(1+r)^n} \tag{10.9}$$

3) 多次复利与连续复利下的现值

在多次复利条件下,各期现金流为 $I_0, I_1, I_2, \cdots, I_n$,年利率为 r,利息以每年 m 个相等期限进行复利计算,则现值公式为

$$PV = \sum_{k=0}^{n} \frac{I_k}{[1+(r/m)]^k} \tag{10.10}$$

如果以利率 r 进行连续复利,现金流发生于 $t_0, t_1, \cdots, t_n$ 各期,其中 $t_k = k/m$,则 t_k 时期发生的现金流量为

$$PV = \sum_{k=0}^{n} x(t_k) e^{-rt_k} \tag{10.11}$$

例题 10.2

假设某投资者准备对一只股票进行投资,预计该股票第 1 年年末分红 0.4 元,第 2 年年末分红 0.5 元,并预计第 2 年年末享受分红后该股票可以以 10 元的市价出售。假设贴现率为 5%,请计算该股票投资所得现金流的现值。

解:根据现值公式,该投资第 1 年年末现金流的现值为

$$PV_1 = 0.4/1.05 = 0.381 (元)$$

第 2 年年末现金流的现值为

$$PV_2 = 10.5/(1.05)^2 = 9.524 (元)$$

则该投资总现金流的现值为

$$PV = 0.381 + 9.524 = 9.905 (元)$$

3. 终值与现值的关系

终值为现金流在未来支付的等价值,现值为现金流在当前的等价值。因此,通过贴

现因子 $1/(1+r)^n$ 可将现值与终值联系在一起，即
$$PV=FV/(1+r)^n \qquad (10.12)$$

第二节 债券定价及其影响因素

债券在价格理论上是债券未来现金流的现值之和。

债券投资者在未来有权获得两类现金流：一是在债券存续期内定期获得的利息收入；二是在债券到期时偿还的本金。

债券价值=息票利息值的现值+面值的现值

如果令到期日为 T，贴现率为 y，债券价值则为

$$债券价值=\sum_{t=1}^{T}\frac{息票利息}{(1+y)^t}+\frac{面值}{(1+y)^T} \qquad (10.13)$$

债券的价值由四个因素决定，即到期日、息票利息、面值和贴现率。

本节的主要内容是贴现率、必要回报率与收益率差额；零息债券定价；永续债券定价；一般债券定价；影响债券定价的因素。

一、贴现率、必要回报率与收益率差额

债券的贴现率是指债券投资者要求获得的必要回报率，它是一种机会成本，即投资者在相同期限、相同信用品质和相同风险程度的类似投资中应该赚取的收益。

一般地，债券投资者的必要回报率由实际无风险收益率、预期通货膨胀率和债券的风险溢价三个部分构成，用公式表示为

$$y=RR_f+\pi^e+RP \qquad (10.14)$$

式中，PR_f 为实际无风险收益率；π^e 为预期通货膨胀率，RP 为债券的风险溢价。

债券的风险溢价主要体现了信用风险（或违约风险）、流动性风险和赎回风险，而无风险收益率则考虑了利率风险和购买力风险。

一般地，时期不同，对现金流适用的贴现率也应该不同。但是，为简化问题，我们通常假设对所有期限的现金流适用同样的贴现率。

相同期限、相同息票率、不同信用级别债券的收益率之间的差额通常被称为收益率价差（yield spreads）。

例如，某 5 年期国债的收益率为 5%，具有相同息票率的某 5 年期公司债券的收益率为 10%，那么，它们之间的收益率价差为 5%。

二、零息债券定价

由图 10.1 可见，零息债券的定价公式为

$$P=\frac{FV}{(1+y)^T} \qquad (10.15)$$

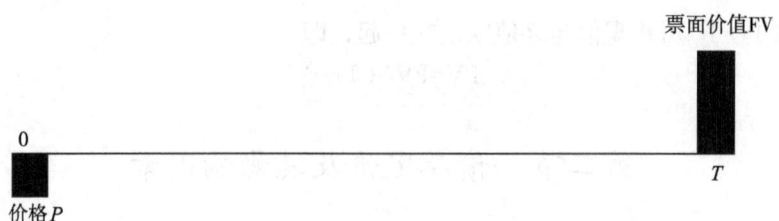

图 10.1 零息债券定价

案例 10.1

零息债券定价

两种国债分别为A、B。国债A一年到期，在到期日，投资者获得1 000元，国债B两年到期，在到期日，投资者获得1 000元，两种债券在期间均不支付利息，贴现率分别为7%和8%，那么，他们的理论价格是多少？

$$债券A：\frac{1\,000}{1+7\%}=934.58（元）$$

$$债券B：\frac{1\,000}{(1+8\%)^2}=857.34（元）$$

三、永续债券定价

由图10.2可见，永续债券的定价公式为

$$P=\frac{C}{1+y}+\frac{C}{(1+y)^2}+\cdots+\frac{C}{(1+y)^{100}}+\cdots+\frac{C}{(1+y)^{1\,000}}+\cdots$$
$$=\frac{C}{y}$$

（10.16）

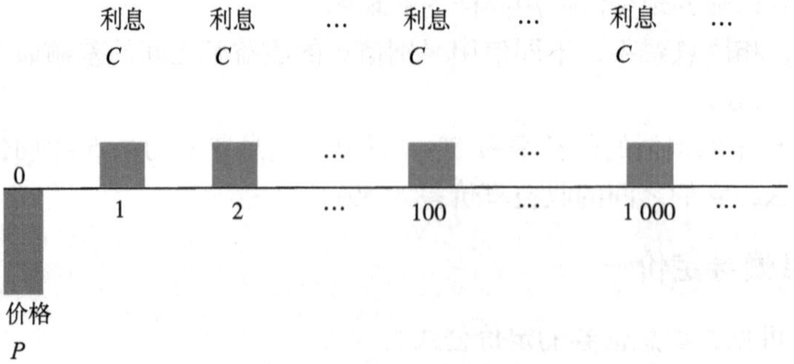

图 10.2　永续债券的定价

四、一般债券定价

（一）每年复利

对于每年复利的债券，其定价公式为

$$P = \frac{C}{1+y} + \frac{C}{(1+y)^2} + \cdots + \frac{C}{(1+y)^T} + \frac{FV}{(1+y)^T}$$
$$= \sum_{t=1}^{T} \frac{C}{(1+y)^t} + \frac{FV}{(1+y)^T} \quad (10.17)$$

（二）半年复利

半年复利债券的定价公式为

$$P = \frac{C/2}{1+y/2} + \frac{C/2}{(1+y/2)^2} + \cdots + \frac{C/2}{(1+y/2)^{2T}} + \frac{FV}{(1+y/2)^{2T}}$$
$$= \sum_{t=1}^{2T} \frac{C/2}{(1+y/2)^t} + \frac{FV}{(1+y/2)^{2T}} \quad (10.18)$$

案例 10.2

半年复利债券定价

息票利率为8%，30年到期，面值为1 000元，每半年支付一次利息。假设年利率为10%，则债券价值为

$$P = \sum_{t=1}^{60} \frac{40}{(1.05)^t} + \frac{1000}{(1.05)^{60}} = 810.7 \text{（元）}$$

五、影响债券定价的因素

债券的价格是由面值、息票率、偿还期和市场利率等因素共同决定的。一般地，在其他因素不变时，债券的面值越大，债券的价格越高；息票率越高，债券的价格越高；市场利率越高，债券的价格越低。

偿还期与债券价格之间的关系略微复杂，它依赖息票率与市场利率之间的关系。具体而言，当市场利率大于息票率时，债券的偿还期越长，债券的价格越低。反之，当市场利率小于息票率时，债券的偿还期越长，债券的价格越高。

（一）债券价格与市场利率的关系

图10.3中债券的期限为30年，面值为1 000美元。该图反映了债券价格和市场利率之间的反比关系，即债券价格在市场利率上升时会下跌，反之则反。

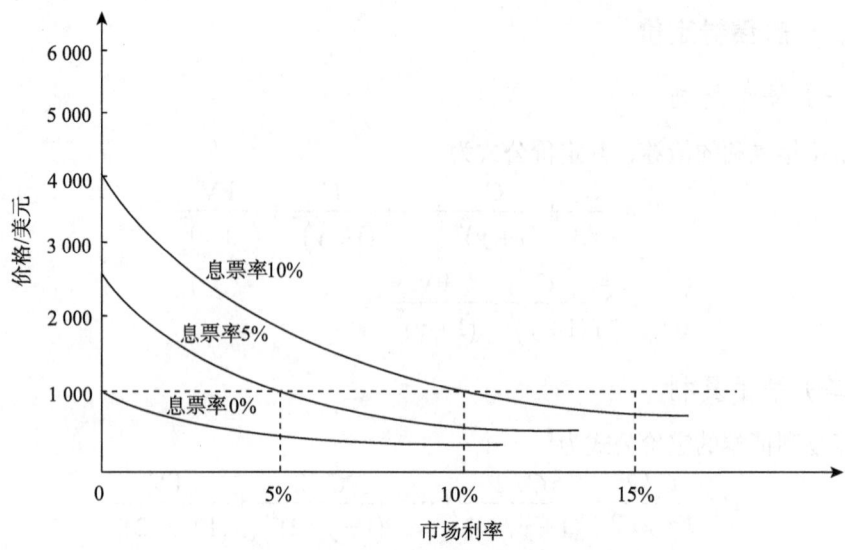

图 10.3　债券价格与市场利率的关系

图中曲线的形状显示了利率的上升所引起价格下降的幅度小于因利率相同程度的下降而引起的价格上升的幅度。因此,价格曲线在较高利率时变得比较平缓,这种特性为凸性。

在息票率等于市场利率时,债券的价格等于面值;在市场利率等于 0 时,债券价格为利息流和本金名义加总。息票率越高,债券价格越高。

（二）债券价格与期限的关系

在债券收益率不变时,债券的到期时间越长,债券价格的波动幅度越大。这一原则可等价地表述如下：若两种债券具有相同的利息率、面值和收益率,则具有较短生命期的债券的销售折扣或溢价也较小,如图 10.4 所示。

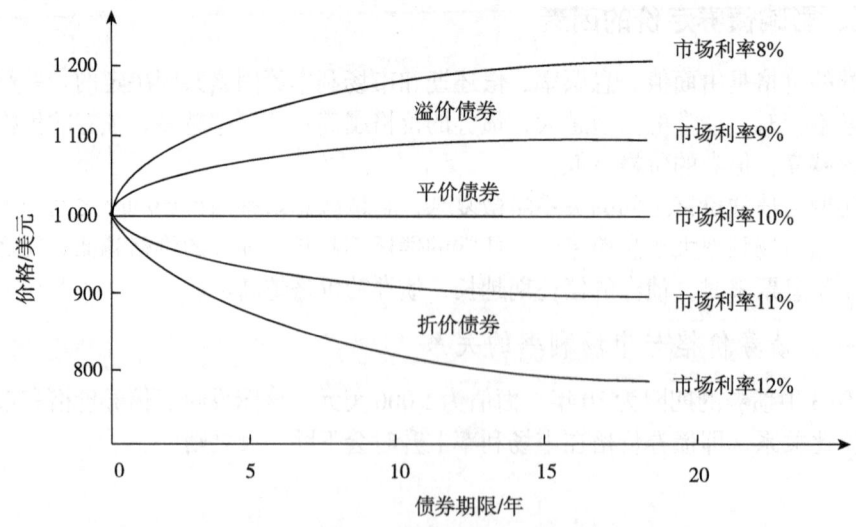

图 10.4　息票率 10%、面值 1 000 美元的各种期限债券在发行时的价格

(三)债券价格的时间轨迹

对于折价发行的债券,由于息票率低于市场利率,因此,利息收入对于债券价格的影响处于次要地位,本金对于债券价格的影响处于主要地位,该债券的价格将随时间的推移不断上涨,最后在到期日收敛于面值。

相反地,对于溢价发行的债券,由于息票率高于市场利率,利息收入对于债券价格的影响处于主要地位,本金对于债券价格的影响处于次要地位,该债券的价格将随时间的推移不断下降,最后在到期日也收敛于面值。

总之,随债券到期时间的邻近,债券价格的波幅减少,且以递增的速度减少,如图 10.5 所示。

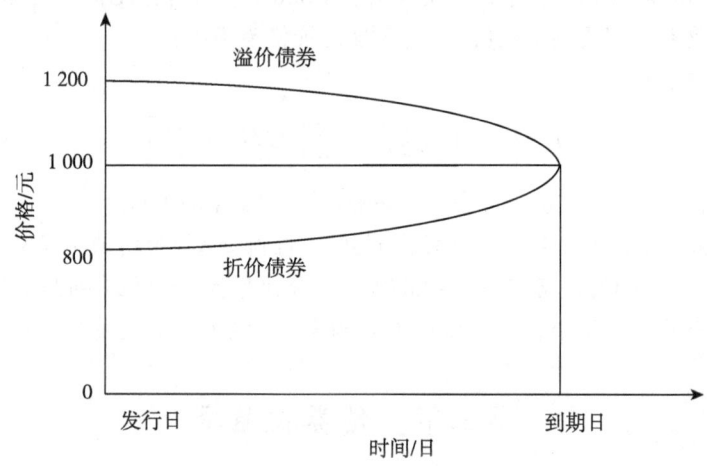

图 10.5 债券价格的时间轨迹

(四)债券价格与收益率

债券的价格与债券的收益率成反比关系。

例题 10.3

假设某一债券期限为5年,面值1 000元,每年支付80元利息,现市价1 000元,求其必要收益率为多少?如果价格升为1 100元,或价格下降为900元,则其收益率各为多少?

解:设原到期收益率为 λ_1,价格上升后的收益率为 λ_2,价格下降后的收益率为 λ_3。根据式(10.17)有

$$P = \sum_{t=1}^{T} \frac{C}{(1+y)^t} + \frac{FV}{(1+y)^T}$$

可得 $\lambda_1 = 8\%$; $\lambda_2 = 5.76\%$; $\lambda_3 = 10.68\%$。

由例题 10.3 可见,当债券价格由 1 000 元上升为 1 100 元时,收益率由 8%下降为

5.76%；当债券价格由1 000元下降为900元时，其收益率由8%上升为10.68%，即债券的价格与债券的收益率成反比。

（五）债券价格与债券利息率

对于给定的收益率变动幅度，债券利息率与债券价格的波动幅度成反比。

例题 10.4

给定A、B两个债券。债券A的息票利率为7%，债券B的息票利率为9%，两个债券都具有5年的生命期和7%的收益率，且面值都为1 000元。求解：①两个债券的价格。②如果两个债券的收益率都提高到8%，它们各自的价格为多少？

解：根据收益率公式

$$P = \left[M / (1+\lambda)^n \right] + \sum_{m=1}^{n} \left[C / (1+\lambda)^m \right]$$

可得① P_A=1 000元，P_B=1 082元；② P_A=960.07元，P_B=1 039.93元。

由例题10.4可见，虽然收益率都提高到8%，但债券A的价格减少了39.93元，下降比率为3.993%，而债券B的价格减少了42.07元，下降比率为3.889%（=42.07/1 082）。可见，在同等的收益率变动幅度下，具有较高息票利率的债券B价格波动幅度较小。

第三节 债券收益率

债券收益率是债券投资者最为关心的一个指标。本节我们对债券的当期收益率、到期收益率、持有期收益率、赎回收益率及国债与市政债券收益率进行分析。

一、债券的当期收益率

当期收益率是指债券的每年利息收入与其当前市场价格的比率，用公式表示为

$$y_c = \frac{C}{P} \tag{10.19}$$

二、债券的到期收益率

到期收益率描述的是现在时刻买进，持有至到期日这段时间债券提供的平均回报率。它是在投资者持有债券到期的前提下，使债券各个现金流的净现值等于0的贴现率。计算公式为

$$\begin{aligned} P &= \frac{C}{1+y_{TM}} + \frac{C}{(1+y_{TM})^2} + \cdots + \frac{C}{(1+y_{TM})^T} + \frac{FV}{(1+y_{TM})^T} \\ &= \sum_{t=1}^{T} \frac{C}{(1+y_{TM})^t} + \frac{FV}{(1+y_{TM})^T} \end{aligned} \tag{10.20}$$

按上述定义，到期收益率类似投资决策里的内部收益率（internal rate of return）。

>> 阅读资料 10.1 >>

上述定义中"使债券各个现金流的净现值等于0的贴现率"的含义是什么？为什么要使各个现金流的净现值等于0？计算这个收益率的意义是什么？

解答：

在现实情况中，投资者不是根据允诺收益率来考虑是否购买债券的，而是必须综合考虑债券价格、到期日和息票收入来推断债券在它的整个生命周期内可提供的回报。

到期收益率的定义是使债券的支付现值与债券价格相等的利率。如果将购买债券时支付的价格也当作现金流，那么将这个价格移到债券定价公式右边，就是对债券各个现金流的净现值等于0的表达。

债券的到期收益率是指假定债券在其生命周期内所获得的所有息票利率在利率等于到期收益率的情况下再投资所得到的复利收益，它既解释了当前收入，又考虑了再投资情况，说明了债券在整个生命周期内的价格涨跌，是最被广泛接受的一般收益的代表值。

>> 案例 10.3 >>

到期收益率的计算

假定息票利率为8%，债券期限为30年，半年付息一次，面值为1 000元，债券售价为1 276.76元。投资者在这个价格上购入债券，并持有到期，平均回报率是多少？

解：为了回答这个问题，我们要找出让债券支付本息的现值与债券价格相等时的利率，这是与被考察的债券价格保持一致的利率。根据公式得

$$1\,276.76 = \sum_{t=1}^{60} \frac{40}{(1+y/2)^t} + \frac{1\,000}{(1+y/2)^{60}}$$

解得 $y=6\%$，即债券的到期收益率为6%。

三、持有期收益率

持有期收益率描述的是现在时刻买进，持有到一个较长时间，然后以某个价格卖出债券，在整个持有期内，该债券所提供的平均回报率。它是使投资者在持有债券期间获得的各个现金流的净现值等于0的贴现率，即

$$P = \frac{C}{1+y_{HP}} + \frac{C}{(1+y_{HP})^2} + \cdots + \frac{C}{(1+y_{HP})^T} + \frac{P_T}{(1+y_{HP})^T}$$
$$= \sum_{t=1}^{T} \frac{C}{(1+y_{HP})^t} + \frac{P_T}{(1+y_{HP})^T}$$

（10.21）

按上述定义，该持有期收益率类似投资决策里的内部收益率（internal rate of return）。

四、债券的赎回收益率

（一）债券的可赎回性

债券的可赎回性是指债券发行人在到期之前可以提前赎回债券的特性。债券的可赎回性对债券发行人有利，对债券投资者不利。当市场利率下跌时，债券可赎回性增加。

按照是否可以赎回，债券基本上分为三类，即自由赎回债券、不可赎回债券和延迟赎回债券。

债券发行人在赎回债券时向持有人支付的总金额，被称为赎回价格（call price）。

（二）债券的赎回收益率

赎回收益率是指投资者从购买债券到债券被发行人提前赎回这段时期所获得的收益率，即

$$P = \frac{C}{1+y_{TC}} + \frac{C}{(1+y_{TC})^2} + \cdots + \frac{C}{(1+y_{TC})^T} + \frac{P_C}{(1+y_{TC})^T} \\ = \sum_{t=1}^{T} \frac{C}{(1+y_{TC})^t} + \frac{P_C}{(1+y_{TC})^T}$$

（10.22）

五、国债与市政债券收益率

（一）界定

1. 国债

短期国债（t-bills）又被称为国库券，是指期限在1年或1年以下的国债；中期国债（treasury notes）是指期限在1年以上、10年以下的国债；长期国债（treasury bonds）是指期限在10年或10年以上的国债。

2. 市政债券

市政债券是由州或地方政府发行的债券。在多数国家，地方政府可以发行债券。

（二）国库券收益率

国库券是一种流动性非常强的金融工具。国库券具有很强的变现能力，交易成本很低，风险很小。国库券的期限一般为3个月、4个月、6个月或12个月。

国库券一般按贴现方式折价发行，是一种贴现证券。投资者按低于面值的价格折价购买，在到期日政府以债券面值向投资者兑付，购买价与面值之差就是投资者持有国库券到期的所得收益。

1. 贴现收益率

贴现收益率（discount yield）的公式为

$$R_{DY} = \frac{100-P}{100} \times \frac{365}{TY} \quad (10.23)$$

式中，100 为面值；P 为国库券价格；TY 为 1 年的实际计息天数。

对公式的解释如下：①公式解得的收益率是为了衡量贴现国库券的收益。贴现国库券的期限多小于 1 年，它依靠折价发行带来收益。也就是说，投资者以低于票面收益的价格买入债券，然后在到期日以票面价格（我国通常为 100 元）卖出。因此，在计算贴现国库券的贴现收益率时，通常以票面价格计算它的贴现收益率。②要注意的是此处是贴现收益率，如果为持有期收益率的话，分母仍为其购买价格 P。③公式之所以要乘以 365/TY，是为了将这一贴现收益率转化为年收益，方便不同收益率之间的比较。

2. 有效年收益率

有效年收益率（effective annual rate of return）的公式为

$$R_{EAR} = \left(1 + \frac{100-P}{P}\right)^{365/TY} - 1 \quad (10.24)$$

对公式的解释如下：①有效收益率是指假设债券投资者在收取利息后将款项进行再投资的收益，也就是说，投资者买入债券持有至到期后所得的收益是债券利息加资本利得（或减资本损失）之和。将这些从投资中所获得的所有收益（包括利息和资本利得等）除以投资本金，所得比率就是有效收益率。②根据以上定义，这里有一个复利的概念。某人有一个债券是半年期的（TY=365/2），那么 365/TY=2，而 P 是市场价格，那么每半年他可以得到的收益为 100-P，其收益率为（100-P）/P，加上 1 后，再 2 次方，是为了将它每一期的收益进行再投资后的复利收入计算出来，后面减去 1 也是属于复利的计算方法。

3. 等价收益率

等价收益率（equivalent yield）的公式为

$$R_{EY} = \frac{100-P}{P} \times \frac{365}{TY} \quad (10.25)$$

等价收益率就是投资者购买债券后持有到期的收益率，如果债券价格为 90 元，到期 100 元，那么其收益率就为（100-90）/90。这是针对其购买成本的一种投资收益的衡量方法。

> **案例 10.4**

计算国库券收益率

假设期限为182天、票面价值为100元的国库券售价为96元。如果小王购买该国库券，那么按一份计算，投资额为96元，折现收益为4元。

有效年收益率为

$$R_{\text{EAR}} = \left(1 + \frac{4}{96}\right)^{365/182} - 1 = 8.53\%$$

贴现收益率为

$$R_{\text{DY}} = \frac{4}{100} \times \frac{365}{182} = 8.02\%$$

等价收益率为

$$R_{\text{EY}} = \frac{4}{96} \times \frac{365}{182} = 8.36\%$$

（三）中长期国债

中长期国债包括国库票据与狭义国库债券，它们属于资本市场金融工具，中长期国债一般是息票债券。

在美国，中期国债或国库票据的期限一般为2年、3年、5年或10年，长期国债期限一般为20年或30年，且中长期国债基本上都以1 000美元的面值发行，每半年付息1次，到期偿还本金；在中国，中长期国债面值为100元，每年付息1次，到期偿还本金。

这里我们介绍其中的通货膨胀保护国债，它是指以每年的通货膨胀率调整投资者的收益以保护投资者不会因为通货膨胀而遭受损失的中长期国债。收益调整过程如下：首先，根据上一年的通货膨胀率水平调整国债面值，每年调整的国债面值以前一年调整的国债面值为基数；其次，在下一年以调整之后的国债面值计算投资者的利息收入；最后，在到期时，按调整之后的国债面值兑付给投资者。

案例 10.5

通货膨胀保护国债

在2010年年初，美国财政部门发行了10年期通货膨胀保护国债，面值为1 000美元，息票率为3%，每年付息1次。假设在2010年和2011年美国的消费物价指数分别上涨了2%和1.5%，那么在2011年年初和2012年年初调整之后的国债面值分别是多少？2011年和2012年投资者获得的利息收入分别为多少？

（1）调整之后的国债面值为

2011年年初：$FV_{2011} = 1\,000 \times (1 + 2\%) = 1\,020$（美元）

2012年年初：$FV_{2012} = 1\,020 \times (1 + 1.5\%) = 1\,035.3$（美元）

（2）投资者获得的利息收入为

2011年年初：$C_{2011} = 1\,020 \times 3\% = 30.60$（美元）

2012年年初：$C_{2012} = 1\,035.3 \times 3\% = 31.06$（美元）

（四）市政债券与应税等价收益率

市政债券是由州或地方政府发行的债券。在多数国家，地方政府可以发行债券。在美国，市政债券的发行单位为 5 000 美元，大约 40%的市政债券由个人投资者直接持有。

市政债券主要是短期抵税票据，它是州或地方政府在实际收到税款之前为了融通资金而发行的票据。此外，还有一些长期市政债券，最长期限达 30 年，筹措的资金一般用于特定的大型项目。在美国，市政债券不仅可以免缴联邦收入税，部分市政债券对于本辖区居民还可以豁免州和地方收入税。

市政债券的免税性引出了应税等价收益率。通常，人们把与免税债券收益率相对应的纳税之前的收益率（即应税收益率）称为应税等价收益率（equivalent taxable yield），用公式表示为

$$R_{\text{ETY}} = \frac{R_{\text{TFY}}}{1-t} \quad (10.26)$$

式中，R_{ETY} 为应税等价收益率；R_{TFY} 为免税收益率；t 为适用边际税率。

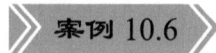

应税等价收益率

如果小王作为客户经理或理财师面临下述情况：假设某免税债券的收益率为7.5%，纳税债券的收益率为9%，小王的客户的适用边际税率为25%。那么，根据上述信息，小王应该给他提供什么样的投资建议？

第一，计算免税债券的应税等价收益率为

$$R_{\text{ETY}} = \frac{7.5\%}{1-25\%} = 10\%$$

第二，比较收益率大小，很明显，10%>9%，即免税债券的应税等价收益率大于纳税债券的收益率。如果在这两种债券中选择的话，小王应该建议客户投资免税债券。

▶本章小结

固定收益证券是指收益固定且按规定时期得到支付的证券。对固定收益证券的估值和投资管理已成为投资学重要的分支理论之一。

对于债券这种金融工具的定价，同样要考虑货币的时间价值，即利率，并在此基础上，引出债券的终值和现值。

各期现金流的终值为

$$\text{FV} = I_0 (1+r)^n + I_1 (1+r)^{n-1} + \cdots + I_n$$

各期现金流的现值为

$$\text{PV} = I_0 + \frac{I_1}{(1+r)} + \frac{I_2}{(1+r)^2} + \cdots + \frac{I_n}{(1+r)^n}$$

终值与现值的关系为

$$PV = FV/(1+r)^n$$

债券投资者的必要回报率由实际无风险收益率、预期通货膨胀率和债券的风险溢价三个部分构成，即

$$y=RR_f+\pi^e+RP$$

各种典型债券的定价公式如下所示。

零息债券的定价公式为

$$P=\frac{FV}{(1+y)^T}$$

永续债券的定价公式为

$$P=\frac{C}{y}$$

年复利债券的定价公式为

$$P=\sum_{t=1}^{T}\frac{C}{(1+y)^t}+\frac{FV}{(1+y)^T}$$

半年复利债券的定价公式为

$$P=\sum_{t=1}^{2T}\frac{C/2}{(1+y/2)^t}+\frac{FV}{(1+y/2)^{2T}}$$

债券收益率（包括当期收益率、到期收益率、持有期收益率、赎回收益率等）是债券投资者最为关心的一个指标，其具体形式如下所示。

当期收益率为

$$y_c=\frac{C}{P}$$

到期收益率为

$$P=\sum_{t=1}^{T}\frac{C}{(1+y_{TM})^t}+\frac{FV}{(1+y_{TM})^T}$$

持有期收益率为

$$P=\sum_{t=1}^{T}\frac{C}{(1+y_{HP})^t}+\frac{P_T}{(1+y_{HP})^T}$$

赎回收益率为

$$P=\sum_{t=1}^{T}\frac{C}{(1+y_{TC})^t}+\frac{P_C}{(1+y_{TC})^T}$$

▶练习题

一、名词解释

固定收益证券　实际利率　国库券　市政债券

二、简答题

1. 简述债券的基本要素。
2. 简述是什么因素影响债券的定价的。这些因素分别是怎样影响债券定价的。
3. 简述投资者是如何评价国债和市政债券的收益的。

三、计算题

1. 假定有一种债券的售价为953.10元，3年到期，每年付息一次，此后3年内的利率依次为$r_1=8\%$，$r_2=10\%$，$r_3=12\%$，计算到期收益率。

2. 假定投资者有1年的投资期限，试图在3种债券间进行选择。3种债券都有相同的违约风险，且都是10年到期。第1种为零息债券，到期支付1000元；第2种为息票率为8%，每年付80元息票的债券；第3种是息票率为10%，每年付100元息票的债券。

（1）如果3种债券都有8%的到期收益率，它们的价格应各为多少？

（2）如果投资者预期在下一年年初到期收益率为8%，那么那时的价格各为多少？3种债券税前持有期回报率各是多少？如果投资者的纳税等级为普通收入税率30%，资本利得税率20%，则3种债券的税后收益率各为多少？

（3）假定投资者下一年年初这3种债券的到期收益率为7%，重新回答问题（2）。

第十一章

利率期限结构与债券投资管理

为了简化研究,第十一章我们对债券估值的研究有一个暗含的假定,即贴现率是固定不变的。然而现实中整个利率体系都处于一种动态变化的状态,从而对债券的估值、收益率,以及最终对投资者的盈亏都会产生重大影响,对利率期限结构理论,即债券的收益率曲线对利率的变动给出了理论解释。

正如对股票的投资管理一样,对固定收益证券的投资管理,从策略上也可分为消极的管理和积极的管理。此外,还有一种将两种管理方式结合的混合式管理。债券的久期和免疫是实施消极管理策略的重要工具,而互换则是实施积极管理的重要工具。通过或有免疫,则可将消极的管理与积极的管理结合起来,构成一种混合式管理方式。

第一节 利率期限结构理论

现实中,债券的期限不同,其所对应的利率也不同,即利率存在期限结构。从第十章的研究中我们已看到,利率的变动将影响债券的收益率。利率期限结构(term structure of interest rate)是针对收益率曲线的特性而言的。收益率曲线的特性包括:①短期收益率一般比长期收益率更富于变化;②收益率曲线一般是向上倾斜的;③当利率水平较高时,收益率曲线将向下倾斜。利率期限结构理论试图对收益率曲线的上述特性给了解释,其本质上是不同期限资产的利率模型。

一、即期利率和远期利率

这里我们通过介绍即期利率（spot rates）、远期合约（forward contract）和远期利率（forward rate）的概念，为下面研究利率期限结构理论提供概念基础。

（一）即期利率

即期利率是指从当前 $t=0$ 时刻到 t 时刻持有货币的利率，它可被看作一个即期合约的利率；该合约一经签订，资金即从一方借入另一方，且借款将在 t 时刻连本带利全部还清，其中的利率在合约中标明，即即期利率。换言之，即期利率是已设定到日期的零息票债券的到期收益率，它是定义期限结构的基础利率。

若每年复利一次，则定义即期利率为 s_t，使 $(1+s_t)^t$ 为存款持有 t 年的增长因子，此时，贴现因子 $d_t = \dfrac{1}{(1+s_t)^t}$。如果每年复利 m 次，则定义即期利率为 s_t，使 $\left(1+\dfrac{s_t}{m}\right)^{mt}$ 为增长因子，此时 $d_t = \dfrac{1}{\left(1+\dfrac{s_t}{m}\right)^{mt}}$。

当连续复利时，定义为 s_t，使增长因子为 e^{ts_t}，此时，$d_t = e^{-ts_t}$。

根据贴现因子，并结合第十章所给出的现值公式，即可计算复利下即期利率的现值。

即期利率的走势变化分为四种情况，即上升的即期利率、下降的即期利率、水平的即期利率和波动的即期利率，如图 11.1 所示。

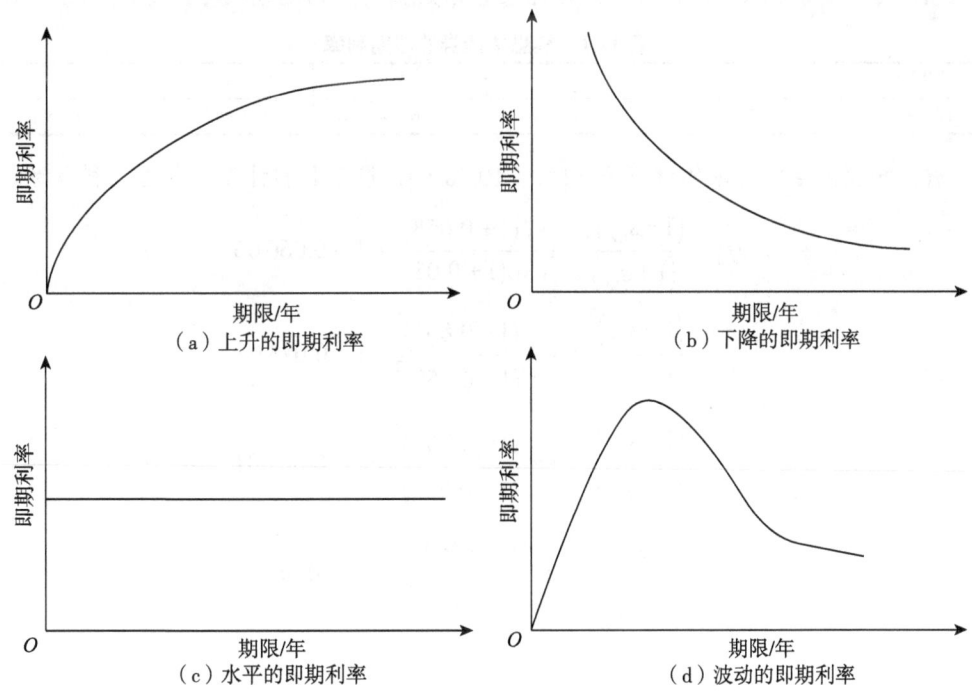

图 11.1　即期利率的四种状态

（二）远期合约

远期合约是与远期利率有关的概念，它是买方和卖方之间签订的一项关于在未来某个日期以现在协商的价格进行交易的协议。

远期合约对买方和卖方都具有约束性。假设买方和卖方签订了这样一份远期合约：双方在 6 个月以后以 5%的贴现率[①]交易面值为 10 万元的国库券。那么在 6 个月后的交易日，双方都必须以约定的价格进行交易。

进一步来看，如果 6 个月以后双方成交时，国库券的市场贴现率上升为 7%，根据债券估值公式，债券的市场价格将下降。买卖双方必须按照远期合约的规定进行交易，这意味着买方将以约定的较高的价格去购买市场中价格已经下降的国库券，而卖方则是以高于市场的价格卖出，即买方将在交易中受损，卖方将从交易中获利。这是远期利率对交易双方的重要性所在。

（三）远期利率

远期利率是指投资者同意在未来的某一特定日期购买的零息票债券的到期收益率，记为 f_n。它可以从到期日不同的各种债券的即期利率中推算出来。

例题 11.1

假设存在如表 11.1 所示的即期利率结构，求解其对应的远期利率。

表 11.1　零息票债券的即期利率

期限/年	1	2	3	4	5
即期利率	5%	5.8%	6.3%	6.4%	6.45%

解：根据到期收益率的计算公式[式（10.20）]，按年复利计算，各远期利率为

$$f_2 = \frac{(1+s_{t,2})^2}{(1+s_{t,1})} - 1 = \frac{(1+0.058)^2}{(1+0.05)} - 1 = 0.066\,06$$

$$f_3 = \frac{(1+s_{t,3})^3}{(1+s_{t,2})^2} - 1 = \frac{(1+0.063)^3}{(1+0.058)^2} - 1 = 0.073\,07$$

$$f_4 = \frac{(1+s_{t,4})^4}{(1+s_{t,3})^3} - 1 = \frac{(1+0.064)^4}{(1+0.063)^3} - 1 = 0.067\,01$$

$$f_5 = \frac{(1+s_{t,5})^5}{(1+s_{t,4})^4} - 1 = \frac{(1+0.064\,5)^5}{(1+0.064)^4} - 1 = 0.066\,50$$

---

① 根据第十章的债券估值公式可知，作为分母的贴现率将决定债券的价格。

现在我们进一步分析，假设投资者希望投资两年，那么该投资者面临如下两个投资策略。

策略 1：投资两年期零息票债券，可获得 5.8%的收益率。

策略 2：投资一年期零息票债券，获得 5%的收益率，然后用该投资收益再投资一年期的远期合约。

我们所要解决的问题是远期合约利率为多少时才能使投资者在两种投资策略下所获得的投资收益相等。

假设投资者在各债券上投资 1 元，则策略 1 下的投资收益为

$$1\times(1+s_{t,2})^2 = 1\times(1+0.058)^2 = 1.119\,364$$

策略 2 下的投资收益为

$$1\times(1+s_{t,1}) = 1\times(1+0.05) = 1.05$$

然后将 1.05 元投资于远期合约。

这样，使策略 1 下的投资收益等于策略 2 下的投资收益的远期利率为

$$1.05\times(1+f_2) = 1.119\,364$$

解得 $f_2=0.066\,06$。

也就是说，在均衡状态下，我们可以得

$$(1+s_{t,2})^2 = (1+s_{t,1})(1+f_2) \tag{11.1}$$

如果 $f_2>0.066\,06$，投资者将从策略 2 中获得更高的收益，所有投资者都将投资于远期合约，从而两年期债券的价格将下跌，而 $s_{t,2}$ 将上升，直到重新恢复均衡状态；反之则出现相反的情况，直至恢复均衡。

将上述情况推广到 n 期，则均衡状态的一般表达式为

$$(1+s_{t,n})^n = (1+s_{t,n-1})^{n-1}(1+f_n) \tag{11.2}$$

或者

$$(1+f_n) = \frac{(1+s_{t,n})^n}{(1+s_{t,n-1})^{n-1}} \tag{11.3}$$

由式（11.2）或式（11.3）可见，即期利率可以被看作一组远期利率的组合。结合表 11.1 的数据可见，例题 11.1 中的收益率曲线是向上倾斜的，即从 1 年期 5%的收益率逐渐上升为 5 年期 6.45%的收益率；再结合我们对相应的远期利率 f_2 到 f_5 的求解可见，各远期利率都是高于相应的即期利率的。也就是说，向上倾斜的收益率曲线隐含了远期利率高于短期的即期利率。与此类似，如果收益率曲线是向下倾斜的，即隐含了远期利率低于短期的即期利率；平缓的收益率曲线则隐含了远期利率等于短期的即期利率。下面我们即进入对不同收益率曲线的理论解释。

二、利率期限结构理论

对利率期限结构理论的解释主要有无偏预期理论（unbiased expectations theory，

UET）、流动性偏好理论（liquidity preference theory，LPT）和市场分割理论（market segmentation theory，MST）三个理论派别。

（一）无偏预期理论

无偏预期理论认为投资者的一般看法构成市场预期，市场预期会随着通胀预期和实际利率预期的变化而变化，认为债券的远期利率在量上应等于未来相应时期的即期利率的预期，即

$$es_{1,2} = f_{1,2} \tag{11.4}$$

式中，e 为连续复利算子。

根据上述观点，无偏预期理论对不同利率期限结构的解释如下：①呈上升趋势的即期利率是市场预期未来即期利率看涨的结果；②呈下跌趋势的即期利率则是市场预期未来即期利率看跌的结果；③水平走势是市场预期所有的即期利率大致相等产生的结果；④当市场预期未来即期利率在一定时期内看涨，而后会下降时，就会出现波动的走势。总之，不同的利率期限结构不过是反映市场对未来即期利率的不同变化预期。

该理论的正确性主要表现在历史数据较为支持该理论的下述观点，即人们对未来即期利率预期的变化主要源于人们对通胀率预期的变化，当较高的现行通胀率造成短期利率过高时，人们对未来通胀率的预期就会下降，利率的期限结构就会呈下降趋势，反之呈上升趋势。

然而，该理论对利率期限结构的解释也存在如下的缺陷：①该理论只能解释理论上的利率周期变动，即利率上升时期所用时间与下降时期所用时间相等的情况，而不能解释现实中利率期限结构呈上升趋势的时间大于呈下降趋势的时间的情况。②该理论的最大特点是认为人们的预期是无偏差的，然而现实中人们的预期往往会出现偏差，这就使该理论的预测力下降。

（二）流动性偏好理论

流动性偏好理论的主要观点有以下几个方面。

（1）考虑到资金需求的不确定性和风险产生的不可精确预知性，投资者在同样的收益率下，更偏好购买短期证券（即偏好流动性）。

（2）上述偏好的存在会迫使长期资金需求者提供较高的收益率，即必须支付流动性升水（即补偿，又称溢价）。这里我们可以将远期利率与将来的期望即期利率之间的差称为流动性溢价（liquidity premium）。该溢价是用来补偿投资者购买更长期限债券的一种额外回报率。例如，以 $l_{1,2}$ 表示从现在开始一年以后到从现在开始两年以后的这一年之间的流动性溢价，则公式为

$$f_{1,2} = es_{1,2} + l_{1,2} \tag{11.5}$$

在上述观点下，流动性偏好理论对不同利率期限结构的解释同样是以对未来即期利率的不同预期为基础的。该理论认为，在利率期限结构呈上升趋势时，由于流动性升水的存在，未来即期利率的上升幅度会大于无偏预期理论所预测的上升幅度；由于流动性升水的存在，当市场预期未来即期利率保持不变或者轻微下降时，利率期限结构也会呈

稍微上升的趋势，这一情况的存在，使该理论可以解释利率期限结构上升时期多于下降时期的情况。

（三）市场分割理论

市场分割理论的主要观点如下：①证券市场不是一个整体，而是被分割为长、中、短期市场；②由于存在法律、偏好及跨市场转移成本的不同，证券市场的供需双方不可能无成本地实现资金在不同期限证券之间的自由转移，也不会无成本地在不同市场之间转移。

在上述理论观点的基础上，市场分割理论对不同利率期限结构的解释如下：①利率期限结构呈上升趋势是因为长期债券市场资金供需的均衡利率高于短期市场的均衡利率；②当短期均衡利率高于长期均衡利率时，利率期限结构就会呈下降趋势。

第二节 固定收益证券组合的管理：消极策略

消极的投资策略一般把证券的市场价格当作公平价格，并在既定的市场状态下保持一个适度的风险收益平衡。

对固定收益证券组合的消极管理所涉及的概念和工具包括久期（duration）、凸性（convexity）和免疫（immunization）。下面我们在对这些工具进行介绍的基础上，研究固定收益证券的组合管理策略。

一、久期

债券的久期即以加权平均的形式计算债券的平均到期时间，公式为

$$D = \frac{\sum_{t=1}^{T} PV(c_t) \times t}{P_0} \tag{11.6}$$

式中，D 为债券的久期；P_0 为债券当前市场价格；$PV(c_t)$ 为债券未来第 t 期现金流（利息或本金）的现值，其中的贴现率为债券的到期收益率；T 为债券到期时间。

例题 11.2

假设某一债券的面值是1 000元，年息票利息支付额为80元，剩余期限是3年，其目前市价是950.25元。请计算：①该债券的到期收益率。②该债券的久期。

解：①根据到期收益率公式可得，该债券的到期收益率是10%。

②该债券的久期为

$$D = \frac{\left(\dfrac{80}{1+0.1} \times 1 + \dfrac{80}{(1+0.1)^2} \times 2 + \dfrac{1\,080}{(1+0.1)^3} \times 3\right)}{950.25} = \frac{72.73 + 132.23 + 2\,434.26}{950.25} = 2.78 (年)$$

（一）久期的意义

由例题 11.2 可见，虽然该债券的剩余期限是 3 年，但考虑到息票现金流后，其平均剩余期限是 2.78 年。也就是说，久期可以使我们在考虑到各期现金流后，更精确地把握剩余持有期，从而利于投资中的现金管理和对持有期的动态管理。换言之，久期可用于测算动态投资收回期。

久期还可以帮助我们进行债券价格的利率敏感性分析，衡量债券利率风险的指标是利率弹性 I_E，即

$$I_E = \frac{\Delta P / P}{\Delta y / y} \quad (11.7)$$

式中，分子为债券价格变动率，即波动幅度；分母为债券收益率变动率。

利率弹性与久期的关系为

$$I_E \cong -D \frac{y}{1+y} \quad (11.8)$$

由式（11.7）和式（11.8）可得

$$\Delta P/P \cong -D \times \frac{\Delta y}{1+y} \quad (11.9)$$

即给定收益率变动幅度，久期越大，债券价格波幅越大。

实际操作者通常会使用与式（11.9）稍有不同的形式，修正久期，定义 $D^* = D/(1+y)$，于是式（11.9）改写为

$$\Delta P/P = -D^* \times \Delta y \quad (11.10)$$

此外，久期还用于免疫策略，即进行消极组合管理策略。

（二）关于久期的定理

久期存在如下六大定理。

定理 1：只有零息债券的久期等于其到期时间。证明如下：因为零息债券只有一次现金流，因此有 $P_0 = PV(C_T)$。根据久期的公式 $D = [PV(C_T)/P_0] \times T$，因此有 $D = 1 \times T = T$。

定理 2：除零息债券外，大多数债券具有期限越长则久期越长的特点，即久期直接与期限长度相关。特别是，大多数债券的久期小于它们的到期期限。

定理 3：一般情况下，久期与利息支付水平成反比，利息支付水平越高，久期越短。

定理 4：一般而言，久期会随着时间的延长而下降，即存在久期缩减（duration drift）规律。

定理 5：一般来看，久期与到期收益率成反比，即收益率越高，久期越短。原因在于久期是以收到的现金流的现值为权重计算的加权平均，收益率越高，远期现金流贴现值就越低，即权重越小，从而久期越短。

定理 6：债券投资组合的久期等于单个债券久期的加权平均，其中的权重由债券市场价值决定，即

$$D=\sum_{i=1}^{n} w_i D_i \qquad (11.11)$$

式中，w_i=MV_i/MV，而其中的 MV_i 为该债券投资组合中单个债券 i 的市场价值；MV 为该债券组合的总市场价值；D_i 为债券 i 的久期。

久期的上述原理有助于投资者对债券投资组合的管理。例如，如果投资者希望延长久期，根据定理 2 和定理 3，投资者应选择票面利率较低而期限较长的债券；如果投资者希望久期为某一确定的年限（以便管理利率风险），根据定理 5，投资者可把多种债券混合在一起，以达到控制组合利率风险的目的。

二、久期缺陷与债券的凸性

久期虽然有着重要的理论意义和应用价值，但久期本身也存在着缺陷。为了克服久期的缺陷，我们需要引入债券凸性的概念。

（一）久期的缺陷

从久期的计算中可以看出，它对于所有现金流都只采用了一个折现率，即利率期限结构是平坦的。换言之，久期实际上只考虑了收益率曲线平坦的情况，实际上，由于时间因素的影响，不同期限长度收益率对某一市场影响因素的反应是不同的，即不同期限长度收益率的变化幅度不一致，从而导致收益率曲线的变化可以呈现出很多形式。

进一步看，采用久期方法对债券价格利率风险的敏感性进行测量，实际上只考虑了价格变化和收益率变化之间的线性关系，而市场的实际情况表明这种关系经常是非线性的。

（二）凸性

为了克服久期的上述缺陷，就需要我们引入债券凸性的概念。从第十章影响债券定价的因素中，我们可概括出债券价格的一个主要特性，即债券的凸性。

债券的凸性是指债券的价格与其收益率之间成反比关系（影响债券定价的因素一），且这一反比关系是非线性的、凸向原点的（影响债券定价的因素四），如图 11.2 所示。图 11.2 中，当债券价格由 P_0 上升到 P_1 时，收益率由 Y_0 下降到 Y_1（价格与收益率的反向变化），且收益率下降的幅度小于债券价格上升的幅度（非线性）；反之，当债券价格由 P_0 下降到 P_2 时，收益率则由 Y_0 上升到 Y_2，且收益率上升的幅度大于债券价格下降的幅度。

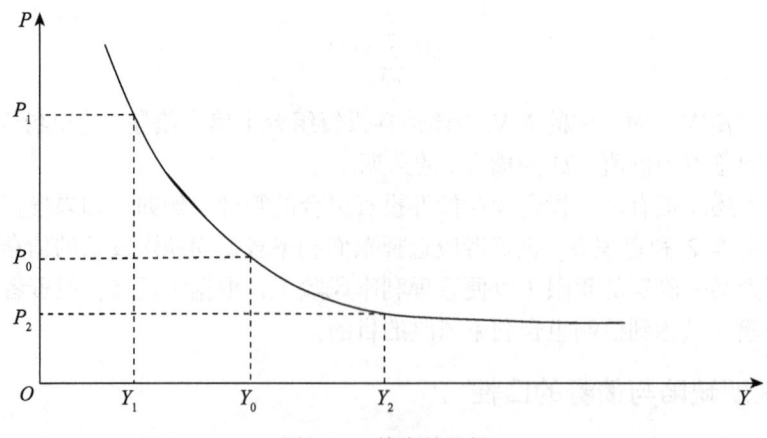

图 11.2 债券的凸性

久期可以看作债券价格对利率小幅度波动敏感性的一阶估计，而凸性则是债券价格对利率敏感性的二阶估计。或者说，久期度量的是债券价格-收益曲线的切线的斜率，而凸性度量的是债券价格-收益曲线的曲度。凸性 C 可以通过计算久期对收益率的导数或债券价格对收益率的二阶导数再除以债券价格得到：

$$C = -\frac{\mathrm{d}D^*}{\mathrm{d}y} = \frac{1}{P} \times \frac{\mathrm{d}^2 P}{\mathrm{d}y^2} = \frac{1}{P} \times \frac{1}{(1+y)^2} \sum_{t=1}^{T} \frac{t(t+1)C_t}{(1+y)^t} \quad (11.12)$$

为了显示凸性的重要性，可以对债券价格的相应变化进行二阶泰勒展开，有

$$\frac{\mathrm{d}P}{P} \approx \frac{\mathrm{d}P}{\mathrm{d}y}\frac{1}{P}\mathrm{d}y + \frac{1}{2}\frac{\mathrm{d}^2 P}{\mathrm{d}y^2}\frac{1}{P}(\mathrm{d}y)^2 = -D^*\mathrm{d}y + \frac{1}{2}C(\mathrm{d}y)^2 \quad (11.13)$$

由式（11.13）可以看出，当收益率变化较小时，凸性的意义并不明显，可以忽略不计，而当收益率的波动较大时，凸性的作用就变得很重要。

式（11.13）也可以写为

$$\frac{\mathrm{d}P}{P} \approx -\left(D^* - \frac{1}{2}C\mathrm{d}y\right)\mathrm{d}y \quad (11.14)$$

式（11.14）表明当利率出现上升或下降时，凸性（考虑价格变化的二阶项）会引起债券久期的下降或上升。

（三）凸性原理

凸性存在以下三大基本原理。原理 1：凸性与到期收益率成反方向变化。也就是说，收益率低的债券比收益率高的债券的价格-收益曲线的曲度更大。原理 2：凸性与利息成反方向变化，即利息较高的债券的价格-收益曲线的曲度较平缓。原理 3：凸性与久期成正向变化。一般来说，期限较长的债券的价格-收益曲线的曲度也较大，而由久期的定理（定理 2）可知，期限较长的债券久期也较长。

凸性的上述原理可帮助我们进行债券投资决策。例如，久期定理 3 告诉我们，久期与利息水平成反向变化，而凸性原理 2 则告诉我们，凸性与利息水平也成反向变化。这样，如果投资者希望延长久期并增加凸性，即可通过抛出高利息债券，并购入相同期限

的低利息债券,来达到投资目的。

三、免疫

根据利率的期限结构理论,利率会发生变动,从而给债券的收益带来利率风险。构建免除利率风险的债券投资组合的过程,称为免疫。

(一)免疫策略

如果投资时间与债券的久期不等,则收益率将发生变动,这将使投资组合的价值与债务流的现值发生相应变动,导致投资组合与债务的不匹配。为解决这一问题(即消除利率风险),有两种免疫策略可供选择。

其一是现金流匹配策略(cash matching strategy),即当需要现金清偿某一债务时,投资者可以出售资产组合中的一些债券;反之,当投资组合产生的现金流多于需要的现金时,则可购买更多的债券。在上述过程中,如果收益率不变,则投资组合价值将与剩余债务相匹配,这就是现金流匹配策略。

其二是久期匹配策略(duration matching strategy),当投资组合的久期与负债流的久期一致时,若收益率发生变动,投资组合的现金价值将与负债流的现值产生完全相同的变动。

例如,养老基金,假设发售一种投资担保合约(一次性支付),利率为8%,期限为5年,得到这笔债务(保费收入)后,再投资于利率为8%、期限为5年的息票债券。这样,如果出现利率上升,利息收入再投资即抵消了利率风险;如果出现利率下降,则出售债务可以抗衡再投资风险,即无论利率如何变动,利率风险与再投资风险都能得到解决。

(二)免疫策略的应用——单个债券的利率风险免疫

免疫策略的本质之一是以我们希望获得的现金流为基准,使债券组合尽可能地贴近该现金流。例如,为了在一定时期后获得一笔一次性的付款,如果存在一个一定期限的零息票债券,我们就应该购买它,因为该头寸的未来价值是确定的,它完全地免除了利率风险,期满时将按投资初期预定收益率(通常是现时的市场利率)获得理想的现金流。

例题 11.3

假设债券管理者希望在5年后获得14 693.28元的稳定现金流,可选择的投资方案有以下几种。

第一,投资一个售价为10 000元,到期收益率为8%的5年期零息票债券,这样,到期时将获得

$$10\ 000 \times (1+0.08)^5 = 14\ 693.28\ (元)$$

第二,进行息票债券无免疫投资。例如,还是投资一个面值为10 000元,息票率和

再投资利率均为8%的5年期息票债券,具体情况见表11.2。

表 11.2 无免疫投资

<table>
<tr><th colspan="3">未受免疫的债权(债券的到期期限=预定持有期=5年)</th><th colspan="3">利益</th></tr>
<tr><th></th><th>支付次序</th><th>剩余到期时间</th><th>7%</th><th>8%</th><th>9%</th></tr>
<tr><td rowspan="4">息票投资收入</td><td>1</td><td>4</td><td>1 048.64</td><td>1 088.39</td><td>1 129.27</td></tr>
<tr><td>2</td><td>3</td><td>980.03</td><td>1 007.77</td><td>1 036.02</td></tr>
<tr><td>3</td><td>2</td><td>915.92</td><td>933.12</td><td>950.48</td></tr>
<tr><td>4</td><td>1</td><td>856.00</td><td>864.00</td><td>872.00</td></tr>
<tr><td>第5年本息</td><td>5</td><td>0</td><td>10 800.00</td><td>10 800.00</td><td>10 800.00</td></tr>
<tr><td>最终收入</td><td></td><td></td><td>14 600.59</td><td>14 693.28</td><td>14 787.77</td></tr>
<tr><td>实现复收益率</td><td></td><td></td><td>7.86%</td><td>8.00%</td><td>8.14%</td></tr>
</table>

从表11.2可以看到,如果再投资利率保持8%不变,则投资者可以在5年后获得14 693.28元的现金流,实现复收益率为8.00%,等于预定的收益率,即投资初期的市场利率。

但当再投资利率变动时,投资者将面临利率变动的风险,如表11.2所示,假设再投资利率下降到7%或上升至9%时,则实现的复收益率分别下降到7.86%和上升至8.14%。

第三,进行息票债券免疫投资。我们设计这样一种债券,使其久期等于该债券的预定持有期限。投资一个面值为10 000元,息票率和再投资利率均为8%的6年期息票债券,该债券的久期为5年。我们将在持有5年后售出该债券,则其实现复收益率情况如表11.3所示。

表 11.3 免疫投资

<table>
<tr><th colspan="3">免疫策略下的现金流(债券的久期=5年=预定持有期)</th><th colspan="3">利率</th></tr>
<tr><th></th><th>支付次序</th><th>剩余到期时间</th><th>7%</th><th>8%</th><th>9%</th></tr>
<tr><td rowspan="5">息票投资收入</td><td>1</td><td>4</td><td>1 048.64</td><td>1 088.39</td><td>1 129.27</td></tr>
<tr><td>2</td><td>3</td><td>980.03</td><td>1 007.77</td><td>1 036.02</td></tr>
<tr><td>3</td><td>2</td><td>915.92</td><td>933.12</td><td>950.48</td></tr>
<tr><td>4</td><td>1</td><td>856.00</td><td>864.00</td><td>872.00</td></tr>
<tr><td>5</td><td>0</td><td>800.00</td><td>800.00</td><td>800.00</td></tr>
<tr><td>出售收入</td><td></td><td></td><td>10 093.46</td><td>10 000.00</td><td>9 908.26</td></tr>
<tr><td>最终收入</td><td></td><td></td><td>14 694.05</td><td>14 693.28</td><td>14 696.03</td></tr>
<tr><td>实现复收益率</td><td></td><td></td><td>8.00%</td><td>8.00%</td><td>8.00%</td></tr>
</table>

由表11.3可见,进行免疫投资后:一方面,利率变动不影响复利收益率,即所实现的复利收益率完全相等;另一方面,利率变动对最终收入的影响也可忽略不计。由此我们得到的结论是,久期匹配可以规避利率风险。

我们需要指出的是,免疫实际上是对一定范围的收益率的变动提供了保护。但如果收益率发生很大变动,则须对投资组合进行再免疫。也就是说,免疫是一个动态过程。此外,免疫通常假设久期较长的债券与久期较短的债券具有相同的收益率(现实中长期高于短期),这就导致构造过程会产生一定的非现实性。

第三节 固定收益证券组合管理的积极策略和混合策略

积极的投资管理策略,即试图分析市场目前的非均衡(定价错误)或预测市场未来的走势,并利用这一发现或预测获得更高利润的投资策略。混合的投资管理策略则是将消极的策略与积极的策略结合在一起的一种投资方式。

一、债券管理的积极策略

积极的债券组合管理策略可能有两个利润来源:其一是对利率的预测,如果债券管理者能够准确地预测到利率将要下降,那么就可以通过增加债券组合的久期来获得利润;其二是对相关债券价格的确定,如果组合管理者能够确定某债券的价格被低估了,即可利用这一价格失衡获利。

就第一种可能的利润来源来看,如果债券管理者能够准确预测利率的走势,就可以采取利率预期互换(rate anticipation swap)①的策略进行积极的投资组合管理。

利率预期互换即盯住利率的预期。在这一策略下,如果投资者确信利率将下降,就可把久期较短的债券调换为久期更长的债券;反之则将久期较长的债券调换为久期较短的债券。

就第二种可能的利润来源来看,如果债券管理者能够准确地发现债券的定价错误或套利机会,就可通过替代互换(substitution swap)和差价互换(spread swap)的策略进行积极的组合管理。

替代互换即将某一种债券与另一种相近的债券进行交换替代。互相替代的债券应有基本相等的息票利率、期限、赎回特征等,此时,如果投资者能够发现替代债券之间在价格上出现了失衡,即可通过替代互换的方式把握获利机会。

当投资者确信在债券市场内的不同债券之间出现了不应有的价差时,可采取价差互换策略。例如,如果政府债券与相同期限且评级较高的公司债券之间的收益率差历史平均为2%,而目前市场上二者的收益率差为5%,投资者即可考虑卖掉国债而调换为公司债券。

二、债券投资的混合策略

当投资者既希望从事积极的投资管理,又不愿意承担过大的风险时,可将积极的投资管理策略与消极的投资管理策略结合在一起,从而形成混合的投资策略,即或有免疫(contingent immunization)。

---

① 这里我们仅对涉及的互换给出简要介绍,较详细的分析参见第六篇"衍生证券分析"。

例如，如果现行利率为10%，投资者的资产组合现价为1 000万元。如果投资者采取消极的管理策略，如通过利率免疫锁定现行利率，则两年后其组合的未来值为1 210万元。如果该投资者希望在保证组合的未来值不低于1 100万元的情况下采取积极的投资管理，那么在现行利率下只要有909万元（=1 100万元/1.10²）即可达到其最低要求，而目前组合的价值为1 000万元，因此该投资者可以不立即采取免疫策略。

由上例可见，投资者进行或有免疫的关键是，在确定了其所要求的最低组合价值V后，要确定其进行利率免疫的锁定投资额。如果到期的剩余时间为T，市场利率为r，则该锁定投资额的计算公式为

$$锁定投资额 = \frac{V}{(1+r)^T} \quad (11.15)$$

这样，式（11.15）中投资者所要求的最低组合价值V即成了触发点，当实际的组合价值跌至触发点，积极的投资管理就会停止，以保证投资者所要求的最低投资业绩的实现。

▶本章小结

本章主要研究了利率期限结构理论和固定收益证券组合管理。为了考察利率期限结构理论，我们介绍了即期利率、远期合约和远期利率的概念。即期利率（s_t）是指从当前$t=0$时刻到t时刻持有货币的利率，它可被看作一个即期合约的利率；该合约一经签订，资金即从一方借入另一方，且借款将在t时刻连本带利全部还清，其中的利率在合约中标明，即即期利率，它是定义期限结构的基础利率。

远期利率是指投资者同意在未来的某一特定日期购买的零息票债券的到期收益率，记为f_n。它可以从到期日不同的各种债券的即期利率中推算出来，其一般表达式为

$$(1+s_{t,n})^n = (1+s_{t,n-1})^{n-1}(1+f_n)$$

或者

$$(1+f_n) = \frac{(1+s_{t,n})^n}{(1+s_{t,n-1})^{n-1}}$$

目前对利率期限结构理论的解释主要有无偏期限结构理论、流动性偏好理论和市场分割理论三个理论派别。无偏期限结构理论对不同利率期限结构的解释如下：①呈上升趋势的即期利率是市场预期未来即期利率看涨的结果；②呈下跌趋势的即期利率则是市场预期未来即期利率看跌的结果；③水平走势是市场预期所有的即期利率大致相等产生的结果；④当市场预期未来即期利率在一定时期内看涨，而后会下降时，就会出现波动的走势。

流动性偏好理论认为，在利率期限结构呈上升趋势时，由于流动性升水的存在，未来即期利率的上升幅度会大于无偏预期理论所预测的上升幅度；由于流动性升水的存在，当市场预期未来即期利率保持不变或者轻微下降时，利率期限结构也会呈稍微上升的趋势，这一情况的存在，使该理论可以解释利率期限结构上升时期多于下降时期的情况。

市场分割理论对不同利率期限结构的解释如下：①呈上升趋势的利率期限结构是因为长期债券市场资金供需的均衡利率高于短期市场的均衡利率；②当短期均衡利率高于长期均衡利率时，利率期限结构就会呈下降趋势。

对固定收益证券投资组合的管理可分为消极管理、积极管理和混合式管理三种方式。消极的投资策略一般把证券的市场价格当作公平价格，并在既定的市场状态下保持一个适度的风险收益平衡。对固定收益证券组合的消极管理所涉及的概念和工具包括久期、凸性和免疫。债券的久期是指以加权平均的形式计算债券的平均到期时间，公式为

$$D = \frac{\sum_{t=1}^{T} PV(c_t) \times t}{P_0}$$

久期可用于测算动态投资收回期，还可以帮助我们进行债券价格的利率敏感性分析，公式为

$$\Delta P/P \cong -D \times (\Delta y/1+y)$$

即给定收益率变动幅度，久期越大，债券价格波幅越大。

久期还存在如下六大定理。定理1：只有零息债券的久期等于其到期时间。定理2：除零息债券外，大多数债券具有期限越长久期越长的特点，即久期直接与期限长度相关。特别是，这些大多数债券的久期小于它们的到期期限。定理3：一般情况下，久期与利息支付水平成反比变化，利息支付水平越高，久期越短。定理4：一般而言，久期会随着时间的延长而下降，即存在久期缩减规律。定理5：一般来看，久期与到期收益率成反比变化，即收益率越高，久期越短。定理6：债券投资组合的久期等于单个债券久期的加权平均，其中的权重由债券市场价值决定。

债券的凸性是指债券的价格与其收益率之间成反比关系，且这一反比关系是非线性的、凸向原点的。凸性 C 可以通过计算久期对收益率的导数或债券价格对收益率的二阶导数再除以债券价格得到，即

$$C = -\frac{dD^*}{dy} = \frac{1}{P} \times \frac{d^2 P}{dy^2} = \frac{1}{P} \times \frac{1}{(1+y)^2} \sum_{t=1}^{T} \frac{t(t+1)C_t}{(1+y)^t}$$

凸性存在以下三大基本原理。原理1：凸性与到期收益率成反方向变化，也就是说，收益率低的债券比收益率高的债券的价格-收益曲线的曲度更大。原理2：凸性与利息也成反方向变化，即利息较高的债券的价格-收益曲线的曲度较平缓。原理3：凸性与久期成正向变化。

构建免除利率风险的债券投资组合的过程称为免疫。免疫实际上是对一定范围的收益率的变动提供了保护。但如果收益率发生很大变动，则须对投资组合进行再免疫。也就是说，免疫是一个动态过程。

积极的投资管理策略，即试图分析市场目前的非均衡（定价错误）或预测市场未来的走势，并利用这一发现或预测获得更高利润的投资策略。如果债券管理者能够准确预测利率的走势，就可以采取利率预期互换的策略进行积极的投资组合管理。如果债券管理者能够准确地发现债券的定价错误或套利机会，就可通过替代互换和差价互换的策略

进行积极的组合管理。

当投资者既希望从事积极的投资管理，又不愿意承担过大的风险时，可将积极的投资管理策略与消极的投资管理策略结合在一起，从而形成混合的投资策略。投资者进行或有免疫的关键是在确定了其所要求的最低组合价值 V 后，要确定其进行利率免疫的锁定投资额。这样，投资者所要求的最低组合价值 V 即成了触发点，当实际的组合价值跌至触发点，积极的投资管理就会停止，以保证投资者所要求的最低投资业绩的实现。

➤练习题

一、名词解释

利率的期限结构　即期利率　远期利率　久期　债券的凸性现金匹配策略　久期匹配策略　积极的投资管理策略

二、简答题

1. 简述久期的意义。
2. 简述久期的定理。
3. 简述凸性原理。
4. 简述投资者在能够准确地发现债券的定价错误情况下的投资策略。

三、计算分析题

如果现行利率为 5%，投资者的资产组合现价为 100 万元。如果该投资者希望在保证组合的未来值不低于 105 万元的情况下采取积极的投资管理，求其进行利率免疫的锁定投资额。该锁定投资额的含义是什么？

第五篇　投资分析与股票估值

　　本篇包括两章内容。第十二章"股票投资的基本面分析"是进行证券投资分析的主要方法和工具之一。它所要揭示的是经济运行基本面的变化对股票投资价值的影响,一般从宏观基本面、中观基本面和微观基本面三个角度进行研究和揭示。

　　第十三章"股票价格与估值"集中研究了股票的定价与估值。除了对股票价格的研究外,还对现金流贴现模型、比率分析等进行了研究和介绍,并以案例讨论了这些模型和方法的应用。

第十二章

股票投资的基本面分析

一般而言,进行基本面分析有两条路径:其一是由下而上的分析,即从微观的具体的公司分析到中观的行业研究再到宏观分析;其二是更为常用的由上而下的路径,即先探究宏观经济运行,再研究行业状态,最后落脚到公司分析。本章我们采用后者这一常用且更符合经济运行内涵的由上而下的分析路径。

第一节 基本面分析概述

一、概述

基本面分析着重于对一般经济情况的判断和把握,并据此对各个行业的动态等因素进行研究,进而对各个公司的经营和管理状况进行分析,以此来研究资产的价值及其长远的发展空间。

基本面分析的落脚点是公司的特定因素,如获利能力、经营风险、相对价值和成长性等。通过基本面分析我们可以了解应在何时——即择时问题,购买何种股票——即择股问题。

基本面分析一般采取自下而上法或自上而下法。前者努力去寻找最好的股票,确定最佳的购买价格,而不管公司处于什么行业及在什么经济背景下。后者又称三步分析法,步骤如下。

第一步:如果固定在某个市场进行投资,就是预测整体宏观经济的变动趋势,如果是国际范围内投资,则是比较不同市场宏观经济的变动趋势。

第二步:基于宏观经济预测,分析市场内表现突出的行业。

第三步:在表现突出的行业中筛选出表现最好的公司。

二、基本面分析的框架

基本面分析的宗旨在于践行价值投资，即从影响公司价值的各个层面进行分析并据此进行资产选择，其整体的分析框架如图 12.1 所示。

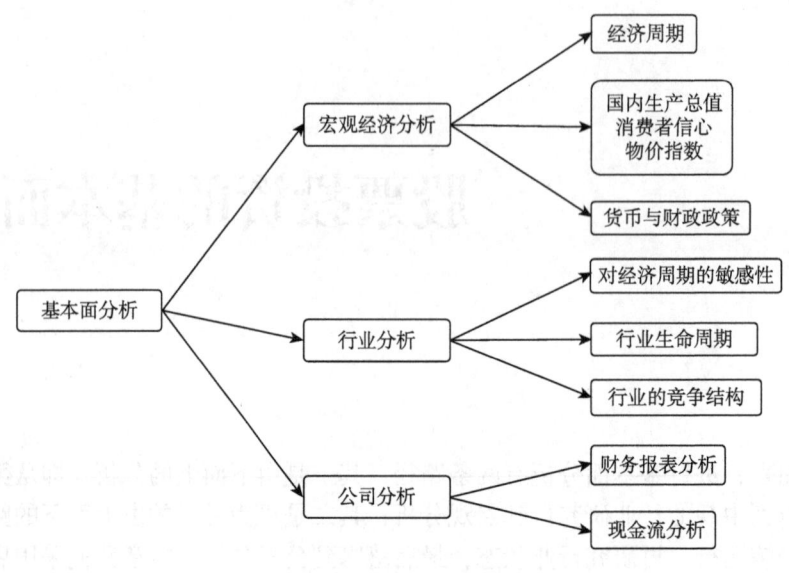

图 12.1　基本面分析框架

第二节　宏观经济分析

宏观经济分析即最为关键的观察、分析并把握经济周期的变动及其影响。本节我们即从经济周期的内在机制入手，并分析其对股票价值的影响机制。

一、经济周期的内在机制

总体而言，有效需求和收入分配的变化是经济周期性变动的内在机制。这里，我们从影响有效需求的主要因素入手，研究经济周期的内在机制。

（一）影响有效需求的主要因素

从有效需求角度来看，根据封闭经济且不考虑政府作用的简单的 NI-AE 模型：

$$C+S=C+I \qquad (12.1)$$

式（12.1）左侧的 $C+S$ 为总收入（NI），即实际经济统计中的 GDP；右侧 $C+I$ 构成总支出（AE）。如果我们以增长率指标对式（12.1）中的各项进行替代，则有

$$\Delta GDP = \Delta C + \Delta I \qquad (12.2)$$

由式（12.2）可见，GDP 的增长（经济增长）取决于消费支出和投资支出的增加；而式中的 $\Delta C + \Delta I$ 实际上是凯恩斯的有效需求的重要组成部分。

式（12.1）中的收入一方（即 $C+S$）可由国民经济统计中的企业成本—收益计算指

标来表示，则式（12.1）变为

$$GDP = W+D+\Pi \quad (12.3)$$

式中，W 为工资成本，D 为折旧成本，Π 为企业利润，这三项之和构成总收入（即 $C+S$）。

由于总支出由消费支出和投资支出构成，因此，综合式（12.1）和式（12.3），我们得到：

$$C+I = W+D+\Pi \quad (12.4)$$

式中，折旧成本 D 取决于折旧率 δ 和存量资本价值 κ，从而式（12.4）可以改写为

$$C+I = W+\delta\kappa+\Pi \quad (12.5)$$

如果我们假设研究期内的折旧率 δ 不变，则可得到：

$$C+I = W+\kappa+\Pi \quad (12.6)$$

由式（12.6）可见，影响有效需求 $C+I$ 的因素主要有工资收入 W、存量资本价值 κ 和利润 Π。工资收入与资本存量的比，以及工资收入与利润的比，即收入分配结构。

（二）经济周期的内在机制

假设经济最初处于上升阶段，从而企业的利润处于上升趋势，则企业家会加大投资。投资的增加一方面会使利润（Π）进一步增加，另一方面则会使资本存量逐步上升。

利润与资本存量的上升，则导致收入分配结构的变化，即使得 W/κ 和 W/Π 逐渐降低。根据边际消费倾向递减的规律，W/κ 和 W/Π 的下降，就会使消费支出（C）逐步降低。

由消费的下降所导致的产品的"过剩"，将使企业的投资支出无法再实现利润，而仅仅是使资本存量上升，并进一步导致 W/κ 下降，从而使经济步入下降阶段。

在经济下降阶段，企业的投资无利可图（利润无法实现），从而引发企业的投资支出也将下降。由于消费和投资的先后下降，最终 ΔGDP 下降，即经济出现衰退。

上述过程我们是从经济最初处于上升阶段开始的，故事的结尾则是经济自动步入下降阶段。经济下降阶段的持续先是大幅度降低了企业利润 Π，最终会使得大量企业破产、重组。破产的金融效应使得资本存量价值归零；重组或购并的金融效应使得企业的存量资本价值大打折扣。随着企业利润 Π 的下降和企业存量资本 κ 的下降，收入分配结构 W/κ 和 W/Π 的比值不断上升，即收入分配结构得到改善，产品"过剩"局面得到扭转，故事又重新回到经济上升阶段。

二、经济周期对股票价值的影响机制

根据下一章的股利贴现模型，股票价值的决定公式可表述为

$$V = \sum_{t=1}^{T}\frac{d_t}{(1+\rho)^t}+\frac{R_T}{(1+\rho)^t} \quad (12.7)$$

决定股票价值的因素即式（12.7）所揭示的预期的上市公司分红、预期的资本利得以及贴现率三大因素。

如果我们暂且不考虑预期（即贴现）因素，则股票价值的决定公式可表示为

$$V_t = d_t K_{t-1} + (P_t K_t - P_{t-1} K_{t-1}) \tag{12.8}$$

（一）经济周期变化对股票红利的影响

从理论上看，投资者的分红所得取决于上市公司的利润及其分红政策，即

$$d_t K_{t-1} = a_t \Pi \left(Q_t P_t', L_t W_t, I_t r_t \right) \tag{12.9}$$

式中，a_t 为公司的分红政策，即分红部分占公司净利润的比例；Π 为公司利润，它取决于公司的产量 Q_t 及其价格 P_t'，投入的劳动量 L_t 及其工资 W_t，投入的资金量 I_t 及其社会平均利率 r_t。

由式（12.9）可见，在公司分红政策 a_t 既定时，投资者分红所得直接与上市公司利润相关。

根据本节第一部分的研究，经济周期性变化，如在经济上升时期，由于投资和消费的共同扩张，公司利润将随之增加。这两方面的情况都会使上市公司的可分配利润增加，从而投资者的分红所得增加，在资本利得不变时，这将导致现期股票价值上升，即

$$V_t > V_{t-1}$$

这即经济周期变化通过股利因素对股票价值产生的影响。

（二）经济周期变化对资本利得的影响

假如经济处于上升时期，此时，一方面，即便上市公司不进行分红，但由于未分配利润的增加，投资者的分红预期也会提高，从而将吸引更多的投资者购买公司股票；另一方面，如果实施分红政策，则随着公司利润的上升，股票分红所得将超过社会平均利率，即 $d_t \geq r_t$。这两方面的情况，都会吸引投资者增持股票，即 $K_t > K_{t-1}$；在股票供给不变时，投资者的增持行为必将导致股票价格的上升，即 $P_t > P_{t-1}$。由此我们得到股票价值的增值方程：

$$V_t = (P_t - P_{t-1})(K_{t-1} + \Delta K_t) + d_t K_{t-1}$$
$$= \Delta P_t K_{t-1} + \Delta P_t \Delta K_t + d_t K_{t-1}$$

这也就同样导致了 $V_t > V_{t-1}$。反之当经济下降时，也将同样导致股票价值的下降。这即经济周期变化通过资本利得因素对股票价值产生的影响。

（三）经济周期变动对贴现率的影响

现在我们来考虑贴现率的影响。一般而言，贴现率这一影响股票价值的因素，在实际计算时常常以同期国债利率为指标，而国债利率的变化又取决于整个宏观利率的走势。

一般来说，在经济上升时期都伴随着相对较低的实际利率，即贴现率较低，由此根据股利贴现模型[式（12.7）]，作为分母的较低的贴现率将导致较高的股票价值；反之在经济下降时将导致相反的结果。

由以上研究可见，经济周期的变化将通过影响上市公司的利润而影响分红所得和资本利得，并通过影响贴现率而最终影响股票价值。经济周期的变化对股票价值的影响机

制或渠道如下所示。

存量资产价值或收入分配结构变动→经济↑（或↓）→公司利润Π↑（或↓）→分红所得d_t↑（或↓）；同时资本利得R_T↑（或↓）；以及贴现率ρ↓（或↑）；最终导致股票价值V↑（或↓）。

案例 12.1

我国收入分配结构

由于我国官方始终未公布资本存量数据，学术界对我国资本存量测算方法还未形成统一方法，我们假设折旧率为定值，因此可以通过W/κ来模拟$W/\delta\kappa$的变化趋势。对于W/Π，我们将城镇单位就业人员工资总额和工业企业利润总额之比作为W/Π。此处投资额选取全社会固定资产投资，工资总额选取城镇单位就业人员工资总额，利润总额选取工业企业利润总额，消费选取社会消费品零售总额。数据年份均为2008~2017年，具体见图12.2。

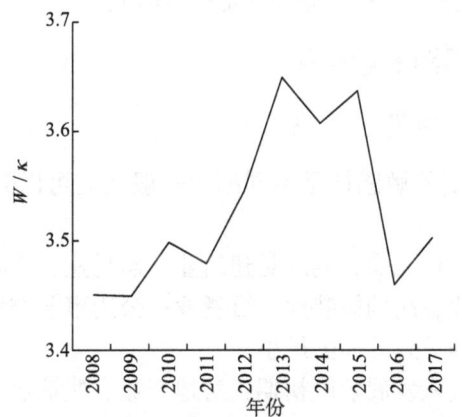

图 12.2　2008~2017年我国$W/\sigma\kappa$变动情况
资料来源：国家统计局

根据图12.2的情况，我们就可以观察乃至预测宏观经济走势的变化。

第三节　行业分析

在当代资本市场中，行业研究员或行业分析师的角色日益受到重视，他们的主要工作即本节讲解的行业分析。

一、行业分析的内容与作用

（一）行业分析的主要内容

行业分析的目的是描述和分析公司运营的环境，通常包括下列六个方面。

行业描述：确定行业范围、主要客户类型、主要原材料和供应商、主要技术特点。

行业环境：分析影响行业发展的外部因素，包括科技进步、政府监管、社会进步、人口变化和国外竞争。

行业分类：分析行业周期以及行业与经济周期的关系。

行业规模：需求方面包括客户数量、产品销量等；供给方面包括厂商数量、生产能力和使用比例等。

行业增长：分析需求数量和价格的变动趋势，预测销售数量和销售额的增长率。

行业利润：回顾行业过往经营业绩，分析变动原因；判断行业的长期利润前景，并预期行业利润率的变动模式。

（二）行业分析的作用

进行专业、细致的行业分析主要有以下三个方面的作用：
（1）为投资者提供详尽的行业投资背景；
（2）有助于投资者确定行业投资重点；
（3）能帮助投资者选择投资企业和确定持股时间。

二、行业对经济周期的敏感性

（一）行业与经济周期的关系

不同行业对经济周期的敏感性是不同的，一般我们可以分为周期性行业和防御性（非周期性）行业。

在经济状况恶化时，首先受影响的是建筑业、建材业、旅游业、娱乐业、房地产业等；然后延及高档食品业、高档服装业、百货业；公用事业类和生活必需品类行业如公交、水厂、电话通信业等受到的冲击最小。

在摆脱经济衰退，进入发展阶段初期：房地产业、建筑业、汽车业、化工业等对经济周期较为敏感的行业股票最先上扬。

正是由于较高的需求收入弹性，在经济上升时，随着人们收入水平的提高，对该类型行业的需求大幅上升；当经济下降时，需求下降的幅度大于收入下降的幅度，从而周期性行业衰退的幅度可能更大。

防御性行业是因为人们对其产品的需求相对稳定，并不受经济周期的影响。特别是，在经济衰退时，某些防御性行业还可能出现上升状态。例如，食品业和公用事业类即属于典型的防御性行业，它们与周期性行业正好相反，即人们对其产品的收入弹性较小。也正因此，这些公司的收入相对稳定，不受经济周期的影响。

由上述对周期性行业和防御性行业的区分，我们可以得到如下的投资策略：当经济周期处于上升阶段时，投资者可投资于周期性行业，以分享该类行业高速扩张的收益；当经济处于下降阶段时，应投资防御性行业，以便在规避宏观经济风险的同时，获得一定的稳定收益。

（二）影响行业对经济周期敏感度的因素

影响行业对经济周期敏感度的因素主要包括以下几个方面。

销售额对经济周期的敏感度。对经济周期敏感度最低的是生活必需品行业，其中包括食品、药物和医疗服务。另一些行业如烟草业和影视业也属低敏感度的行业。相反，像生产机器设备、钢铁、汽车和交通工具这一类产品的行业，它们对经济的发展状况具有很大的敏感性。

经营杠杆比率。它反映了企业固定成本与可变成本之间的分配比例关系。如果整个行业中的可变成本相对较高，那么它对经济环境的敏感性就比较低。高固定成本行业的利润额对销售的敏感度要大得多，因为其成本固定不能抵消其收入的变动，经济形势的任何细微波动都会对其营利能力产生影响。

融资杠杆度。负债的利息支付与销售额无关，它可以看作能提高净利润敏感度的固定成本。

案例 12.2

销售额对经济周期敏感性

这里，我们以内蒙古伊利实业集团股份有限公司（以下简称伊利）和中国南方航空股份有限公司（以下简称南航）为例，采用 2005~2018 年两家上市公司年报披露的营业收入为销售额（Y_1 代表伊利年销售额、Y_2 代表南航年销售额），以国家统计局披露的国内生产总值（GDP）作为样本数据，建立 OLS 回归模型进行敏感性分析。模型如下所示。

伊利： $Y_1 = C_1 + \beta_1 \mathrm{GDP} + \varepsilon$

南航： $Y_2 = C_2 + \beta_2 \mathrm{GDP} + \varepsilon$

利用 EViews 10.0 软件进行计量处理，并进行序列自相关、异方差、多重共线性检验后，得到如下回归分析结果（回归系数均显著，拟合优度较高）：

$$Y_1 = -57.17750 + 0.000907 \mathrm{GDP}$$
$$(-4.711)\quad(41.817)$$
$$R^2 = 0.993 \quad F = 1948.675 \quad \mathrm{Prob}(F-\mathrm{statistic}) = 0.0000$$

$$Y_2 = 165.2913 + 0.00139 \mathrm{GDP}$$
$$(4.437)\quad(20.890)$$
$$R^2 = 0.97 \quad F = 436.386 \quad \mathrm{Prob}(F-\mathrm{statistic}) = 0.0000$$

由上述结果可以得出，伊利与南航的年销售额与 GDP 均呈正相关关系，进一步来说，当 GDP 变动一个单位时，伊利年销售额变动 0.000907 个单位，与此同时，南航年销售额变动 0.00139 个单位，约为伊利年销售额变动数值的 1.53 倍，故南航的年销售额较伊利对经济周期的敏感度更高。

三、行业竞争结构

（一）行业竞争力

决定公司营利能力首要的和根本的环境因素是行业的竞争结构。国家的产业政策包括行业政策法规、税收及财政补贴等，它会对行业的发展速度、方向及竞争方式产生很大影响，应密切关注和研究。

迈克尔·波特的《竞争战略》提出五种竞争力共同决定了行业的竞争强度及营利能力，决定着行业竞争的激烈程度和利润的最终潜力。波特五力竞争模型如图12.3所示。

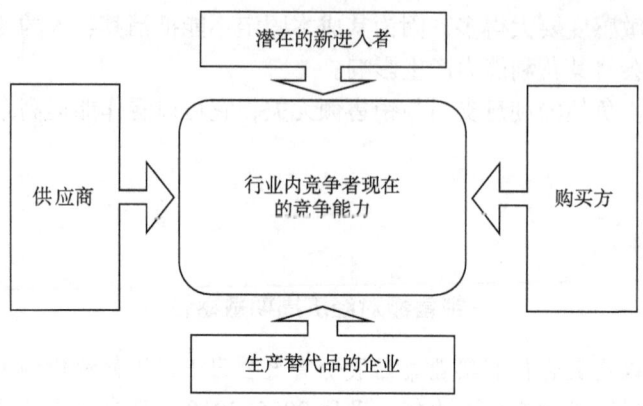

图 12.3 波特五力竞争模型

在图12.3中，波特提出的五种竞争力如下所示。

（1）潜在的新进入者。投资者在选择股票时必须要考虑到新进入企业可能带来的威胁。

（2）生产替代品的企业。投资者应当选择替代产品威胁小的行业进行投资。

（3）购买方的议价能力。投资者在选择股票时，要选择购买方的议价能力小的行业。

（4）供应商的议价能力。投资者要选择供应商的议价能力相对较小的行业。

（5）行业内竞争者现在的竞争能力。当所处行业增长缓慢、有众多势均力敌的竞争对手或者行业的退出壁垒较高的时候，行业的竞争将异常激烈。

波特五力竞争模型的意义在于，五种竞争力量的抗争中蕴含着三类成功的战略思想，那就是目前在实际领域中被广泛应用的成本领先战略、差异化战略和集中战略。

案例 12.3

用波特五力竞争模型分析美国运动鞋市场

波特在其经典著作《竞争战略》中提出了行业结构分析模型，即五力竞争模型，他认为：行业现有的竞争状况、供应商的议价能力、客户的议价能力、替代产品或服务的威胁、新进入者的威胁这五大竞争力，共同决定了企业的营利能力。对比这五种竞争力的作用，我们来分析一下美国运动鞋企业的竞争状态。

第一，这个领域存在较高的进入壁垒。美国运动鞋产业由"不用工厂生产"的品牌型公司组成，大公司在广告、产品开发、销售网络、出口方面都更有成本优势。更重要的是，品牌个性与消费者忠诚度都给潜在的进入者设置了无形的屏障。

第二，供应商的议价能力较弱。因为大多数运动鞋产业的投入都是同质的，特别是在耐克发起了外购浪潮后，超过90%的生产都集中在工资相对低、劳动力供过于求的国家。

第三，运动鞋的终端消费者在意价格，同时对时尚潮流更加敏感，但是对于公司的利润率并没有极为负面的影响。因为如果存在利润的减少，那么将会通过降低在发展中国家的生产来弥补。此外，大多数品牌在产品差异化方面很成功，这阻止了购买者将品牌同不断转换的品牌形象联系起来。

第四，因为其他鞋类都不适宜运动，所以现在还没有运动鞋类的完全替代产品。

第五，美国运动鞋市场被看作具有挑战性并已饱和，充满激烈的竞争且增长缓慢的市场，因此对于新进入者只有很小的空间。耐克、阿迪达斯和锐步，这些主要品牌抢占了超过一半的市场份额并保持相对稳定。

通过分析我们可以看到，一方面，这是一个令人垂涎的市场，不过壁垒高筑，有较低的供应商议价能力，有适度的购买者议价能力并且没有知名品牌的替代产品，很难挤出利润。另一方面，当高度市场集中但没有任何垄断力量时，区域里的对抗十分激烈。因此，在这个竞争环境中，独立公司的超常利润的持续性在很大程度上依靠他们的策略。

（二）行业竞争结构分析要点

实际操作中，对行业竞争力的分析特别要注意如下要点。

（1）进入壁垒。包括规模经济，资本要求，产品差别、品牌效应和客户忠诚，政府监管（包括业务牌照、知识产权、污染控制）等。

（2）替代产品的威胁。两个处于不同行业中的企业，可能会由于所生产的产品互为替代品，从而在它们之间产生相互竞争行为。

（3）谈判能力。主要取决于公司的原材料或产品对供应商或购买者的重要性，以及公司的产品差别和价格差别。

> **案例 12.4**

新能源汽车行业买方议价能力分析

新能源汽车的买方主要有两个，一个是政府采购，另一个是私人购买。在国家政策扶持下，政府采购的议价能力比较弱，目前我国多地及国外一些城市均将公共汽车换成了新能源客车。相比而言，私人购买者的议价能力超过政府采购。我国新能源汽车行业销售费用及销售利润率如图12.4所示。

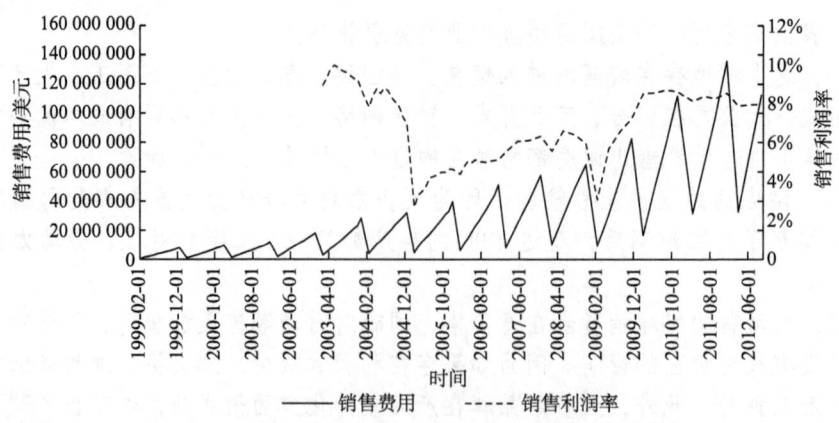

图 12.4　我国新能源汽车行业销售费用及销售利润率
资料来源：根据 RESSET 数据库有关数据计算整理

从图 12.4 中可看出，我国新能源汽车行业销售费用在逐年上升，而销售利润率维持在 8% 左右，这说明新能源汽车市场的竞争仍然十分激烈，并且买方议价能力仍然较高。

四、行业生命周期

导致行业走势与市场相悖的第二个原因，是产业生命周期的存在。一般而言，一个完整的产业生命周期可划分为初创期、成长期、成熟期和衰退期四大阶段。如图 12.5 所示。

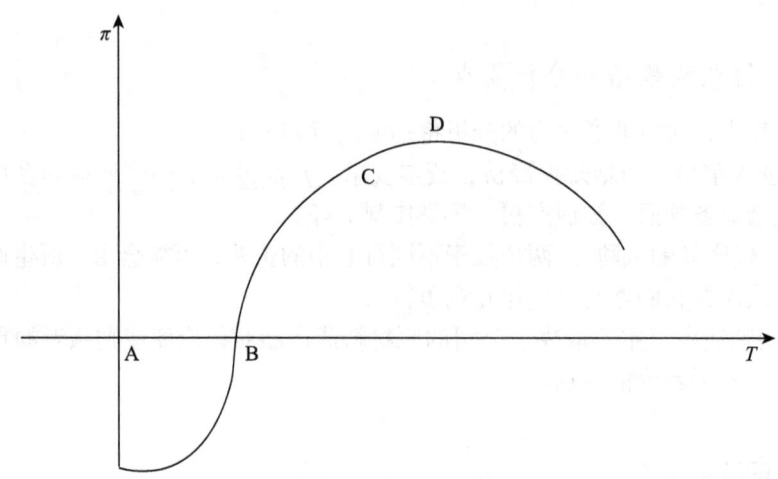

图 12.5　产业生命周期

图 12.5 中，纵轴表示利润，横轴为时期。A-B 阶段为初创期，该阶段处于大规模投资创立企业时期，企业利润为负；同时在这一阶段还存在创业失败的可能性。因此该阶段一般适于风险投资基金的进入。

B-C 阶段为产业的成长期，这一时期企业利润呈上升趋势（生命周期曲线斜率较大），根据股利贴现模型，股票价值也趋于上升。因此该阶段是风险规避型投资者的最佳介入期。

C-D 阶段是产业成熟期，产业内的企业发展平稳，利润基本处于历史最高水平。这一阶段是风险中性投资者的最佳选择。

D 以后的阶段即进入衰退期，利润开始大幅下降，此时产业内的企业处于自身的产业转型（二次创业）阶段；又由于利润的下降降低了购并成本，企业存在被购并的可能；同时也存在产业转型失败，也没有被购并，从而企业走向破产的可能。这一阶段是风险偏好投资者的选择——一旦企业转型成功或被购并，投资者所承担的较高的风险即可能获得更高的回报。

第四节 公 司 分 析

公司分析一般包括下列几个内容。

公司描述：确定主要产品、客户及其类型、生产要素的供给、生产的组织、技术水平、组织结构、营销体系和竞争策略。

竞争策略：确定公司策略的类型，并依据行业分析和业绩回顾评价其有效性。

竞争优势：确定公司的优势（strength）、劣势（weakness）、机会（opportunity）、威胁（threat），是否形成可持续的竞争优势，并进一步发展竞争优势。

财务状况：分析企业的资产状况、流动性、经营效率和营利能力等，分析公司过往业绩及其变动趋势。

策略支持：了解公司为实施竞争策略和发展竞争能力而在经营管理、投资管理、融资政策和分配政策上的计划和实现情况。

由上述内容我们可以概括出公司分析的三大要点，即公司策略的有效性分析、财务报表分析、财务比率分析。

一、公司策略的有效性

以下几个方面在评价公司策略的有效性上具有重要意义：①市场份额和营业收入的变动；②销售毛利率、净利润和净资产收益率的变动；③公司和产品的形象及声誉的变动；④资信评级和股票价格的变动；⑤技术水平、产品质量等的领先程度；⑥竞争地位和竞争优势的变动。

案例 12.5

公司策略有效性简析

根据国泰安数据库的数据我们可以计算出 2006~2019 年各年某公司毛利率及净资产收益率：

$$毛利率 = 毛利润/营业收入 \times 100\% \tag{12.10}$$

净资产收益率=净利润/[（期初净资产+期末净资产）÷2] （12.11）

根据计算得到的数据，我们可以绘制出 2006~2019 年某公司毛利率及净资产收益率变动曲线，如图 12.6 所示。

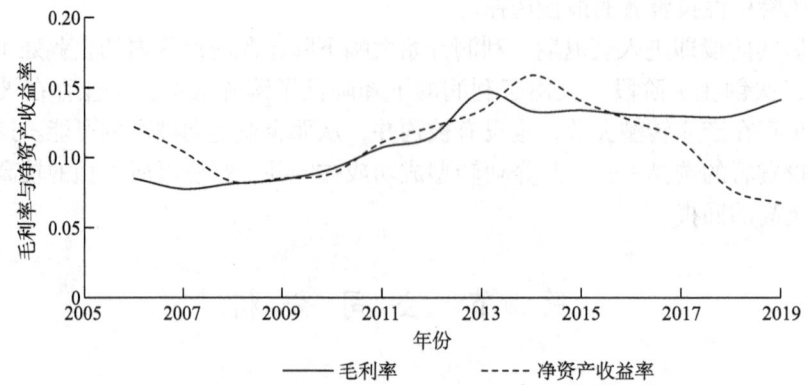

图 12.6 2006~2019 年某公司毛利率与净资产收益率变动曲线
资料来源：国泰安数据库

从图 12.6 中我们可以看到，某公司 2005~2019 年企业策略制定效果较差，净资产收益率自 2014 年持续下降，由 0.159 降至 2019 年的 0.067，企业营利能力持续下降。从企业毛利率看，2006~2013 年企业毛利率呈小幅上涨趋势，但自 2013 年起，毛利率出现下滑，且持续较低。因此，从财务数据整体看，某公司企业策略制定有待改善。

进一步考察医药龙头公司的情况，根据东方财富网获取的 2019 年数据我们可以看到，某公司总市值虽处于行业第五，市盈率却仅有 26.75%，远低于其他龙头企业及 74.98% 的行业平均水平；市净率仅 2.95%，也落后于行业平均及龙头行业；净资产收益率为 10.31%，虽高于行业平均值 7.71%，但相较于其他领先行业依旧落后近 15%，不难发现，某公司营利水平存在一定问题，策略有效性亟待提高。

二、财务报表分析

财务报表（financial statements）分析主要是对三大报表，即资产负债表（balance sheet）、损益表（income statement）和现金流量表（cash flows statement）的分析。

（一）资产负债表分析

资产负债表反映的是公司在某一特定时点的资产、负债和所有者权益的财务报表。该报表编制所依据的基本会计公式是

$$资产=负债+所有者权益$$

对资产负债表的分析能帮助我们回答如下问题：公司的规模如何，流动资产和固定资产的比率如何，公司的资本结构怎样。

投资者进行资产负债表分析时，主要应关注如下几项内容。

一是对公司存货的分析。存货量较高可能意味着公司的市场营销能力或其产品的市场前景存在问题，这会影响公司的未来发展潜力和营利能力，从而对公司股票的价值产

生不利影响。

二是对负债的分析。特别是对长期负债的分析，由于公司是按其未来支付额列示的，因此投资者需要确定该负债的现值。长期流动负债最大的风险来源于利率的变动，如某公司按 5%票面利率发行 10 年期的债券，如果现行市场利率上升为 8%，相对来说则大幅降低了公司的融资成本，该债券的现行价值就比其发行时要低。换言之，投资者应按利率对公司所列示的长期负债进行分析。

三是对结构进行分析。观察资产负债表中哪些结构发生了变化，并分析其变化的原因。这一分析有时会挖掘出一些有价值的信息。

（二）损益表分析

损益表是反映公司在某一特定时间内的收入、销售成本和费用的财务报表。

通过对损益表的分析，我们能得到如下问题的答案：公司收入的基本来源是什么；产品销售成本的构成是什么；公司最大的销售费用是什么。通过多期损益表的比较，还可以获得公司的收入、市场份额等的变动趋势。

许多费用或成本并不在资产负债表中列示，如研发费用、折旧成本等。这些可能对公司的利润产生很大影响，因此这些应成为投资者在分析损益表时重点关注的内容。

（三）现金流量表分析

现金流量表反映公司的现金来源（如借款、发行新股票等）和应用（如费用、投资和分红等）。该表主要由三个部分组成：经营活动产生的现金流量、投资活动产生的现金流量和融资活动产生的现金流量。经营活动是与公司生产经营有关的项目，以及资产负债表中与盈利活动有关的各项目，如净利润、折旧和摊销、资产和负债的变化等。投资活动包括买卖证券和资产、借出资金等。融资活动包括与公司获得资金有关的活动和与所有者权益有关的活动。

对现金流量表进行分析，可以帮助投资者估计公司的股利支付能力、公司现金的增长潜力，以及公司的偿债能力。特别是，现金流量表弥补了资产负债表和损益表的不足，可以帮助我们更好地对公司价值进行评估。例如，如果某公司采取赊销的方法，年销售收入 2 亿元，各项成本支出为 1.85 亿元。这样，在其资产负债表中会显示 2 亿元的"应收账款"，在损益表中显示为 2 亿元的"销售收入"和 1 500 万元的"净利润"，也就是说，在资产负债表和损益表中，都显示了该公司的经营是正常的。然而，如果从现金流的角度看，公司当期并没有任何现金流入，在现金流量表中，销售收入和净利润就都不存在。这一问题的重要性在于，如果现行年利率是 10%，那么一年后公司所得到的 2 亿元收入，其现值为 1.818 2 亿元，扣除 1.85 亿元的成本后，公司实际亏损 0.031 8 亿元。由 1 500 万元的净利润到 318 万元的亏损，可见现金流原则对我们判别公司真实价值的重要性。

三、财务比率分析

财务比率分析主要包括偿债能力分析、资本结构分析、经营效率分析和营利能力分析四大方面。

（一）偿债能力分析

偿债能力是公司可持续经营的重要条件之一。一般可从短期偿债能力和长期偿债能力两个角度进行分析。

从短期偿债能力看，主要从流动比率和速动比率两个角度衡量，以观察企业短期负债压力。其中流动比率的计算公式为

$$流动比率=流动资产÷流动负债 \qquad (12.12)$$

一般而言该指标应大于1。

$$\begin{aligned}速动比率 &= (流动资产-存货)/流动负债\\ &=(现金+短期投资+应收账款)/流动负债\end{aligned} \qquad (12.13)$$

长期偿债能力主要通过负债权益比率、债务权益比率、付息能力比率进行分析。其中负债权益比率的计算公式为

$$负债权益比率=总负债/股东权益 \qquad (12.14)$$

该指标也即财务杠杆率。

$$债务权益比率=（短期负债+长期负债）/股东权益 \qquad (12.15)$$

该指标反映股东每投入1单位资金可控制多少单位的债务融资。

$$付息能力比率=（净收入+利息支出+税金支出）/利息支出 \qquad (12.16)$$

该指标用来说明企业能产出多少收益以支付每单位的利息。

此外，应收账款周转率也是衡量公司偿债能力的重要指标，有

$$应收账款周转率=销售收入÷平均应收账款 \qquad (12.17)$$

（二）资本结构分析

上述的债务权益比是资本结构分析的重要指标之一，它反映了资本结构中债务所占的比例。此外，还可通过股东权益比率和股东权益占固定资产比率两个指标来反映公司资本结构中股权所占的比例：

$$股东权益比率=（股东权益总额÷资产总额）×100\% \qquad (12.18)$$

$$股东权益占固定资产比率=（股东权益总额÷固定资产总额）×100\% \qquad (12.19)$$

（三）经营效率分析

经营效率是公司价值的基础所在。一般它可通过存货周转率、固定资产周转率、总资产周转率等指标进行分析。存货周转率公式如下：

$$存货周转率=销货成本÷平均存货 \qquad (12.20)$$

其中：

$$平均存货=（期初存货+期末存货）/2 \qquad (12.21)$$

$$存货平均周转天数=360÷存货周转率 \qquad (12.22)$$

固定资产周转率公式如下：

$$固定资产周转率=销售收入÷平均固定资产 \qquad (12.23)$$

其中：

$$平均固定资产 =（年初固定资产+年末固定资产）÷2 \quad (12.24)$$

总资产周转率主要用于分析企业资产管理的效率。其具体分析可分解为流动资产周转率和固定资产周转率。流动资产周转率的公式为

$$流动资产周转率 = 销售额/流动资产 \quad (12.25)$$

该指标说明公司每投入1单位流动资产会带来多少单位的销售回报。

固定资产周转率的公式为

$$固定资产周转率 = 销售额/固定资产 \quad (12.26)$$

该指标说明公司每投入1单位固定资产将带来多少单位的销售回报。

（四）营利能力分析

公司营利能力分析可通过毛利率、净利率、净资产收益率、主营业务利润率、可持续成长率和投入资本回报率等指标进行反映。

$$毛利率 =（营业利润÷销售收入）\times 100\% \quad (12.27)$$

$$净利率 =（净利润÷销售收入）\times 100\% \quad (12.28)$$

净资产对公司股票价值具有重要影响。净资产收益率的公式为

$$净资产收益率 = 净利润/所有者权益 =（净利润/总资产）\times（总资产/所有者权益） \quad (12.29)$$

式中，净利润／总资产称为总资产利润率，即 ROA；总资产／所有者权益称为财务杠杆。ROA 由销售利润率和总资产周转率两部分组成，即

$$ROA = 净利润／总资产 = 销售利润率 \times 总资产周转率 \quad (12.30)$$

其中：

$$销售利润率 = 净利润／销售额 \quad (12.31)$$

$$总资产周转率 = 销售额／总资产 \quad (12.32)$$

由以上公式可见，净资产收益率可表示为3个比率的乘积，即

$$净资产收益率 = 销售利润率 \times 总资产周转率 \times 财务杠杆 \quad (12.33)$$

主营业务利润率实际上包含两项内容，即主营业务利润率和主营业务利润比率。前者主要是通过等比例收入表分析。现实中，后者日益受到重视，这主要源于人们对多角化经营的重新认识，即集团可多角化，而下属公司则应专业化；且认为专业化公司才具有核心竞争力。衡量专业化的指标是主营业务利润比例，即主营业务利润占总利润的比例。一般以60%为低限。

可持续成长率是指公司保持现有的营利能力和融资政策不变的前提下公司的成长比率：

$$可持续成长率 = 净资产收益率 \times（1-红利支付比率）$$

式中，红利支付比率 = 支付给股东的现金红利／收益率，它用来衡量公司的红利政策。

投入资本回报率也是一个受到很多投资者推崇的财务指标。曾任晨星公司股票研究部负责人的帕特·多尔西在《股市真规则》一书中称其为一个久经考验的分析资本收益的比率……它是一个比资产收益率和净资产收益率更全面、更好的度量营利能力的

工具。

投入资本回报率（ROIC）的计算方法为

$$ROIC = 息税前收益（EBIT）\times（1-税率）/（股东权益+有息负债） \quad (12.34)$$

财务比率比较分析：海天味业 vs 中炬高新

根据两家上市公司 2014~2019 年的财务数据，我们计算得到如下结果。

（1）短期偿债能力比率。2014~2018 年，海天味业的流动比率高于中炬高新，但 2018 年之后中炬高新的流动比率超过了海天味业。2014~2019 年，海天味业的速动比率、现金比率始终高于中炬高新。海天味业的现金流量比率比中炬高新波动性更小，中炬高新的现金流量比率整体呈下降趋势。根据以上短期偿债能力比率显示的结果，可以认为海天味业的短期偿债能力高于中炬高新。

（2）长期偿债能力比率。2014~2018 年，中炬高新的资产负债率高于海天味业，海天味业的现金流量与负债比率始终高于中炬高新，并且中炬高新的现金流量比率整体呈下降趋势。由此可以认为海天味业的长期偿债能力高于中炬高新。

（3）资产管理比率。2014~2019 年，海天味业在营业周期、存货周转率、流动资产周转率与总资产周转率四个衡量指标上均占据一定优势，其中营业周期在 2019 年较中炬高新缩短 1/4，且存货周转率更是中炬高新的 5 倍以上。总的来说，可以认为海天味业的资产管理能力强于中炬高新。

（4）营利能力比率。2014~2019 年，海天味业资产净利率、销售利润率与净资产收益率在数值上完全胜过中炬高新，且在 5 年内维持平稳；中炬高新的各项指标均有上升的趋势，这说明其开辟新市场、走高端产品路线的策略取得了一定成效，公司的营利能力在不断提升。虽然中炬高新的盈利水平与海天味业之间仍有较大差距，但从其稳步上升的趋势来看，公司的价值将持续增加。总的来说，就目前的营利能力比率来看，海天味业较中炬高新有较强的营利能力，海天味业经营状况较为稳定，而中炬高新有望在将来创造全新业绩。

（5）利润留存比率。2014~2019 年，中炬高新的利润留存比率始终高过海天味业。利润留存率越高，表明公司越重视发展的后劲，不致因分红过多而影响企业的发展。

（6）可持续增长率。2014~2019 年，海天味业的可持续增长率在实际增长率周围波动，企业内现金有时会比较不足、有时会有剩余，可持续发展率与实际增长率差异在 1%~6%，说明海天味业发展稳定，占有市场份额稳定且有增长趋势；而中炬高新的可持续增长率总体高于实际增长率，说明中炬高新有多余现金，这可能和公司还涉及地产行业有一定关系，可能需要富余的现金来做地产投资，但或许还没遇上适当的投资机会。

通过应用比率分析方法，我们从短期偿债能力比率、长期偿债能力比率、资产管理比率、营利能力比率、利润留存比率和可持续增长率六大指标，对海天味业和中炬高新进行了财务比率比较分析。总的来看，海天味业的短期偿债能力和长期偿债能力均高于中炬高新,而且相较于中炬高新,海天味业对自有资产的利用效率高,资金周转速度快,能够为企业实现更多利润并且有利于企业的可持续发展。海天味业经营状况稳定,而中炬高新有望在未来创造新业绩。

➢本章小结

本章主要讲解了股票投资决策分析的重要方面之一——基本分析。证券投资的基本分析所要揭示的是经济运行基本面的变化对证券投资价值的影响,它一般从宏观基本面、中观基本面和微观基本面三个角度进行研究和揭示。宏观基本分析的主要目的是揭示宏观经济运行的变化对股票投资价值的影响。根据股利贴现模型,如果我们暂且不考虑预期(即贴现)因素,则股票价值的决定公式可表示为

$$V_t = d_t K_{t-1} + (P_t K_t - P_{t-1} K_{t-1}) \tag{1}$$

经济周期性变化,如在经济上升时期,由于投资和消费的共同扩张,公司利润将随之增加。这两方面的情况都会使上市公司的可分配利润增加,从而投资者的分红所得增加,在资本利得不变时,这将导致现期股票价值上升,即 $V_t > V_{t-1}$。这即经济周期变化通过股利因素对股票价值产生的影响。

同时,在经济处于上升时期,会吸引投资者增持股票,即 $K_t > K_{t-1}$;在股票供给不变时,投资者的增持行为必将导致股票价格的上升,即 $P_t > P_{t-1}$。由此我们得到股票价值的增值方程为

$$\begin{aligned} V_t &= (P_t - P_{t-1})(K_{t-1} + \Delta K_t) + d_t K_{t-1} \\ &= \Delta P_t K_{t-1} + \Delta P_t \Delta K_t + d_t K_{t-1} \end{aligned} \tag{2}$$

这也就同样导致了 $V_t > V_{t-1}$。这即经济周期变化通过资本利得因素对股票价值产生的影响。

此外,根据股利贴现模型,在经济上升时期,作为分母的较低的贴现率将导致较高的股票价值;反之在经济下降时将导致相反的结果。

中观基本分析的主要目的是揭示行业和产业周期对股票投资价值的影响以及相应的投资策略。根据行业变动与国民经济总体同期变动的关系密切程度的不同,可以将行业分为周期性行业和防御性行业两大类。周期性行业的运行状态直接与经济周期相关。当经济处于上升时期,这些行业会大幅增长,当经济衰退时,这些行业也相应跌落。防御性行业是因为对其产品的需求相对稳定,并不受经济周期的影响。特别是,在经济衰退时,某些防御性行业还可能出现上升。

由此我们得到的投资策略如下:当经济周期处于上升阶段时,投资者可投资于周期性行业,以分享该类行业高速扩张的收益;当经济处于下降阶段时,应投资防御性行业,以便在规避宏观经济风险的同时,获得一定的稳定收益。

一般而言,一个完整的产业生命周期可划分为初创期、成长期、成熟期和衰退期四大阶段。初创期企业处于大规模投资创立时期,企业利润为负,同时在这一阶段还存在创业失败的可能性。因此该阶段一般适于风险投资基金的进入。成长期企业利润呈上升趋势(生命期曲线斜率较大),根据股利贴现模型,股票价值也趋于上升。因此该阶段

是风险规避型投资者的最佳介入期。成熟期产业内的企业发展平稳，利润基本处于历史最高水平。这一阶段是风险中性投资者的最佳选择。衰退期利润开始大幅下降，此时产业内的企业处于自身的产业转型（二次创业）阶段；又由于利润的下降降低了购并成本，企业又存在被购并的可能；同时也存在产业转型失败，也没有被购并，从而企业走向破产的可能。这一阶段是风险偏好投资者的选择。

微观基本面分析主要集中于对公司财务的研究，这是进行基本分析最为核心的内容。它主要是从财务报表分析和财务比率分析两个方面进行的。财务报表分析主要是对资产负债表、损益表和现金流量表进行分析。

投资者进行资产负债表分析时，主要应关注如下几项内容：一是对公司存货的分析；二是对负债的分析；三是对结构的分析。

许多费用或成本并不在资产负债表中列示，如研发费用、折旧成本等。这些可能对公司的利润形成有很大影响，因此这些应成为投资者在分析损益表时重点关注的内容。

对现金流量表进行分析，可以帮助投资者估计公司的股利支付能力、公司现金的增长潜力，以及公司的偿债能力。特别是，现金流量表弥补了资产负债表和损益表的不足，可以帮助我们更好地对公司价值进行评估。

财务比率分析主要包括偿债能力分析、资本结构分析、经营效率分析和营利能力分析四大方面。

▷练习题

一、简答题

1. 简述周期性行业的特征及其成因。
2. 简述防御性行业的特征及其成因。
3. 简述波特五力竞争模型的内在含义及应用缺陷。
4. 简述投资者进行资产负债表分析时主要应关注哪些内容。
5. 简述现金流量表分析是如何帮助我们进行公司价值评估的。
6. 简述偿债能力分析的主要指标有哪些。
7. 简述资本结构分析的主要指标有哪些。
8. 简述经营效率分析的主要指标有哪些。
9. 简述营利能力分析的主要指标有哪些。

二、论述题

简述经济周期对股票价值的影响机制。

第十三章

股票价格与估值

本章我们将对股票定价与估值进行研究。这里所研究的股票,指上市公司发行在外的普通股。我们将首先对普通股的各种定价及股价指数进行介绍,然后分别以现金流贴现模型和比率分析方法进行普通股的价值评估。对股票进行价值评估的最重要的目的,即"选股"——帮助我们选择具有投资价值的股票。

第一节 股票价格

本节我们对现实中种类繁多的股票价格进行介绍,并着重介绍股票除权价格和发行价格的确定。

一、股票价格的种类

在进行股票投资和分析中,我们经常遇到如票面价格、发行价格、市场价格、账面价格(book value per share)、除权价格、清算价格(liquidation value)、重置价值(replacement value)等概念,这里我们对这些价格的内涵进行介绍。

(一)票面价格

股票的票面价格又称每股面值(par value per share),它表明每股股票占公司总资本的比例,以及股票持有者在获得股利分配时所占的份额。其公式为

$$股票面值 = 资本总额 / 发行股数 \tag{13.1}$$

由式(13.1)可见,股票面值的大小可划分为三个区间,即大于 1、等于 1 和小于 1。当公司资本总额大于其所发行的股数时,股票面值即大于 1;当公司资本总额等于

其所发行的股数时,股票面值即等于 1;当公司资本总额小于其所发行的股数时,其股票面值即小于 1。

票面价格的作用在于:计算新公司成立时的资本总额;表明股东持有的股票数量。也正因此,有关股票发行方面的法律一般规定股票不得低于面值发行。正是由于这一规定,股票的发行价格会高于其票面价格,高出的这一溢价部分在会计报表中记为股东权益项下的资本公积科目。

(二)发行价格

发行价格即股票上市前公开发行时的价格。发行价格一般要高于股票的票面价格,其定价方法有市盈率法、净资产倍率法和竞价法。后面我们将详细介绍。

此外,在股票市场运行正常和公司经营正常的情况下,实际市场价格往往高于发行价格,特别是在股票发行结束后刚刚开始上市交易之时,这即 IPO 抑价[①]。

阅读资料 13.1

IPO 抑价

IPO 抑价是指股票一级市场的发行价格低于二级市场上市价格的现象。

此现象在世界所有的股票市场几乎都存在,但是抑价的程度各国之间差异较大。大量相关研究发现,发达国家市场的抑价幅度普遍小于新兴市场国家,如加拿大、法国市场的 IPO 抑价不到 10%,而在马来西亚市场却高达 80%。中国的 IPO 抑价问题尤为突出,据刘煜辉和熊鹏(2005)的研究,1995~2003 年,中国发行上市的 908 只 A 股股票,其平均抑价率高达 129%。

关于 IPO 抑价的解释,金融学界提出了大量的假说,并不断地被成熟市场或新兴市场的数据所检验。总的说来,关于 IPO 抑价的讨论,主流的研究基础是信息不对称理论。根据信息不对称所考察的对象不同,大致可分为三个分支。

(1)投资银行模型。Barron(1982)提出,与发行人相比,投资银行具有更多的关于资本市场发行与定价的信息,博弈的结果是发行人将定价交由投资银行,在缺乏有效监督的情况下,投资银行往往更加倾向采取抑价的方式发行,以确保发行的成功,并建立起良好的声誉。

(2)"赢家诅咒"模型。Rock(1986)和 Ritter(1984)认为,市场中的投资者之间并不是信息对称的,即存在知情投资者和不知情投资者。对新股发行来说,仅拥有知情投资者是不够的,还必须拥有一定的不知情投资者的参与,才能确保发行顺利,故此

[①] 在中国的 A 股市场普遍存在 IPO 抑价现象,特别是创业板、中小板股票的估值一般都高于上市公司,某些特殊行业的小股票,市盈率高得惊人。这里的一个重要原因是中国投行因为发行费用提成的因素,倾向通过各种手段将所承销的股票发高价价,对于日后的走势他们无须考虑太多,也没有什么约束机制。这是一个中国市场的"异象",也是规范和完善中国资本市场需要解决的一个问题。

主张 IPO 抑价是为了补偿不知情投资者所承受的信息风险，以吸引这部分投资人参与认购。

（3）信号显示理论。该理论集中于三个方面：一是发行人在 IPO 抑价方面拥有比投资者更多的信息，发行人把新股抑价作为一种向投资者传递真实价值的信号（Rock，1986）。二是发行人可以委托声誉卓越的投资银行为其承销股票，从而向投资者传递风险较低的信号。Ibbotson（1975）和 Welch（1989）指出，投资银行采取抑价发行，是为了更好地迎合投资者的需求，并有利于以后项目的承销。Logue（1973）、Carter 和 Manaster（1990）以及 Johnson 和 Miller（1988）发现，声誉低的投资银行所承销的企业，其 IPO 抑价程度要显著高于声誉高的投资银行所承销的企业。三是对于那些 IPO 后有再融资（seasoned equity offer，SEO）需求的企业，它们会通过 IPO 抑价，吸引投资者的认购，并在以后的再融资过程中给予补偿（Allen and Faulhaber，1989；Grinblatt and Hwang，1989；Welch，1989）。此外，Brennan 和 Franks（1997）认为，在 IPO 后，发起人仍然希望维持对公司的控制权，故发行人倾向利用 IPO 抑价产生的超额认购效果，避免大型机构投资者介入公司的经营权。

（三）市场价格

从理论上讲，市场价格应是股票未来收益的现值，即股票的内在价值。公式为

$$市场价格 = 股息红利收益 / 利息率 \qquad (13.2)$$

但实际中它会远远高于或低于这一价格。股票交易中的市场价格主要是由股票的供求状态决定的，当股票的需求超过供给时，其市场价格必然上升，反之则下降。

此外，正如第十二章的基本分析所表明的，股票的市场价格走势还将受到宏观经济运行及公司本身的经营和财务状况等因素的影响。

（四）账面价格

股票的账面价格又称净值，等于净资产与总股数的比值，通常称为每股净资产。

由股票账面价格的定义可见，其取值同样可划分为大于 1、等于 1 和小于 1 三个区间：当公司的净资产额大于其所发行的股数时，每股净资产即大于 1；当公司的净资产额等于其所发行的股数时，每股净资产即等于 1；当公司的净资产额小于其所发行的股数时，每股净资产即小于 1。

公司的每股净资产越高，表明其抗风险能力、（再）融资能力（如向银行的抵押贷款），以及给股东分红的能力等就越强，也正因此，每股净资产是进行基本分析的工具之一。

（五）除权价格

上市公司进行利润分配或配股前夕，其股票属于含权股票，即含有享受此次利润分配或参与配股的权利。当本次利润分配或配股实施后，公司股票即成为除权股

票，即享有此次利润分配或参与此次配股的权利已实施完毕，此时股票的价格称为除权价格。

利润分配会直接降低每股净资产，配股则会摊薄每股净资产，因此除权价格一般都低于除权前（含权）的价格。下面我们会对除权价格进行更具体的分析。

（六）清算价格

清算价格是指公司清算时每股股票所代表的真实价值。理论上它等于账面价格，但实际中由于清算成本的存在，清算价格会低于账面价格。

清算价格一般只在公司破产、清算时才引起投资者的重视，它对正常情况下的投资行为没有实质上的指导意义。

（七）重置价值

重置价值是重置公司各项资产的价值（成本），减去负债项目后的余额。

重置价值基本上代表了公司的市值，一般而言重置价值不可能低于市值。这是因为，如果重置价值低于市值，投资者就可以复制该公司，再以市值出售，这种行为将降低（类似）公司的市值或提升重置成本。

重置价值与市值关系的一个重要理论，即托宾的 q 值理论（Tobin's q）。其公式表述为

$$q = \frac{V_m}{V_r} \qquad (13.3)$$

式中，V_m 为公司的市值，V_r 为重置成本（价值）。如果 $q>1$，即公司的资产市值高于重置成本，这会激励公司进行投资扩张以进一步提升其市值。一般而言具有高成长性的企业会出现 q 值大于 1 的情况。

当 $q<1$ 时，即公司的资产市值低于其重置成本，这会抑制公司的投资意愿。但从另一角度看，这会激励投资者以较低的市值进行购并，然后通过资本运营的手段再以较高的价格出售。一般来说竞争激烈的行业，或衰退行业会出现 q 小于 1 的情况。

二、除权价格的确定

现在我们来具体分析股票除权价格的确定。根据公司送股、配股和派息的不同情况，除权价格有不同的计算方法。

（一）送股除权价格的确定

出于公司的经营战略考虑，有时公司的分红方案会采取送股的方式进行。此时除权价的公式为

$$P = p^{-1}/(1+R) \qquad (13.4)$$

式中，p^{-1} 为除权日前一天的收盘价；R 为送股率。

例题 13.1

除权价的计算

假如某公司推出每 10 股送 5 股的分红方案，其股票除权前一天的收盘价为 12 元/股，请确定该股票的除权价格。

解：根据送股除权价格的确定公式，该公司股票的除权价格为
$$P = 12/(1+0.5) = 8 \text{ 元}/\text{股}$$

（二）配股除权价格的确定

配股是公司利用资本市场进行再融资的重要方式之一。配股除权价格的公式为
$$P = \left(p^{-1} + p_d \times R_d\right)/(1+R_d) \quad (13.5)$$

式中，R_d 为配股率，对于配股率，有时监管政策会有一定的要求，如证监会的有关政策要求上市公司的配股率不得超过 30%；p_d 为配股价，它一般会低于公司目前的市价。

例题 13.2

配股除权价格

某公司决定进行配股融资，并确定其配股价为 7 元/股，配股率为每 10 股配 3 股，实施配股前一天的收盘价为 11 元/股。请确定其除权价格。

解：根据配股除权价格的确定公式，该公司的除权价格为
$$P = (11 + 0.3 \times 7)/(1+0.3) = 10.08 \text{ 元}/\text{股}$$

（三）送股、配股、派息同时进行的除权价格

如果公司送股、配股和派息同时进行，则其股票的除权价格公式为
$$P = \left(p^{-1} + P_d \times R_d - e\right)/(1+R+R_d) \quad (13.6)$$

式中，e 为每股股息。这里我们需要注意的是，一般而言，该公式所示的分配方案很少在现实中出现，主要在于配股和派息对同一公司是一种矛盾行为：配股是由于资金短缺，派息（特别是较多的派息）则是因为有较多的未分配利润、本年度利润较高或暂时不需要留存较多的未分配利润进行投资。

当然，有时公司为了某种意图，也会将配股和派息这一矛盾行为同时实施。例如，在我国，上市公司很少给投资者进行现金分红，为此，证监会在 2001 年后，将上市公司的配股资格与其是否给投资者进行现金分红联系在一起。针对这一政策，一些上市公司为了达到配股的目的，纷纷推出了派息方案。

案例 13.1

中国证券市场除权价的确定

我国上海证券交易所颁布的《上海证券交易所交易规则》规定：上市证券发生权益分派、公积金转增股本、配股等情况，本所在权益登记日（B 股为最后交易日）次一交易日对该证券作除权除息处理，本所另有规定的除外。

除权（息）参考价的计算公式为

除权（息）参考价 = [（前收盘价 − 现金红利）+ 配（新）股价格 × 流通股份变动比例] ÷（1 + 流通股份变动比例）

当证券发行人认为有必要调整上述计算公式时，可向本所提出调整申请并说明理由。本所可以根据申请调整除权（息）参考价计算公式，并予以公布。除权（息）日即时行情中显示的该证券的前收盘价为除权（息）参考价。除权（息）日证券买卖，按除权（息）参考价作为计算涨跌幅度的基准，本所另有规定的除外。

三、发行价格的确定

股票发行价格的确定主要有市盈率法、净资产倍率法、竞价法三大方法。

（一）市盈率法

按照市盈率法，股票发行价格公式为

$$\text{发行价格} = \text{每股净收益} \times \text{发行市盈率} \tag{13.7}$$

式中，每股净收益 = 税后利润/股份总额，该数据须由有证券资格的会计师审核；发行市盈率 = 股票市价/每股净收益，而发行市盈率一般由证监会、券商、发行公司共同确定。

例题 13.3

发行价格的计算

假设某公司准备发行股票，其税后利润为 5 000 万元，计划发行 2 亿股[①]。该公司所属行业的平均市盈率为 20，为了确保发行成功，券商和发行公司等共同确定的发行市盈率为 15。则该公司股票的发行价格是多少？

解：首先我们确定该公司的每股净收益。根据式（13.7），其每股净收益 = 5 000/20 000 = 0.25 元/股，该公司股票的发行价为

$$\text{发行价格} = 0.25 \times 15 = 3.75 \text{ 元/股}$$

---

① 就目前中国的规则来看，A 股发行新股的股数大概是发行后总股本的 25%。本例题没有考虑这一因素。另外，本例题的一个隐含的假定条件是原有股份既定不变或视为零，否则，发行后的每股收益=净利润/（原有股数+发行股数）。

（二）净资产倍率法

净资产倍率法是指通过资产评估等手段确定发行人拟募每股资产的净现值和每股净资产，然后根据市场状况将每股净资产乘以一定的倍率（若市场好）或折扣（若市场不好）。其定价公式为

$$发行价格 = 每股净资产 \times 溢价倍率（或折扣倍率） \qquad (13.8)$$

（三）竞价法

竞价法是一种较彻底的市场化定价方法。它一般是由发行公司与券商经过充分协商后，确定出该股票发行不得低于的底价，而其实际的发行价格由市场决定。

四、股票市场价格指数

股票市场价格指数即股票指数，是由证券交易所或金融服务机构编制的表明股票市场价格水平变动的相对数。根据指数的升降，投资者可以判断出股票价格的变动趋势。

（一）股票指数的功能

表征功能。即宏观地反映股票市场特定部分或者整体变动的趋势，可用来追溯和研究资本市场的进化历程，间接反映国民经济的波动情况。

投资功能。股票指数本身是被动式投资管理的投资对象，这种投资策略的目的就是模拟被追踪的股票指数的表现。

评价功能。股票指数是衡量投资业绩的相对指标，特别是用于衡量机构投资者的业绩。

风险控制工具。股票指数是开发许多金融衍生产品的基础，如股票指数期货和股票指数期权等，这些金融衍生产品是投资者进行风险控制的工具。

（二）不同加权方法下的市场指数

现实中市场指数的编制主要有以下几种类型：价格加权指数，如道琼斯指数；市值加权指数，如标准普尔指数、上证综合指数、深证成份指数等；等权重指数，即简单平均得到的指数；价值线指数，即通过几何平均得到的指数。

1. 价格加权指数

现在的道琼斯股票价格平均指数是以 1928 年 10 月 1 日为基期的，因为这一天收盘时的道琼斯股票价格平均数恰好约为 100 美元，所以就将这一天定为基准日。

以后股票价格同基期相比计算出的百分数，就成为各期的股票价格指数，所以现在的股票指数普遍用点来做单位，而股票指数每一点的涨跌就是相对于基准日的涨跌百分数。

道琼斯股票价格平均指数最初是用简单算术平均法求得的，当遇到股票的除权除息时，股票指数将出现不连续的现象。

1929 年后，道琼斯股票价格平均指数就改用新的计算方法，该方法的核心是求出一个常数除数，以修正因股票分割、增资、发放红股等因素造成的股票价格平均指数的

变化，以保持股票价格平均指数的连续性和可比性。

具体做法是以新股价总额除以旧股价平均数，求出新除数，再以报告期的股价总额除以新除数，这就得出修正的股价平均数。即

$$新除数 = 变动后的新股价总额/旧股价平均数$$
$$修正的股价平均数 = 报告期股价总额/新除数$$

2. 市值加权指数

（1）标准普尔指数以 1941~1943 年抽样股票的平均市价为基期，以上市股票数为权数，按基期进行加权计算，其基点数为 10。以目前的股票市场价格乘以股票市场上发行的股票数量为分子，用基期的股票市场价格乘以基期股票数作为分母，相除之数再乘以 10 就是股票价格指数。

（2）上证综合指数是指上海证券交易所从 1991 年 7 月 15 日起编制并公布的、以全部上市股票为样本、以股票发行量为权数，按加权平均法计算的股价指数。它以 1990 年 12 月 19 日为基期，基期指数定为 100 点。公式如下：

$$本日股价指数（上证综合指数）= 本日股票总市值 \div 基期股票总市值 \times 基期指数（100）$$

式中，基期股票总市值 $=\Sigma$（市价 $\times$ 总股本数）。

（3）深圳成份指数是深圳证券交易所的主要股指。它是按一定标准选出 40 家有代表性的上市公司作为成分股，用成分股的可流通数作为权数，采用综合法编制而成的股价指数。以 1994 年 7 月 20 日为基日，从 1995 年 5 月 1 日起开始计算，基数为 1 000 点。其基本公式为

$$股票价格指数 = 现时成分股总市值 / 基期成分股总市值 \times 1\ 000$$

3. 等权重指数

世界上第一个股票价格平均指数——道琼斯股价平均指数在 1928 年 10 月 1 日前就是使用简单算术平均法计算的。

现假设从某一股市采样的股票为 A、B、C、D 四种，在某一交易日的收盘价分别为 10 元、16 元、24 元和 30 元，计算该市场股价平均数。将上述数置入公式中，即得

$$\begin{aligned}股票价格平均指数 &= (P_1 + P_2 + P_3 + P_4)/n \\ &= (10 + 16 + 24 + 30)/4 \\ &= 20（元）\end{aligned}$$

4. 价值线指数

具有代表性的价值线指数是美国证券交易所价值线混合指数（American Security Exchange value line composite index）。

美国证券交易所价值线混合指数是美国阿诺德·伯恩哈德公司编制的用以反映美国股票市场行情变化的股票价格指数，包括 1 700 种成分股，分为工业、铁路、公用事业及综合指数 4 类。

该指数用几何平均法计算。设成分股的数目为 n，计算时以 n 种股票的价格乘积，再算出 n 次平方根，即当天的几何平均数，再乘以前一天的混合指数，乘积即当天的混合指数，公式为

计算日价值线混合指数 = $\left(\sqrt{\sum_{i=1}^{n} 第i种股票价格 \times 第i种股票数量} \right) \times$ 前一日股票指数

该指数在美国较为常用，1982年2月，美国堪萨斯农产品交易所首次以此指数办理堪萨斯市场股票指数期货交易，引起了世界股票市场的一次大变革。

市场指数的简单计算

股票	ABC	XYZ
期初价格/元	50	100
股份：股	20	10
期末价格/元	60	110
价格加权指数	$1000 \times [(60+110)/2]/[(50+100)/2] = 1133.33$	
市值加权指数	$1000 \times (20 \times 60 + 10 \times 110)/(20 \times 50 + 10 \times 100) = 1150$	
简单平均指数	$1000 \times (60/50 + 110/100)/2 = 1150$	
几何平均指数	$\sqrt{(60/50) \times (110/100)} \times 1000 = 1148.91$	

第二节 现金流贴现模型：股利贴现模型

与债券的估值一样，股票价格也是由一系列未来现金流量的现值决定的。股票的现金流量由股利现金流量和资本利得两部分构成。其中的资本利得即投资者买卖股票的差价。

在本节的大部分研究中，我们假设持股期无限，即投资者买入股票后永不卖出，这样，也就不会产生资本利得，从而我们只需要考虑公司未来所创造的现金流——这即现金流贴现模型的核心所在。当然，本节最后我们将放松这一假定。

一、现金流贴现模型概述

现金流贴现（discounted cash flow，DCF）模型又具体分为两大方法，即股利贴现模型（dividend discount model，DDM）和自由现金流（free cash flow，FCF）贴现模型。现金流贴现模型基本原理即将公司所创造的未来现金流量贴现到特定时点上。

现金流贴现模型的步骤如下：①预测未来来源于公司或股票的期望现金流；②选择合适贴现率，并进行估计；③计算股票的内在价值。

在选择现金流贴现模型时，现金流和贴现率的选择是重点，通常有以下情形。

（1）在股利贴现模型中，选择公司未来红利作为贴现现金流，以股票投资者要求的必要回报率作为贴现率。

（2）自由现金流贴现模型中，选择自由现金流作为贴现现金流，自由现金流分为公司自由现金流（free cash flow to firm，FCFF）和股东自由现金流（free cash flow to equity，FCFE）。如果使用 FCFF，就采用加权平均资金成本（weighted average cost of capital，WACC）作为贴现率；如果使用 FCFE，就以股票投资者要求的必要回报率作为贴现率。

本节及下一节我们主要研究股利贴现模型。

二、股息零增长条件下的股利贴现估价模型

股利贴现模型即将股利收入资本化以确定普通股价值。其一般形式如下：

$$V = \sum_{t=1}^{\infty} \frac{D_t}{(1+k)^t} \tag{13.9}$$

式中，V 是股票价值，D_t 是每期股利，k 是贴现率，t 是持股期。

股息的零增长是一种简化的股利贴现模型，它假设每期期末公司支付给投资者的股利的增长率为零。换言之，投资者每期所得到的股息量是保持不变的，即

$$D_t(本期股利) = D_{t-1}(上期股利)$$

在股息零增长状态下，再加上持股期无限的假定，计算股票未来现金流量即计算一笔终身年金的价值。终身年金估值公式如下：

$$PV = \sum_{t=1}^{\infty} \frac{A}{(1+r)^t}$$

$$PV = \frac{A}{r}$$

根据上述公式，可得股息零增长下的股利贴现估价公式：

$$PV = \sum_{t=1}^{\infty} \frac{D_0}{(1+k)^t} \tag{13.10}$$

$$V = \frac{D_0}{k} \tag{13.11}$$

当依据股利贴现模型所得到的股票价值大于其二级市场价格时，即产生了市场低估，投资者即可实行买入或持有的策略；反之则实行卖出的策略。

一般情况下，运用股利贴现模型所计算的股票价值 V 与其市场价格 P 是不相等的。两者的差额为净现值（NPV），即

$$NPV = V - P \tag{13.12}$$

NPV 是进行基本面分析的重要决策工具：当 NPV > 0 时，即价格被市场低估，投资者可买入或持有；当 NPV < 0，即采取抛出的行为。

此外，这里还涉及一个重要概念，即内部收益率，它是指净现值等于零贴现率时的收益率，公式为

$$k^* = D_0 / P \tag{13.13}$$

式中，k^* 为内部收益率，D_0 为股利，P 为二级市场价格。如果内部收益率 > 必要收益率，即 $k^* > k$，则说明公司支付给投资者的股利较多或其股票的市场价格降低，从而其

股票价值较高,投资者即可买入或持有;反之则卖出。

这里我们需要指出的是,零息增长模型主要用于优先股估价,而基本不用于对普通股的估值。因为优先股股息是确定的,一般不受公司经营的影响;而普通股股利增长率并不为零。对普通股的估值是由下述模型进行的。

三、不变增长条件下的股利贴现估价模型

这里我们放宽零增长模型的假定,即假设每期股利按一个不变的增长比率 g 增长,因此股利的一般形式如下:

$$D_t = D_0(1+g)^t \qquad (13.14)$$

将上式代入式(13.10),得

$$V = \sum_{t=1}^{\infty} \frac{D_0(1+g)^t}{(1+k)^t} \qquad (13.15)$$

这即不变增长条件下的股利贴现模型。如果我们进一步假定 $k > g$,即贴现率大于股息增长率,则可通过对式(13.15)右边求极限,而得到:

$$V = \frac{D_1}{k-g} \qquad (13.16)$$

固定增长模型

投资者收到 CFP 公司支付的每股 0.5 元的上年度股利,并预期以后 CFP 公司的股利将以每年 5% 的水平增长。已知 CFP 公司的每股市价为 10 元,投资者要求的股票收益率为 10%,那么该公司对投资者来讲,每股价值是多少?

解:

$$D_1 = D_0 \times (1+5\%) = 0.5 \times (1+5\%) = 0.525 \text{ 元}$$
$$\text{每股价值} = 0.525/(10\%-5\%) = 10.5 \text{ 元}$$

每股价值大于每股市价,每股 CFP 公司股票被低估 0.5 元,投资者应当买入该公司股票。

四、多元增长条件下的股利贴现估价模型

现在,我们改变不变增长条件下股利贴现模型中股利按特定的比例增长的假设,假设在一定时期(T 期)内股息没有固定的增长率,而 T 期后再遵循一个不变的增长率。这一假设使该模型更接近实际。

(一)多元增长的股利贴现模型

由上述的假设可见,此时股利现金流量可分为两部分。第一部分是 T 期内(用 $T-$ 表示)预期股息流量现值,即

$$V_{T-} = \sum_{t=1}^{T} \frac{D_t}{(1+k)^t} \qquad (13.17)$$

第二部分则是 T 期后（用 $T+$ 表示）所有股利流量的现值，即

$$V_{T+} = \frac{D_{T+1}}{(k-g)(1+k)^T} \qquad (13.18)$$

将式（13.17）和式（13.18）两部分的现金流量现值加总，得到多元增长条件下的估值模型为

$$V = \sum_{t=1}^{T} \frac{D_t}{(1+k)^t} + \frac{D_{T+1}}{(k-g)(1+k)^T} \qquad (13.19)$$

（二）二元模型和三元模型

多元增长模型的烦琐之处在于必须逐一估计 V_{T-} 期内每年的现金流量。现实中一般使用二元或三元模型替代。

二元模型假定在 T 期前，企业固定增长速度为 g_1，T 期后的另一固定增长速度为 g_2。三元模型则假定，在 T_1 期以前，企业固定增长速度为 g_1；T_1 到 T_2 期之间，企业有一个递减的增长速度 g_2，T_2 之后固定增长速度为 g_3。

五、持股期变动条件下的价值评估

以上各模型都有一个共同假定：投资者买入后不再卖出，即无限期持股。现在我们放松这一假定，考虑投资者的卖出行为会对股票价值产生影响。

假设 P_N 为在时间点 N 股票的预期售价，N 为股票的预期持有时间（年度），则股票价值为

$$V_0 = \frac{D_1}{(1+k)^1} + \frac{D_2}{(1+k)^2} + \cdots + \frac{D_N + P_N}{(1+k)^N}$$

进一步，假设投资者持有股票一年后出售，则其所获得的现金流由两部分构成：一是持有期内预期获得的股利；二是预期的售价。两者的现值之和即该股票的内在价值。即

$$V = [D_1/(1+k)] + [P_1/(1+k)] \qquad (13.20)$$

式中，一年后预期的股票售价 P_1 假设由出售日之后各期的股利决定，即

$$P_1 = [D_2/(1+k)] + [D_3/(1+k)^2] + [D_4/(1+k)^3] + \cdots = \sum_{t=2}^{\infty} \frac{D_t}{(1+k)^{t-1}} \qquad (13.21)$$

将式（13.21）代入式（13.20），得到：

$$\begin{aligned} V &= [D_1/(1+k)] + \{[D_2/(1+k)] + [D_3/(1+k)^2] + [D_4/(1+k)^3] + \cdots\}/(1+k) \\ &= \sum_{t=1}^{\infty} \frac{D_t}{(1+k)^t} \end{aligned} \qquad (13.22)$$

可见，持股期变动下的股票估价与持股期不变下的股票估值完全相同，即投资者持股期的长短不影响股票价值。

这里我们需要注意的是，持股期长短不影响股票价值（内在的），却影响股票市场价格：已有的实证研究已经证明，投资者的持股期越短，股票价格波动越大；持股期越长，则波动越小[①]。

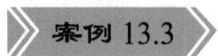

长江电力股票估值及投资分析——基于股利贴现模型

本案例运用三阶段增长模型对长江电力股票进行估值分析。

（一）股利增长率计算

由公式 $g=$分红比率×净资产收益率可以得出 2004~2018 年各年的红利增长率 g，具体结果如表 13.1 所示。

表 13.1 2004~2018 年股利增长率的计算

披露时间	利润留存率	净资产收益率	g
2004 年	55.02%	14.56%	8.01%
2005 年	53.67%	15.07%	8.09%
2006 年	38.73%	15.64%	6.06%
2007 年	47.99%	15.16%	7.28%
2008 年	48.30%	10.03%	4.84%
2009 年	11.82%	10.18%	1.20%
2010 年	48.69%	12.79%	6.23%
2011 年	45.45%	11.54%	5.24%
2012 年	47.16%	14.52%	6.85%
2013 年	48.99%	11.92%	5.84%
2014 年	47.13%	14.47%	6.82%
2015 年	31.83%	13.58%	4.32%
2016 年	23.82%	16.88%	4.02%
2017 年	32.84%	16.91%	5.55%
2018 年	33.93%	16.31%	5.53%

资料来源：Choice 数据库

（二）增长率 g 的分析和预测

根据红利增长率 g 的大小，可将长江电力的发展状况分为三个阶段，分别是 2004~2007 年的高速增长期、2008~2009 年的低谷期和 2010~2018 年的稳定增长期。分别以各自周期内 g 的几何平均值作为对长江电力发展情况的衡量。结果如表 13.2 所示。

[①] 特别地，当持股期无限时，也就是说当投资者遵循"买入并持有"策略时，股票市场将达到均衡。详见本章附录。

表 13.2 长江电力发展阶段

发展阶段	几何平均
高速增长期（2004~2007 年）	7.31%
低谷期（2008~2009 年）	2.41%
稳定增长期（2010~2018 年）	5.41%

前十年红利稳定增长，增长率为 5.41%，随后由于技术的革新和政策的变化，红利增长率上升至 7.31%；长期来看，由于市场的饱和与竞争的愈发激烈，红利增长率会下降至 2.41%。

（三）股票的估值

步骤一：第一阶段红利的贴现。2019 年长江电力发放红利为每股 0.68 元，由此可以计算出 2020 年每股红利为

$$0.68 \times (1 + 5.41\%) = 0.72（元）$$

将其贴现至 2019 年，对应红利为

$$\frac{0.72}{[1+E(r_i)]^1} = 0.67（元）$$

同理得出第一阶段各期红利，并将其贴现至 2019 年，具体结果如表 13.3 所示。

表 13.3 第一阶段红利贴现结果

年份	每股红利/元	贴现至 2019 年/元
2020	0.72	0.67
2021	0.76	0.65
2022	0.80	0.64
2023	0.84	0.62
2024	0.89	0.61
2025	0.93	0.60
2026	0.98	0.58
2027	1.04	0.57
2028	1.09	0.56
2029	1.15	0.55
总计		6.05

步骤二：第二阶段红利的贴现。运用相同的方式，得出结果如表 13.4 所示。

表 13.4 第二阶段红利贴现结果

年份	每股红利/元	贴现至 2019 年/元
2030	1.24	0.54
2031	1.33	0.54
2032	1.42	0.54
2033	1.53	0.54
总计		2.16

步骤三：第三阶段红利的贴现。根据第二阶段的预测，2033 年长江电力发放的每股红利为 1.53 元，由此计算得出 2034 年的每股红利为

$$1.53 \times (1 + 2.41\%) = 1.57 \text{（元）}$$

由固定增长模型可计算第三阶段期初的股票内在价值为

$$\frac{1.57}{E(r_i) - 2.41\%} = 29.43 \text{（元）}$$

该内在价值贴现至 2019 年为

$$\frac{29.43}{(1 + E(r_i))^{15}} = 9.63 \text{（元）}$$

步骤四：三个阶段贴现的加和。根据上述预测，2019 年股票的内在价值应该为[①]

$$6.05 + 2.16 + 9.63 = 17.84 \text{（元）}$$

六、股利和公司收益

以上我们通过股利贴现模型研究了股票价值的决定。公司向投资者支付的股利 D 来源于公司的每股收益 E；收益的增长是股利增长的源泉。换言之，公司所获得的收益是其股票价值的根本性决定因素。

现实中，任何一家公司在正常经营的情况下，都不会将其收益完全用于投资者的分红，而是要留一部分未分配利润用于公司的未来发展。那么，我们称公司收益中用于支付股利的份额为红利付出比，即 D/E；而收益中用于企业扩大再生产部分所占的比例，叫红利留存比，即 $1-D/E$。

公司的股利政策和决策即如何决定上述两个比例。由此引发的另一个重要问题是，公司的股利政策是否影响公司价值。这即著名的 M-M 定理所研究的核心内容之一[②]。

虽然 M-M 定理在其严格假定（其研究假设是没有税收、无交易成本、市场是有效的）下得出股利政策与公司价值无关的结论，但通过放松其假定，我们则可得到公司的股利政策将明显影响公司价值的结果。

案例 13.4

公司股利政策与公司价值[③]

FPL（Florida Power&Light Company，佛罗里达电力和照明公司）是佛罗里达州最大、美国第四大电力公司。FPL 公司经营现金流稳定，负债比率较低，资信等级长期维持在 A

[①] 本案例于 2020 年 5 月中旬设计、计算。长江电力的股票价格当时在 17.5 元上下波动，这表明红利贴现模型的结论是市场略微低估了长江电力的股票价值。但作为一个案例研究，大致来说该模型的预测结果贴近现实。

[②] 严格说来，M-M 定理所研究的核心问题是公司资本结构对公司价值的影响。鉴于在一般的公司金融或公司理财教科书中对资本结构理论都有较详细的探讨和讲解，本书将不再对该理论进行专门研究。

[③] 本案例取材于朱武祥和张羽（2002）。

级以上。公司现金红利支付率一直在 75% 以上，每股现金红利稳中有升，这种情况延续了 47 年。

1994 年，面对电力市场日益加剧的竞争环境，FPL 公司决定采用扩张战略，并制订了未来 5 年 39 亿的投资计划。因为公司近期的发展并不能立即大幅度提升每股收益，继续维持高的现金红利支付率将给公司的经营造成很大压力。为了保证公司长远发展目标，增加股利政策方面的灵活性，使现金红利在今后几年中有较大的上升空间，FPL 公司于 1994 年 5 月中旬公布了其第二季度的分红方案，把该季度现金红利由以往每股 0.62 美元调低到 0.42 美元，削减了 32.3%。公司同时宣布了在以后三年内回购 1 000 万股普通股的计划，其中，1995 年至少回购 400 万股。并且，公司承诺以后每年的现金红利增长率不会低于 5%。

尽管在宣布削减红利的同时，FPL 公司在给股东信中说明了调低现金红利的原因，并且做出回购和现金红利增长的承诺，但股票市场仍然视削减现金红利为利空信号。当天公司市值下跌了 14%。

第三节　股利贴现模型的应用

股利贴现模型的应用可分为两个方面：一个是股利贴现模型在实际应用中需要解决的问题；另一个则是应用股利贴现模型能帮助我们解决的问题。

一、股利贴现模型在实际应用中需要解决的问题

在我们实际应用股利贴现模型选择股票时，必须解决的问题是对贴现率（或投资者要求的收益率）k 和股息增长率 g 两个参数的估计。

（一）估计贴现率 k

我们可以通过三种方法[①]来估计投资者要求的收益率 k。第一种方法是依据股利贴现模型去估计 k。假设股票价格 P_0 由股利贴现模型决定，根据股利贴现模型式（13.16），我们有

$$k = (D_1/P_0) + g \qquad (13.23)$$

第二种方法是根据资本资产定价模型来估计 k，有

$$k = r_f + \beta \left[E(r_m) - r_f \right] \qquad (13.24)$$

第三种方法是用普通股股利收益率的历史平均值进行估算。此时所估算的平均收益率是投资者所要求的未来收益率的近似值。例如，某公司普通股过去 10 年的平均收益率为 12.50%，那么我们就可将其近似看作投资者所要求的未来收益率——大致也为 12.50%。

[①] 还有一种方法是在公司所发行的债券的收益率基础上，加上一个股票的风险报酬率，即构成投资者所要求的收益率 k。这里的风险报酬率是一个较为主观的指标。

（二）估计股息增长率 g

估计股息增长率主要有两种较简便的方法[①]，即点估计法（point estimate method）和净资产收益率法。

点估计法只用到两个股利支付时间点。以 d_t 表示第 t 年末支付的年股利，d_0 表示 t 年前支付的股利，则有

$$d_t = d_0(1+g)^t \tag{13.25}$$

解出 g，得

$$g = (d_t/d_0)^{1/t} - 1 \tag{13.26}$$

例题 13.5

增长率的估计

某公司 2005 年每股支付股利 0.95 元，2015 年每股支付股利 1.52 元，则其 10 年中的股利增长率为

$$g = (1.52/0.95)^{1/10} - 1 = 0.048$$

即该公司的股息增长率为 4.8%。如果我们进一步假定 $k=0.09$，将上述数据代入股利贴现模型，我们可得到该公司的股票价值是每股 37.93 元。

在上述例题中我们要注意的是，如果我们选择的期间是 5 年，并假设该公司 2010 年的股利支付为 1.16 元，则其股息增长率为 5.5%，相应的股票价值为每股 45.82 元。也就是说，点估计法对估计期或基期的选择非常敏感，我们需要慎重对待。

净资产收益率法认为股息增长率等于公司的净资产收益率（ROE）乘以估计的股利支付率。即

$$g = \text{ROE} \times b \tag{13.27}$$

式中，ROE=EPS/BVPS，EPS 为每股盈余，BVPS 为每股账面价值，则式（13.27）还可表示为

$$g = (\text{EPS/BVPS}) \times b \tag{13.28}$$

由于这一方法主要应用一些会计比率进行计算，因而也被称为会计方法（accounting method）。

[①] 还有一种稍复杂的方法称为回归估计法（regression method），该方法在点估计法的基础上，考虑了两个期间内各期股利的支付。其公式为

$$g = \exp\left\{\frac{\text{cov}[\ln(d), t]}{\sigma_t^2}\right\} - 1$$

式中，exp 代表指数，即 e 的幂；$\ln(d)$ 是支付股利的自然对数，t 为时间；σ_t^2 是时间的方差。

二、应用股利贴现模型能帮助我们解决的问题

股利贴现模型的首要应用,如案例13.3所示,即帮助我们选择有投资价值的股票,然后依据资产组合理论去构建投资组合。一旦确定投资组合后,由于股利现金流的发生,确定普通股的久期就显得非常重要。此外,股利贴现模型还可以帮助我们确定资本成本。

(一)利用股利贴现模型确定普通股的久期

由对固定收益证券久期的研究可见,久期从本质上明确了证券持有期与其收益率之间的关系,而这一关系也适用于对普通股的分析。也就是说,如果我们使股票投资组合的久期与投资者的持有期相等,则从理论上看该股票投资组合即不再受股票收益率 k 变动的影响。

根据股利贴现模型式(13.16),股票价格 P_0 为

$$P_0 = d_1/(k-g) \tag{13.29}$$

股利固定增长的普通股久期 D_s 可表示为

$$D_s = (1+k)/(k-g) \tag{13.30}$$

久期的计算

如果 $k = 15\%$,$g = 5\%$,则该组合的久期为

$$D_s = (1+0.15)/(0.15-0.05) = 11.5 \text{(年)}$$

这样,如果该组合的持有期也为11.5年,则由 k 的变动所带来的风险即可被最小化。

久期还可以用股利收益的倒数给以近似表示,即

$$D_s = 1/(k-g)$$

由式(13.29)我们可进一步得到:

$$D_s = 1/(k-g) = P_0/d_1 \tag{13.31}$$

(二)利用股利贴现模型确定资本成本

从融资的角度看,贴现率 k 是指在给定公司风险的情况下股东要求的权益资本成本。利用不变增长模型可以估计权益资本成本的大小。

由式(13.16)所示的不变股利增长模型,我们得到:

$$P_0 = d_1/(k-g)$$

解出 k 为

$$k = d_1/P_0 + g \tag{13.32}$$

式(13.32)是利用股利贴现模型所得到的资本成本的确定公式。计算中所需要的数据 d_0 和 P_0 可以从市场中得到,而如果我们用会计方法或点估计法计算出 g,即可计算

出 $d_1 = d_0(1+g)$，从而可解出权益资本成本。

准确估计出权益资本成本对融资者（证券发行公司）的重要性在于，公司可以把股票的市场价格作为指示器，并由此计算出市场所要求的收益率 k，该值即公司进行资本融资所要付出的成本。据此，公司即可决定其融资计划。当然，权益资本成本 k 对投资者来说也是重要的，如例题 13.7 所示。

例题 13.7

必要收益率的估计

假设对某股票我们有如下数据：$d_1 = 0.5$，$P_0 = 10$，$g = 5\%$，计算该股票的必要收益率。

解：根据式（13.32），我们有
$$k = 0.5/10 + 0.05 = 0.10$$

即投资者从对该股票的投资中能获得 10% 的必要收益率。如果投资者所要求的收益率大于 10%，即不应对该股票进行投资；如果投资者所要求的收益率小于 10%，则该股票是值得投资的。

第四节 自由现金流贴现模型

自由现金流最早由美国西北大学拉巴波特、哈佛大学詹森等学者于 20 世纪 80 年代提出，它是一种全新的企业价值评估的概念、理论、方法和体系。与股利贴现模型注重利润与分红政策的特点相比，自由现金流贴现模型则注重利润和资本开支。该模型以现金流量预测为基础，充分考虑了目标公司未来创造现金流量能力对其价值的影响，在日益崇尚"现金至尊"的现代投资环境中，自由现金流贴现模型得到了广泛的应用。自由现金流贴现模型又分为公司自由现金流贴现模型和股权自由现金流[①]贴现模型。

一、公司自由现金流贴现模型

公司自由现金流指公司经营活动中产生的现金流量扣除公司业务发展的投资需求后，可分给资本提供者（股东和债权人）的现金。计算公式为

$$\text{FCFF} = \text{EBIT} \times (1-T) + \text{D\&A} - \Delta\text{NWC} - \text{CapEx} + \text{Other} \quad (13.33)$$

式中，EBIT 为息税前利润（扣除所得税和利息钱的利润），T 为所得税率，D&A 为折旧和摊销，ΔNWC 为净营运资本量，CapEx 为资本性投资，Other 为其他现金来源。

（一）公司自由现金流贴现模型的贴现率

公司自由现金流贴现模型的贴现率为 WACC，即加权平均资金成本：

---

① 现实中也有行业研究员将其称为股东自由现金流。

$$\text{WACC} = \frac{E}{E+D} \times K_E + \frac{D}{E+D} \times K_D \times (1-T)$$

式中，E 为股票市值；D 为负债市值（通常采用账面值）；T 为公司所得税税率；K_E 为公司股本成本；K_D 为公司负债成本，若给定公司目标资本结构，则依据目标资本结构计算。

（二）公司自由现金流贴现模型估值步骤

步骤一：预测未来各期期望公司自由现金流 FCFF。

步骤二：计算企业的加权平均资金成本。

步骤三：计算企业的整体内在价值（V_A），减去企业负债的市场价值（V_D）后得出企业的权益价值（V_E），进而计算出股票的内在价值。

例题 13.8

用公司自由现金流贴现模型估值

2020 年 4 月 7 日，某投资经理准备购买某公司股票，了解到该公司情况如下：2019 年公司自由现金流为 5 000 000 元；公司目标资本结构，即负债：权益=0.25：1；现有公司负债市场价值 11 200 000 元；公司现有 2 000 000 股普通股发行在外；负债的税前成本为 8%，税率为 25%；预计该公司长期自由现金流增长率为 5%；公司现在股票价格为 25 元。

问题：采用公司自由现金流贴现模型，计算该公司价值，并判断公司股价是否合理。

解答：

由于公司自由现金流变量已经给出，所以这里不需要再计算。

采用加权资金成本作为贴现率，已知负债：权益=0.25：1，所以 $D/(D+E)=0.2$，$E/(D+E)=1-0.2=0.8$。

由于长期内自由现金流增长率为 5%，在折现时可以采用固定增长模型的折现公式。

步骤一：确定现金流。

因为 $\text{FCFF}_0 = 5\,000\,000$，且 $g_{\text{FCFF}} = 5\%$，所以 $\text{FCFF}_1 = \text{FCFF}_0 \times (1 + g_{\text{FCFF}}) = 5\,250\,000$（元）

步骤二：确定贴现率。

$$\text{WACC} = 0.8 \times 16\% + 0.2 \times 8\% \times (1-25\%) = 12.8\% + 1.2\% = 14\%$$

步骤三：贴现计算出公司价值。

$$V_A = \text{FCFF}_1 / (\text{WACC} - g_{\text{FCFF}}) = 5\,250\,000 / (14\% - 5\%) = 58\,333\,333 \text{（元）}$$

步骤四：计算股权价值。

考虑到公司负债价值 $V_D = 11\,200\,000$，则公司股权价值：

$$V_E = V_A - V_D = 58\,333\,333 - 11\,200\,000 = 47\,133\,333 \text{（元）}$$

步骤五：计算股票内在价值

因为发行在外股票数量为 2 000 000 股，所以每股内在价值=47 133 333/2 000 000=

23.57 元。

计算所得内在价值为 23.57 元，低于该股票的市场价 25 元，故该公司的股票价格被高估。

二、股权自由现金流贴现模型

相比于公司自由现金流贴现模型，股权自由现金流贴现模型在进行股票估值时应用得更为广泛，其原因就在于，公司自由现金流会分享给债权人等利益相关者，而作为股票投资者，更为关注的是在公司所创造的现金流中有多少是可以分配给股东的[①]。

（一）股权自由现金流贴现模型的计算

公司每年不仅需要偿还一定的利息或本金，同时还要为其今后的发展而维护现有的资产及购置新的资产，将这些费用扣除后，余下的现金流就是股权自由现金流 FCFE。其计算公式为

FCFE=净收益+折旧−资本性支出−营运资本追加额−税后利息费用+债务净增加

（13.34）

（二）不变增长条件下的股权自由现金流贴现模型

如果公司未来业绩保持稳定的增长率，对这个公司则可使用一阶段股权自由现金流贴现模型进行估值。具体形式为

$$P_0 = \text{FCFE}_1 / (k - g)$$

（13.35）

式中，P_0 代表股票当前的价值；FCFE_1 代表公司下一年预期的每股的股权自由现金流；k 代表公司的股权资本成本；g 为公司股权自由现金流的稳定增长率。

这一模型非常适用于那些增长率等于或者稍低于名义经济增长率的公司，并且与股利贴现模型相比，该模型有了很大的改进，因为那些稳定增长的公司每年股利的支付事实上也是很难确定的。如果某一公司处于稳定增长阶段，而且其支付的股利与股权自由现金流贴现始终保持一致，那么通过一阶段股权自由现金流贴现模型得到的公司价值与股利贴现模型的计算结果是一致的。

> **例题 13.9**

用股权自由现金流贴现模型估值

公司 A 每年保持 10% 的增长速度，当前每股收益为 2.5 美元，每股资本性支出为 2 美元，每股折旧为 1 美元。假定公司资本性支出、折旧和收益的增长速度相同，公司权益报酬率为 15%，同时公司没有任何债务且不进行营运资本追加。计算公司当前的

---

① 实际上，股利贴现模型相对于股东自由现金流而言其应用范围更广，原因也是一样的：可以分配给股东与实际上是否真的分配给股东，这还要取决于公司的分红政策。现实中的公司一般都不会"吃干分净"，虽然未分配利润也属于股东权益，但真正放到股东口袋的才是真金白银。

每股价值。

解：根据式（13.34），有
$$FCFE_0 = 2.5 - 2 + 1 = 1.5（美元）$$
根据式（13.35），可以计算出当前公司的每股价值为
$$P_0 = 1.5 \times (1+10\%)/(15\%-10\%) = 33（美元）$$

（三）多元增长条件下的股权自由现金流贴现模型

与股利贴现模型相同的道理，我们改变不变增长条件下股权自由现金流贴现模型中股权自由现金流按特定的比例增长的假设，假设在一定时期（T 期）内股权自由现金流没有固定的增长率，而 T 期后再遵循一个不变的增长率。那么该模型的表达形式变为

$$P_0 = \sum_{t=1}^{T} FCFE_t/(1+k)^t + P_{T+1}/(1+k)^{T+1} \quad (13.36)$$

$$P_{t+1} = FCFE_{T+2}/(k-g) \quad (13.37)$$

在式（13.36）和式（13.37）中，$FCFE_t$ 代表公司 t 期的每股股权自由现金流，P_T 为公司在稳定增长阶段期初的每股价值，g 代表公司稳定增长阶段的股权自由现金流增长率。

在实际应用中，多元增长条件更符合实际情况。不过在具体应用多阶段股权自由现金流贴现模型中往往存在以下困难：①未来各期的股权自由现金流较难进行准确预测；②股权资本成本对于模型的最终结果影响非常大，而股权资本成本也很难得到精确的计算；③采用何种方式进行贴现关系到如何衡量企业在经营周期中所处的地位及预测企业各发展阶段的时间，事实上这一点也很难做到。

> 案例 13.5

用股权自由现金流贴现模型对上海医药（601607.SH）进行估值

根据上海医药 2019 年年报，所得税率取为 15%。并将 2015~2019 年的净营运资本整理如表 13.5 所示。

表 13.5 2015~2019 年上海医药净营运资本计算 单位：亿元

年份	2015	2016	2017	2018	2019
流动资产	555.9	602.7	686.4	932.8	980.9
流动负债	394.3	411.1	496.3	687.1	746.1
净营运资本	161.6	191.6	190.1	245.7	234.8

将上海医药历史现金流整理如表 13.6 所示。

表 13.6　2015~2019 年上海医药历史现金流计算　　　　　单位：亿元

年份	2015	2016	2017	2018	2019
EBIT	47.851 2	47.177 2	60.805 5	65.478 1	75.877 8
净营运资本变动	−5.000	30.000	−1.500	55.600	−10.900
折旧和摊销	7.450	8.540	9.344	13.020	14.698
资本性投资	17.200	21.190	20.070	19.430	27.530
企业自由现金流	35.924	−2.549	42.459	−6.354	62.564

根据医药行业发展规律，稳定增长率在 5%左右。据此我们假设上海医药在 2019 年之后稳定期年营业收入增长率为 5%，实现稳定增长，并且营业成本等其他项目都基本保持稳定。依据上述得到的 $g=5\%$ 进行估算，预测 2020 年上海医药的自由现金流约为

$$FCFF_1 = 62.564 \times (1+5\%) = 65.692 \text{（亿元）}$$

表 13.7 中的数据为上海医药 2015~2019 年资产负债表中的负债和权益数据。

表 13.7　上海医药 2015~2019 年年度负债和权益　　　　　单位：亿元

年份	2015	2016	2017	2018	2019
负债	405.4	459.1	546.7	804.5	876.4
权益	338.1	368.3	396.8	464.3	493.9

资料来源：东方财富网

根据表 13.7 中的数据，求平均目标资本结构，得负债：权益=3：2，因此：

$$\frac{D}{D+E} = 0.6, \quad \frac{E}{D+E} = 0.4$$

根据 2020 年 4 月份银行最新存贷款基准利率表，五年以上贷款的利率是 4.90%，按照公司 15%的所得税税率，扣除税率的影响后得到债务资本成本为 $4.90\% \times (1-15\%) = 4.165\%$。

下面通过公式 $K_e = R_f + \beta(R_m - R_f)$ 计算投资者的必要收益率。

首先确定无风险收益率 R_f 的值。2019 年 12 月 31 日中债国债五年期的收益率为 2.89%，使用中长期国债的收益率作为无风险收益率的近似替代值。

其次确定市场风险溢价 R_m。利用国泰安数据库 2015 年 1 月 1 日到 2020 年 2 月 7 日的全部指数数据，选取涵盖上海证券交易所和深圳证券交易所两个市场的沪深 300 指数（代码：000300），算得沪深 300 指数的几何平均收益率[①]作为市场平均期望报酬率 $R_m = 10.80\%$，市场风险溢价为 $R_m - R_f = 10.80\% - 2.89\% = 7.91\%$。

最后确定风险系数 β。风险系数反映个股的历史回报率对于整个股市回报率的相关性，利用国泰安数据库的上海医药（601607）的个股数据和沪深 300 指数的数据，时间区间选择 2015 年 1 月 6 日至 2020 年 2 月 7 日（共 1 239 个交易日），令个股日回报率为 gg，沪深 300 指数日回报率为 zs，利用 Stata 求两者的协方差和标准差，得到两者协方差为 0.000 244，指数回报率的标准差为 0.155 392。

---

① 如第三章所分析的，几何收益率会克服算术收益率的上倾倾向，更能反映股市的真实情况。

通过以上分析计算过程得到权益资本成本为

$$K_e = R_f + \beta(R_m - R_f) = 2.89\% + 1.01 \times 7.91\% = 10.88\%$$

然后我们计算 WACC：

$$\text{WACC} = 0.6 \times 4.165\% + 0.4 \times 10.88\% = 6.851\%$$

上海医药 2020 年企业自由现金流的预测值为 65.692 亿元，贴现率 WACC 为 6.851%，增长率为 5%。则可以计算得到：

$$V_A = \frac{\text{FCFF}_1}{\text{WACC} - g} = \frac{65.692}{6.851\% - 5\%} = 3\,549\,（亿元）$$

减去公司负债价值：

$$V_E = V_A - V_D = 3\,549 - 876.4 = 2\,672.6\,（亿元）$$

截至 2020 年 5 月 6 日，由 Wind 金融终端可以查得公司总股本为 28.42 亿股，则每股内在价值为

$$V = \frac{V_E}{n} = \frac{2\,672.6}{28.42} = 94.04\,（元/股）$$

结合本案例我们可以进一步简要分析影响估值误差的因素：其一，通过分析 2015~2019 年上海医药历史现金流可以发现，企业自由现金流的变动幅度是很大的，2019 年的数值为 62.564 亿元，而前一年却是 -6.354 亿元；其二，净营运资本变动幅度也较大，出现正负交替的变化形式。换言之，从公司数据来看，实际情况与估值模型的假设有一定差异，导致了结果的偏差。另外，在 WACC 的计算中，需要市场与个股回报率的时间序列数据，因此序列区间的长度选取也可能会对最终计算出的折现率有一定的影响。

第五节　比率分析

本章第一节在研究股票发行定价时我们给出了市盈率定价法。实际上，市盈率除了用于股票发行定价外，它还被广泛地应用于对股票价值的评估。此外，市净率（price/book value ratio）、价格与销售收入比率（price/sales ratios，P/S ratios）也是股票价值评估常用的方法。

一、以市盈率确定股票投资价值

市盈率又称价格盈余倍数，它等于股票市场价格与公司每股净收益的比值；其本质上所反映的是投资于股票的投资回收期。

例题 13.10

市盈率的计算

如果某股票的收盘价是 10 元，其年每股盈余是 1 元，则该股票的市盈率为

$$P/E = 10/1 = 10$$

也就是说，如果投资者以每股 10 元购买该股票，他将在 10 年后收回其全部投资。当投资者所期望的投资回收期小于 10 年时，该股票即没有投资价值。换言之，以市盈率方法判断股票投资价值的标准如下：将市盈率所表明的投资回收期与期望的投资回收期相比较，当前者小于后者时，股票具有投资价值；反之则不具有投资价值。

市盈率方法除了可以对个股投资价值进行判断外，还可用于对市场走势的判断，其判断依据如下：如果整个市场的市盈率非常低，股市将上扬；反之股市将下跌。

（一）市盈率方法的缺陷

市盈率方法中的 P 是股票的当前价格，而 E 则是上一年的每股盈余。然而，由股利贴现模型可知，投资者购买股票，不是为了过去的每股收益，而是为了获得未来的盈余。也就是说，以建立在过去每股盈余基础上的市盈率指标对股票投资价值进行评估，从理论上是错误的。特别是，当出现下述情况时，根据市盈率进行投资决策将产生严重错误。

（1）所评估的公司是一家高成长公司。高成长公司的重要特征在于其未来的每股收益将持续上升，而市盈率方法是依据过去的收益指标进行评估。由此，对高成长公司来说，其"过去的"市盈率总是高于"未来的"市盈率。特别是，当我们将高成长公司的市盈率与一般性公司的市盈率相比较时，前者一般都高于后者，根据市盈率方法的判断标准，我们得到的结论就是一般性公司的投资价值高于高成长公司的投资价值，这显然是一个完全错误的投资决策。

（2）现实的公司经营中存在一定的偶然性，其当前的每股盈余较低并不意味着其未来的每股盈余也一定较低。这样，在任何一个特定的年份都可能存在每股盈余的随机偏差，从而得到的市盈率指标是一个歪曲的市盈率，根据这一歪曲的市盈率对股票投资价值进行评估，也就必然得到一个歪曲的决策。

（3）当所评估的公司每股盈余为负值时。这是利用市盈率指标进行投资价值评估时技术上的一个限制。市盈率指标本质上所反映的是投资于股票的投资回收期，而当某年度公司的每股盈余为负值时，据此所计算的市盈率就失去了经济意义，从而也就不能指导我们做出任何投资决策。

由市盈率方法的缺陷可见股利贴现模型在理论上的正确性，它不会出现市盈率方法所产生的上述问题的根本原因，在于股利贴现模型是将未来的收益作为衡量依据。

（二）市盈率方法的可用性

虽然市盈率方法存在上述的问题，但下述情况下，市盈率方法与股利贴现模型所得到的投资价值评估结果将是一致的。

（1）在所有年份内公司的盈余固定不变，且其盈余全部作为股利分派。此时市盈率的倒数——收益-价格比为 E/P，其中 $E=d$；股利贴现模型为 $d/(P+g)$，其中 $g=0$。两者结果完全相同。然而，这种情况仅仅是一种理论上的推论，它在现实中是完全不存在的：没有哪家公司在其生命期内盈余是固定不变的；也没有哪家公司在任何年度都将其盈余完全作为现金股利发放。

（2）盈余和股利都保持固定增长，且这一固定增长是一种正常增长，而不是高速增长，同时公司每年把固定比例的盈余作为股利发放。这种情况下，至少从权益资本成本的角度，用固定股利增长模型和使用市盈率方法所得到的结果是一致的①。这种情况在公司处于生命期的成熟阶段时还是有一定的现实性的。

除了上述两种理论上的情况外，在实际投资中，市盈率方法在如下两种情况下也有其应用的合理性。这也正是现实中市盈率方法得到市场认可的原因所在。

第一，虽然任何单独一家公司的市盈率都可能存在歪曲，但对整个市场或某一行业的平均而言，市盈率指标则可作为判断市场或某行业是否具有投资价值的依据。此外，市盈率还可用于判断公司是否具有高成长性：在正常情况下，一般若某股票具有较高的市盈率，则表明投资者认为该公司具备高成长的潜力。

第二，现实中经常会有公司在某些年度不支付现金股利，此时股利贴现模型的应用即出现困难。这种情况下，一个简便的替代方法就是确定这类公司的市盈率，然后用市盈率乘以该公司的每股盈余，以此作为对该公司股票的估值。

市盈率的可用性

某高科技公司已连续 3 年没有给予投资者现金分红，目前它的每股盈余是 0.5 元，市场价格是 12 元，由于该公司潜在的高成长性，投资者预计其市盈率应为 30。请问该股票目前是否具有投资价值？

解：该公司没有给予投资者现金分红，因此用市盈率方法确定其投资价值。根据已知条件，该股票的价值为

$$V = 30 \times 0.5 = 15 \text{（元）}$$

该股票目前的市场价格是 12 元，小于其理论价值，因此该股票还具有投资价值。

（三）计算当前市盈率要考虑的因素

计算当前市盈率要考虑如下几个方面的因素。

（1）非经常性损益（nonrecurring items）。在计算每股收益时必须将这部分损益剔除。

（2）周期性的影响。应当计算一般化的每股收益以消除周期性对行业的影响。

（3）会计政策的不同。要对由于采用的会计政策不同而带来的每股收益的差异进行调整。

（4）可能存在的稀释效应。在公司拥有员工股利期权、可转换债券、优先股及认股权证时，需要计算稀释的每股收益，来消除可能存在的稀释效应。

---

① 有兴趣的读者可尝试从权益资本成本 k 的角度推导、论证这一结论。

（四）平均市盈率

以上对市盈率的研究是针对单个股票的情况而言的。这里我们再对市场平均市盈率进行简要介绍。

股票市场的平均市盈率是指股票市场某个有代表性的股价指数的平均市盈率，其计算公式为

$$某指数市盈率 = 某指数的成分股的总市值 \div 成分股的净利润总额 \quad (13.38)$$

式中，某指数的成分股的总市值＝发行在外普通股股数×收盘价。对式（13.38）需要注意的是，在计算当期平均市盈率时要剔除当期成分股中的亏损股，因为亏损股的市盈率没有意义。另外，平均市盈率是与股价指数相对应的，如标准普尔 500 指数的平均市盈率、日经 225 股价指数市盈率、道琼斯股价平均数市盈率、上证 A 股指数市盈率等。

对同一指数不同阶段的市盈率进行比较有意义，而对不同指数的市盈率、不同市场的市盈率进行横向比较时，应注意如下几个问题。

其一，平均市盈率应与基准利率挂钩。基准利率是人们投资收益率的参照系，也反映了整个社会资金成本的高低。一般来说，如果其他因素不变，基准利率的倒数与股市平均市盈率存在正相关关系。如果基准利率低，合理的市盈率可以高一点，如果基准利率很高，合理的市盈率就应该低一些。

其二，平均市盈率应与股本挂钩。由式（13.38）中的总市值一项我们即看到，平均市盈率与总股本和流通股本都有关。虽然式（13.38）显示，在收盘价和利润总额不变时，总股本或流通股本越大市盈率越高，但由于如下两种情况的存在，一般而言总股本或流通股本越小，平均市盈率就会越高，反之，就会越低。一是总股本或流通股本较小的公司，其股票价格都较高（这也是一种"小公司效应"）；二是总股本或流通股本较小的公司，往往可能是有发展潜力的中小公司，从而其当前的利润较低（如纳斯达克的上市公司）。

案例 13.6

中国股票市场中的市盈率

整理数据发现，2015 年 6 月 1 日，中国沪深市场 1 957 只样本股（剔除了 PT 股[①]、ST 股[②]、亏损股）算术平均市盈率为 500.82 倍。其中，总股本最小的 100 家上市公司算术平均市盈率为 898.07 倍，而总股本最大的 100 家上市公司算术平均市盈率只有 74.17 倍，前者约后者的 12.11 倍。

[①] PT 股：停止任何交易，价格清零，等待退市的股票。依据《中华人民共和国公司法》和《中华人民共和国证券法》规定，上市公司出现连续三年亏损等情况，其股票将暂停上市。沪深交易所从 1999 年 7 月 9 日起，对这类暂停上市的股票实施"特别转让服务"（particular transfer），在简称前冠以"PT"，因此这类股票称为 PT 股。

[②] ST 股：1998 年 4 月 22 日，沪深交易所宣布，将对财务状况或其他状况出现异常的上市公司股票交易进行特别处理（special treatment），在简称前冠以"ST"，因此这类股票称为 ST 股。

二、市净率、价格与销售收入比率

市净率是指股票的当前市价与公司权益的每股账面价值的比率,使用的是资产负债表里的有关数据。对那些盈利为负,无法用市盈率来进行估价的公司可以使用市净率来进行估价。当公司的市净率低于行业平均市净率时,则认为该公司的价值被低估了,相反,则认为该公司的价值被高估。

价格与销售收入比率是股票价格与每股销售收入的比率,使用的是损益表的有关数据。该比率弥补了市盈率的不足。低的价格与销售收入比率意味着市场对其有一个较低的评价,股票市场并没有对其高的每股销售收入给予足够重视,这往往意味着公司的价值被低估,股票价格有上涨的潜力。

➢本章小结

本章我们研究了股票定价与估值。在进行股票投资和分析中,我们经常遇到票面价格、市场价格、发行价格、除权价格等。股票的票面价格又称每股面值,它表明每股股票占公司总资本的比例,以及股票持有者在获得股利分配时所占的份额。其公式为

$$股票面值 = 资本总额 / 发行股数 \quad (1)$$

从理论上讲,市场价格应是股票未来收益的现值,即股票的内在价值。公式为

$$市场价格 = 股息红利收益 / 利息率 \quad (2)$$

股票发行价格的确定主要有如下三大方法。

一是市盈率方法。股票发行价格公式为

$$发行价格 = 每股净收益 \times 发行市盈率 \quad (3)$$

二是净资产倍率法。它是指通过资产评估等手段确定发行人拟募每股资产的净现值和每股净资产,然后根据市场状况将每股净资产乘以一定的倍率(若市场好)或折扣(若市场不好)。其定价公式为

$$发行价格 = 每股净资产 \times 溢价倍率(或折扣倍率) \quad (4)$$

三是竞价法。它一般是由发行公司与券商经过充分协商后,确定出该股票不得低于的底价,而其实际的发行价格由市场决定。

除权价格的确定根据送股、配股和派息的不同情况,可分为送股时除权价格的确定,公式为 $P = p^{-1}/(1+R)$。配股时除权价格的确定,公式为 $P = \left(p^{-1} + p_d \times R_d\right)/\left(1+R_d\right)$。送股、配股、派息同时进行的除权价格的确定,公式为 $P = \left(P^{-1} + P_d \times R_d - e\right)/\left(1+R+R_d\right)$。

股票的价值是由一系列未来现金流量的现值决定的。股票的现金流量由股利现金流量和资本利得两部分构成。

对股票的价值评估,最为重要的方法是股利贴现模型。股利贴现模型即将股利收入资本化以确定普通股价值。其一般形式是

$$V = \sum_{t=1}^{\infty} \frac{D_t}{(1+k)^t} \quad (5)$$

在股息零增长状态下,股息零增长下的股利贴现估价公式如下:

$$PV = \sum_{t=1}^{\infty} \frac{D_0}{(1+k)^t} \tag{6}$$

假设每期股利按一个不变的增长比率 g 增长,即得到不变增长条件下的股利贴现模型:

$$V = \sum_{t=1}^{\infty} \frac{D_0(1+g)^t}{(1+k)^t} \tag{7}$$

如果假设在一定时期(T期)内股息没有固定的增长率,而 T 期后再遵循一个不变的增长率,即得多元增长条件下的估值模型:

$$V = \sum_{t=1}^{T} \frac{D_t}{(1+k)^t} + \frac{D_{T+1}}{(k-g)(1+k)^T} \tag{8}$$

在实际应用股利贴现模型选择股票时,必须解决的问题是对贴现率(或投资者要求的收益率)k 和股息增长率 g 两个参数的估计。我们可以通过股利贴现模型、资本资产定价模型或股利收益率的历史平均值来估算 k,并可通过点估计法和净资产收益率法估计 g。

股利贴现模型的首要应用是帮助我们选择有投资价值的股票,然后依据资产组合理论去构建投资组合。一旦确定投资组合后,股利贴现模型则可帮助我们确定普通股的久期,还可以帮助我们确定资本成本。

股利固定增长的普通股久期 D_s 可表示为

$$D_s = (1+k)/(k-g) \tag{9}$$

从融资的角度看,贴现率 k 是指在给定公司风险的情况下股东要求的权益资本成本。利用不变增长模型可以得到:

$$k = d_1/P_0 + g \tag{10}$$

该式是利用股利贴现模型所得到的资本成本的确定公式。

除了股利贴现模型之外,自由现金流贴现法也被广泛采用。如果公司未来业绩保持稳定的增长率,对这个公司则可使用一阶段股权自由现金流贴现模型进行估值。具体形式为

$$P_0 = FCFE_1/(k-g) \tag{11}$$

如果假设在一定时期(T期)内股权自由现金流没有固定的增长率,而 T 期后再遵循一个不变的增长率。那么该模型的表达形式变为

$$P_0 = \sum_{t=1}^{T} FCFE_t/(1+k)^t + P_{T+1}/(1+k)^{T+1} \tag{12}$$

除了以上两种模型以外,市盈率方法也被广泛地应用于对股票价值的评估。特别是在下述情况下,市盈率法与股利贴现模型所得到的投资价值评估结果是一致的。

(1)在所有年份内公司的盈余固定不变,且其盈余全部作为股利分派。

(2)盈余和股利都保持固定增长,且这一固定增长是一种正常增长,而不是高速

增长，同时公司每年把固定比例的盈余作为股利发放。

此外，在实际投资中，市盈率方法在如下两种情况下也有其应用的合理性。第一，虽然任何单独一家公司的市盈率都可能存在歪曲，但对整个市场或某一行业的平均而言，市盈率指标可作为判断市场或某行业是否具有投资价值的依据。第二，现实中经常会有公司在某些年度不支付现金股利，此时股利贴现模型的应用即出现困难。这种情况下，一个简便的替代方法就是确定这类公司的市盈率，然后用市盈率乘以该公司的每股盈余，以此作为对该公司股票的估值。

➤练习题

一、名词解释

股票的账面价格　股票的票面价格　股票市盈率　红利付出比　红利留存比　内部收益率　股权自由现金流

二、简答题

1. 简述股票除权价格的确定方法。
2. 简述不变增长条件下的股利贴现估价模型的含义及公式。
3. 简述多元增长条件下的股权自由现金流贴现模型的含义及公式。
4. 试述股利和收益的关系。
5. 投资者的卖出行为是否会对股票价值产生影响？为什么？

三、计算题

1. 某高科技公司已连续3年没有给予投资者现金分红，目前它的每股盈余是0.7元，市场价格是15元，由于该公司潜在的高成长性，投资者预计其市盈率应为30。请问该股票目前是否具有投资价值？
2. 如果某股票的收盘价是12元，其年每股盈余是1.2元，该股票的市盈率是多少？
3. 假设对某股票我们有如下数据：$d_1 = 0.7$，$P_0 = 11$，$g = 5\%$，计算该股票的必要收益率，并做投资决策分析。
4. 假设对某投资组合有如下数据：$k = 12\%$，$g = 5\%$，请计算该组合的久期，并说明该久期的含义。
5. 某公司决定进行配股融资，并确定其配股价为5元/股，配股率为每10股配3股，实施配股前一天的收盘价为9元/股。请确定其除权价格。
6. 某公司前五年保持10%的增长速度，五年以后每年保持5%的增长速度，当前每股收益为5美元，每股资本性支出为3美元，每股折旧为1美元。假定公司资本性支出、折旧和收益的增长速度相同，公司权益报酬率为15%，同时公司没有任何债务且不进行营运资本追加。计算公司当前的每股价值。

第六篇 衍生证券分析

衍生证券（derivation security）是指其价值由另一资产的价值衍生而来的资产。也就是说，衍生证券的价值视与其相关的原生资产的价值而定。

随着金融创新的不断发展，衍生证券已成为全球主要资本市场中一个主要的交易品种和交易市场。衍生证券可用来改变组合证券的收益和风险，但对其的误用则会导致较大的损失。我们可以将纷繁众多的衍生证券分为远期、期货和期权三大类。

本篇包括第十四章和第十五章两章内容。第十四章首先对远期合约的定价进行详细的研究，其次对包括期货投资策略在内的期货交易的基础知识进行介绍，最后研究期货均衡价格的决定。

第十五章是在讲解有关期权的基础知识并揭示其投资特性和价值的基础上，给出期权投资的策略，并最终导出期权定价模型。

第十四章

远期合约与期货

远期合约（forward contract）是衍生金融工具的重要组成部分，它是买卖双方约定未来的某一确定时间，按确定的价格交割一定数量资产的合约。

期货合约（future contract）是一种在将来某一确定日期（或时期内）按照确定的价格交割特定数量资产的协议。期货合约的标的资产范围非常广泛，它可以是各种商品（commodity），还可以是各种金融资产。

第一节 远期合约

一般而言，现货合约是在当前以一定价格购买或者出售一项资产的安排。远期合约则是交易双方约定在未来某一特定时间、以某一特定价格、买卖某一特定数量和质量的金融资产或实物商品的合约。远期合约通常用来对冲价格波动带来的风险。

远期合约的交易在柜台市场上（通常是在两家金融机构之间或金融机构与某一客户之间）进行。

一、远期合约简介

（一）远期合约的主要内容

签订一份远期合约，其内容主要包括：标的资产（underlying asset）[①]，即合约所要交易的资产；交割日（delivery date），即履行合约交割资产的时间；交割价格（delivery price），即合约中规定的交易价格。

---

① 任何衍生金融工具都有标的资产，标的资产的价格直接影响衍生工具的价值，即衍生工具的价值由标的资产衍生。

远期合约中的买方（也称多方）承诺在未来某特定日期，以某特定价格购买合约的标的资产，称为持有多头头寸（long position），或简称多头。

合约的卖方（也称空方）承诺在该日期，以该价格出售该标的资产，称为持有空头头寸（short position），或简称空头。

如果将 t 时刻标的资产的价格记为 S_T，以 K 代表交割价格，到期日为 T。则到期日远期合约多方的收益为

$$S_T - K$$

而空方的收益为

$$K - S_T$$

这说明远期合约的交易属于零和博弈（zero-sum game）。

（二）远期合约的交割价格和远期价格

远期合约中的价格称为交割价格。在合约订立时，交割价格的确定恰好使远期合约对于多空双方的价值均为零。

订立远期合约时不论持有多头还是空头，都不需要向对方支付费用。

远期合约在某特定时刻的远期价格（forward price）是指，在假定合约是在该时刻订立的情况下，该远期合约所确定的交割价格。

应该正确区分远期价格与交割价格。根据无套利原理，远期合约签订之日，远期合约价值为零，交割价格＝远期价格。但随着时间推移，远期价格有可能改变，而原有合约的交割价格则不可能改变，因此原有合约的价值就可能不再为零。

远期合约的远期价格的高低通常取决于到期日（maturity）的长短。

（三）远期合约的特点

正是由于远期合约是一种非标准化合约，与其他标准化衍生证券（如期货）相比，远期合约具有以下特点。

（1）灵活性。在签署远期合约之前，双方可以就交割地点、交割时间、交割价格、合约规模、标的物的品质等细节进行谈判，以便尽量满足双方的需要。

（2）非集中性。远期合约属于柜台交易，没有固定的、集中的交易所，这也就不利于信息交流和传递，不利于形成统一的市场价格，市场效率较低。

（3）低流动性。由于其非标准化，每份远期合约千差万别，这就给远期合约的流通造成较大不便，故远期合约要终止是很难的。

（4）履约保证差。当价格变动对一方有利时，另一方有可能无力或无诚意履行合约，导致远期合约的违约风险较高。

> **案例 14.1**

远期合约

假定今日为 2019 年 12 月 9 日，美国某公司财务员知道该公司将于 3 个月之后（即

2020年3月9日）收到100万英镑。公司要求对冲美元与英镑汇率波动带来的风险。

银行报出3个月远期外汇汇率为1.6000美元/英镑。因此该公司可与银行订立远期合约，约定该公司于2020年3月9日将100万英镑以1.6000美元/英镑的价格卖给银行。

在此合约中，公司持有空头，银行持有多头。

不论汇率此后如何变动，双方都负有在3个月后（3月9日）以1.6000美元/英镑的价格买入（银行）和卖出（公司）100万英镑的义务。

在12月9日当天，远期合约的远期价格为1.6000，与其交割价格一致。当该合约存续1月以后（即于2020年1月9日），合约的交割价格仍然是1.6000，其远期价格则相当于在1月9日订立、交割日期同为3月9日的（2个月期）同类远期合约的交割价格。该远期价格通常不再是1.6000。如果在12月9日至1月9日之间英镑的汇率上升了，它趋向大于1.6000；否则，将可能小于1.6000。

二、远期合约的定价

在远期合约的签订中，交易双方就某项资产到期时的执行价格达成一致，那么这个价格是如何确定的，它与现货价格的关系是什么，这即现货—远期平价定理所要回答的问题。现货—远期平价定理是进行远期合约定价的基础。

（一）现货—远期平价定理

现货—远期平价定理的内容如下：假设远期的到期时间为T，现货价格为S_0，在连续复利的情况下，0时刻的远期价格F_0必定满足$F_0 = S_0 e^{rT}$。

如果上述现货—远期平价定理被违背，如出现$F_0 > S_0 e^{rT}$的情况，那么投资者可采取如下的投资策略：在当前（0时刻）借款S_0用于买进一个单位的标的资产，同时卖出一个单位的远期合约，价格为F_0。借款期限为T，远期合约到期时（T时刻），投资者用持有的标的资产进行远期交割结算，因此获得F_0，偿还借款本息需要支出$S_0 e^{rT}$。因此，在远期合约到期时，该投资者的投资组合的净收入为$F_0 - S_0 e^{rT}$，而他的初始投入为0，这是一个典型的无风险套利。

反之，如果出现$F_0 < S_0 e^{rT}$的情况，即远期价格小于现货价格的终值，则套利者就可进行反向操作，即卖空标的资产S_0的同时，将所得收入以无风险利率进行投资，期限为T，同时买进一份该标的资产的远期合约，交割价为F_0。在T时刻，投资者收到投资本息$S_0 e^{rT}$，并以F_0现金购买一单位标的资产，用于归还卖空时借入的标的资产，从而实现$S_0 e^{rT} - F_0$的利润。

投资者的上述行为必然使市场上的套利机会消失，即市场恢复无套利均衡，从而现货—远期平价定理成立，即$S_0 e^{rT} - F_0$。

（二）对现货—远期平价定理的进一步讨论

现在我们考虑这样一种情况：在远期合约到期前空方会获得一定的收益。这种情况下，如果空方所获得收益的现值为I，则现货—远期平价定理为

$$F_0 = (S_0 - I) e^{rT} \qquad (14.1)$$

进一步，如果远期的标的资产提供连续支付的红利，并假设红利率为 d。在不考虑红利时，该资产的现价 S_0 等价于 $S_0 e^{-dT}$，由此，考虑红利因素后，现货—远期平价定理的公式为

$$F_0 = S_0 e^{-dT} e^{rT} = S_0 e^{(r-d)T} \quad (14.2)$$

（三）远期合约的价值

毫无疑问，在 0 时刻，远期合约的价值为零，即交割价格 $K = F_0 = S_0 e^{rT}$。但前面对远期价格的定义中我们已经指出，随着时间推移，远期价格有可能改变，而原有合约的交割价格则不可能改变，因此原有合约的价值就可能不再为零。例如，在任意时刻 t，根据定义，远期价格为

$$F_t = S_t e^{r(T-t)} \quad (14.3)$$

即远期合约的价值（现值）为

$$f = (S_T - K) e^{-r(T-t)} \quad (14.4)$$

例题 14.1

合约价值与远期价格

假设某股票现在的市场价格为 15 元，年平均红利率为 4%，无风险利率为 5%，若该股票 6 个月远期合约的交割价格为 17 元，求该合约的价值与远期价格。

解：由于要考虑红利因素，根据式（14.2）和式（14.4）有

$$f = 15 e^{-0.05 \times 0.5} - 17 e^{-0.05 \times 0.5}$$

再根据远期价格的定义，有

$$0 = S_0 e^{-dT} - F e^{-rT} = 15 e^{-0.04 \times 0.5} - F e^{-0.05 \times 0.5}$$

$$F = 15 e^{0.01 \times 0.5}$$

三、远期利率协议

远期利率协议（forward rate agreement，FRA）是交易双方为规避未来利率风险或利用未来利率波动进行投机而约定的一份远期协议。

（一）远期利率协议的交易

远期利率协议是在某一固定利率下的远期对远期的名义贷款利率协议，与其他的衍生金融工具一样，远期利率协议不交割贷款本金，只交割协议利率与参考利率的利差部分。

在远期利率协议交易中，当利率上升时多方获利，而空方受损，反之则反。这里的多方，是名义上承诺借款、支付利息的一方；而空方是指名义上提供贷款、收取利息的一方。

一份远期利率协议主要包括如下内容。

（1）协议金额或名义金额，即名义上借贷本金的数量。

（2）标价货币或协议货币，即协议金额的面值货币。一般是美元、欧元或日元。

（3）协议利率，即远期利率协议中规定的借贷固定利率，一旦确定是不变的。

（4）参考利率，由市场决定的利率，是可变的。参考利率通常是被市场普遍接受的利率，如 LIBOR。

（5）交易日，即远期利率协议交易的执行日。

（6）即期日，即在交易日后两天，是递延期限（不计利息）的起始时间。

（7）交割日，即名义贷款的开始日，在这一天，交易的一方向另一方支付经过贴现的利息差（利息预付）。

（8）基准日，即确定参考利率的日子，一般为交割日的前两天。

（9）到期日，即名义贷款的到期日。如果正好是休息日，那么顺延到下一个工作日。

（10）协议期限，即名义贷款期限，等于交割日与到期日之间的实际天数。

> **案例 14.2**

远期利率协议

假设 2020 年 4 月 12 日成交一份 1 个月（递延期限）对 3 个月（贷款期限）的远期利率协议（1×4 FRA），其各个日期如下所示。

交易日——2020 / 4 / 12

即期日——2020 / 4 / 14

基准日——2020 / 5 / 12

交割日——2020 / 5 / 14

到期日——2020 / 8 / 16

合约期限为 94 天。1×4 指即期日与交割日之间为 1 个月，从即期日到贷款的最后到期日为 4 个月。

（二）远期利率协议的定价

根据利率期限结构理论，远期利率协议定价的最简单方法是把它看作弥补即期市场上不同到期日之间的"缺口"的工具。具体来看，远期利率协议的协议期限 $[t_s, t_l]$ 可以看作即期市场上两个不同投资期限 $[0, t_s]$、$[0, t_l]$，在确定投资期为 $[0, t_l]$ 的投资方式时，投资者有两种选择。

（1）在即期市场上直接投资期限为 $[0, t_l]$ 的投资工具。

（2）在即期市场上选择投资期为 $[0, t_s]$ 的工具，同时作为卖方参与远期利率（即提供远期贷款）。

如果市场上不存在套利机会，那么上述两种投资的收益率应该相同，即

$$(1+i_s t_s)(1+i_f t_f) = 1 + i_l t_l$$

因此有

$$i_f = \frac{i_l t_l - i_s t_s}{t_f(1+i_s t_s)} \tag{14.5}$$

式中，i_s 和 t_s 表示即期市场上相应投资期限 $[0, t_l]$ 的即期利率；t_f 是远期利率协议的协议期限，i_f 是远期利率，即远期利率协议的协议利率（单利）；i_l 表示贷款利率，t_l 表示贷款期限。

如果是连续复利，则远期利率协议的定价公式变为

$$i_f = \frac{i_l t_l - i_s t_s}{t_l - t_s} \tag{14.6}$$

（三）远期利率协议的交割

在远期利率交易中，如果实际利率高于协议利率，则多方要向空方支付经过贴现的利差，这一利差即交割额。其计算公式为

$$交割额 = \frac{(i_r - i_c)A \times \frac{n}{N}}{1 + i_r \times \frac{n}{N}} = \frac{(i_r - i_c)A}{N/n + i_r} \tag{14.7}$$

式中，i_r 表示参考利率，i_c 表示协议利率，n 表示协议期限，$N = 360$ 或 365，A 表示交易金额。

第二节 期货合约

期货投资具有降低风险的功能。一方面，对相关资产的供给方来说，它锁定了相关资产未来价格下跌的风险，如石油提炼商为防止未来汽油价格的下跌，可以与汽油零售商签订一份三个月的期货合约，从而锁定汽油价格下跌的风险。另一方面，对相关资产的需求方来说，通过期货合约，也锁定了相关资产未来价格上升的风险。对石油提炼商来说，他与汽油零售商的期货交易虽然锁定了汽油价格下跌的风险，但如果原油价格上升，他就要面临损失。那么，该石油提炼商通过购入原油期货合约，即可将未来采购原油的成本固定。

一、期货合约与远期合约

期货合约是交易双方约定在未来某一特定时间、以某一特定价格、买卖某一特定数量和质量的金融资产或实物商品的标准化合约。

从上一节所给出的远期合约的定义我们看到，远期合约与期货合约在本质上是一致的。但它们之间的最大差异来自流动性。远期合约不能转售给第三方，合约的解除必须由合约签订双方协商进行。期货合约则是一种可以转售的远期合约，它具有标准化

的特征，并且有期货交易所控制违约风险。换言之，期货合约为远期合约的投资者提供了流动性。

此外，期货交易的双方均须交纳保证金，称为垫头（margin），保证金的结算通常采用逐日盯市的方式，从而保证各方履约；远期市场不采用保证金制度，因此，市场参与者倾向与熟悉的对手做远期交易。

总之，期货合约是由期货交易所统一制订的，规定在将来某一特定时间和地点交割某一特定数量和质量的实物商品或金融资产的标准化合约。其标准化条款一般包括：交易数量和单位条款；质量和等级条款；交割地点条款；交割期限条款；最小变动价位条款；每日价格最大波动幅度限制条款；最后交易日条款。

案例 14.3

大连商品交易所黄大豆2号期货合约

交易品种	黄大豆 2 号
交易单位	10 吨/手
报价单位	元/吨
最小变动价位	1 元/吨
涨跌停板幅度	上一交易日结算价的 4%
合约月份	1、3、5、7、9、11 月
交易时间	每周一至周五上午 9：00～11：30，下午 13：30～15：00
最后交易日	合约月份第 10 个交易日
最后交割日	最后交易日后第 3 个交易日
交割等级	符合《大连商品交易所黄大豆 2 号交割质量标准（FB/DCE D001-2005）》
交割地点	大连商品交易所指定交割仓库
最低交易保证金	合约价值的 5%
交易手续费	不超过 4 元/手
交割方式	实物交割
交易代码	B
上市交易所	大连商品交易所

资料来源：大连商品交易所

二、期货交易的特征

从本质上来说，期货合约是为了克服远期合约的信用风险而设计出来的。期货交易通过自身所具有的三个特征来达到降低信用风险的目的。

一是逐日盯市的交易特征。逐日盯市的特征之所以能够降低违约风险，我们可以从一个远期合约的例子来看。

假设在2019年7月1日，投资者甲与投资者乙签订了一个远期合约，约定甲方在9月21日以0.63美元兑一个马克来购买125 000马克。7月2日，9月21日的马克市场价格（远期价格）上升到0.65美元，于是甲在远期合约中的头寸就获得正的收益，但是，甲方要等到到期日即82天后才能获得这笔收益，这种情况下，甲方面临着乙方的违约风险。显然，履约期限越长，履约的风险越大，这说明只有降低履约期才能降低信用风险。

逐日盯市是指，在每天交易结束时，保证金账户要根据期货价格的升跌进行调整，以反映交易者的浮动盈亏。盯市保证了交易者的盈亏立即进入保证金账户，这样将违约风险降低。换言之，它是将违约的可能性降到最低的最小的天数（1天）。由此可见，从逐日盯市制度角度看，期货合约实际上就像一串远期合约，在每一天都有前一天的远期合约被清算，然后，换上一份新的合约，其交割价格等于前一天的清算价格。

二是保证金要求。在期货交易中，无论是买入还是卖出期货合约，都要交纳保证金，保证金充当了担保债券的作用。保证金分为初始保证金（original margin）和维持保证金（maintenance margin），前者一般为合约价值的5%~10%；后者实际是最低限度的保证金，一般为初始保证金的75%。如果保证金降低到了维持保证金，客户就需要补充保证金，使其恢复到初始保证金水平。保证金要求与逐日盯市制度相结合，极大地降低了交易的违约风险。

三是期货交易所这一制度安排。期货交易所在期货交易中承担着两个主要职能：①充当第三方担保责任；②作为第三方介入，提高期货的流动性。这两种职能的发挥都有利于违约风险的降低。

三、期货投资的风险

对从事期货交易的投资者来说，具体面对的风险主要有经纪委托风险、流动性风险、强行平仓风险、交割风险和市场风险。

（一）经纪委托风险

经纪委托风险即投资者在选择和期货经纪公司确立委托过程中产生的风险。投资者在选择期货经纪公司时，应对期货经纪公司的规模、资信、经营状况等对比选择，确立最佳选择后与该公司签订期货经纪委托合同。

（二）流动性风险

由于市场流动性差，期货交易难以迅速、及时、方便地成交所产生的风险，即流动性风险。这种风险在投资者建仓与平仓时表现得尤为突出。例如，建仓时，交易者难以在理想的时机和价位入市建仓，难以按预期构想操作，套期保值者不能建立最佳套期保值组合；平仓时则难以用对冲方式进行平仓，尤其是在期货价格呈连续单边走势，或临近交割时,市场流动性降低,交易者不能及时平仓而遭受惨重损失。

期货交易的流动性风险

2020年6月5日,一客户打算在铜价为49 550元/吨时,抛空5手(25吨)铜,但是,由于市场普遍担心铜价偏高,市场有价无市,该客户的投资计划难以实现。同样,当市场出现大的行情时,有时期货价格会向一个方向连续运行,致使平仓发生困难。这些都是流动性风险造成的。

因此,要避免遭受流动性风险,重要的是投资者要注意市场的容量,研究多空双方的主力构成,以免进入单方面强主导的单边市场。

(三)强行平仓风险

期货交易实行由期货交易所和期货经纪公司分级进行的每日结算制度。在结算环节,公司根据交易所提供的结算结果每天都要对交易者的盈亏状况进行结算,所以当期货价格波动较大、保证金不能在规定时间内补足的话,交易者可能面临强行平仓风险。

除了保证金不足造成的强行平仓外,当客户委托的经纪公司的持仓总量超出一定限制时,也会造成经纪公司被强行平仓,进而影响客户强行平仓的情形。因此,投资者在交易时,要时刻注意自己的资金状况,防止由于保证金不足,造成强行平仓,给自己带来重大损失。

(四)交割风险

期货合约都有期限,当合约到期时,所有未平仓合约都必须进行实物交割。因此,不准备进行交割的投资者应在合约到期之前将持有的未平仓合约及时平仓,以免于承担交割责任。这是期货市场与其他投资市场相比,较为特殊的一点,新入市的投资者尤其要注意这个环节,尽可能不要将手中的合约持有至临近交割,以避免陷入被"逼仓"的困境。

"逼仓"是指在临近交割时,多方(或空方)凭借其资金优势,逼空方(或多方),当对手无法筹措足够的实物(或资金)时,就可逼对手认输,平仓离场。

(五)市场风险

投资者在期货交易中,最大的风险来源于市场价格的波动。这种价格波动给投资者带来交易损失的风险。因为杠杆原理的作用,这个风险是放大了的,投资者应时刻注意防范。

四、期货合约的投资策略

通过投资期货合约获得利润有四种策略，即套期保值（hedging）、投机（speculating）、套利（arbitrape）和投资组合分散化（portfolio diversification）。期货的投资策略既是不同投资者投资于期货的目的或意图，也是期货合约的功能所在。

（一）套期保值

套期保值策略即利用期货合约转移价格风险的策略。期货合约可以锁定价格从而避免了价格波动所造成的巨大损失，因此利用期货合约即可进行套期保值。例如，我们上面提到的石油提炼商通过购入原油期货合约，即可将未来原油价格上升的风险规避，从而达到套期保值的目的。

（二）投机

投机策略是指预测资产价格的未来走势，通过低买高卖获取利润或避免损失的投资方法。例如，如果投资者认为股票价格将上升，即可买入指数期货合约进行投机。

进行投机操作的关键是对价格进行预测。如果对未来股票价格上升的预测是正确的，买入指数期货合约，意味着以较低的价格买入了价格已上升的股票，这一投机行为即可获得较高的利润。然而，如果预测错误，如未来股票价格出现了暴跌，投资者就不得不以期货合约所确定的相对较高的价格买入价格已大幅下降的股票，该投机行为即会带来巨额亏损。

套期保值的目的是转移价格波动的风险，而投机的目的是通过承担价格波动的风险获取利润。由此可见，套期保值策略得以实施的条件，是投机行为的存在，否则套期保值者所厌恶的价格波动风险将无法转移；投机策略能够实施的条件，则是套期保值行为的存在，否则投机者就无法获得具有价格波动风险的期货合约。

（三）套利

套利是人为地构造某种特定资产，并利用该资产与相关资产进行反方向交易，其目的是使投资者在目前无须投入资金，而在未来获得正的现金流，或在目前产生正的现金流，而未来没有负债[1]。

例如，可以根据道琼斯工业指数中成分股[2]的构成比例，购入一定数量的这些股票的期货合约，相当于构建了一种包括道琼斯指数中 30 只股票的期货组合。这样，套利投资者即可操作两种投资组合——由期货构成的投资组合和由 30 只股票构成的实际证券组合，当期货价格和实际指数之间出现差异时，即可通过买入和卖出进行套利。

套利的目的不在于利用价格波动去获取利润，而是要利用本质上属于同一资产所出现的不同价格去获得一个正的现金流，因此，套利与投机的区别在于套利所承担的风险

---

[1] 期货中的套利也分为空间套利和时间套利。详见第七章。
[2] 道琼斯工业指数由 30 种成分股构成。

会大大小于投机所承担的风险。

铝品种跨市套利

在 2019 年,通常情况下,上海期货交易所(Shanghai Futures Exchange,SHFE)与伦敦金属交易所(London Metal Exchange,LME)之间的三月期铝期货价格的比价关系大约为 7∶1,如当 SHFE 铝价为 14 000 元/吨时,LME 铝价为 2 000 美元/吨。但由于当时中国氧化铝供应紧张,铝价出现较大的上扬,增长至 14 600 元/吨,致使两市场之间的三月期铝期货价格的比价关系为 7.3∶1。

但是,某金属进口贸易商判断:随着美国铝业公司的氧化铝生产能力的恢复,中国氧化铝供应紧张的局势将会得到缓解,这种比价关系也可能会恢复到正常值。于是,该金属进口贸易商决定在 LME 以 2 000 美元/吨的价格买入 3 000 吨三月期铝期货合约,并同时在 SHFE 以 14 600 元/吨的价格卖出 3 000 吨三月期铝期货合约。

一个月以后,两个市场的三月期铝的价格关系果然出现了缩小的情况,比价仅为 7.2∶1(分别为 14 200 元/吨,1 980 美元/吨)。于是,该金属进出口贸易商决定在 LME 以 1 980 美元/吨的价格卖出平仓 3 000 吨三月期铝期货合约,并同时在 SHFE 以 14 200 元/吨的价格买入平仓 3 000 吨三月期铝期货合约。

这样该金属进出口贸易商就完成了一个跨市套利的交易过程,这也是跨市套利交易的基本方法,通过这样的交易过程,该金属进出口贸易商共获利 78 万元(不计手续费和财务费用):

[(14 600 − 14 200) − (2 000−1 980)×7]×3 000 = 78(万元)。

(四)投资组合分散化

投资组合分散化策略是指把期货作为一项资产,将其与其他证券组合结合在一起,以使投资组合得到进一步的分散化。

期货合约作为一种资产加入投资组合中之所以能够带来组合资产分散化的利润,就在于期货合约与证券资产之间的相关性非常低。从第三章对风险和收益的研究中我们已经知道,组合中资产之间的相关度越低,总风险的降低就越大,从而相同风险下所获得的收益就相对越高。

第三节 期货合约定价模型

一般来说,期货价格与现货的当前价格是不同的,而且,期货价格会随着到期日的不同而不同。那么,是什么因素在决定期货的价格呢?本节我们即从基差(basis)的概念入手,依据套利定价方法,研究期货合约的均衡价格所在——持仓成本模型。

一、基差

基差是指某一特定时点的同一资产的现货价格与其期货价格之间的差。用公式表示，即

$$B_{0,t} = S_0 - F_{0,t} \tag{14.8}$$

式中，$B_{0,t}$ 表示到期日为 t 的某资产的基差，S_0 为当前现货价格，$F_{0,t}$ 指到期日为 t 的期货合约的当前价格。

从实际市场运行中我们会看到，现货价格与期货价格之间的差别会随着到期日的临近而降低，即基差随着到期日的临近而趋于零。这就是现货－期货价格的收敛性。

二、持仓成本模型

这里我们从套利定价的理念出发来推导期货合约的定价模型——持仓成本模型。从上一节我们对期货投资策略的研究可见，期货合约的重要功能之一是进行套期保值投资。如果套期保值是完全的，那么由期货合约与其他证券所构成的组合是无风险的，从而该组合所获得的收益率也就应与其他无风险投资所获得的收益率（无风险收益率）相同，否则将存在套利机会。这就是套利定价理念。

假设某投资者以 S_0 的投资额（即股票现价）投资于某一指数基金，持有期为 1 年；为了规避市场指数波动的风险，该投资者同时进行套期保值，即卖出该指数期货合约①，并假设该期货合约的年底交割价格为 F_0。进一步，我们假设指数基金年底一次性向投资者支付红利为 D。由于期货空头不需要初始现金，这样，该组合（由指数基金和期货合约构成）的总投资 S_0 到期末时的价值为 $F_0 + D$。则该组合的收益率为

$$完全套期保值的组合收益率 = \frac{(F_0 + D) - S_0}{S_0} \tag{14.9}$$

由于是完全的套期保值，式（14.9）所示的收益率是无风险收益率，或者说，它与其他无风险投资所获得的收益率是相同的，否则即存在套利机会，而套利行为必将使两者恢复相等。因此有

$$\frac{(F_0 + D) - S_0}{S_0} = r_f \tag{14.10}$$

对式（14.10）进行整理，即得到期货合约的定价为

$$\begin{aligned} F_0 &= S_0(1 + r_f) - D \\ &= S_0(1 + r_f - d) \end{aligned} \tag{14.11}$$

式中，$d = D/S_0$，代表股票资产组合的红利率；$r_f - d$ 即相对于期货来说，持有现货的持仓成本率。式（14.11）也被称作现货－期货平价定理（spot-futures parity theorem），即持仓成本率会被基差抵消，当达到公式所示的 $F_0 = S_0(1 + r_f - d)$ 时，基差正好抵消了

---

① 即该投资者是期货空头。期货空头是指期货合约的一方同意在将来某个确定的日期以某一确定的价格出售标的资产。与其对应的即期货多头，期货多头是指合约的另一方同意在相同的日期以同样的价格购入标的资产。

持仓成本。

式（14.11）实际上是一个单期期货合约定价公式，当推广到多个时期时，假设有效期为 T，则现货-期货平价关系为

$$F_0 = S_0(1+r_f-d)^T \tag{14.12}$$

以上我们从股票期货角度导出了期货合约的定价模型，只要针对不同的金融期货品种的特点进行适当的调整，这一模型对所有的金融期货都是适用的。例如，对黄金期货来说，我们可将式（14.12）中的红利率 d 设为零，对于债券期货来说，即可用债券的息票利率代替股票的红利率。

案例 14.6

期货定价与投资决策

假设某投资者以 1 300 元投资某一市场指数（如标准普尔 500 指数），持有期内获得股票红利 20 元，无风险收益率为 5%；并假设为了规避市场指数波动的风险，该投资者同时进行套期保值，即卖出该指数期货合约。请确定该期货合约到期时的价格。如果无风险利率下降为 4%，而期货的实际价格还维持在上述给定条件下的"均衡"价格，该投资者应如何进行投资行为选择？

解：根据题意，已知 $S_0=1300$ 元，$D=20$ 元，$r_f=5\%$。代入式（14.11），得

$$\begin{aligned} F_0 &= S_0(1+r_f)-D \\ &= 1300\times(1+5\%)-20 \\ &= 1345(\text{元}) \end{aligned}$$

即该指数期货合约到期时的均衡价格为 1 345 元。

当无风险利率下降为 4% 时，则该指数期货合约的均衡价格应为

$$\begin{aligned} F_0 &= S_0(1+r_f)-D \\ &= 1300\times(1+4\%)-20 \\ &= 1332(\text{元}) \end{aligned}$$

由于该期货合约的实际价格还维持在 1 345 元，即比均衡价格高出 13 元。换言之，市场出现了套利机会，投资者即可构建这样一个投资组合：以 4% 的利率借款（如借入 1 300 元）买入价格被相对低估的股票指数，同时做该指数期货的空头。这样，该投资者将获得无风险收益 13 元，计算过程如下所示。

借入 1 300 元现金，一年后还本付息，现金流为 $-1\,300\times1.04=-1\,352$（元）；以该借款买入股票，假设 1 年后股票市价为 S_1，则该行为 1 年后的现金流为 (S_1+20) 元；按照期货合约的实际价格做期货空头，则 1 年后的现金流为 $(1\,345-S_1)$ 元。将这些现金流加总为 $-1\,352+(S_1+20)+(1\,345-S_1)=13$（元）。

可见，投资者的期初投资为零（借入 1 300 元并将其投资于股票，期初净现金流为

零），而一年后却带来了正的无风险现金流，这是一个完全的套利行为。产生的根源在于期货的定价违背了现货－期货平价定理，也正因此，这一状态是无法持续的，当所有投资者都采取同样策略进行套利时，期货的实际价格将恢复为 $F_0 = S_0(1+r_f) - D$。

由该案例我们还看到，无论未来股票市价如何变化，对无风险收益的获得都不会产生任何影响。

▶本章小结

衍生证券是指其价值由另一资产的价值衍生而来的资产。也就是说，衍生证券的价值视与其相关的原生资产的价值而定。远期合约和期货都是衍生金融工具的重要组成部分。

远期合约是买卖双方约定未来的某一确定时间，按确定的价格交割一定数量资产的合约。现货－远期平价定理是进行远期合约定价的基础，该定理的内容如下：假设远期的到期时间为 T，现货价格为 S_0，在连续复利的情况下，0 时刻的远期价格 F_0 必定满足 $F_0 = S_0 e^{rT}$。如果该定理被违背，将违背无套利均衡。

远期合约中的一个重要交易品种即远期利率协议，它是交易双方为规避未来利率风险或利用未来利率波动进行投机而约定的一份远期协议。在单利情况下，远期利率协议定价式为

$$i_f = \frac{i_l t_l - i_s t_s}{t_f (1 + i_s t_s)} \tag{1}$$

如果是连续复利，则远期利率协议的定价式变为

$$i_f = \frac{i_l t_l - i_s t_s}{t_l - t_s} \tag{2}$$

远期利率协议交割额的计算公式为

$$\text{交割额} = \frac{(i_r - i_c) A \times \frac{n}{N}}{1 + i_r \times \frac{n}{N}} = \frac{(i_r - i_c) A}{N/n + i_r} \tag{3}$$

期货合约是一种在将来某一确定日期（或时期内）按照确定的价格交割特定数量资产的协议。期货交易具有三个重要的制度特征，即逐日盯市制度、保证金要求和期货交易所制度安排。

期货的投资策略既是不同投资者投资于期货的目的或意图，也是期货合约的功能所在，它包括如下四种策略，即套期保值策略、投机策略、套利策略和投资组合分散化策略。

期货合约的定价为

$$F_0 = S_0 (1 + r_f - d) \tag{4}$$

式（4）也被称为期货合约定价的持仓成本模型，因为式中的 $r_f - d$ 即相对于期货来说，持有现货的持仓成本率。同时，由于持仓成本率会被基差抵消，当达到公式所示的

$F_0 = S_0(1+r_f - d)$ 时,基差正好抵消了持仓成本,因此该模型也被称为现货-期货平价定理。

➤练习题

一、名词解释

衍生证券　远期合约　期货合约　远期利率协议　基差

二、简答题

1. 现货-远期平价定理的内容是什么?该定理能否被长期违背?为什么?
2. 简述期货与远期合约的异同。
3. 举例说明逐日盯市制度对违约风险的降低效应。
4. 举例说明期货投资中的套利策略。

三、计算题

1. 假设某股票现在的市场价格为12元,年平均红利率为3%,无风险利率为5%,若该股票6个月远期合约的交割价格为15元,求该合约的价值与远期价格。

2. 假设某投资者以10 000元投资于标准普尔500指数,持有期内获得股票红利170元,无风险收益率为5%;并假设为了规避市场指数波动的风险,该投资者同时进行套期保值,即卖出该指数期货合约。请确定该期货合约到期时的价格。如果无风险利率下降为4%,而期货的实际价格还维持在上述给定条件下的"均衡"价格,该投资者应如何进行投资行为选择?

第十五章

期权

本章的主要内容是在讲解有关期权的基础知识并揭示其投资特性和投资策略的基础上，给出期权定价模型。

第一节 期权的基础知识

公元前 550 年，古希腊已有期权交易的最早记载。史书记载，THales 预计下一期的橄榄将有好收成，因此在当期与橄榄压榨机生产商签订了协议，以当期价格在下一期购买橄榄压榨机。其预期成为现实，THales 履约后将机器租给农民使用，获得丰厚利润。18 世纪 90 年代，在美国首次出现期权合约。19 世纪末，现代期权交易的鼻祖 RusellSage 组建了第一个期权交易系统。这些我们都可将其视为期权漫长的萌芽时期。

19 世纪 30 年代以后，期权交易进入发展期。1934 年美国投资法使期权交易合法化，20 世纪 40 年代期权经纪人和交易商协会成立，有组织的期权交易产生。1973 年 10 月 26 日，芝加哥期权交易所（Chicago Board Options Exchange，CBOE）开业，标准化的期权交易产生，从此期权交易开始逐渐确立其在全球资本市场中的重要地位。

一、期货与期权

从本质上看，由于期货合约和期权合约的价值都依赖于相关原生资产的价值，它们都属于衍生证券。然而，期货合约与期权合约有着明显的区别：期权合约给予投资者在将来买入某资产的权利，而期货合约赋予投资者在将来买入某资产的义务。也就是说，期货合约是强制性（obligatory）的。

也正因为期货合约的强制性，所以一般而言投资者所承担的风险会更大。例如，对于看涨期权来说，如果它是虚值期权（即履约价格高于相关资产的市价），投资者即可以放弃履约。对于期货，合约到期时即便合约价格已大大高于相关资产的市价，投资者也必须履约——以更高的合约价格买入市价较低的相关资产。

二、期权的有关概念

期权是一种法律合约，它给予其持有者在一定时期内以预定的价格买入或卖出一定数量的相关资产的权利。期权又分为买入期权（call option）和卖出期权（put option），前者又称看涨期权，它给予其持有者在将来一定时期内以预定的价格买入一定数量的相关资产的权利；后者又称看跌期权，它给予其持有者在将来一定时期内以预定的价格卖出一定数量的相关资产的权利。

（一）期权买方

期权买方（option buyer）是期权合约的购买者。该购买者既可以购买一份买入期权，也可以购买一份卖出期权。

买入期权给予其持有者以履约价格购买相关资产的权利。例如，如果购买一份普通股的买入期权，则通过履约即可以预先确定的价格[①]购买该普通股。

卖出期权则给予其持有者以履约价格卖出相关资产的权利。例如，如果购买一份普通股的卖出期权，通过履约，期权买方即可以履约价格卖出该普通股。

期权的买方包括购买买入期权和购买卖出期权两种行为。无论是买入期权还是卖出期权，买方都是期权市场中的多头。

（二）期权卖方

期权卖方也称期权销售者（option writers），他可以销售买入期权和卖出期权。期权卖方是期权市场中的空头。如果期权买方决定履约，则期权卖方有责任遵守期权合约条款。

（三）期权合约

一般而言，一份期权合约的主要内容包括期权到期日、期权金、建立交易和撤销交易、履约方式等内容。期权合约到期日（expiration date 或 maturity date）是指如果期权持有者未在此日之前履约，则期权合约作废或不再有效。

期权金（option premium）即购买期权的费用，是指期权的买方付给期权卖方的保证金，也即首次交易期权的价格。该保证金不予退还。期权金的存在正是期权卖方积极性的源泉——无论买方盈亏，期权卖方都是有收益的。

建立交易（opening transaction）是指建立新的买空或卖空部位；撤销交易（closing transaction）是指撤销一种已形成的交易部位，是对建立交易的卖出。

履约方式分为欧式期权和美式期权两种。欧式期权只允许在具体日期履约；美式期权则允许在合约到期日或到期日之前履约，即美式期权的持有者有权决定什么时候履约。

---

① 该价格也称履约价格、敲定价格（strike price）或执行价格（exercise price）。

案例 15.1

期权的相关概念

小张买入了一张 7 月份到期的执行价格为 27 元、以万科股票作为标的、看涨的股票期权，交纳权利金 30 元。小王卖出一张 7 月份到期的执行价格为 27 元、以万科股票作为标的、看涨的股票期权，收取权利金 30 元。

其中，万科股票是期权标的物，27 元是这张股票期权的执行价格，30 元是小张买入这张期权所要支付的价格，即权利金。

这张买入的看涨期权赋予了小张一种权利而并非义务，在 7 月份到期日，无论万科股票的股价变化如何，小张都有权利以执行价格 27 元买入万科股票；如果行使这种权利给小张带来损失，小张也可以选择放弃这种权利，他的最大损失为权利金 30 元。

小王卖出了以万科股票作为标的看涨期权，收取了权利金，小王承担了义务，在 7 月份到期日，无论万科股票的股价如何变化，如果期权执行，则小王有义务以执行价格 27 元卖出万科股票；如果期权不执行，小王的利润为权利金 30 元。

三、期权投资的特性

这里我们以一个案例来观察期权投资的特性。

案例 15.2

期权的投资特性

如果某股票目前的市价为 20 元/股，假如投资者认为该股票的价格将在 3 个月内大幅上升，如升至 30 元/股，则投资者可以有两种投资选择。

其一，购买该股票，则一手需成本 2 000 元。如果投资者判断正确，则收益率为（3 000－2 000）/ 2 000＝50%。

其二，购买该股票的买入期权。假设 3 个月到期的买入期权价格为 1 元/股，则购买一手该股票买入期权的成本为 100 元，假设履约价格为 23 元/股，在投资者判断正确并履约的情况下，该买入期权的利润为 3 000－2 300＝700 元，则收益率为（700 / 100）×100%＝700%。

由案例 15.2 可见，期权投资的特性在于：期权投资的成本低于股票投资，从而其收益率（或亏损率）更高；同时，期权的卖方可获得期权金，且不对买方的预测结果负责。

四、期权的分类

按照期权买方权利的不同、买方执行期权时限的不同，以及标的资产的不同，我们可以对期权进行不同分类。

（一）看涨期权与看跌期权

按照期权买方权利的不同可以将期权分为看涨期权与看跌期权。

看涨期权简称买权，指赋予合约的买方在未来某一特定时期以交易双方约定的价格买入标的资产的权利。

看跌期权简称卖权，指赋予合约的买方在未来某一特定时期以交易双方约定的价格卖出标的资产的权利。

（二）欧式期权、美式期权和百慕大期权

按照买方执行期权时限的不同，可以把期权划分为欧式期权、美式期权和百慕大期权。

欧式期权的买方在期权到期日才能执行期权（即行使买进或卖出标的资产的权利）。

美式期权的买方可以在期权到期日以前的任何时间执行期权。

百慕大期权的买方可以在到期日前规定的一系列时间执行期权。

（三）金融期权和实物期权

按照标的资产的不同，可以划分为金融期权和实物期权。金融期权与实物期权的参数含义比较见表15.1。

表 15.1 金融期权与实物期权的比较

因素	金融期权	实物期权
标的资产	股票等金融资产	投资项目或实质资产
标的资产当前价值	股票当前价格 S	投资项目当前的价值 V，常常通过计算项目未来现金流的现值来代替
执行价格	股票期权执行价格 X	投资项目总成本，完成投资项目所需费用支出的现值
权利期间	约定的期间 T	项目投资机会存在期间
风险	股价的波动性	投资方案价值的不确定性，常常用预期现金流入的波动性来代替
折现率	无风险利率 r	无风险利率
标的资产价值漏损	股票红利	项目预期产生的现金流量

其中金融期权又可进一步分为现货期权和期货期权。典型的现货期权包括利率期权、货币期权和股票期权；期货期权则包括利率期货期权、外汇期货期权和股价指数期货期权。

阅读资料 15.1

实物期权

实物期权是金融期权理论对实物（非金融）资产期权的延伸，我们将标的资产为非金融资产的期权称为实物期权。Myers（1977）首先提出实物期权的概念，构建了实物期权分析框架，对项目决策者在新信息涌现的情况下投资、放弃，还是扩展投资进行决策。实物期权的思想方法集中在项目所具有的不确定性问题上，即现金流的所有可能变化范围，并采用概率的语言来描述，即项目未来现金流的概率分布状况，因此对未来的现金流没有人为主观的预测。

在不确定性面前，投资者或管理者能在信息不断披露的情况下，视外部环境变化而做出相机决策（contingent decision）。这种相机决策的回报是非对称的。这样使得或有决策权的拥有者可以改善投资项目（成果转化、政策实施）的风险暴露，使投资者能对组织或项目、成果和政策进行更为有效的风险管理。

实物期权方法试图在一个竞争的现实时空环境中量化不确定性带来的价值。在实物期权分析方法下，投资项目的不确定性越大，投资机会伴随的投资价值越大。一般地，在选择投资项目时，投资者所具有的实物期权来自三个方面：项目本身的特性；投资者所具有的可变柔性经营策略；投资者所创造的合约。

从不同的角度可以对实物期权进行不同的分类，如离散时间型和连续时间型等。按发展轨迹分类，则可以分为单个实物期权、复合实物期权、战略期权和博弈期权等，而它们各自又可以有更为具体的分类。

五、实值期权、虚值期权和平值期权

根据相关资产的当前市场价格与期权履约价格的关系，将期权分为实值（in-the-money）期权、虚值（out-of-the-money）期权和平值（at-the-money）期权。

（一）实值期权

实值期权是指如果现在履约，则能产生正的现金流的期权。它又分为买入期权的实值期权和卖出期权的实值期权。

令 S_0 代表相关资产（如股票）的当前市场价格，X 代表期权的履约价格。如果相关资产的市价大于期权合约的履约价格，即 $S_0 > X$，则买入期权为实值期权。此时投资者可以履约，即支付履约价格 X 买入股票，再按 S_0 卖出，获得 $S_0 - X$ 的正现金流。

对于卖出期权，实值期权是指履约价格大于相关资产的当前市价（$X > S_0$）的期权。

（二）虚值期权

与实值期权相反，对虚值期权来说，如果投资者履约，将产生负的现金流。对买入期权来说，虚值条件为 $X > S_0$，这相当于以高于市场价格的价格买入了相关资产；对卖出期权来说，其虚值的条件为 $X < S_0$，它实质上是以低于市场价格的价格卖出相关资产。

正是由于虚值期权的负现金流特性，投资者一旦发现其期权处于虚值情况下，就会放弃履约。

实值期权还是虚值期权？

假设某普通股买入期权为美式期权，该期权的履约价格为 10 元/股，其对应的股票当前市价为 12 元/股。请问该股票期权是实值期权还是虚值期权？投资者是否应于目前履约？

解：根据期权实值和虚值的条件，对于买入期权来说，当股票市价 S_0 大于履约价格 X 时，为实值期权；反之，则为虚值期权。据此，本题中买入期权的履约价格为 10 元/股，小于股票的当前市价 12 元/股，因此为实值期权。实值期权通过履约投资者可以获得正的现金流，因此投资者可以履约。

（三）平值期权

平值期权是指相关资产的当前价格等于履约价格 $(S_0 = X)$ 的期权。此时投资者的行权和弃权是无差异的。

第二节 期权多头与空头的损益

一、看涨期权多头与空头的损益

（一）看涨期权多头的损益

如图 15.1 所示，不考虑权利金因素，假设期权的执行价格是 50 元，对于买入看涨期权来说，当股票二级市场价格上升到每股 50 元以上时，即开始产生收益，而且二级市场价格越高于每股 50 元则看涨期权的买入方获利越大。

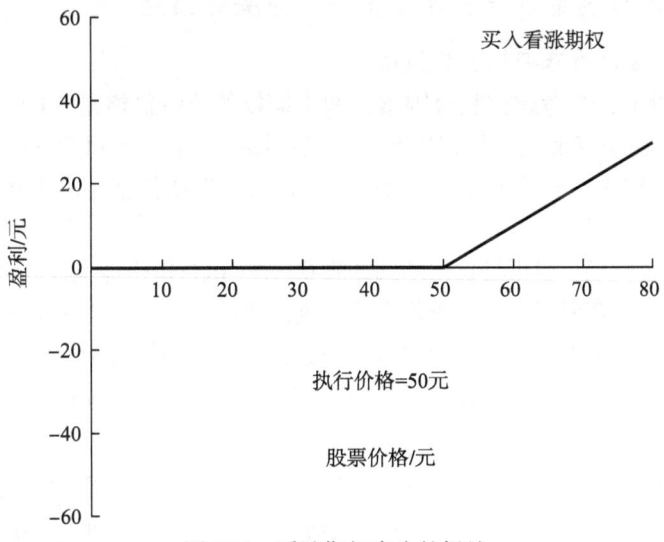

图 15.1 看涨期权多头的损益

反过来，如果股票二级市场价格跌到执行价格每股 50 元以下，买方即可以不行权，从而买入看涨期权的损失为 0。

（二）看涨期权空头的损益

如图 15.2 所示，不考虑权利金因素，假设期权的执行价格是 50 元，对于卖出看涨期权来说，当股票二级市场价格上升到每股 50 元以上时，即开始产生亏损，而且二级市场价格越高于每股 50 元则看涨期权的卖出方损失越大。

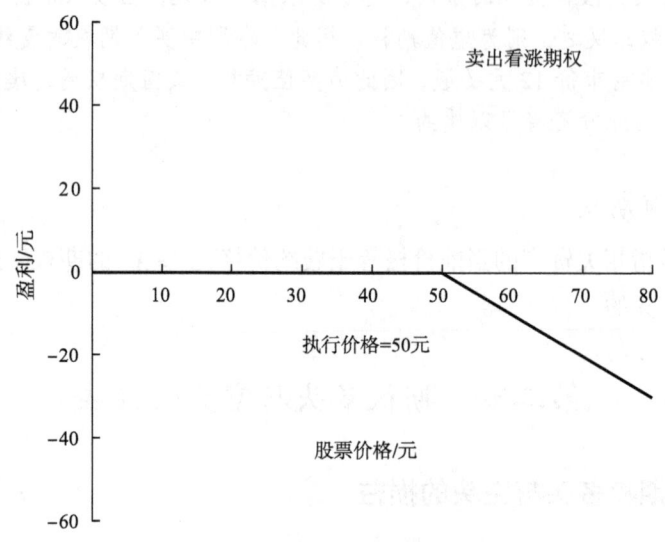

图 15.2　看涨期权空头的损益

反过来，如果股票二级市场价格跌到执行价格每股 50 元以下，买方即可以不行权，从而卖出看涨期权的损失为 0。

（三）加入权利金后看涨期权多头、空头的损益

1. 加入权利金后看涨期权多头损益

如图 15.3 所示，若考虑权利金因素，假设期权的执行价格是 50 元，期权价格是 10 元，对于买入看涨期权来说，只有当股票二级市场价格上升到每股 60 元（执行价格与权利金之和）以上时，才能开始产生收益，而且二级市场价格越高于每股 60 元则看涨期权的买入方获利越大。

反过来，如果股票二级市场价格跌到每股 60 元（执行价格加上权利金）以下，买入看涨期权将发生亏损：在股票二级市场价格低于执行价格 50 元时，即可以不行权，从而买入看涨期权的损失达到最大，为权利金 10 元；但是股票二级市场价格为 50~60 元时，还是应该行权，在这个区间股票二级市场价格越高，亏损就能越小，亏损从 10 元最多降至 0。

2. 加入权利金后看涨期权空头损益

如图 15.3 所示，若考虑权利金因素，假设期权的执行价格是 50 元，期权价格是 10 元，对于卖出看涨期权来说，只有当股票二级市场价格上涨到每股 60 元（执行价格与

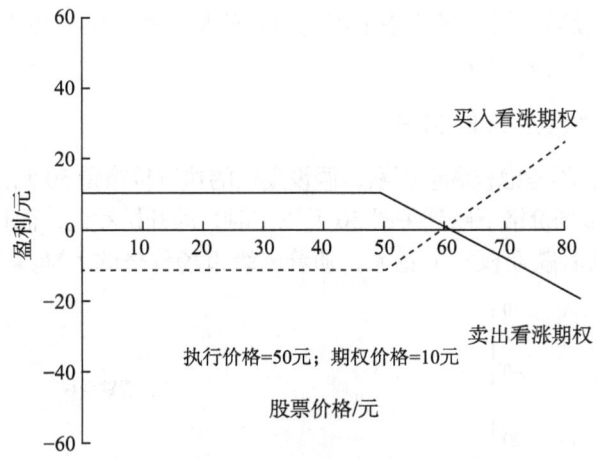

图15.3 加入权利金后看涨期权多头、空头的损益

权利金之和)以上时,才会发生亏损,而且二级市场价格越高于每股 60 元则看涨期权的卖出方亏损越大。

反过来,如果股票二级市场价格跌到每股 60 元以下,卖出看涨期权会获利:在股票二级市场价格低于执行价格 50 元时,买方不行权,从而卖出看涨期权的收益达到最大,为权利金10元;但是当股票二级市场价格为50~60元时,买方还是会行权,在这个区间股票二级市场价格越低,卖出看涨期权的收益就越大,直到价格下跌到 50 元时收益最大为 10 元。

二、看跌期权多头与空头的损益

(一)看跌期权多头的损益

如图 15.4 所示,不考虑权利金因素,假设期权的执行价格是 50 元,对于买入看跌期权来说,当股票二级市场价格下跌到每股 50 元以下时,即开始获利,而且二级市场价格越低于每股50元则买入看跌期权获利越大,随着二级市场价格的下降其收益增长趋近于50元。

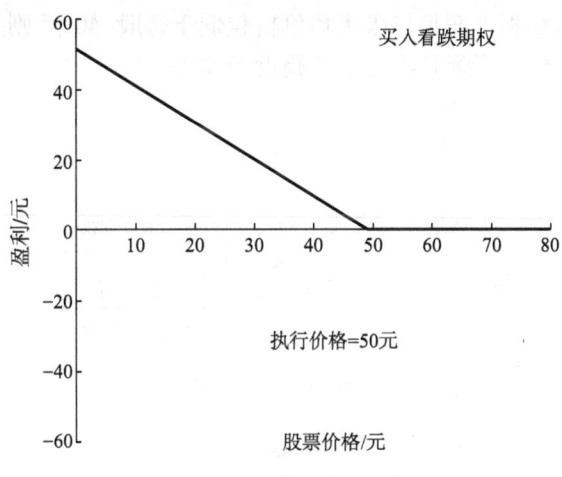

图 15.4 买入看跌期权的损益

反过来，如果股票二级市场价格上涨到执行价格每股 50 元以上，即可以不行权，从而买入看跌期权的损失为 0。

（二）看跌期权空头的损益

如图 15.5 所示，不考虑权利金因素，假设期权的执行价格是 50 元，对于卖出看跌期权来说，当股票二级市场价格下跌到每股 50 元以下时，即开始亏损，而且二级市场价格越低于每股 50 元则卖出看跌期权亏损越大，随着二级市场价格的下降其亏损趋近于 50 元。

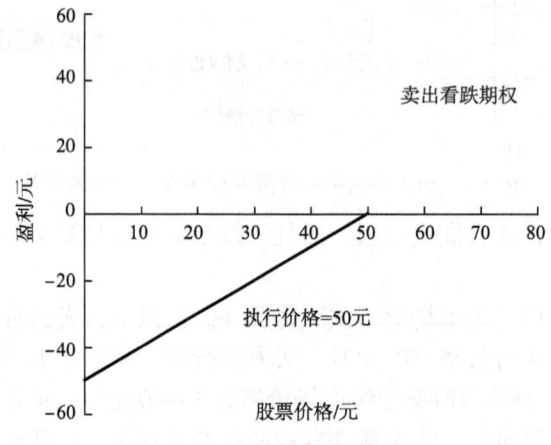

图 15.5　卖出看跌期权的损益

反过来，如果股票二级市场价格上涨到执行价格每股 50 元以上，买方即可以不行权，从而卖出看跌期权的损失为 0。

（三）加入权利金后看跌期权多头、空头的损益

1. 加入权利金后看跌期权多头损益

如图 15.6 所示，考虑权利金因素，假设期权的执行价格是 50 元，期权价格为 10 元，对于买入看跌期权来说，当股票二级市场价格下跌到每股 40 元（执行价格减去权利金）以下，即开始获利，而且二级市场价格越低于每股 40 元则买入看跌期权获利越大，随着二级市场价格的下降其收益增长趋近于 40 元。

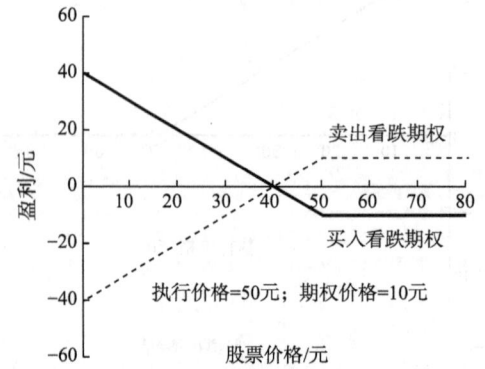

图 15.6　加入权利金后看跌期权多头、空头的损益

反过来，如果股票二级市场价格涨到每股 40 元以上，买入看跌期权就会亏损：在股票二级市场价格高于执行价格 50 元时，可以不行权，从而买入看跌期权的亏损达到最大，为权利金10元；但是股票二级市场价格为40~50元时，买方还是会行权，在这个区间股票二级市场价格越高，买入看跌期权的亏损就越大，直到价格上涨到 50 元亏损最大为10元。

2. 加入权利金后看跌期权空头损益

如图 15.6 所示，考虑权利金因素，假设期权的执行价格是 50 元，期权价格为 10 元，对卖出看跌期权来说，当股票二级市场价格下跌到每股 40 元（执行价格减去权利金）以下时，即开始亏损，而且二级市场价格越低于每股 40 元则卖出看跌期权亏损越大，随着二级市场价格的下降其亏损增长趋近于 40 元。

反过来，如果股票二级市场价格涨到每股 40 元以上，卖出看跌期权就会获利：在股票二级市场价格高于执行价格 50 元时，买方不行权，从而卖出看跌期权的收益达到最大，为权利金10元；但是股票二级市场价格为40~50元时，买方还是会行权，在这个区间股票二级市场价格越高，卖出看跌期权的获利就越大，直到价格上涨到 50 元收益最大为 10 元。

三、总结：期权多头与空头的损益

如图 15.7 所示，考虑权利金因素，假设期权的执行价格是 50 元，期权价格为 10 元，期权的买方的损失是可控的，最大损失为权利金 10 元。但是收益的情况不同：对于看涨期权，随着股票增长，期权买方的收益在理论上可以趋于无穷大；对于看跌期权，随着股票价格下降，期权买方的收益在理论上最大可以达到40元（执行价格减去权利金）。

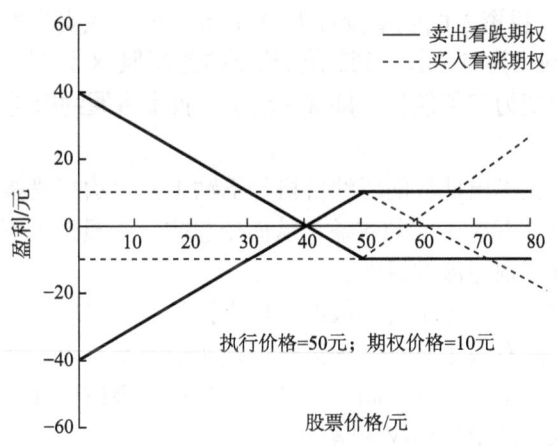

图 15.7 加入权利金后看涨、看跌期权多头、空头的损益

对于期权的卖方，收益是有限的，最大收益为权利金 10 元。但是亏损的情况不同：对于看涨期权，随着股票价格上涨，期权卖方的损失在理论上可以趋于无穷大；对于看跌期权，随着股票价格下降，期权卖方的损失在理论上最大可以达到 40 元（执行

价格减去权利金）。

第三节 期权的投资策略

由例题15.1可见，对期权的买方来说，损失（如果投资者判断失误）仅限于购买期权的成本（权利金），而其收益则可能是无限大的。换言之，期权投资的利润和损失是非均衡的。

对于股票的投资，投资者要么将获得巨大的利润，要么将承受巨大的损失。也就是说，期权投资和股票投资之间的盈利机会是非对称的。期权投资策略即通过对卖出期权、买入期权和原生资产进行不同的组合，以获得确定的现金流，消除盈利的非对称性。

总体而言，期权投资策略包括保护性卖出期权（protective put）、抛补的买入期权（covered call）、差价期权（spread）和对敲期权（straddle）四种投资策略。

一、保护性卖出期权

保护性卖出期权（也称保护性看跌期权）是指当投资者已持有原生资产（如股票）时，为了防止该资产价格大幅下跌所造成的损失，通过购买该资产的卖出期权，为投资损失设定下限，从而获得确定现金流的一种投资策略。

例如，某投资者以每股10元购入某公司股票，该股票价格有可能上升到每股20元，也可能下跌为每股5元。为了尽可能享受到该股票价格上升所带来的收益，并规避其大幅下跌所造成的损失，该投资者可同时购买该股票的卖出期权。假设履约价格为每股9元，该履约价格小于目前的股票市价，因此这是一种虚值卖出期权[①]。当股票价格下跌到每股9元时，投资者的股票投资损失1元，同时该卖出期权变为平值期权（即$S_0 = X$），从而总损失为1元；当股票价格下跌为每股8元时，投资股票的损失为2元，但此时卖出期权变为实值期权（即$X > S_0$），投资者履约获得1元收益，从而总损失还是1元。

总之，股票市价比卖出期权的履约价格每下跌1元，购买股票的损失即增加1元，而卖出期权则给投资者带来1元的收益，从而使总收益（损失）不变，达到了为投资损失设定下限并获得确定现金流的目的。

保护性卖出期权说明：①尽管一般而言衍生证券意味着较大的风险，但衍生证券本身也是进行风险管理的有效工具；②该策略的适用情况是，当预期某股票的下跌概率或下跌空间大于其上升概率或上升空间，而又由于某种原因或因素不愿意放弃对该股票的投资时，即可实施保护性卖出期权策略。

[①] 需要注意的是，为了达到获得确定现金流的目的，该策略下所购买的卖出期权必须是虚值期权，否则现金流即是变动的。

二、抛补的买入期权

抛补的买入期权策略是指当投资者已持有原生资产（如股票）时，为了获得更高的收益，通过出售该资产的买入期权，为投资收益设定上限，从而获得确定现金流的一种投资策略。这里之所以称为"抛补的"，是因为投资者未来交割股票的义务正好被其持有的股票所抵消。

例如，某投资者以每股 10 元购入某公司股票，该投资者希望在股票价格市场升幅的基础上获得更高的收益率，即可同时出售该股票的买入期权，其履约价格为每股 12 元。当股票价格上升为每股12元时，投资者的股票投资获利2元；当股票价格上升为每股13元时，投资者的股票投资获利3元，但此时其出售的买入期权的买方将行权，导致该投资者以每股 12 元的价格出售了市价每股 13 元的股票，亏损 1 元，从而总收益还是 2 元。总之，股票市价比其出售的买入期权的履约价格每上升 1 元，投资股票的收益即增加 1 元，而出售该股票买入期权即损失 1 元，从而使总收益不变，达到了为投资收益设定上限并获得确定现金流的目的。

这里我们需要进一步指出的是，上面的例子中我们忽略了期权金，而正是因为期权金，投资者会在股票价格市场升幅的基础上获得更高的收益率；同时，它也是投资者愿意接受投资收益上限的原因所在——获得期权金。

该策略的实施背景是，当预计股票的下跌空间和概率极其有限，同时需要锁定收益的现金流时，即采取抛补的买入期权策略。

三、差价期权

差价期权策略是指同时持有同种类型的两个或多个期权（如同一公司股票的多个买入期权），而这些期权又有不同的到期日和履约价格的投资策略。较典型的差价策略即牛市差价期权。

牛市差价期权也称为双限期权（collar），即将投资组合的价值限制在上下两个界限内，从而使投资者在股票价格上升时获取一定的利润，而在股票价格下跌时只承担有限损失的期权投资策略。

当投资者处于这样一种状态：购买股票可能遭受潜在的巨额损失，而购买买入期权又需要在履约时该期权为实值期权（即股票市价大幅上升）；同时，投资者又对市场走势持乐观态度。此时，投资者即可采取牛市差价期权策略。

例如，投资者可以用较低的履约价格购买一份买入期权，再以较高的履约价格出售此买入期权。前者限定了投资组合的价格下限，后者限定了投资组合的价格上限；同时，购买买入期权的期权金和出售买入期权的期权金可能基本相等，从而即便在股票价格小幅上升时，投资者也能够获得利润[①]。

此外，牛市差价策略还可以有其他的策略组合，如下所示：①购买一份履约价格较低的卖出期权，而出售一份履约价格较高的卖出期权；②购买一份履约价格较低的买入

[①] 如果投资者只是购买一份买入期权，则股票价格的升幅必须高于期权金才能获利。

期权,而出售一份履约价格较高的卖出期权,同时卖空股票;③购买一份履约价格较低的卖出期权,而出售一份履约价格较高的买入期权,同时购买股票。

差价期权策略在限制了亏损的同时,也限制了更大的盈利。它主要适合于有明确的财务目标而又要限定风险的投资者。例如,如果某投资者目前拥有 50 万元,打算购买价值 55 万元的住房,其财务目标是使资产总额达到 55 万元,同时不承担超过 5 万元的损失。此时投资者即可进行如下投资:首先,购买 50 000 股股票,每股现价 10 元;其次,购买 50 000 份卖出期权(假设每股一份期权合约),履约价格为 9 元,这限定了股价下跌时的最大损失为 5 万元;最后,出售 50 000 份买入期权,履约价格为 11 元,这限定了股价上升时最大盈利为 5 万元。这样,该投资者以承担不大于 50 000 元损失的风险,而获得了使资产总额达到 55 000 万元这一财务目标的机会。

四、对敲期权

对敲期权策略是指投资者同时买入或卖出同一相关资产、同一履约价格和同一到期日的买入和卖出期权合约,以达到利用价格波动提升投资价值的目的。当预期股价会大幅升降而又不能确定其变化方向时,即可利用对敲期权策略。例如,某公司正处于购并谈判过程中,如果购并成功,该公司股价会翻番,而如果谈判失败,其股价将下跌一倍。此时投资者即可利用对敲,使股价以履约价格 X 为中心变动,而不会承担亏损。该策略下损益平衡点的计算公式为

损益平衡点上限=看跌期权执行价格−共缴付的权利金=看涨期权执行价格+共缴付的权利金

对敲期权策略

投资者买入一张 7 月份到期的 9 100 点深证成份指数看涨期权,缴付权利金 260 点,同时买入一张相同到期日的 9 100 点深证成份指数看跌期权,缴付权利金 340 点,共缴付权利金 600 点,即 30 000 元(600 点×50 元/点)。

根据公式,该投资的损益平衡点如下:9 100−600 = 8 500 点;9 100 + 600 = 9 700 点。

当深证成份指数在到期日位于 9 700 点以上时,则行使看涨期权(为实值),不行使看跌期权(虚值)。且到期日指数越高,利润越大,有获得无限利润的机会。

当深证成份指数在到期日为 9 100~9 700 点,行使看涨期权,不行使看跌期权,投资者有部分亏损。

当深证成份指数在到期日为 9 100 点,两个期权均不行使,则投资者达到最大亏损,为权利金 600 点。

当深证成份指数在到期日为 8 500~9 100 点,行使看跌期权,不行使看涨期权,投资者有部分亏损。

当深证成份指数在到期日位于 8 500 点以下,行使看跌期权,不行使看涨期权,且到期日指数越低,利润越大,有获得无限利润的机会。

以上不同的结果如图 15.8 所示。

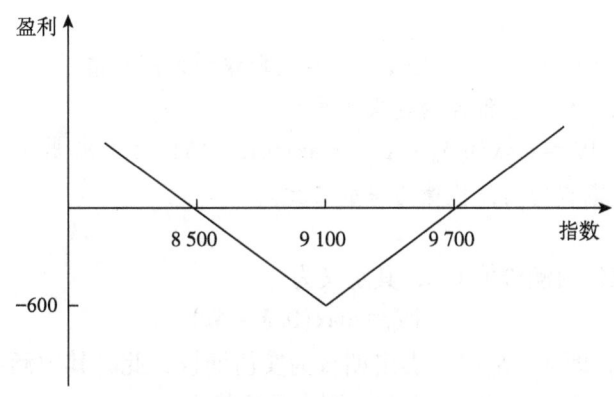

图 15.8 损益图

由图 15.8 可见，无论后市是大幅上升还是下跌，该策略都可获得巨额利润。但是，如果后市股价保持不变或小幅度变化，则投资者必将产生亏损。也就是说，该策略适合于后市大幅波动的市场或个股。

第四节 期权定价理论Ⅰ：二项式期权定价模型

期权定价即寻找期权的均衡价格，也即二项式期权定价模型（binomial option pricing model，BOPM）和 Black-Scholes 期权定价模型（Black-Scholes option pricing model，BSOPM）的核心理念。本节我们主要研究 BOPM。在正式进入期权定价模型的研究之前，我们将给出与此有关的一些基础概念和基本定理。

一、期权的内涵价值和时间价值

期权的价格可以分解为两部分：内涵价值（intrinsic value）和时间价值（time value）。这是我们进行期权定价分析的两个基础性概念。

（一）期权的内涵价值

期权的内涵价值是指期权立即履约（即假定是一种美式期权）时的价值。

对于买入期权的内涵价值 IV_C，我们将其定义为

$$IV_C = \max(0, S_0 - X) \tag{15.1}$$

式中，$\max(0, S_0 - X)$ 是指内涵价值取 0 和 $S_0 - X$ 两者中较大者。例如，如果 $IV_C = \max(a, b)$，且 $a > b$，则 $IV_C = a$。进一步看，如果 $S_0 > X$，即买入期权为实值期权，其内涵价值为 $S_0 - X$；如果 $X > S_0$，即买入期权为虚值状态，投资者会放弃履约，则内涵价值为 0。

例题 15.2

根据例题 15.1 的给定条件，求该股票买入期权的内涵价值。

解：根据买入期权内涵价值的定义可得

$$\text{IV}_C = \max(0, S_0 - X) = \max(0, 12 - 10) = 2 \text{（元/股）}$$

即该股票买入期权的内涵价值为每股 2 元。

对于卖出期权的内涵价值 IV_P，其定义为

$$\text{IV}_P = \max(0, X - S_0) \tag{15.2}$$

当 $X - S_0 > 0$，即 $X > S_0$ 时，卖出期权为实值期权，此时其内涵价值为 $X - S_0$；当 $X - S_0 < 0$，即卖出期权为虚值状态时，则内涵价值为 0。

（二）期权的时间价值

期权的时间价值是指期权的目前价值（期权价格）高于其内涵价值的部分，它是与期权变为实值期权的可能性相联系的期权价值。

即使某期权为虚值期权，随着时间的推移，期权价格也有可能发生变动，并最终使虚值期权变为实值期权，使期权具有时间价值。

如果以 C_0 表示买入期权的权利金（即买入期权价格），则买入期权的时间价值 TV_C 为

$$\text{TV}_C = C_0 - \text{IV}_C \tag{15.3}$$

以 P_0 表示卖出期权的权利金，则卖出期权的时间价值 TV_P 为

$$\text{TV}_P = P_0 - \text{IV}_P \tag{15.4}$$

（三）内涵价值、时间价值与期权价格三者的关系

由以上的研究可见，期权的内涵价值、时间价值和期权价格三者的关系如下。

对于买入期权：

$$\begin{aligned} C_0 &= \text{IV}_C + \text{TV}_C \\ &= \max(0, S_0 - X) + \text{TV}_C \end{aligned} \tag{15.5}$$

对于卖出期权：

$$\begin{aligned} P_0 &= \text{IV}_P + \text{TV}_P \\ &= \max(0, X - S_0) + \text{TV}_P \end{aligned} \tag{15.6}$$

也就是说，期权的内涵价值 $\text{IV}_C = \max(0, S_0 - X)$ 和 $\text{IV}_P = \max(0, X - S_0)$ 随着相关资产（如股票）价格 S_0 的变动而变动，并最终影响买入期权价格 C_0 或卖出期权的价格 P_0。

二、看跌-看涨平价定理

由上一节我们对保护性卖出期权策略的研究可见，一个保护性卖出期权组合（该组合由股票和看跌期权构成）能够设定亏损下限，但对收益"上不封顶"。当我们以

看跌期权与无风险零息票债券（如国库券）构成一个组合时，也能够达到同样的目的和效果。

看跌-看涨平价定理（put-call parity theorem）建立了相关证券（underlying security）、无风险利率、零息票债券和相同的看涨与看跌期权价格之间的关系。该定理可以表述为

$$c_0 + X/(1+r)^t = p_0 + S_0 \qquad (15.7)$$

式中，$X/(1+r)^t$是无风险零息票债券的买入（即资金的贷出）成本。式（15.7）所示的看跌-看涨平价定理如果被违背，即会出现套利机会。例如，如果式（15.7）的左侧大于右侧，投资者即可购买相对便宜的组合（即公式右侧所代表的看涨期权与股票的组合），同时卖出相对贵的组合（即公式左侧所代表的看跌期权与债券①的组合）。这种情况下，买入看涨期权和股票将使它们的价格上升，即式（15.7）的右侧上升，卖出看跌期权和债券将使它们的价格下降，即式（15.7）的左侧下降，最终，看跌-看涨平价定理得以恢复，套利机会消失。

看跌-看涨平价定理的更为一般的表述是

$$p_0 = c_0 - S_0 + \mathrm{PV}(X) + \mathrm{PV}(D) \qquad (15.8)$$

式中$\mathrm{PV}(D)$表示在期权有效期内股票所得到的红利的现值。当期权有效期内没有红利所得时，式（15.8）即变为式（15.7）。

三、二项式期权定价模型

BOPM认为在期权合约到期前，其对应的股票价格所发生的变化呈现非连续的要么上升要么下降的二项式分布的特征。

（一）BOPM的假定

（1）投资不存在交易成本。即无摩擦市场（frictionless market）。

（2）投资者是价格接受者。即单个投资者的交易行为不能显著地影响价格。

（3）允许完全使用卖空所得资金。卖空意味着卖出并不拥有的股票，在将来必须补进同等数量的股票。

（4）允许以无风险利率借入和贷出资金。

（5）未来股票的价格将是两种可能值的一种。

（二）BOPM的导出

在上述假定基础上，BOPM通过以下几个步骤导出。

（1）分析股票价格的变动规律。假定某种股票目前的价格为S_0，其未来的价格变化为S_u和S_d中的一种，其中u为价格上涨，d为价格下跌。设$S_u = u \cdot S_0$，$S_d = d \cdot S_0$，其中u和d固定，且假定$d < 1+r < u$②。表示如下：

---

① 卖出债券意味着资金的借入。

② 如果$d > 1+r$，则股票收益率永远高于无风险利率，此时人们都将以利率r借入资金投资于股票；如果$u < 1+r$，则股票收益率总是小于无风险利率，人们都将卖出股票，再以r的利率贷出资金。

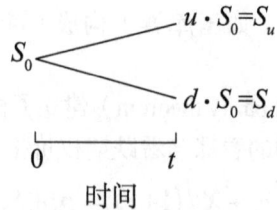

（2）列出看涨期权（即买入期权）的价格分布。可以把看涨期权的价格（C_0）分布描述为

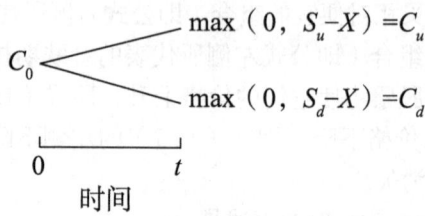

（3）构建对冲投资组合（hedged portfolio）。该组合包括一个看涨期权和一只股票，以期通过抛出看涨期权来抵消股票投资风险，以得到未来确切的现金流。构建对冲投资组合，首先要抛出一个看涨期权，其结果是在今天（0 时刻）产生相当于期权价格的正值现金流（$+C_0$），但在到期日要支付期权值（$-C_u$ 或 $-C_d$）；其次购入一定数量的股票 h_c（其值在下一步确定），抛出股票将得到 $h_c \cdot S_u$ 或 $h_c \cdot S_d$；最后将上述交易所得现金流加总，即得到净现金流。

（4）解出 h_c。h_c 是每一个抛出的看涨期权所必须购买的股票数量。当股价上涨为 S_u 时，得到对冲组合的净现金流；当股价下跌为 S_d 时，使其等于上述净现金流，从而有

$$-C_u + h_c \cdot S_u = -C_d + h_c \cdot S_d \tag{15.9}$$

求解式（15.9），得

$$h_c^* = (C_u - C_d)/(S_u - S_d)$$

以 uS_0 表示 S_u，以 dS_0 表示 S_d，得

$$h_c^* = (C_u - C_d)/S_0(u-d) \tag{15.10}$$

可见，h_c^* 是一个比率，称为保值比率（hedge ratio），用来表示为了得到无风险投资组合，每购入一股股票所对应的要抛出的看涨期权数。

（5）用净现值法解出买入期权的价格。如果选 h_c^* 作为要买入的股数，则现金流是确定的。以无风险利率 r 为贴现率，则未来现金流的净现值为

$$\text{NPV} = \left[\text{CF}_1/(1+r)\right] - I$$

式中，CF_1 为第一期的现金流，I 为投资支出。假定 $t=1$，则：

$$\text{CF}_1 = -C_u + h_c^* \cdot S_u = -C_d + h_c^* \cdot S_d \tag{15.11}$$

且

$$I = C_0 - h_c^* \cdot S_0$$

解 C_0 得

$$C_0 = h_c^* S_0 + (C_d - h_c^* S_d)/(1+r) \tag{15.12}$$

式（15.12）即 BOPM 对看涨期权定价的一般形式。以同样的思路，我们也可以对看跌期权进行定价。BOPM 所解得的期权价值是一种均衡价值，期权价格对该价值的任何偏离，都会导致无风险套利机会的出现，从而最终使期权价格恢复均衡。

第五节 期权定价理论Ⅱ：Black-Scholes 期权定价模型

BSOPM 的特点在于假定股票价格所发生的变化呈现一种对数正态分布，因此股票价格是一种连续性的变化。该模型建立在投资者能合理进行对冲，且套利行为将使对冲交易最终达到无风险收益率这一共识的基础上。模型的结果是期权价值准确反映了市场对它的真实评价，既没有高估，也没有低估。

一、模型的假设

BSOPM 的假设主要包括以下几点。

（1）投资不存在交易成本。该假设与 BOPM 一致，即市场上不存在税收、交易佣金等。

（2）投资者是价格接受者。该假设也与 BOPM 一致，意味着单个投资者的交易不能显著地影响价格。

（3）允许完全使用卖空所得资金。与 BOPM 一样，投资者不受卖空所得资金使用限制方面的约束。

（4）允许以无风险利率借入和贷出资金。该假设使有关研究得到简化，不必再考虑利率的差异。

（5）过去的价格走势不能用来预测未来的价格变化。即股票价格呈随机性变化。

二、看涨期权定价

在上述假定基础上，对一个看涨期权来说，BSOPM 的模型表述为

$$C_0 = S_0 N(d_1) - X e^{-rt} N(d_2) \tag{15.13}$$

式中，C_0 为买入期权的均衡价格，即看涨期权的现价；S_0 为股票的现价；X 为期权的执行价格；e 等于 2.718 3，为自然对数的底；r 为以连续复利计算的无风险利率；t 为离期权到期日的年数。$N(d)$ 为概率算子，是正态函数在自变量为 d 时的累计和，可通过标准统计表解出。其中：

$$d_1 = \left[\ln(S_0/X) + (r + \sigma^2/2)t\right]/\sigma\sqrt{t} \tag{15.14}$$

$$\begin{aligned} d_2 &= \left[\ln(S_0/X) + (r - \sigma^2/2)t\right]/\sigma\sqrt{t} \\ &= d_1 - \sigma\sqrt{t} \end{aligned} \tag{15.15}$$

式中，σ 为按连续复利计算的股票年收益率的标准差。这里需要我们注意的是，在很多

情况下，根据式（15.14）和式（15.15）所解出的 d_1 和 d_2 的值，在标准统计表中并没有与其所对应的 $N(d_1)$ 和 $N(d_1)$ 的值，需要我们用插值法进行估计。插值法的公式为

$$N(d) = N(d_L) + (d - d_L)\left[N(d_H) - N(d_L)\right]/(d_H - d) \quad (15.16)$$

式中，d_L 和 d_H 分别表示标准统计表中最接近根据式（15.14）和式（15.15）所解出的 d 值的低于一侧和高于一侧的值。BSOPM 的含义是，当根据模型计算的 C_0 大于期权的市场价格时，意味着该期权定价过低，可买入期权而卖空股票。买入卖空的量根据 $N(d_1)$ 确定，如 $N(d_1)=0.5$，即每买入一个期权，应卖出 0.5 股的股票。

看涨期权的价格

假设我们已获得如下参数：$S_0 = 100$ 元，$X = 100$ 元，$\sigma = 30\%$，$r = 7\%$，$t = 1/2$ 年。求解看涨期权的价格。

解：首先，解出 d_1 和 d_2。根据已知条件和式（17.14）可得

$$d_1 = \frac{\ln\left(\frac{100}{100}\right) + \left[0.07 + \frac{0.3^2}{2}\right] \times \left(\frac{1}{2}\right)}{0.3 \times \sqrt{1/2}}$$
$$= (0 + 0.057\,5)/(0.3 \times 0.707\,11)$$
$$= 0.271\,1$$

根据式（15.15）得

$$d_2 = d_1 - \sigma\sqrt{t} = 0.271\,1 - 0.3 \times \sqrt{1/2} = 0.059\,0$$

其次，解出 $N(d_1)$ 和 $N(d_2)$ 的值。由于本例题所解出的 d_1 和 d_2 在标准统计表中没有对应的 $N(d)$ 值，因此根据式（15.16）用插值法计算得

$$N(d_1) = 0.606\,4 + (0.271\,1 - 0.27) \times 0.38 = 0.606\,8$$
$$N(d_2) = 0.521\,9 + (0.059\,0 - 0.055) \times 2.2 = 0.530\,7$$

最后，计算看涨期权的价格得

$$C_0 = S_0 N(d_1) - X e^{-rt} N(d_2)$$
$$= 100 \times 0.606\,8 - 100 \times 0.530\,7 \times e^{-0.07/2}$$
$$= 9.44(\text{元})$$

即均衡状态下看涨期权的价格为 9.44 元。

三、看跌期权定价

看跌期权的定价可由看跌-看涨平价定理并结合看涨期权的定价导出。我们对看跌-看涨平价定理式（15.7）变形后得

$$p_0 = c_0 - S_0 + Xe^{-rt} \tag{15.17}$$

将式（15.13）所解出的看涨期权价格代入式（15.17），得

$$p_0 = S_0 N(d_1) - Xe^{-rt} N(d_2) - S_0 + Xe^{-rt}$$

变形后得

$$p_0 = Xe^{-rt}\left[1 - N(d_2)\right] - S_0\left[1 - N(d_1)\right] \tag{15.18}$$

该式即看跌期权定价模型。

> **例题 15.4**

看跌期权的价格

根据例题 15.3 的数据，计算看跌期权的均衡价格。

解：将例题 15.3 的数据和求解结果代入式（15.18）得

$$p_0 = 100 \times e^{-0.07/2} \times (1 - 0.5307) - 100 \times (1 - 0.6068) = 6.00 \text{（元）}$$

即由 BSOPM 得到的看跌期权为 6.00 元。

四、BSOPM 的应用

由 BSOPM 我们可以直接看到，应用 BSOPM，一方面可以帮助我们发现套利机会（任何对由 BSOPM 所计算出的均衡价格的偏离都是一种套利机会），另一方面，根据 BSOPM，我们可求解股票的标准差或方差，从而可以对股票的风险进行计量。此外，BSOPM 还可以帮助我们评估投资组合保险，其所包含的期权定价思想还可应用于对可转换债券的分析。

（一）投资组合保险

在对保护性卖出期权的研究中我们即看到，这一策略为投资损失设定下限并获得了确定现金流。而且我们还指出，保护性卖出期权说明期权这种衍生证券也是进行风险管理的有效工具。投资组合保险（portfolio insurance）是指任何一种能够设定投资组合的最大损失或是预先确定其最大损失的策略。

应用 BSOPM，可以帮助我们精确计算某一投资组合保险（即风险管理）的成本。例如，当我们构建一个保护性卖出期权组合时，即投资者在购买某种股票的同时，为防止跌价损失，再购买看跌期权。此时，我们即可用看跌期权定价公式计算该组合保险的成本，同时，扣除该成本，也就得到该组合能够给我们带来的最低现金流。

（二）可转换债券分析

可转换债券（convertible bond，CD）是一种可由债券转换成股票的债券，从期权定价的理念看，它相当于一种普通债券加上一份股票看涨期权。因此可转换债券的价值可表示为

$$CB = VB + CVO \tag{15.19}$$

式中，VB 表示普通债券的价值，CVO 是对债券进行转换的期权价值。

进一步看，大多数可转换债券都具有可赎回特征。从期权定价角度看，可赎回的可转换债券相当于一份普通债券加上一份可转换期权再减去一份可赎回期权。即

$$CB = VB + CVO - CLO \tag{15.20}$$

式中，CLO 即债券发行公司所持有的一份可赎回债券的期权价值。

当然，当我们应用 BSOPM 对可转换期权价值进行评估时，需要考虑一些复杂的因素，如这类期权对利率非常敏感，而 BSOPM 对利率的假定是无风险的固定利率。

▶本章小结

期权是一种法律合约，它给予其持有者在一定时期内以某一预定的价格买入或卖出一定数量的相关资产的权利。它又分为买入期权和卖出期权。

根据相关资产的当前市场价格与期权履约价格的关系，期权可分为实值期权、虚值期权和平值期权。令 S_0 代表相关资产（如股票）的当前市场价格，X 代表期权的履约价格。如果相关资产的市价大于期权合约的履约价格，即 $S_0 > X$，则买入期权为实值期权。对于卖出期权，实值期权是指履约价格大于相关资产的当前市价 $(X > S_0)$ 的期权。

对虚值期权来说，如果投资者履约，将产生负的现金流。对买入期权来说，虚值条件为 $X > S_0$，这相当于以高于市场价格的价格买入了相关资产；对卖出期权来说，其虚值的条件为 $X < S_0$，它实质上是以低于市场价格的价格卖出相关资产。

平值期权是指相关资产的当前价格等于履约价格 $(S_0 = X)$ 的期权。此时投资者行权和弃权是无差异的。

期权投资策略包括保护性卖出期权、抛补的买入期权、差价期权和对敲期权等投资策略。

保护性卖出期权策略是指当投资者已持有原生资产（如股票）时，为了防止该资产价格大幅下跌所造成的损失，通过购买该资产的卖出期权，为投资损失设定下限，从而获得确定现金流的一种投资策略。

抛补的买入期权是指当投资者已持有原生资产（如股票）时，为了获得更高的收益，通过出售该资产的买入期权，为投资收益设定上限，从而获得确定现金流的一种投资策略。

差价期权是指同时持有同种类型的两个或多个期权（如同一公司股票的多个买入期权），而这些期权又有不同的到期日和履约价格的投资策略。

对敲期权策略是指投资者同时买入或卖出同一相关资产、同一履约价格和同一到期日的买入和卖出期权合约，以达到利用价格波动提升投资价值的目的。

期权的价格可以分解为两部分：内涵价值和时间价值。对于买入期权的内涵价值 IV_C，我们将其定义为

$$IV_C = \max(0, S_0 - X) \tag{1}$$

对于卖出期权的内涵价值 IV_P，其定义为

$$IV_P = \max(0, X - S_0) \tag{2}$$

如果以 C_0 表示买入期权的权利金（即买入期权价格），则买入期权的时间价值 TV_C 为

$$TV_C = C_0 - IV_C \tag{3}$$

以 P_0 表示卖出期权的权利金，则卖出期权的时间价值 TV_P 为

$$TV_P = P_0 - IV_P \tag{4}$$

看跌-看涨平价定理建立了相关证券、无风险利率、零息票债券和相同的看涨和看跌期权价格之间的关系。该定理可以表述为

$$p_0 = c_0 - S_0 + PV(X) + PV(D) \tag{5}$$

二项式期权定价模型认为在期权合约到期前，其对应的股票价格所发生的变化呈现非连续的要么上升要么下降的二项式分布的特征。其对看涨期权定价的一般形式为

$$C_0 = h_c^* S_0 + (C_d - h_c^* S_d)/(1+r) \tag{6}$$

BSOPM 的特点在于假定股票价格所发生的变化呈现一种对数正态分布，因此股票价格是一种连续性的变化。该模型建立在投资者能合理进行对冲，且套利行为将使对冲交易最终达到无风险收益率这一共识基础上。模型的结果是期权价值准确反映了市场对它的真实评价，既没有高估，也没有低估。对一个看涨期权来说，BSOPM 的模型表述为

$$C_0 = S_0 N(d_1) - Xe^{-rt} N(d_2) \tag{7}$$

Black-Scholes 看跌期权定价模型为

$$p_0 = Xe^{-rt}[1 - N(d_2)] - S_0[1 - N(d_1)] \tag{8}$$

应用 BSOPM，一方面可以帮助我们发现套利机会（任何对由 BSOPM 所计算出的均衡价格的偏离都是一种套利机会），另一方面，根据 BSOPM，我们可求解股票的标准差或方差，从而可以对股票的风险进行计量。此外，BSOPM 还可以帮助我们评估投资组合保险，其所包含的期权定价思想还可应用于对可转换债券的分析。

> 练习题

一、名词解释

期权 买入期权 卖出期权 期权买方 期权卖方 期权金 期权投资 策略

二、简答题

1. 什么是保护性卖出期权策略？举例说明它是如何达到为投资损失设定下限并获得确定现金流的。

2. 什么是抛补的买入期权策略？举例说明它是如何达到为投资收益设定上限并获得确定现金流的。

3. 什么是牛市差价期权策略？举例说明它是如何达到在股票价格上升时获取一定的利润，而在股票价格下跌时只承担有限损失的。

4. 简述期权的内涵价值、时间价值和期权价格三者的关系。

5. 什么是看跌－看涨平价定理？它是如何消除套利机会的？

6. 简述二项式期权定价模型的假设及其对看涨期权定价的模型表述。

三、计算题

1. 假设某普通股买入期权为美式期权，该期权的履约价格为 7 元/股，其对应的股票当前市价为 10 元/股。请问该股票期权是实值期权还是虚值期权？投资者是否应于目前履约？该股票买入期权的内涵价值是什么？

2. 假设我们已获得如下参数：$S_0 = 10$ 元，$X = 10$ 元，$\sigma = 30\%$，$r = 5\%$，$t = 1/2$ 年。请用 Black-Scholes 期权定价模型求解看涨期权和看跌期权的价格。

参 考 文 献

博迪 Z，凯恩 A，马库斯 A J. 2017. 投资学. 10 版. 汪昌云，张永骥译. 北京：机械工业出版社.
高秋明，胡聪慧，燕翔. 2014. 中国 A 股市场动量效应的特征和形成机理研究. 财经研究，40（2）：97-107.
李学峰. 2006. 我国证券投资基金投资组合与投资策略的匹配性研究. 证券市场导报，（4）：46-51.
李学峰. 2016. 投资学. 3 版. 北京：科学出版社.
李学峰，段会亮，申挚. 2013a. 处置效应与反处置效应对基金投资绩效的影响. 证券市场导报，（11）：41-46.
李学峰，符琳杰，苏伟. 2008a. QFII 与国内开放式证券投资基金的羊群行为比较研究. 世界经济与政治论坛，（4）：7-14.
李学峰，何林泽，沈宁. 2010. 我国开放式证券投资基金与 QFII 处置效应比较——基于"买卖周期时间"统计量视角的实证研究. 证券市场导报，（9）：71-77.
李学峰，李佳明，苏晨. 2011. 什么导致了处置效应——基于不同市场环境的模拟研究与经验检验. 世界经济，（12）：140-155.
李学峰，李依静，胡煊翔. 2019. 绿色基金效率及其持续性研究. 产权导刊，（11）：37-43.
李学峰，王兆宇，李佳明. 2013b. 噪声交易与市场渐进有效性. 经济学（季刊），12（2）：913-934.
李学峰，文茜. 2012. 资本市场对外开放提升了市场有效性吗？——一个国际比较. 国际金融研究，（8）：85-96.
李学峰，于翠珍，茅勇峰. 2008b. 我国开放式基金启发式偏差行为及其对市场影响分析. 财贸研究，（4）：83-89.
李学峰，张舰，茅勇峰. 2008c. 我国开放式证券投资基金与 QFII 行为比较研究——基于交易策略视角的实证研究. 财经研究，34（3）：73-80，94.
李学峰，张茜. 2006. 我国证券投资基金投资管理行为成熟性研究——基于风险与收益匹配性视角的研究. 证券市场导报，（10）：52-57.
李学峰，赵子燚. 2019. 市场异象、学术研究与定价效率. 工作论文.
李学峰，朱虹. 2018. 基金管理的团队模式优于单经理模式吗？证券市场导报，（3）：48-58.
列维 H. 2004. 投资学. 任淮秀，等译. 北京：北京大学出版社.
刘煜辉，熊鹏. 2005. 股权分置、政府管制和中国 IPO 抑价. 经济研究，40（5）：85-95.
王磊，陈国进. 2009. 机构投资者动量交易与市场效率研究. 证券市场导报，（6）：39-46.
王立民，翟胜男，王烨. 2014. 基金经理与散户的处置效应研究——基于行为金融实验. 金融管理研究，（1）：240-259.
徐捷，肖峻. 2006. 证券投资基金动量交易行为的经验研究. 金融研究，（7）：113-122.
赵彦志，王庆石. 2005. 我国证券投资基金"处置效应"行为研究. 厦门大学学报（哲学社会科学版），（6）：55-63.
朱武祥，张羽. 2002. FPL 公司：在股利与成长中作取舍. 上市公司，第 7 期.
Allen F, Faulhaber G R. 1989. Signalling by underpricing in the IPO market. Journal of Financial Economics, 23（2）：303-323.
Andreassen P B. 1988. Explaining the price-volume relationship: the difference between price changes and changing price. Organizational Behavior and Human Decision Processes, 41（3）：371-389.
Banz R W. 1981. The relationship between return and market value of common stocks[J]. Journal of Financial Economics, 9（1）：3-18.
Barberis N, Xiong W. 2009. What drives the disposition effect? An analysis of a long-standing preference based explanation. The Journal of Finance, 64（2）：751-784.
Baron D P. 1982. A model of the demand for investment banking advising and distribution services for new issues. The Journal of Finance, 37（4）：955-976.

Black F. 1972. Capital market equilibrium with restricted borrowing. The Journal of Business, 45（3）: 444-455.

Brennan M J, Franks J. 1997. Underpricing, ownership and control in initial public offerings of equity securities in the UK. Journal of Financial Economics, 45（3）: 391-413.

Breuer A, Burghof H P. 2013. Algorithmic trading vs. bid-offer spreads, volatility, and the distribution of profits and losses: a simulation. SSRN Electronic Journal, （9）: 75-83.

Brown P, Chappel N, Da Silva Rosa R, et al. 2006. The reach of the disposition effect: large sample evidence across investor class. International Review of Finance, 6（1/2）: 43-78.

Brown S J, Goetzmann W N. 1995. Performance persistence. The Journal of Finance, 50（2）: 679-698.

Busse J A, Irvine P J. 2006. Bayesian alphas and mutual fund persistence. The Journal of Finance, 61（5）: 2251-2288.

Campbell J Y, Lo A W, Mackinlay A C. 1997. The Econometrics of Financial Markets. Princeton: Princeton University Press.

Carhart M M. 1997. On persistence in mutual fund performance. The Journal of Finance, 52（1）: 57-82.

Carter R, Manaster S.1990. Initial public offerings and underwriter reputation. The Journal of Finance, 45（4）: 1045-1067.

Conrad J, Kaul G. 1988. Time-variation in expected returns. Journal of Business, 61（4）: 409-425.

Cornelius P K. 1994. A note on the Information efficiency of emerging stock markets. Weltwirtschaftliches Archiv, 129（4）: 820-828.

De Bondt W F, Thaler R H. 1985. Does the stock market overreact. The Journal of Finance, 40（3）: 793-805.

Demsetz H. 1968. The costs of transacting. Quarterly Journal of Economics, 82: 33-53.

Easley D, O'hara M. 2003. Information and the cost of capital. The Journal of Finance, 59（4）: 1553-1583.

Emerson R, Hall S G, Zalewska-Mitura A. 1997. Evolving market efficiency with an application to some bulgarian shares. Economics of Planning, 30（2）: 75-90.

Fama E F. 1970. Multiperiod consumption-investment decisions. American Economic Review, 60（1）: 163-174.

Fama E F. 1972. Components of investment performance. The Journal of Finance, 27（3）: 551-567.

Fama E F, French K R. 1992. The cross-section of expected returns. The Journal of Finance, 47: 427-465.

Fama E F, French K R. 1993. Common risk factors in the returns on stocks and bonds. Journal of Financial Economics, 33（1）: 3-56.

Fama E F, French K R. 1998. Value versus growth: the international evidence. The Journal of Finance, 53（6）: 1975-1999.

Fisher K L, Statman M. 1999. A behavioral framework for time diversification. Financial Analysts Journal, 55（3）: 88-97.

Gervaris S, Odean T. 2001. Learning to be overconfident. The Review of Financial Studies, 14（1）: 1-27.

Glen J. 1994. An introduction to the microstructure of emerging markets. World Bank Working Paper.

Griffin J M, Ji X, Martin J S. 2003. Momentum investing and business cycle risk: evidence from pole to pole. The Journal of Finance, 58（6）: 2515-2547.

Grinblatt M, Hwang C Y. 1989. Signalling and the pricing of new issues. The Journal of Finance, 44（2）: 393-420.

Hendershott T, Jones C M, Menkveld A J. 2011. Does algorithmic trading improve liquidity? The Journal of Finance, 168（1）: 1-33.

Hendricks D, Patel J, Zeckhauser R. 1993. Hot hands in mutual funds: short-run persistence of relative performance, 1974-1988. The Journal of Finance, 48（1）: 93-130.

Henriksson R D, Merton R C. 1981. On market timing and investment performance. Ⅱ. Statistical procedures for evaluating forecasting skills. Journal of Business, 54（4）: 513-533.

Ibbotson R G. 1975. Price performance of common stock new issues. Journal of Financial Economics, 2（3）: 235-272.

Jegadeesh N, Titman S. 1993. Returns to buying winners and selling losers: implications for stock market efficiency. The Journal of Finance, 48（1）: 65-91.

Jegadeesh N, Titman S. 2001. Profitability of momentum strategies: an evaluation of alternative explanations. The Journal of Finance, 56（2）: 699-720.

Johnson J M, Miller R E. 1988. Investment banker prestige and the underpricing of initial public offerings. Financial Management, 17（2）: 19-29.

Kahneman D, Riepe M W. 1998. Aspects of investor psychology. Journal of Portfolio Management, 24（4）: 52-65.

Kahneman D, Tversky A. 1979. Prospect theory: an analysis of decision under risk. Econometrica, 47（2）: 263-291.

Kim M, Shukla R, Tomas M. 2000. Mutual fund objective misclassification. Journal of Economics and Business, 52（4）: 309-323.

Lakonishok J, Shleifer A, Vishny R W. 1992. The impact of institutional trading on stock prices. Journal of Financial Economics, 32（1）: 23-43.

Lo A W, MacKinlay A C. 1988. Stock market prices do not follow random walks: evidence from a simple specification test. Review of Financial Studies, 1（1）: 41-66.

Locke P R, Mann S C. 1999. Do Professional traders exhibit loss realization aversion? Texas Christian University Working Paper.

Logue D E. 1973. On the pricing of unseasoned equity issues: 1965-1969. Journal of Financial and Quantitative Analysis, 8（1）: 91-103.

Madhavan A. 2000. Market microstructure: a survey. Marshall School of Business University of Southern California Working Paper.

Markowitz H M. 1952. Portfolio selection. The Journal of Finance, 7: 77-91.

Mclean R D, Pontiff J. 2016. Does academic research destroy stock return predictability? The Journal of Finance, 71（1）: 5-32.

Merton R C. 1973. An intertem poral capital asset pricing model. Econometrica, 41: 867-887.

Merton R C. 1992. Continuous-Time Finance. Oxford: Blackwell.

Modigliani F, Miller M H. 1958. The cost of capital, corporation finance, and the theory of investment. American Economic Review, 48（3）: 261-297.

Mossin J. 1966. Equilibrium in a capital asset market. Econometrica, 34（4）: 768-783.

Nofsinger J R, Sias R W. 1999. Herding and feedback trading by institutional and individual investors. The Journal of Finance, 54（6）: 2263-2295.

Myers S C. 1977. Determinants of corporate borrowing. Journal of Financial Economics, 5（2）: 147-175.

Nofsinger J R, Sias R W. 1999. Herding and feedback trading by institutional and individual investors. The Journal of finance, 54（6）: 2263-2295.

O'Connell P, Teo M. 2004. How do institutional investors trade? EFA 2004 Maastricht Meetings Paper No.1751.

Odean T. 1998. Are investors reluctant to realize their losses? The Journal of Finance, 53（5）: 1775-1798.

Ritter J R. 1984. The "hot issue" market of 1980. Journal of Business, 57（2）: 215-240.

Rock K. 1986. Why new issues are underpriced. Journal of Financial Economics, 15（1/2）: 187-212.

Ross S A. 1976. The arbitrage theory of capital asset pricing. Journal of Economic Theory, 13: 341-360.

Schmitz J. 2010. Algorithmic trading in the Iowa electronic markets. Algorithmic Finance, 1 (2): 157-181.

Schwert G W. 2002. Tests for unit roots: a monte carlo investigation. Journal of Business & Economic Statistics, 20 (1): 5-17.

Seyhun H N. 1986. Insiders' profits, costs of trading, and market efficiency. Journal of Financial Economics, 16 (2): 189-212.

Shafir E, Tversky A. 1992. Thinking through uncertainty: nonconsequential reasoning and choice. Cognitive Psychology, 24 (4): 449-474.

Shapira Z, Venezia I. 2001. Patterns of behavior of professionally managed and independent investors. Journal of Banking and Finance, 25 (8): 1573-1587.

Sharpe W F. 1963. A simplified model for portfolio analysis. Management Science, 9 (2): 277-293.

Sharpe W F. 1964. Capital asset prices: a theory of market equilibrium. The Journal of Finance, 19: 425-442.

Sharpe W F. 1966. Mutual fund performance. Journal of Business, 39 (1): 119-138.

Sharpe W F. 1992. Asset allocation: management style and performance measurement. Journal of Portfolio Management, 18: 7-19.

Shefrin H, Statman M. 1985. The disposition to sell winners too early and ride losers too long theory and evidence. The Journal of Finance, 40 (3): 777-790.

Shefrin H, Statman M. 2000. Behavioral portfolio theory. Journal of Financial and Quantitative Analysis, 35 (2): 127-151.

Shiller R J. 1999. Human behavior and the efficiency of the financial system. Handbook of Macroeconomics, 1 (1): 1305-1345.

Shleifer A. 2000. Inefficient Markets: An Introduction to Behavioral Finance. Oxford: Oxford University Press.

Stambaugh R F, Yu J F, Yuan Y. 2015. Arbitrage asymmetry and the idiosyncratic volatility puzzle. The Journal of Finance, 70 (5): 1903-1948.

Statman M. 1999. Foreign stocks in behavioral portfolios. Financial Analysts Journal, 55 (2): 12-16.

Treynor J L, Mazuy K. 1966. Can mutual funds outguess the market? Harvard Business Review, 44: 131-136.

Treynor J L. 1966. How to rate management of investment funds. Harvard Business Review, 41: 63-75.

Tversky A, Kahneman D. 1992. Advances in prospect theory: cumulative representation of uncertainty. Journal of Risk and Uncertainty, 5 (4): 297-323.

Verma R, Verma P. 2007. Noise trading and stock market volatility. Journal of Multinational Financial Management, 17 (3): 231-243.

Welch I. 1989. Seasoned offerings, imitation costs, and the underpricing of initial public offerings. The Journal of Finance, 44 (2): 421-449.

Wermers R. 1999. Mutual fund herding and the impact on stock prices. The Journal of Finance, 54 (2): 581-622.